Communautés rurales du Laos : la génération de l'oubli

Recherches Asiatiques

Collection fondée par Alain Forest
et dirigée par Jérôme Martin, Bruno Péquignot et Denis Rolland

Dernières parutions

Laurent CHAZÉE, *Communautés rurales du Laos : la génération de l'oubli. Peuples ruraux parler môn-khmer du sud du Laos*, 2023.

Lucie France DAGENAIS, *La Chine et son Grand Ouest. Une périphérie sous tension d'hier à nos jours*, 2023.

Laurent CHAZÉE, *Communautés rurales du Laos : la génération de l'oubli. Peuples ruraux de la famille linguistique tibéto-birmane du Nord du Laos*, 2023.

Laurent CHAZÉE, *Communautés rurales du Laos : la génération de l'oubli. Peuples ruraux de la famille linguistique tibéto-birmane du Nord-Ouest du Laos*, 2023.

Amritananda DAS, *Les fondements de l'économie gandhienne*, 2023.

Dominique LELIEVRE, *Les Voies de la Chine. Facettes d'une évolution contrastée*, 2023.

Laurent CHAZEE, *Communautés rurales du Laos : la génération de l'oubli, Peuples ruraux de la famille linguistique tay. Partie II*, 2023.

Laurent CHAZEE, *Communautés rurales du Laos : la génération de l'oubli, Peuples ruraux de la famille linguistique tay. Partie I*, 2023.

Laurent CHAZEE, *Communautés rurales du Laos : la génération de l'oubli, Peuples ruraux de la famille linguistique miao-yao,* 2022.

Justine CLAUDE, *La restitution des biens culturels*, 2022.

Olivier GUILLARD, *A Dangerous abyss called Pakistan*, 2022.

Pierre-André BIZIEN et Dung PHAM TRAN, *Histoire d'une grande famille vietnamienne. Madame Kiến et les siens. De Hà Nội à la France, 1885- 2018*, 2022.

Laurent Chazée

Communautés rurales du Laos : la génération de l'oubli

Peuples ruraux de parler môn-khmer du centre du Laos

5-7, rue de l'Ecole-Polytechnique, 75005 Paris
http://www.editions-harmattan.fr
ISBN : 978-2-336-42470-5
EAN : 9782336424705

SOMMAIRE

- Du même auteur -

- *Communautés rurales du Laos : la génération de l'oubli.* Peuples ruraux de parler môn-khmer du nord du Laos. L'Harmattan, Paris. 2024.
- *Communautés rurales du Laos : la génération de l'oubli.* Peuples ruraux de la famille linguistique tibéto-birmane du Nord-Ouest du Laos. L'Harmattan, Paris. 2023.
- *Communautés rurales du Laos : la génération de l'oubli.* Peuples ruraux de la famille linguistique tibéto-birmane du Nord du Laos. L'Harmattan, Paris. 2023.
- *Communautés rurales du Laos : la génération de l'oubli. Peuples ruraux de la famille linguistique tay.* Partie I. L'Harmattan, Paris. 2023.
- *Communautés rurales du Laos : la génération de l'oubli. Peuples ruraux de la famille linguistique tay.* Partie II. L'Harmattan, Paris. 2023.
- *Communautés rurales du Laos : la génération de l'oubli. Peuples ruraux de la famille linguistique Miao-Yao.* L'Harmattan, Paris. 2022.
- *Récit de voyage en Somalie. Volume 1 - Trois années dans la région du Cap Gardafui 1984-1987.* L'Harmattan, Paris. 560 pages. 2017.
- *Récit de voyage en Somalie. Volume II - Patrimoine socio-économique et naturel de la région du Cap Gardafui.* L'Harmattan, Paris. 2017.
- Valuation and management of forest ecosystem services: a skill well exercised by the forest people of Upper Nam Theun, Lao PDR. *Shifting cultivation and environmental change - Indigenous People, Agriculture and Forest conservation.* Earthscan. pp 559-576. 2015.
- *Say, femme Poussang - Peuple de la forêt, de la montagne à la plaine, au Laos.* Buchet-Chastel, 2012. 248 pages. 2012.
- *The Mrabri in Laos – A world under the canopy.* White Lotus, Bangkok. 96 pages. 2001.
- *The Peoples of Laos - Ethnic and farming diversities* - White Lotus, Bangkok. 187 pages. 1999.
- *Evolution des systèmes de production ruraux en République Démocratique Populaire Lao - 1975-1995* - L'Harmattan, Paris. 1998.
- *Atlas des ethnies et des sous-ethnies du Laos* - Pakpassak, Vientiane. 1995.
- *Les oiseaux du Laos - Identification, distribution et chasse.* Pakpassak, Vientiane. 48 pages et 1 annexe. 1994.
- *Guide méthodologique pour le développement des communautés rurales au Laos - Amélioration des systèmes de production basée sur l'approche participative, l'aménagement des terroirs et la conservation de la biodiversité.* Pakpassak, Vientiane. 1994.
- *Les pratiques d'essartage au Laos, les systèmes actuels et leur avenir* - DEA Paris 5. 87 pages, 1993.
- *Les mammifères du Laos et leur chasse.* Vientiane, 92 pages. 1991.

Laurent Chazée

Avec les contributions de Somchanh Syphanravong et
Claire Escoffier-Fauveau

Communautés rurales du Laos : la génération de l'oubli

Peuples ruraux de parler môn-khmer
Partie II : centre du Laos

Photos : Toutes les photos et tous les dessins sans source indiquée ont été réalisés par les auteurs ayant contribué à ce livre : Laurent Chazée, Somchanh Syphanravong et Claire Escoffier-Fauveau. Certains dessins furent réalisés à partir de photos de L. Chazée dans le cadre des Ed M. Cairn (2015-2020).

Nom des districts et villages : lors et suite de la période d'étude, des villages ont changé de nom, se sont déplacés ou ont été abandonnés. Certaines administrations territoriales furent modifiées, en particulier à Oudomxay, Xayabury, Bolikhamsay, Xieng Khouang, Vientiane. La zone de Xaysomboun fut créée pendant la période d'étude. Le recensement des villages par province et district se réfère à la situation administrative de 1992 – 2000.

Je remercie ma femme Nabila pour la relecture de l'ensemble du document, qui heureusement pouvait visualiser une partie de ces ethnies lors de sa visite au Laos en décembre 2019 et janvier 2020.

INTRODUCTION

Le projet général de publication est prévu en plusieurs ouvrages, incluant plus de 100 ethnies du Laos de quatre familles linguistiques. Après les premiers ouvrages sur les peuples de parlers miao-yao, tay et tibéto-birman, cet ouvrage regroupe en trois parties, 53 groupes ethniques de parler môn-khmer. Pour l'introduction complète, la méthodologie, le ciblage des publications, le glossaire et l'annexe sur les plantes et la faune, on se référera au premier volume sur les populations de parler môn-khmer du Nord du Laos.

Pourquoi cette initiative ?

Ayant résidé 11 années au Laos entre 1988 et 2003, avec des missions courts-termes jusqu'en janvier 2020, j'ai pu constater comme bien d'autres agents de développement, les évolutions rapides depuis la fin de la période communiste autarcique des années 75-90, en particulier depuis la Nouvelle économie de marché (NEM, 1986), l'ouverture des frontières avec la Thaïlande et la Chine, l'influence vietnamienne dans les politiques rurales et agricoles, l'entrée du pays dans l'ASEAN, la nouvelle relation avec la Chine suite à l'effondrement du bloc de l'Est, le développement des sociétés privées et des acteurs locaux et internationaux impliqués dans le développement et la conservation, la réforme foncière et ses effets, le début de la mondialisation pour ne citer que quelques facteurs.

Les savoirs et pratiques transmis entre générations, ignorés ou sous-estimés par les décideurs, s'émiettent alors progressivement sans même toujours avoir été connus, recensés et rendus accessibles pour les futures générations et les acteurs du développement local : langues, pratiques agricoles, techniques de cueillette, de chasse et de pêche, artisanats, vêtements, architectures, musiques, cérémonies, processus de rituels, gestion fine et adaptative de l'espace villageois et forestier, processus de décision, organisations sociales et familiales, etc. Cette perte progressive devient irrémédiable si les nouvelles générations deviennent également actrices de cette tendance. En effet, il suffit d'une rupture générationnelle d'une seule génération pour perdre la majorité de cette richesse fine accumulée et transmise pendant des siècles, par voie orale ou écrite, par observation, par l'apprentissage des parents et des voisins, par les échanges avec les autres groupes ethniques.

Conscient de cette perte rapide de savoirs ancestraux et de pratiques traditionnelles, j'avais consacré, entre 1991 et 2003, une partie de mon temps et de mes finances à les recenser auprès de ces peuples avec qui je travaillais tout en m'appuyant sur la bibliographie existante. Conscient que c'est une faible contribution par rapport à ce qu'il reste à découvrir.

C'est suite à de nouvelles missions au Laos entre 2019 et 2020, juste avant la pandémie du COVID 19, que je réalisais que cette perte de savoirs ruraux s'était accélérée au-delà de mon imagination : en moins de 20 ans, je ne reconnaissais presque aucun des villages dans lesquels j'avais travaillé. Elle était la conséquence de causes multiples parmi lesquelles : choix politiques, effets de la mondialisation et de la force des marchés, attraction des nouvelles générations pour les modes de vie moderne, mobilités en dehors des territoires traditionnels, influence chinoise et thaïe dans différents secteurs (architecture, modes, moyens d'existence, etc.).

Objectifs des publications

Ce projet de publication a deux objectifs majeurs :

- Synthétiser, valoriser et transmettre la connaissance acquise sur les peuples ruraux, leurs territoires et leurs moyens d'existence entre 1988 et 2003 (avec extension jusqu'à 2020 pour certains thèmes ou lorsque la recherche acquise après 2003 s'applique à la période 1988 – 2003) ;
- Laisser aux futures générations de ces peuples ruraux un témoignage relativement précis sur leurs peuples, leurs territoires et leurs pratiques à cette période.

Le processus de publication

L'auteur principal, Laurent Chazée, a ce projet en tête depuis 2003, année clôturant 11 années de résidence au Laos entre 1988 et 2003. Il avait accumulé études, interviews, leçons apprises de projets de développement et photos de plus de 100 groupes ethnolinguistiques, qui, jusqu'en 2003, pour des raisons diverses, se sentaient chacun suffisamment différent des autres pour privilégier un habitat mono-ethnique. Les données récoltées auprès de 450 villages dans la majorité des districts du Laos, représentent plus de 80 % de la « diversité ethnique fine » du Laos et plus de 95 % de la population rurale. Ce travail prend également en compte les études, rapports de projets, évaluations et leçons apprises de différents projets de développement et de conservation (publiés et non publiés) financés par les différents bailleurs de fonds entre 1988 et 2003, ainsi que les anciens et récents écrits sur ces peuples ruraux.

Selon les villages ou ethnies, d'autres contributeurs sont intervenus pour enrichir ce travail sous forme de textes issus des études et des expériences de terrain, de photos, de témoignages, de dessins, etc. Conscient du travail qu'ils ont fourni, je les remercie pour leur contribution contre l'oubli. Ils sont nommés dans cet ouvrage et voici leur brève biographie :

Somchanh Syphanravong, agro-socioéconomiste, a suivi ses études et travaillé en France entre 1974 et 1997, avant de retourner au Laos pour y vivre et y travailler. Après plus de trois années de collaboration avec Laurent Chazée (1998-2001) au sein de Vientiane International Consultant dans le cadre de la recherche sur les peuples ruraux du Laos, il poursuit ses activités dans le cadre de projets nationaux et internationaux de développement rural (Union européenne, Banque mondiale, CIRAD, Banque asiatique de développement...) dans différentes provinces du Laos.

Claire Escoffier-Fauveau, infirmière DE, socio-anthropologue (Doctorat de l'Université de Toulouse). D'abord infirmière dans les camps de réfugiés lao et hmong en Thaïlande avec MSF, suit les cours d'Anthropologie de la SOAS à Londres, puis d'Aix-en-Provence. Ses recherches portent sur les perceptions des femmes en matière de reproduction au Laos et au Cambodge, sur la médecine vernaculaire au Laos, plus récemment la socio-anthropologie du développement et des migrations.

MOSAÏQUE ETHNIQUE DU LAOS

Le Laos, longtemps territoire enclavé montagneux de l'Asie du Sud-Est, refuge de nombreuses ethnies minoritaires, devient depuis la fin du bloc de l'Est un territoire carrefour entre les pays capitalistes de l'ASEAN au sud et les pays communistes du Nord et de l'Est, la Chine et le Vietnam. Suite à la période de royauté, de protectorat français et des deux guerres d'Indochine, le pays est devenu depuis 1975 la République démocratique populaire lao.

Dans la période de l'étude, avec environ 132 groupes différents (L. Chazée, 1994), la mosaïque ethnique et ethnoculturelle représente l'une des principales richesses de ce petit pays de 236 800 km^2. Avec leurs origines et leurs histoires différentes, les 7,5 millions d'habitants en 2022 sont distribués en quatre grandes familles linguistiques : taï-kadaï ; austro-asiatique, miao-yao (hmong-mien) et sino-tibétaine. En 1985, le recensement national faisait état de six groupes ethnolinguistiques, 68 ethnies et plus de 800 communautés qui s'identifiaient comme différentes. En 1995, le recensement distinguait 47 groupes ethniques majoritaires et un total de 149 sous-groupes. Lors du recensement de 2005, on fait état de 49 groupes ethniques majoritaires dont le nombre de représentants respectifs est supérieur à 25 000. Néanmoins, de nombreuses ethnies (environ 55 groupes) ne sont représentées que par moins de 5 000 individus, quelquefois par quelques dizaines comme les Mlabri de la province de Xayabury, Kongsat de la province d'Oudomxay, Tchaho de Phôngsali et Sapouan d'Attapeu.

En se basant sur les recherches de terrain du début des années 2000 (L. Chazée, 2001), ces quatre familles comprennent les Lao et 131 groupes minoritaires et sous-groupes, qui sont eux-mêmes divisés en « clans » et lignages, qu'ils soient généalogiques ou totémiques. Ces diversités : linguistique, sociale, culturelle, religieuse et agricole se sont progressivement forgées au cours du temps, par des phénomènes de migration, d'acculturation, d'assimilation, de syncrétisme et de schismes, accentués par la dispersion et l'isolement géographique de cette région qui fut toujours très faiblement peuplée (18 hab./km^2 en 1990, 32 hab./km^2 en 2022). Cette diversité est telle qu'il est difficile d'imaginer des standards de développement.

La famille linguistique de parler tay, qui regroupe environ 55-60 % de la population du pays, reste majoritaire. Les Lao, en constituent le groupe le plus important puisqu'ils représentent environ 60 % de cette famille et 35 % de la population nationale. Dans cette même famille linguistique, les Poutay, Phouane, Tai Nyo, Lü, Tai Dam, Tai Deng et Tai Khao forment environ 20 % de la population nationale. Les vingt autres ethnies (Tai Kouane, Tai Sam, Tai

Hè, etc.) de cette famille représentent environ 4-6 % de la population totale. La grande majorité de ces ethnies a adopté depuis déjà plus d'un siècle un habitat groupé sédentaire et une agriculture stabilisée basée sur la riziculture de plaine, l'élevage bovin et buffalin et le petit commerce. Elles ont colonisé l'ensemble des provinces du Laos, mais ne sont pas majoritaires dans les districts reculés, en particulier dans l'extrême Sud, sur la chaîne annamitique et dans les montagnes du Nord. Si la majorité pratique le bouddhisme, certains groupes maintiennent leurs croyances aux génies tout en acceptant l'influence bouddhiste.

Les ethnies de parler austro-asiatique avec 59 minorités ethniques et sous-groupes de la sous-famille môn-khmère représentent environ 30 % de la population totale. La population khmu, occupant la moitié nord du pays, elle-même divisée en groupes « Ou, Rok, Khong, Lu, Mê et Mokplai », est la plus nombreuse (38 % de cette famille linguistique). Au Sud, les Katang, Makong, Brou et Souay sont les mieux représentés. En raison de leur organisation sociopolitique moins solide que les ethnies des trois autres familles linguistiques, les austro-asiatiques sont souvent plus vulnérables aux chocs sociaux et économiques. Premiers peuples à avoir habité le pays, ils sont longtemps restés des peuples itinérants de la forêt, essarteurs, chasseurs et cueilleurs. Leur système de production basé sur la subsistance (riz glutineux, maïs, chèvre, volaille) n'a pas pu résister à l'économie de marché et à la mondialisation, qui a touché le pays au début des années 1990, suite à l'effondrement du bloc soviétique et de l'ouverture des frontières avec la Thaïlande. Leur sédentarisation en villages organisés est plus récente, et s'est accélérée après 1975 en réponse aux différentes politiques de stabilisation et de contrôle des populations, puis aux politiques de développement.

Les cinq ethnies de parler hmong-mien ou miao-yao sont venues se réfugier sur la moitié nord du territoire laotien à partir du XVIIIe siècle, en provenance de Chine et du Vietnam. Ils représentent 9 à 10 % de la population nationale. Les Hmong blancs (Hmong Daw, Hmong Kao) et les Hmong verts ou bariolés (Hmong Njua, Hmong Lay), de parler hmong ou miao, sont de loin les plus nombreux de cette famille linguistique et représentent environ 7-8 % de la population totale. Les Hmong noirs (Hmong Do, Hmong Dam) sont eux très minoritaires dans le groupe « Miao » au Laos. Très organisés sociopolitiquement et de structure clanique, les Hmong ont réussi à maintenir les réseaux de communication entre communautés et s'imposer dans différents pays du Sud-Est asiatique tout en maintenant leurs coutumes, croyances aux génies et pratiques religieuses, culturelles et agraires. Les notions de survie et de liberté ont toujours guidé leur pas. Les Iu Mien ou Yao, eux, de parler mien, se sont dispersés dans différentes régions du nord du Laos sans toujours maintenir les contacts avec le berceau originel ethnique. Les Lantene, se sont sédentarisés dans la zone Nord-Est du Laos. Contrairement aux Hmong, ils ont eu l'occasion, lors de leur migration en Chine, d'apprendre l'écriture chinoise, que certains anciens ont transmise aux futures générations pour lire les livres sacrés et écrire l'histoire de la communauté. Autrefois peuples itinérants de montagne, producteurs de riz blanc, maïs, pavot à opium, bovins et porcins, ils se sédentarisent progressivement depuis les années 1980 en abandonnant l'opium.

Les 34 ethnies de la famille linguistique sino-tibétaine, venues de Chine et de Birmanie dès la fin du XVIIIe siècle, restent cantonnées dans les zones rurales montagneuses de l'extrême Nord du Laos. Elles représentent uniquement 3 à 4 % de la population nationale. Autant dire qu'en dehors des Akha, la majorité de ces ethnies n'est représentée que par quelques communautés. Parmi celles-ci, on note les Hayi, Alou, Kongsat, Mouteun, Poussang et Sila des provinces de Phôngsali et d'Oudomxay. Animiste, chaque ethnie dispose d'un large panthéon de génies qu'il convient de respecter par des attitudes et des pratiques transmises de génération en génération. Des sorciers et guérisseurs sont les garants de ces croyances, qu'ils rappellent dans les cérémonies liées à la religion, aux décès, à la maladie et à l'épidémie ou la catastrophe naturelle. Traditionnellement, ces ethnies utilisent des territoires montagneux forestiers similaires à ceux des Miao-Yao, propices à la culture de maïs et de pavot à opium. Ils pratiquent aussi largement l'élevage bovin et porcin, la chasse et la cueillette.

CROYANCES ET INTERDITS

Un mot sur les croyances et les interdits des peuples ruraux « animistes » du Laos

Le texte ci-dessous n'a pas la prétention d'analyser les croyances et les termes complexes de ces dimensions immatérielles et invisibles, qui sont du ressort des spécialistes dans ces domaines. Ce n'est pas non plus l'intention de couvrir l'ensemble des croyances des peuples ruraux. L'objectif ici est juste d'indiquer quelques exemples concrets de ces croyances qui guident et régulent les comportements de ces peuples, avec une plus forte intensité chez les animistes[1]. C'est aussi d'illustrer par ces exemples l'importance de ces croyances dans la vie, les attitudes et les comportements des humains et de leur relation spirituelle avec les éléments de leur territoire. C'est aussi de préciser les niveaux d'interprétation de certains termes comme « *Phi* », « *Né* », « *Kwaan* » sur le terrain et des choix qui ont été faits dans le cadre de notre étude. D'ailleurs, ces questions de terminologie liées à l'invisible ne sont pas toujours tranchées et font encore débat parmi les spécialistes. Par exemple, les termes « esprits » et « génies » sont utilisés à même escient dans de nombreux ouvrages. L'âme est aussi quelquefois considérée comme un esprit, car elle est active tant qu'elle est dans le corps ou qu'elle vagabonde autour de lui.

Lorsque je débutais mes études en fin 1988 au Laos, je transcrivais « esprit » pour ce que les peuples de parler tay traduisait par « *Phi* », mais aussi pour d'autres cas comme « *Ne* », « *Me* », « *Su'a* », ou chez les môn-khmers[2] par « *Rooy* » chez les Khmu, Nyuane et Kouène, « *Vakly* » chez les

---

[1] Les ethnies bouddhistes ou d'influence bouddhiste, celles christianisées ou influencées par d'autres religions comme le taoïsme et le confucianisme, ont conservé, à des degrés différents, des croyances aux génies, âmes et kwaan.

[2] L'équivalent de « *Phi* » chez les peuples de parler môn-khmer sont : *Buat* (ethnie Bit), *Vakly* (ethnie Doï), *Rooy* (ethnies Khmu, Nyuane et Kouène), *Mbrong* (ethnie Lamet), *Proong* (ethnie Plrai), *Mameun* (ethnie Phong du nord du Laos), *Skeun* (ethnie Ksing Mul), *Tchama* (ethnie Aheu), *Yang* (ethnies Alak, Brao, Katou et Ngyé), *Djama* (ethnie Arao), *Khamouth* ou *Djéma* (ethnie Atel), *Khouth* (ethnies Brou et Malang), *Yang* ou *Kamod* (ethnie Chatong), *Yang* ou *Tamork* (ethnie Kaseng), *Khmouiy* (ethnie Katang), *Kayard* (ethnie Kayong), *Katchark* (ethnie Sadang), *Khmoyth* (ethnie Kri), *Priya* ou *Plat* (ethnie Lavi), *Ma* (ethnie Liha), *Mar* (ethnie Toum), *Kasok* et *Braa* (ethnie Lovène), *Sok* (ethnie Souay), *Khamoud* (ethnie Salang), *Sama* ou *Khmouith* (ethnie Phong centre du Laos), *Braa* et *Tcheng* (ethnie Nyaheune), *Khamouth* (ethnie Témarou), *Tchama* (ethnie Maleng), *Yang* ou *Kamoui* (ethnies Taoy, Pacok, Kado),

Doï, « *Né* » chez les akha. En effet, les liens entre l'humain, ses « *Kwaan* » et ses « âmes » et les « *Phi* » semblaient aller au-delà de la simple croyance, confrontation, négociation et arrangement entre humains et « génies ». D'ailleurs, la définition d'animisme repose sur deux dogmes : la croyance à l'âme et la croyance à des divinités et à des esprits.

Toutefois, lors de la période de l'étude (1989-2003), les spécialistes, avec qui je travaillais, penchaient plutôt pour une traduction de « génie » pour tout ce qui se rapportait à « *Phi* ». C'est donc ce terme que j'ai utilisé dans ces 8 ouvrages, et qu'il faudra donc comprendre avec flexibilité en fonction de l'évolution de la recherche sur les interprétations des « *Phi* » et de toute la complexité associée à la diversité des situations.

La notion de « *Phi* », décrite selon les sources comme esprit, génie, démons, fantômes, est ancienne en Asie du Sud-Est. Elle est surtout assimilée aux peuples « animistes », pratiquant la religion « *Sasana Phi* » ou la religion des esprits/génies. Mais les Phi sont présents aussi chez les bouddhistes (*Sasana Phout*), même si en public, ils s'en défendent parfois. Ainsi, de nombreuses pagodes comme le Vat Si Muang à Vientiane, sont protégées par le Naga, serpent divin à plusieurs têtes. Ces croyances dans les *Phi* n'ont pas disparu malgré les tentatives du Parti à les éliminer entre 1960 et 1965 en les cataloguant de superstitions. Il avait sous-estimé le fait que ces croyances font aussi partie de la « culture » de ces peuples, qui, elle, ne s'efface pas facilement. D'ailleurs, par la suite, dans certaines zones rurales, on a toléré un autel collectif dans certains villages pour les prières aux esprits/génies, placé dans l'enceinte de la pagode. En gros, sur le terrain, le bouddhisme et les Phi font le plus souvent bon ménage. On se réfère à l'une ou l'autre croyance, ou la combinaison des deux, selon les circonstances, ils sont alors complémentaires.

Ce lien entre les humains et les « *Phi* » est spécialement fort pour ce qui est du rapport entre les humains et les ancêtres familiaux (comme le *Phi Po Phi Mé,* ou *Phi* des parents) chez les peuples de parler tay et les « *Phi* » du monde « organisé » par l'humain comme le *Phi Ban* (*Phi* du village) et le *Phi Huan* (*Phi* de la maison) des peuples de parler tay. Ces liens sont un peu plus distants et moins contrôlés avec les « *Phi* » du monde « temporairement organisé » de la frontière du village, des essarts et des animaux vagabondant entre le village et la forêt comme le *Phi Hai* ou *Phi* des essarts.

La population est beaucoup moins proche et contrôle beaucoup moins les « *Phi* » de l'espace « non organisé », s'est à dire l'espace sauvage, comme le

---

Yang ou *Heun* (ethnie Taliang), *Khyak* (ethnie Yae), *Da* (ethnies Hmong), *Mien* (ethnies Yao et Lantene), *Né* (ethnies Akha), *Dat* (ethnie Phounoy).

Phi Pa (*Phi* de la forêt)*, le Phi Nam (*Phi de l'eau*),* le *Phi Poung (Phi* des terres salées*)*. Ces « *Phi* » naturels sont donc redoutés, car moins prévisibles et potentiellement très malfaisants une fois irrités par les erreurs des hommes sur leur territoire. Ils apportent, selon le cas et l'ethnie, la paralysie, l'aveuglement, la mort. Double peine en cas de décès dans ce territoire sauvage, car pour de nombreuses ethnies animistes, en plus d'une certaine honte pour les membres de la famille affectés par un tel décès, le corps du défunt n'est pas enterré dans le cimetière, car il pourrait contaminer les autres tombes et créer la zizanie entre les génies du cimetière (espace sacré), et les génies sauvages qui se sont emparés du mort, y compris celui de la mort par accident *Phi Tay Houng* et le génie des corps morts *Phi Tayha.* De plus, son « *Kwaan* » ou *Phi Petut* (esprit/génie mort de manière non naturelle, par accident, etc.) ne pourra probablement pas se réincarner. Triple peine chez les Akha, car en plus, le nom du mort disparaît de la lignée généalogique, ce qui « déclasse » la famille dont le principe de continuité est important.

Ainsi, c'est pour éviter les risques de déclencher la colère de ces génies sauvages qu'avant la coupe de forêt pour l'agriculture annuelle (considérée comme un emprunt temporaire) ou la construction d'une infrastructure comme un barrage (emprunt plus durable) des rituels sont organisés sur le lieu pour demander l'autorisation aux « *Phi* » du lieu, en apportant des offrandes y compris de l'alcool pour les amadouer. D'ailleurs, certaines ethnies comme les Lovène et les Nyaheune sur le plateau des Bolovens ont deux noms différents pour les « *Phi* familiers » (*Braa* pour les Nyaheune et *Kasok* pour les Lovène) et les « *Phi* naturels » (*Tcheng* chez les Nyaheune et *Braa* chez les Lovène).

Il existe aussi des « *Phi* » avec une connotation collective d'appartenance territoriale, en raison d'une histoire (*Phi Muang, Phi Mahesak*), liant historiquement le village, la communauté aux « esprits » ou « génies » tutélaires de leur territoire. Les génies s'engagent à les protéger, les humains s'engagent à rester dans le territoire et bien s'y conduire. On renouvelle par exemple ce contrat et on prête allégeance mutuellement entre la communauté et les génies, par une cérémonie annuelle qui se passe au « centre du territoire », symbolisé par un grand arbre, un pilier sacré, une rivière, etc. Chez les Yuane de Luang Namtha, une grande cérémonie annuelle était organisée pour le *Phi Muang* en l'honneur de deux sœurs légendaires qui se sacrifièrent pour éviter l'inondation de leur territoire, Khakham et Soutama. Chaque ethnie a sa formule, visant à honorer les génies gardiens du territoire et repousser ceux malfaisants apportant malheur et infortune. Ces liens peuvent être très forts, émotionnels et psychologiquement perturbants en cas de déplacement non volontaire de ces ethnies en dehors du périmètre de protection de ces « *Phi* », comme ce fut le cas dans les districts de Nakai, de

Khamkeut et de Paksong lors de déplacement de populations aheu, brou, atel, arao, tai sam, phong, nyaheune, etc. en lien avec les grands projets hydro-électriques. En plus de la perte de protection des génies, ces ethnies perdaient leurs repères sacrés comme les forêts primaires et les cimetières, particulièrement chers à de nombreuses ethnies comme chez les Sadang, Pacoh, Kado et Kanay du Sud du pays.

Les « *Phi* » sont aussi présents dans les cas de « possession », lorsqu'ils s'introduisent dans le corps d'un humain et dirigent ses actes. Ces cas de possession sont spécialement actifs dans la zone Centre-Est du Laos (Bolikhamsay, Khamouane et Savannakhet) et se retrouvent aussi dans le Sud et le Nord. Certaines personnes sont capables et formées à contrôler la possession, d'autres ne le sont pas (souvent les femmes, possédées, par exemple les *Phi Mo* et *Phi Nang Tiyem* (femmes de l'ethnie Tai Sam dans le district de Nakai, possédée par le *Phi* ou le *Kwaan* d'un membre de la famille ou par ceux d'un défunt d'une autre lignée ou lignée élargie) et extériorisent occasionnellement cette possession par des cris, des pleurs, des chants, des convulsions, des délires, des transes, et des phrases dictées par le « *Phi* » qui les habitent. En mars chaque année, les Aheu du district de Nakai organisent même un rite de possession de trois jours et trois nuits pour le *Chama Mo*. Le *Phi Pop*, avec son équivalent chez les autres ethnies, est quelquefois interprété comme un *Phi* qui se déplace dans les airs et qui attaque des proies pour les rendre folles, ou pour une personne qui a appris avec un maître à acquérir de savoir des formules, le « *Môn* », qu'il utilise à mauvais escient. Il est souvent décrit comme un vampire, allant se nourrir de sang de sa victime la nuit.

D'autres « *Phi* » ou « *Kwaan* » (force vitale ou souffle vital) choisissent un hôte animal, quelquefois interprété comme une réincarnation, comme le tigre, le sanglier, un oiseau, une chauve-souris ou un autre animal légendaire. On nous racontait plusieurs situations, dont les deux suivantes. Certains de ces animaux passent alternativement d'un physique animal à un physique humain et il arriva qu'un chasseur « tue un sanglier » et retrouve un humain mort. Ces cas autrefois étaient délibérés sérieusement au tribunal avec des sorciers et des devins qui venaient témoigner (Lafont, 1995, communication personnelle). Dans d'autres cas, des animaux habités par des *Phi* malveillants (*Phi Kongkoy, Phi Louk Kap, Phi Phoong* par exemple) comme des chauves-souris, vampires ou autres, influençaient certaines personnes. On les retrouvait hagards et muets, marchant la nuit, pendant de nombreux jours. Ceux atteints par le *Phi Phoong* sortaient la nuit pour manger des grenouilles.

Enfin, on croit aussi, chez certaines ethnies, à des « divinités », souvent liées à des légendes et des influences religieuses passées (par exemple les Yao et les Lantene, influencés par le taôisme), les Kui Sung vénérant la force suprême du Tournesol (*Honi Hapa*), le dieu suprême *Tévala* chez les Mousseu Dam et Kui Lung, la force suprême *Apou Tcheu Tcheu* chez les Akha Mouchi, la vénération de *Phi Méo* dans le territoire de Phôngsali y compris chez les Nüa, Haw et Lolo, la divinité *Tévada* chez les Tai Pheung.

Au début des années 1990, je retenais cette traduction d'« esprit » pour les « *Phi* » par le fait que la conception religieuse des peuples de parler tay soutient que la vie humaine repose sur les « *kwaan* », ou « *Phi Kwaan* ». La notion de « *Phi* » est plus proche de l'esprit que du génie. Mais il existe d'autres terminologies chez les peuples de parler tay comme « *Minh Ban Né Muang* », « esprit » ou « génie tutélaire du village et du territoire ». « *Mé* », « *Né* », et « *Phi* » utilisés dans *Nen Din* ou *Phi Din* (sol), *Me Nam* ou *Phi Nam* (eau), *Me May* ou *Phi May* (arbre) ont des sens qui ne sont pas faciles à distinguer. « *Mé* » et « *Né* » se rapprocherait plus de l'âme ou du *Kwaan* de ces éléments, alors que « *Phi* » plutôt d'esprit ou de génie. Le terme « *Su'a* » s'applique aussi pour un élément sacré, comme le cimetière ou la forêt dense et se rapproche de « l'âme ». L'esprit *Môt* (*Phi Môt*) chez les Tai Dam est un auxiliaire actif de l'âme ou du *Kwaan*, avec une fonction de protection contre les mauvais esprits ou génies. En effet, selon les ethnies, on croit à un ou plusieurs « *Kwaan* » ou « âmes », par exemple 32 Kwaan chez les Lao, 32 à 50 chez les Tai Dam selon les sources. Dans le cas de plusieurs âmes ou « *Kwaan* », l'une est maîtresse et celle qu'il convient de protéger en priorité. C'est pour cela que chez les Lao et d'autres ethnies de parler tay, on ne touche pas ou ne caresse pas la tête des personnes, car c'est là que se trouve le *Kwaan* central, le *Kwaan chau*.

Traitement des maladies

Si le *Phi Môt* ne remplit pas son rôle, alors une ou plusieurs *Kwaan* ou âmes peuvent sortir des corps et vagabonder, provoquant l'affaiblissement, voire la maladie. Même si le *Phi Môt* accompagne l'âme vagabonde pour tenter de la raisonner et la faire revenir, il n'y arrive pas toujours. Il faut alors faire vite pour les faire revenir dans le corps, car si elles partent toutes, c'est la mort. C'est le rôle des sorciers, sorciers-guérisseurs, chaman, devins, prêtres, qui avec les rituels, incantations et formules magiques, sont capables de retrouver et de guider les *Kwaan* ou les âmes pour tenter de les faire revenir. Il faut un niveau suffisant d'expérience en fonction de la gravité du cas pour que le *Phi Môt* chez les Tai Dam consente à lui laisser la main. C'est pour cela que dans de nombreuses ethnies, on distingue 2 à 5 niveaux de ritualistes pour les cérémonies et rituels animistes, selon le processus suivant :

- Les chefs de famille qui tentent des guérisons par la phytothérapie, les incantations et des prières, et qui protègent la maison par des offrandes aux génies de la maison, et disposent quelquefois d'amulettes, paniers sacrés, talismans et colliers de protection.

- Les maîtres de cérémonies, généralistes, gardiens des traditions, mais non formés aux formules magiques.
- Les guérisseurs, capables de se mettre en contact avec les *Phi* de base et d'associer la médecine traditionnelle.
- Les chamanes, devins-guérisseurs et guérisseurs-souffleurs, capables de s'adresser et de négocier avec des *Phi* intermédiaires à travers des formules magiques, des rituels précis, des méthodes adaptées (observation de phénomènes naturels, interprétation des rêves, examen des viscères et des pattes, examen des signes dans le jaune d'œuf, interprétation des paroles de personnes inspirées, géomancie, etc.) et des outils spécifiques (œuf, poulet, riz, baguette, etc.).
- Les « prêtres » ou « maître des cultes ou des rituels », souvent appelés « *Tchao Tchamp* ou *Djaocam* » ou leur équivalent chez chaque ethnie, capables d'aller au sommet de la hiérarchie[3] des *Phi* pour influencer globalement tous les *Phi* (par exemple *Djabidjalan* (ciel) à travers son assistant *Apimiye* chez les Akha Pouli, qui font partie du monde céleste ou des dieux, alors que certains *Phi* font partie du monde terrestre). C'est aussi le cas de *Phi* ou la force suprême *Piya* chez les Nüa de Phôngsali. Ces maîtres des rituels sont aussi capables d'exercer des rituels de manière à donner des crédits supplémentaires de vie aux personnes ayant subi des malheurs à répétition.

Dans le cas de rituel de guérison, le ritualiste peut intervenir de plusieurs façons : il « nourrit » les *kwaan* ou les *Phi* (*Lieng Kwaan* et *Lieng Phi*) par des offrandes, il stoppe les forces malveillantes par des formules magiques et il renforce la protection des âmes pour les faire revenir. Plus le cas est grave, plus le rituel est long et cher en offrandes. Par exemple, pour une maladie grave chez les Akha de Luang Namtha, un rituel de guérison impliquant les différents guérisseurs et le « prêtre » *Pémo* ou *Dzoema*, revenait, en 1993, à l'équivalent de 400 euros en sacrifices d'animaux alors qu'à cette période, la valeur mensuelle de consommation d'une famille moyenne de 6 personnes dans ces villages ne dépassait pas 60 euros. Dans les cas extrêmes de gravité touchant la communauté, on quittait immédiatement le village en abandonnant tout (par exemple, chez les ethnies Akha du Nord), on sacrifiait de nombreux animaux à la porte des villages que l'on aspergeait de leur sang contre les esprits ou génies maléfiques de l'extérieur (Khmu de la province d'Oudomxay), on déterrait les cercueils en lien avec les génies du cimetière

[3] Dans certaines ethnies et en particulier chez les Akha, il existe une hiérarchie précise des Phi. Celui le plus élevé supervise ceux intermédiaires, ces derniers supervisant d'autres phi. On se référera au passage sur les Akha Pouli dans l'ouvrage sur les peuples de parler tibéto-birman du Nord-Ouest du Laos (L. Chazée, 2023).

(Pacoh, Kado et Taoy des districts de Taoy et de Samouay) et jusqu'en 1975 chez les Kayong d'Attapeu, on sacrifiait 7 buffles et un humain pour les génies du cimetière. Si le patient finit par mourir, selon les ethnies, certaines *Kwaan* partaient au ciel, d'autres restaient au cimetière près du corps, d'autres s'installaient au lieu symbolisant la rencontre avec les *Kwaan* dans la maison du défunt (autel, pilier sacré, poutre faîtière du toit, fumoir au-dessus du foyer, etc.). Pour ces *Kwaan*, de nombreuses ethnies organisent une cérémonie globale pour les rappeler, la cérémonie : *Sou Kwaan*. D'autres ethnies tentent même de rappeler certains *kwaan* ou âmes de l'au-delà, comme chez les Lantene, Yao et Akha. On leur laisse alors plus de temps de voyage pour qu'ils puissent participer à la fête, on installe des lampions la nuit pour les guider et on prépare même des petites bottes de foin pour ravitailler leurs chevaux célestes.

Dans ce cas de décès, le défunt aura permis à sa communauté de consommer de la viande tout au long des séances de sacrifice. Cet effet nutritionnel positif des sacrifices n'est pas négligeable : un malade rend les autres mieux nourris et mieux à même de se défendre des maladies. C'est aussi l'occasion de retrouvailles et de beaucoup d'alcool. Nous avions d'ailleurs eu l'évidence, à certaines occasions, que des communautés « trop » bien portantes qui n'avaient pas pu organiser de cérémonies de guérison pendant de longues périodes, avaient enfreint volontairement les lois traditionnelles et donc provoqué la faute pour enfin organiser une cérémonie de pardon copieuse en viande, alcool et bière.

À l'inverse, pour compliquer le tout, certains ritualistes utilisent leurs pouvoirs magiques pour faire le mal, créer la maladie, la souffrance et la torture, souvent à distance. D'autres utilisent la magie noire, comme dans le district de Nakai. Ils sont redoutés et en général, personne n'ose les contrer. À Luang Namtha, au début des années 90, les autorités les avaient déplacés et regroupés (ethnies Kouène et Nyuane) au km 14 à la demande des villageois de différents villages, pour qu'ils ne leur fassent plus de mal. Au district de Houn, il avait fallu faire venir un Khmu de Vientiane au pouvoir puissant pour contrer un chamane dans un village où il faisait le mal aux populations. À égalité de pouvoir entre ces deux Khmu, la partie s'était terminée avec l'intervention de l'armée.

Les croyances liées au cycle du riz

Nous rappelons que de nombreuses croyances impliquant les génies sont liées au cycle de la culture du riz, en particulier le riz de pente pour les communautés animistes. Ce sont d'ailleurs les croyances qui mobilisent le plus de cérémonies et de rituels programmés, réguliers et codifiés dans l'année. Ceux-ci peuvent être associés ou renforcés avec d'autres cérémonies, « boun » et « fêtes » du bouddhisme, du christianisme et d'autres religions. Même s'ils sont de plus en plus simplifiés et même certains abandonnés ou faits de manière symbolique en 2023, ils gardaient globalement une grande importance lors de la période d'étude dans les années 90. Ils sont décrits de manière plus ou moins détaillée pour chaque groupe ethnique et nous n'y reviendrons donc pas.

Selon les ethnies, ces croyances se matérialisent par des rituels, prières, incantations, offrandes et interdits à différentes périodes du cycle : intention de défricher une parcelle de riz (rituel d'information aux *Phi* du lieu et demande d'autorisation de l'utilisation temporaire du lieu), intention, information et prière de souhait de réussite du semis, prière lors du cycle de croissance du riz, rituels et cérémonies souvent conséquentes avant et après la récolte, cérémonie de clôture du cycle de riz de l'année précédente et lancement « officiel » du nouveau cycle. Ces rituels et cérémonies sont réalisés le plus souvent dans les essarts concernés, mais aussi au niveau des greniers et des villages. Au-delà des rituels programmés, des rituels et cérémonies extraordinaires de pardon peuvent être décidés le long du cycle du riz, par exemple en cas d'incendie non contrôlé lors de la phase de brûlage, de retard de pluie remettant en cause la levée des semis, d'attaques sévères d'insectes ou de prédateurs lors de la croissance et de la phase finale, de mauvaises récoltes. Dans des cas extrêmes, si ces calamités extraordinaires se répètent 2 ou 3 ans, on peut décider de déplacer le village et de changer de territoire de culture, car on pense que les génies du premier territoire ne veulent rien entendre.

Les rituels liés au choix de sites et de la construction des maisons.

Les peuples animistes basant leurs moyens d'existence sur la culture de défriche-brûlis ont un système de vie itinérant à semi-itinérant, pour des raisons alimentaires : besoin de terres productives et des ressources naturelles suffisantes pour assurer la sécurité alimentaire et la santé de la population. Toutefois, comme le montre l'étude des villages, leur mobilité historique fut souvent décidée avant le point de rupture alimentaire, pour des raisons de sécurité et de croyances. Le déplacement du village, l'abandon et la reconstruction des maisons ne se font pas à la légère, il en va de la survie de la communauté.

Si les premiers critères de choix du village se basent sur des éléments physiques comme la qualité du sol, l'altitude, l'exposition, la distance par rapport aux voisins, la qualité et la diversité biologique utile, la présence de matériaux de construction et de plantes médicinales, etc., la décision devra être validée par tout un arsenal de rituels, visant globalement à l'acceptation préalable des génies/esprits du lieu identifié. Elle sera prise par les représentants villageois, les sages et les personnes en charge des rituels. Parmi les méthodes, il y a l'interprétation des rêves. Ainsi, chez de nombreuses ethnies, ces personnes restent 1 à 3 nuits pour s'assurer de rêves favorables. On fera ensuite un rituel pour s'assurer des qualités plus précises du territoire, dont le verdict sera dicté par les génies ou esprits du lieu. Le plus souvent, on fait un petit trou là où sera le centre présumé du village, le *Lak Ban*. Certaines ethnies d'ailleurs plantent une brindille en son centre pour symboliser le *Lak Ban*.

Ces trous sont le plus souvent circulaires, mais d'autres sont rectangulaires ou carrés. On dépose ensuite un nombre précis de grains de riz, chacun symbolisant, selon les ethnies, un élément du monde organisé ou semi-organisé : humain, buffle/bovin, chèvre, volaille, essart, etc. On recouvre ensuite le trou d'une feuille, d'une assiette, d'un bol ou tout autre objet et on attend, selon les ethnies, entre une heure et une nuit, avant de soulever le couvercle. Si tous les grains ont disparu, la question est réglée, le site est défavorable et on change de lieu. Si certains ont disparu, on ne retient en général pas le site à part si le grain disparu concerne un élément secondaire qui ne remet pas en cause la survie de la communauté (volailles par exemple), ou si on ne trouvera pas d'autres sites plus favorables. Si les grains sont toujours là, mais ont bougé, le site présente des risques qu'il s'agit d'analyser. Si les grains déplacés correspondent à ceux symbolisant les humains, le riz et les buffles, on prend souvent la décision de ne pas retenir le site. Si tous les grains sont là et n'ont pas bougé, le site est considéré comme favorable, à condition que l'interprétation des rêves aille dans le même sens. Ce choix ne reste pas définitif. En effet, il suffit, selon l'ethnie, que le groupe de représentant tombe malade ou subisse un accident au retour, ou croise un cadavre au bord du sentier, entende un cerf aboyeur ou un aigle, et la décision est remise en cause. Ensuite, il est rare que toute la communauté d'essarteurs se déplace en même temps. On enverra des éclaireurs tenter leur chance pendant une ou deux années de culture de pente, dormant dans des abris agricoles proches de leur parcelle, pour confirmer les rêves favorables, la bonne santé et la bonne récolte de riz. Dans le cas contraire, la motivation du déménagement est réduite et certaines familles mettront des années à se décider de déménager.

La construction des maisons suit aussi son lot de rituels et de coutumes, visant à valider le site par rapport aux génies/esprits, à ne commencer la construction qu'aux jours favorables (combinaison entre les jours favorables du calendrier traditionnel, lignages, années de naissance ou décès de membres de la famille, signes du zodiaque, etc.). On démarrera dans un ordre très précis de construction, souvent avec le pilier des ancêtres, quand il a été transporté de l'ancien village. Le montage de la maison avec l'aide de la communauté est une coutume courante, qui se termine par un repas collectif bien arrosé. La première entrée de la maison est aussi associée à des rituels, des offrandes, voire des mimes.

Les interdits

Les croyances, sans doute élaborées et adaptées de génération en génération, se matérialisent par de nombreux interdits. Ils deviennent finalement un cadre « législatif » de vie, de comportements, prévoyant des sanctions par des maladies, des malheurs, des accidents provoqués par les « *Phi* » puis par des amendes et des frais d'offrandes relatifs aux cérémonies de pardon à ces *Phi*.

On distingue les interdits dans le cycle ordinaire de la vie, qui concernent chaque société rurale, et les interdits liés à des situations extraordinaires individuelles (mariage, naissance et décès en particulier) ou communautaires (changement de site de village, actions collectives de la culture du riz par exemple). Dans le cycle ordinaire, les interdits concernent par exemple :

- ceux alimentaires liés à la grossesse et l'accouchement (souvent les poissons de vase, les fruits et légumes acides, les animaux de la forêt et les buffles albinos sont interdits).
- ceux liés au choix des bois pour la construction de la maison (les bois noueux, en fourche, cassés à la cime ou ayant reçu la foudre, ou l'espèce utilisée pour la fabrication des cercueils sont interdits pour la construction).
- ceux liés à l'animal fétiche ou à l'animal ou plante emblématique d'un lignage, qu'il est interdit de consommer par leurs représentants (tubercule, citrouille, tigre, loutre, goral, serpent, varan, oiseaux (bergeronnette, malkoha, barbus, etc.). Dans les villages alak de Xékong, on note des lignages *Yang* totémiques comme le *Yang Tchatchun* (porc), *Yang Tchakapiou* (buffle), *Yang Tchaoir* (poulet). En fait, chaque lignage correspond à des interdits anciens, créés suite à des promesses liées à une guérison.
- ceux liés au respect de lieux « sacrés » qui peuvent être, selon les ethnies, le cimetière, la forêt primaire, les grands arbres (le figuier en particulier), une falaise, un lac, une montagne. On s'y rend avec des précautions d'usage et on l'évite si on est accidenté, malade ou enceinte.
- ceux liés au souillage par le sang dans la maison. Chez de nombreuses ethnies du Centre et du Sud du Laos (Kri, Témarou, Kado, Pacoh, Taoy, etc.), le rapport au sang est spécifique. Les femmes enceintes accouchent

dans une cabane annexe et les interdits sont nombreux avant et après l'accouchement. Ils ne sont levés que par des cérémonies impliquant des offrandes aux *Phi*. Chez certains, comme chez les Kri, cela concerne aussi la période où les femmes ont leurs menstruations.

Lorsque ces interdits sont historiques et engagent des décisions importantes pour la survie de la famille ou de la communauté, ils deviennent « tabou » d'en discuter en dehors des périodes exceptionnelles qui les concernent. Ainsi, dans nos enquêtes, certains sujets liés à des situations extraordinaires étaient difficiles à aborder en situation ordinaire de l'enquête, comme les cérémonies de décès, de maladies, les cas d'épidémies, car on pensait que d'en parler allait apporter le malheur. Chez certaines ethnies comme chez les Akha, certains sujets sensibles comme la naissance d'un jumeau, l'accident ou le décès d'une personne dans « l'espace sauvage » ou même la mention du prénom d'une femme (qu'on ne prononce jamais en public en temps ordinaire) ne pouvaient pas toujours être abordés.

Si les interdits sont moins nombreux et appliqués de manière plus flexible chez les peuples de parler tay, ils sont en général très présents et appliqués plus strictement chez les peuples de parler miao-yao et tibéto-birman, ainsi que par certains groupes de parler môn-khmer, animistes et isolés, comme les Taoy, Pacoh, Kayong, Sadang, Kri, etc. Lors de nos relations de travail avec les ethnies de parler miao-yao et tibéto-birman, il arrivait que certains nous disent qu'ils aimeraient vivre dans un système d'interdits moins contraignant comme chez leurs voisins lao, yuane et lü. Certains Lü, Tai Dam et Nuä avec qui nous avions travaillé à Oudomxay et Luang Namtha enviait notre liberté d'expression et de comportement, qu'ils ne pouvaient se permettre dans leur communauté, en dehors des moments sous l'emprise d'alcool pendant lesquels ils bénéficiaient de la tolérance de la société.

Il faut dire que les interdits peuvent être très contraignants dans le chemin du développement dit « moderne » et concerner tous les détails de la vie de tous les jours. C'est chez les Akha que je rencontrais la plus forte intensité d'interdits.

Par exemple, on remettait à plus tard un projet ou un voyage après un mauvais rêve, ou après avoir entendu ou croisé un aigle ou un cerf aboyeur. On ne touche pas certaines parties de la maison considérées comme sacrées. Le foyer revêt des interdits particuliers en temps ordinaire et extraordinaire. On ne peut toucher la porte du village en entrant. Certains escaliers et espaces de maisons sont interdits aux personnes étrangères aux maisons. Une naissance de jumeaux donne lieu à une série d'interdits aux parents touchés par « ce malheur ». Le cycle du riz ne peut commencer au niveau individuel sans une validation communautaire. La gestion de l'espace habitable change avec des interdits différents en cas de décès, de naissance et de mariage. Une femme divorcée dans le village doit donner des cigarettes au départ des chasseurs sous peine qu'ils reviennent bredouilles.

PEUPLES RURAUX DE LA FAMILLE LINGUISTIQUE MôN KHMER

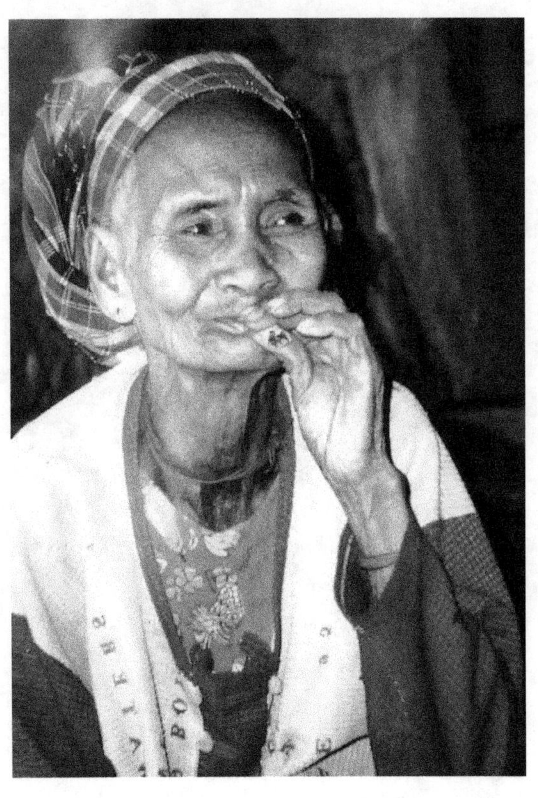

Chapitre I.
Aheu

Nom de l'ethnie

Aheu (Ahoe, Thong Luang, Aheu Luang, Thavung, Phon Sung).

Famille, groupe et branche linguistiques

Famille austro-asiatique, groupe môn-khmer, branche viétique.

Nous ne rentrerons pas dans les considérations linguistiques précises, toujours à l'état de recherche et d'hypothèse lors de la période d'étude en 1999-2000. Cela d'autant plus que les Aheu étudiés à Khamouane ont connu une histoire de déplacements subis dont les impacts et les conséquences sont bien plus explicatifs de leur situation actuelle que leur origine linguistique.

Si leurs voisins les appellent aussi parfois « Phon Sung » ou « Thavung », l'évolution des Aheu de Nakai est spécifique de leur histoire de déplacement lors de la deuxième guerre d'Indochine et de leur cohabitation avec les Bo, les Tay Meuiy et les Tai Mène.

À Khamouane, dans le village étudié, la langue Aheu intègre de nombreux mots lao (vache, buffle, cheval, village) et vietnamiens (chien, poulet, manger). Néanmoins, certains mots originels Aheu peuvent être très différents des autres groupes Salang (Atel, Kari (Kri), Maleng et Malang) dont ils sont pourtant proches.

Quelques éléments linguistiques (Nakai Tai, 2003) : *Meu* (mère), *Ong* (père), *Kone* (enfant), *Kouay* (buffle), *Ngoua* (vache), *Ma* (cheval), *Koun* (porc), *Ka* (poulet), *Tchor* (chien), Méo (chat), *Mali* (forêt), Fa (ciel), *arbre* (Salang), *Mark Pet* (piment), *Sali* (maïs), *An Tchao* (manger), *Ban* (village), *Ou* (maison), *Tchao Kaxay* (riz ordinaire), *Dard* (eau), *Among* (viande), *Ata* (canard).
Nombre de 1 à 9 : *Mouth, Hane, Pa, Pone, Dam, Phloue, Pi. Xam, Tchinh.*

Villages étudiés (1989-2003)

1 village étudié : Nakai Tai (district de Nakai, province de Khamouane - 2000).

Distribution géographique

Laos

Provinces de Khamouane (Nakai) et de Bolikhamsay (Hinboun). Quelques familles sont établies à Thakhek, Lak Xao.

Thaïlande : province de Sakhon Nakhon (3 villages, AMO, 2000).

Peuple

Population au Laos

Estimation personnelle en 2003 : 1 300 personnes.
Les Aheu habitent des villages, le plus souvent en association avec des Brou, Bo, Meuiy, Tai Sam, Kaleung, Poutay, Tai Mène et Tai Kouane.

Province de Khamouane (8 villages)

District de Nakai (8 villages) : Nakai Tai (40 familles Aheu), Sop Hiya (30 familles Aheu), Donkéo, Thalang (3 familles), Vang, Keng Veng, Takhan Kéo, Phatang (12 familles).
Estimation du nombre de personnes aheu à Khamouane en 2003 : 800.

Province de Bolikhamsay

Plusieurs familles intégrées dans des villages d'autres ethnies. Estimation du nombre de personnes aheu à Bolikhamsay en 2003 : 500 personnes.

District de Hinboun (1) : Song Hong.

En 2003, les villages de Nakai Tai, Sop Hiya et Thalang étaient prévus pour être déplacés dans le cadre du plan de relocalisation lié à la construction du barrage de Nam Theun 2. Les premiers déplacements étaient prévus en 2004.

Histoire

Il n'existait pas de références précises sur les Aheu lors de notre visite. Ils étaient mentionnés dans les documents relatifs au projet Nam Theun 2, et étudiés au niveau linguistique. Il faut dire que ce groupe est très minoritaire, localisé principalement dans le district de Nakai. Les familles souvent éparpillées dans différents villages avec d'autres groupes, en raison des déplacements successifs qu'elles avaient subis plus que choisis.

Femme aheu devant sa maison recouverte de tuiles en bois, au village de Nakai Tai, district de Nakai, province de Khamouane, en décembre 2000.

En 2000, les Aheu, habitants du village de Nakai Tai dans le district de Nakai disaient venir de la région de l'ancien territoire de Khamkeut (aujourd'hui Nakai), d'un village appelé Hinkiou, situé près de la Nam Theun et de la Nam Nyala. Ce village se situait plus à l'ouest de Nakai Tai, pas très loin du lieu proposé pour le barrage de Nam Theun. Ils habitaient avec d'autres communautés aheu des villages de Nyao Long et Keng Veng. Lors des intrusions siamoises en milieu du XIXe siècle, ils déménagèrent et s'établirent sur un site (village de Vangkham) près de la rivière Nam Gnalong. À leur souvenir, leurs parents seraient venus pour chercher des territoires favorables pour la culture de pente et pour la chasse. En 1967, ils se retrouvèrent au milieu des affrontements entre les troupes du Pathet Lao et celles de Vientiane. Quelques familles allèrent se réfugier à Takhek. Les troupes de Vientiane déménagèrent 45 familles de Hinkiu et d'autres de Nya Long en hélicoptère vers le camp de Houay Tchakouth, appelé ensuite kilomètre 15, situé dans le district de

Hinboun. Ces familles furent ensuite transférées au village de Boneng et Pontiu où elles restèrent deux ans. Parmi ces familles, 30 d'entre elles furent déménagées en 1973 au village de Nakai Tai habité par les Bo. D'autres furent envoyées au village de Non Khouay près de Nakai Tai. En 1984, quinze familles Aheu de Nakai Tai et celles de Nong Khouay retournèrent dans leurs villages d'origine, en particulier à Ban Huay Hiya situé à 32 kilomètres de Nakai Tai, et à Ban Donkéo. En 1987, des familles aheu traversèrent la Nam Theun pour établir le village de Sop Hiya. Elles furent ensuite rejointes par des familles tai mène, tai meuiy et tai kouane venues de l'ancien sous-district de Nacheng, et par des familles phong venues de la rivière Nam Gnouang.

Depuis le début des années 1990, les Aheu n'ont pas spécialement modifié leurs structures de vie et de production, toujours basées sur la chasse-cueillette, les cultures d'essartage et l'élevage. En liaison avec le projet Nam Theun et le développement des voies de communication entre Nakai, Lak Sao et Thakhek, une certaine économie monétaire, souvent minière, était apparue.

Système linéaire

On observe un système bilatéral avec une tendance à la patrilinéarité. Le fils ou la fille, en général au titre d'aîné, reste dans la maison des parents et hérite de la majorité des biens matériels. C'est en général le fils aîné qui hérite des savoirs religieux et de la capacité à exercer certains rites.

Lignages identifiés au Laos

Pas de lignages identifiés. Les mariages interethniques sont possibles, en particulier avec les groupes du même village : Bo, Meuiy, Poutay et Tai Mène.

Ménage

Ménage aheu dans une maison de Nakai Tai, en décembre 2000.

En 2000, les Aheu pratiquaient la monogamie en privilégiant l'exogamie lignagère au mariage. On notait aussi des cas d'endogamie lignagère après plusieurs générations sans lien de sang. L'habitat n'est pas différencié au mariage avec tendance à la résidence temporaire matrilocale. Le ménage (unité économique de base) est composé de la famille restreinte aux enfants et aux parents. Les jeunes couples observent une période de fiançailles ou de petit mariage, *Kheuy Sou,* en résidence matrilocale. Elle dure traditionnellement un à trois ans après une petite fête qui vise à faire accepter les génies familiaux mutuels.

Religion et croyances

Les Aheu rencontrés à Nakai Tai croient aux génies.

Autel, symbolisant la rencontre avec les génies, village de Nakai Tai, en décembre 2000.

Génies principaux

Génies *Tchama* : *Ong* (père), *Meu* (mère), *Ban* (village), *Muang* ou *Mahésak* (territoire), *Mali* (forêt), *Poung boy* (terre salée), *Salang* (grand arbre), *Nong* (mare, marais), *Tchalok* (rivière), *pop* (folie), *Sompouak* (termitière), *Malen* (dragon, grand varan), *Kong Koy, Peth, Pahéo* (cimetière), *Poy* (essart), *Tchouthoung* (mort accidentelle).

Organisations villageoises

Comme dans les autres villages du Laos, l'organisation administrative officielle comprend le chef de village (*Nay ban*), les adjoints (*Hong nay ban*), le comité administratif (*Poussouay nay ban*), les organisations de masse (Union des femmes lao, *Sahaphan Menyin ban*, Association des jeunes, *Saonoum ban*, le Conseil des Anciens, *Neohom*), les agents de la sécurité (*Pongkan*), de l'armée (*Konglon*). On trouve souvent aussi l'association des parents d'élèves (*Samakhoum Po Me Nakiyen*). Dans les gros villages, présence observée de vaccinateurs (*Sattavatphet Ban*), d'aides médicales (*Sath Ban*) et de personnel pour l'arbitration des conflits (*Nuay Kay Kia).*

Le *Tchao Tchamp,* maître des cultes et des rites, s'occupe de guider les différentes cérémonies religieuses liées à la protection du territoire et du village, au bon déroulement du cycle de la vie et du cycle de culture.

Éléments homme-femme

La parité homme-femme est relativement bien balancée au niveau de l'accès aux services publics, de l'accès à l'héritage, de la distribution du travail, du pouvoir de décision et de la gestion des finances. Cet équilibre est lié au système relativement bilatéral de la société aheu, certainement influencé par les sociétés de parler tay. La femme tient en général le budget de la famille. Elle hérite au même titre que l'homme.

Dans la répartition du travail, les femmes participent aux différents travaux des champs, à la cueillette vivrière et à la pêche. Elles gardent la responsabilité des travaux de la maisonnée, du tissage, de la fabrication des nattes, des épuisettes, de l'alcool de riz, du petit élevage.

Les hommes partagent les travaux des champs avec les femmes. Ils ont le monopole de la construction et de l'entretien des maisons et des clôtures, de la chasse, de la forge, de l'abattage du bois, de la vannerie des paniers à dos, des tables et des tabourets en rotin.

Cérémonies traditionnelles

Chaque année, les Aheu organisent une cérémonie collective *Kin Seng* ou *Lieng Seng,* pour le génie du territoire. Cette cérémonie est aussi liée au cycle de la culture du riz, en particulier aux étapes du semis, du repiquage et de la récolte. Cette fête collective dure une journée en janvier, au quatrième ou cinquième jour de la lune montante. Elle est organisée par le maître de cérémonie *Chao Tchamp* à l'autel des génies *Hophi* situé à la frontière ouest du village. À cette occasion, les offrandes se composent de 4 poulets, 4 morceaux de bambou de la variété *May Hiya*, 4 petites tables à riz, des rotins *Vay Boun* et *Sane*, 5 paires de fleurs, 5 paires de bougies, 4 paniers de riz cuit.

À cette occasion, les Aheu récitent des incantations pour différents génies. Au village de Nakai Tai, on mentionne ceux de *Tchao Tathkheuang, Vanglin, Hinkon, Thamkong, Nongsane, Vangkham, Huay Khouay Ngo, Nong Kaloth* et *Thambouang*.

En mars, les Aheu organisent un rite de possession de trois jours et trois nuits pour le *Chama Mo*. Il commence au jour de la pleine lune *Van Phéng.* On démarre en apportant des offrandes pour chaque génie, un œuf, 5 à 8 paires de bougies et de fleurs, un poulet, une bouteille d'alcool de riz, quatre statuettes en bois représentant éléphants, chevaux, sabres, haches et fusils, ainsi qu'une statuette en bois représentant un poisson. On apporte des fleurs *Khen Khao*, une marmite à eau *Nam Tao*, des pousses de *Sane* et de *Toeil*, des bananes et des œufs cuits pour élaborer des couronnes que les personnes possédées *Mophi* portent sur la tête. On danse et l'on sacrifie un porc par *Mophi*, c'est-à-dire par personne possédée par un ou plusieurs génies. Ces festivités sont organisées dans l'enceinte du village.

Vêtements et ornements

En 2000, les Aheu n'avaient pas de parures particulières. Ils achetaient ou échangeaient les vêtements aux marchés de Houaphou ou les négociaient avec des commerçants ambulants.

Principales caractéristiques de l'ethnie

Suite à un divorce, la femme qui désire retourner dans la maison de ses parents ou de l'aîné de ses frères doit se faire tout d'abord pardonner des péchés par les génies *Het Hith* ou *Tcham Kheun*. Les offrandes aux génies de la maison comprennent un porc, une jarre de bière, un pot de riz et une paire de fleurs.

Les anciens rites de chasse des Aheu ont tendance à disparaître. Autrefois, les chasses au gros gibier étaient organisées uniquement le dimanche et le lundi, après avoir accompli les rites d'usage pour attirer la chance. Seule la chasse vivrière était concevable, ce qui maintenait des limites culturelles favorables au maintien des animaux sauvages (Chamberlain, 1996).

Territoire

Territoire d'habitation

L'habitat est sédentaire, en topographie de plaine, de vallée et de basse montagne, sur les plateaux et au bord des rivières. Les territoires de résidence sont situés entre 200 et 500 mètres d'altitude.

La plus grande concentration d'Aheu se trouve le long de la Nam Theun à l'ouest du plateau de Nakai. Ils ont des échanges avec les communautés des territoires limitrophes, de parler tay : Tai Meuiy, Poutay, Tai Sam, Lao, Tai Mène. Leur territoire allait être affecté par la mise en eau du barrage de Nam Theun 2, prévu quelques années après notre étude.

Village

En habitat groupé, les maisons sont construites sur des parcelles familiales privatives. L'habitat peut être concentré, ou aligné le long de voies de communication.

Entre 1975 et 1999, la « politique de relocalisation » du gouvernement a favorisé l'établissement de nombreux nouveaux villages « routes ». Certains d'entre eux sont clôturés. Pour les villages pluriethniques comprenant les Aheu, les structures villageoises diffèrent selon l'ethnie dominante ou le style d'habitat qui a pris l'ascendant dans la région (voir les Bo pour le village de Nakai Tai).

Maison

Les maisons sont relativement similaires à celles des villages du plateau de Nakai, décrites pour les Bo de Nakai Tai et les Tai Sam de Thong et de Phosy.

Intérieur d'une maison aheu, village de Nakai Tai, en décembre 2000.

Gestion des ressources naturelles

Globalement, en 2000-2003, la gestion non rationnelle du territoire et des ressources naturelles résultait des facteurs combinés d'un accroissement démographique avec immigration et d'une utilisation sauvage de la zone par des acteurs extérieurs et intérieurs aux villages. Seuls un contrôle effectif de la chasse - cueillette et de la commercialisation des produits de la forêt et des rivières, de la coupe de bois, couplé à un développement de l'élevage et de la riziculture irriguée, semblaient pouvoir freiner la tendance de destruction de l'environnement.

Les Aheu n'ont pas le contrôle total sur leurs ressources naturelles ou de leur territoire traditionnel. En effet, les coupes de bois organisées par le gouvernement depuis 1980 dans la vallée de la Nam Theun et sur le plateau de Nakai, puis par la société BPKP (*Bolisaat Pathana Ket Poudoï*) depuis 1987, avaient bien modifié le paysage de la zone. Cette tendance fut ensuite renforcée en liaison avec les effets induits du projet de barrage de la Nam Theun, avec les participations vietnamienne, chinoise et malaisienne dans le secteur du bois. Ces actions avaient également perturbé les écosystèmes des bassins versants de la vallée et des affluents de la Nam Theun.

Étant donné la texture sableuse et filtrante de la région gréseuse, le pouvoir absorbant du sol semblait s'être considérablement dégradé dans les endroits les plus touchés par les coupes commerciales.

Depuis 1993, les Aheu développaient les secteurs de l'élevage et répondaient à la forte demande lao et vietnamienne en sous-produits forestiers. Cette dernière activité, faiblement contrôlée, participait au rapide déclin de la biodiversité animale et végétale autour des grands villages (Nakai Tai et Nakai Neua en particulier). Ainsi, les villageois allaient de plus en plus loin pour chercher les produits, y compris dans la zone protégée de biodiversité (NBCA) de Nakai - Nam Theun. Un autre problème pour les populations liées à cette zone était le passage des éléphants sauvages qui migraient entre le sud et le nord du plateau. Les éléphants semblaient ne plus remonter au-delà de la moyenne vallée de la Nam Xot. Ils traversaient souvent la zone de Nakai Tai - Nakai Neua et détruisaient les cultures au passage. Cette situation pouvait se dégrader davantage si le plan prévu de relocalisation des populations établies dans le futur réservoir retenait la zone de Nakai Tai et Nakai Neua. Les éléphants verraient alors leur corridor de migration en grande partie coupé, avec des risques de sédentarisation d'éléphants et d'effets négatifs accrus sur les forêts et cultures.

Moyens d'existence et systèmes de production

Activités dominantes de production

Riz gluant - jardin potager et fruitier - volailles - porcs - buffles - cueillette - petit commerce. Cultures de rente - coton - aquaculture - activités de service – pêche - forge.

Pour les autres cultures, les produits de la forêt, de la chasse et de la pêche, voir les Bo de Nakai Tai, dans le livre des groupes de parler tay. Ils sont similaires pour les Aheu du même village.

Fabrication d'un seau en métal et transport de la gomme Kisi, village de Nakai Tai, en décembre 2000.

Principaux systèmes de production

Les familles pratiquent la culture de défriche-brûlis sur les friches et forêts secondaires. La majorité des familles cultive un petit potager en saison sèche, dans l'enceinte du village ou sur les bords de la rivière. Environ la moitié des familles gère séparément le maïs et le manioc, alors que les autres les associent au riz dans les essarts. Toutes les familles pratiquent la cueillette et la pêche quasi quotidiennement et de nombreux hommes s'adonnent à la chasse et au piégeage, surtout entre septembre et mars.

À Nakai Tai, la quasi-totalité des familles possède des rizières, qui totalisaient environ 85 ha. La culture de saison sèche, encouragée par les autorités locales depuis 1992, ne représente que 5 à 10 ha selon les années. Il faut dire que les rendements restent souvent sous la tonne par hectare. Étant donné les faibles rendements en plaine, résultat d'un sol sableux filtrant et peu fertile, d'un manque d'eau et peut-être de variétés peu performantes, la majorité des familles travaille aussi les pentes. Presque toutes ces familles cultivent des champs d'association à base de riz, entre 70 et 90 ha, selon les années. Chaque famille utilise un minimum de deux variétés de riz gluant, dont l'une de cycle court (140 jours) est souvent semée sur les terres alluviales. Récoltée entre le 15 et le 30 septembre, la production évite ainsi les risques d'inondations provoquées par les pluies de l'est qui s'abattent en octobre et novembre. Dans les essarts, les familles associent maïs, larmes de job, sorgho, patates douces, haricots, melons, potirons et courgettes avec le riz. Le manioc, le sésame, les piments et le basilic sont souvent semés le long des clôtures. Les essarts s'étendent le long de la Nam Theun entre les villages de Thalang et Sophène. Les villageois de Nakai s'adonnent à la cueillette vivrière et commerciale, collectant plus de 120 produits végétaux et fongiques dans la forêt, dont la gomme *Khisi*. Entre septembre et mars, les Aheu pratiquaient largement la chasse et la trappe dans les montagnes du nord du territoire, quelquefois dans un but commercial pour les marchés et les restaurants de Houaphou et Thakhek.

Les principaux revenus provenaient de la vente de buffles, porcs, volailles, alcool de riz, cardamome, légumes, gomme Damar (forêts de *Nam Nya Long* et *Nam Nya La*), bois d'aigle (Zone de Poung Phay), poissons, gibier (écureuil, rat des bambous, cerf, sanglier, oiseaux), rotin *Vai Boun* et *Vai San*, champignons *Het Hou Nou* et *Het Hou Ling*.

Gomme Khisi, village de Nakai Tai, en décembre 2000.

Développement

Références au développement

En dehors du village de Nakai Tai où quelques familles possèdent des rizières, la majorité des familles aheu continue à baser leurs systèmes de production sur la cueillette, la chasse, la trappe, la pêche et la culture d'essartage en système jachère. Étant donné la faible base permanente de production, la nature pauvre des sols et le faible niveau socio-économique des familles, celles-ci ont tendance à se conforter dans ce modèle. Cette tendance est motivée par la demande des marchés locaux, qui ont eu comme effet de faire passer les activités forestières d'un objectif plutôt vivrier à un objectif plutôt commercial. En 2001, même si 40 à 60 % des familles ne pouvaient pas assurer leur autosuffisance en riz, elles bénéficiaient encore d'alternatives de productions et de revenus suffisants pour assurer la subsistance familiale globale. Certaines même, s'orientaient vers des activités non agricoles comme le transport, le commerce, la construction, qui permettaient de capitaliser rapidement.

On observait, depuis l'année 1993, un développement des rizières, de la cueillette et pêche commerciales, de l'élevage commercial et des activités non agricoles. Ces tendances étaient quelquefois minières avec des effets négatifs sur l'environnement. Le développement de l'économie de marché depuis cette période ne semblait pas être suffisant vis-à-vis de l'explosion démographique qui comprenait un fort pourcentage d'immigration dans l'ouest du plateau de Nakai. Si le projet de construction du barrage hydro-électrique de Nam Theun démarrait, les activités de développement avec relocalisation d'une bonne partie des familles aheu risquaient de modifier les équilibres à partir de 2004. La demande engendrée par le personnel travaillant pour le barrage risquait aussi d'avoir des influences négatives sur les ressources naturelles du territoire des Aheu (demande de produits de la forêt) et sur leurs coutumes et traditions. Il était important que ce programme dans son ensemble soit bien guidé au niveau social, économique et environnemental. En contrepartie, la dynamique de développement liée au projet de Nam Theun allait ouvrir des opportunités de travail et d'emploi et la diversification des métiers liés à l'urbanisme.

L'histoire des Aheu depuis les trois dernières décennies indique qu'ils étaient en voie de « laocisation » par le type d'habitat, de système de production et de modèle de développement. Ils étaient déjà impliqués dans un certain type de commercialisation en raison de la dynamique récente de Nakai lié à Nam Theun II. Ils avaient donc évolué différemment des autres groupes viétiques qui avaient choisi de rester dans des territoires isolés de la haute vallée de la Nam Theun, comme les Atel et les Témarou.

Tourisme et ethnotourisme

En 2002, les Aheu n'avaient pas été touchés par le tourisme, car ils ne se situaient pas dans une zone touristique. Le style de vie, l'artisanat, l'architecture des maisons et les vêtements et ornements n'avaient pas vraiment d'attraits présentant des avantages comparatifs. Seules les danses liées aux génies des territoires et aux rites de possessions pouvaient attirer un certain ethnotourisme. L'ethnotourisme de toute façon n'était pas promis à un grand avenir pour les Aheu eux-mêmes. Toutefois, la présence de la NBCA de Nakai - Nam Theun et les paysages calcaires entre Thakhek et Khamkeut pouvaient éventuellement attirer un écotourisme de circuit, si une réelle volonté politique de préservation de l'environnement n'arrivait pas trop tard.

Quelques auteurs de références

Wurm S.A. & Hattori S. 1981; Chamberlain J. R., 1983, 1996, 1997, 2018 ; Diffloth G., 1991, 1997 ; Ferlus M., 1997 ; Chazée L., Syphanravong S., 2000 ; AMO, 2000 ; Peoples of the Buddhist World, 2004, Joshua Project, 2006 ; H Lǐ, S Pan, Donnelly M., Tran D., Qin Z., Zhang Y., 2006 ; Kislenko Arne, 2009 ; Schliesinger J, 2015; Winfield L., 2016.

Chapitre II.
Arao

Nom de l'ethnie

Arao (Kha Arao, Khoun Xot, Salang)

Famille, groupe et branche linguistiques

Austroasiatique, groupe môn-khmer, viétique.

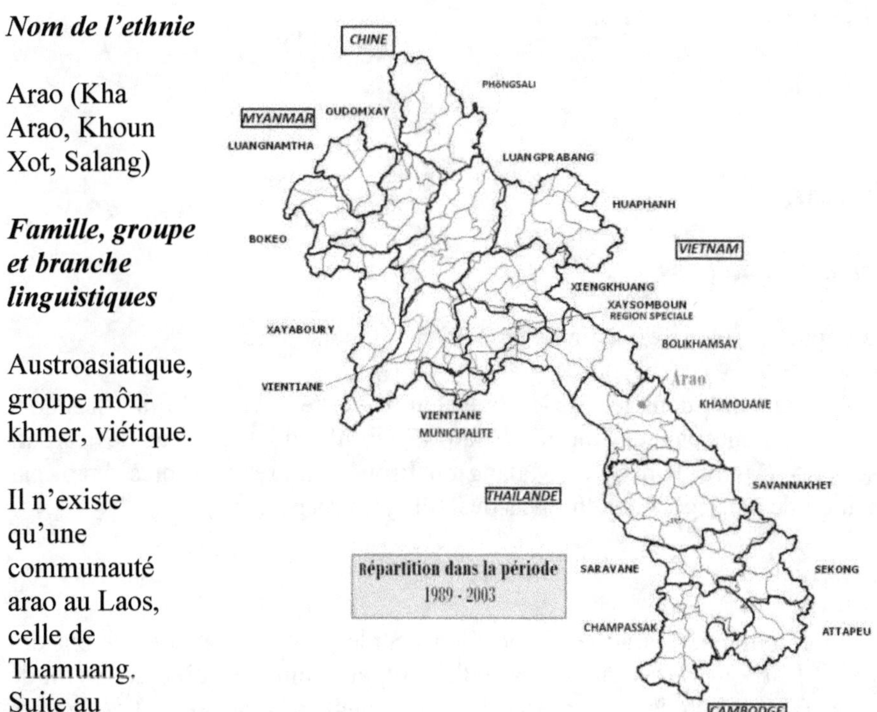

Il n'existe qu'une communauté arao au Laos, celle de Thamuang. Suite au mélange avec les communautés Malang et Atel, les Arao parlent les trois langues. Tous parlent aussi la langue lao. Beaucoup de mots d'emprunts sont utilisés et une étude linguistique urgente est à envisager si l'on veut conserver des traces de cette langue. La langue semble relativement proche de celle des Kari et des Atel, avec plus de 50-60 % des mots identiques et 20 %-30 % relativement similaires.

Quelques éléments linguistiques : *Peu* (père), *Mé* (mère), *Kanau* (maison), *Ban* (village, emprunt lao), *Ngoua* (vache, nom d'emprunt lao), *Kilou* (buffle), *Kourr* (porc), *Kakame* (poule), *Kakapou* (coq), *Ouit* (canard), *Mangneu* (cheval), *Tchoor* (Chien), *Méo* (chat), *Djeu* (éléphant), *Kadai* (cerf sambar),

Tréého (cerf aboyeur), *Dyi* (porc-épic), *Saly* (maïs, emprunt lao), *Sipirhu* (potiron), *Haarr* (piment), *Tchao Kasaay* (riz ordinaire), *Manaie* (enfant), *Kasang* (dent), *Plurmkurr* (foyer), *Anhan* (manger), *Karung* (forêt), *Mrou* (forêt primaire), *Dark* (eau), *Ten* (ciel).

Villages étudiés (1989-2003)

1 village étudié : village de Thamuang (district de Nakai, province de Khamouane, Laos).

Distribution géographique

Centre du Laos.

Peuple

Population au Laos

La population Arao est estimée en 2003 à 160 personnes.

À Thamuang dans le district de Nakai, il existe environ 25 familles dont les deux parents étaient d'origine Arao, 17 familles dont seul l'un des parents est Arao, l'autre étant Atel, Malang ou Brou. D'autres membres Arao, par relation de mariage, habitent dans des villages proches.

Histoire

La communauté arao est issue d'un peuple proche linguistiquement des Atel et Kari qui vivent encore partiellement, au moins jusqu'en 2003 (fin de notre période d'étude), une vie de chasseurs-cueilleurs forestiers. Les Arao se sont sédentarisés depuis au moins trois générations dans la zone de Thamuang, tout en déplaçant régulièrement leur village suite à des maladies, des épidémies et des problèmes de sécurité. Les déplacements se sont toujours organisés à l'intérieur du territoire protégé par le génie gardien des Arao, dont le pilier traditionnel d'habitat « *Phi Din* » se situe à environ 600 mètres à l'ouest du village. Ce pilier en bois dur *May Khagnoung* est donc situé sur la rive droite de la rivière Nam Xot. D'après les anciens Arao, ce pilier a plus de 100 ans. Depuis l'arrivée des Malang en 1982, un deuxième pilier du même bois fut érigé à côté. Par manque d'écrits historiques sur cette région, il est difficile de savoir si les Arao se sont sédentarisés suite à une influence de la communauté sek autrefois voisine et installée au village de Nahao, ou à des influences des autorités de district. Les Kari et les Atel voisins, sont en partie

retournés au stade de chasse - cueillette comme effet de la fuite des évènements de l'histoire dans cette partie du territoire (esclavage, déportation sous la pression des Siamois, guerres d'Indochine).

Piliers Phi Din du village de Thamuang, en novembre 2000.

Certains voisins des villages de Nahao et de Songkhone attribuent le nom d'Arao comme dérivé du village de Nahao (rizières), dont ils seraient originaires. Cette version est réfutée par d'autres Arao qui se disent originaires de la rive droite de la Nam Xot. Ils sont sous la même protection territoriale globale qui englobe Thamuang et Nahao, mais ne se considèrent pas du même territoire que les Maleng de Songkhone, avec qui ils ont très peu de relations et avec qui, en pratique, ils ne se marient pas. Il semble que cette liaison Arao - Nahao fut créée lors de la présence des Sek, avant 1850, pour lesquels les Arao auraient travaillé. Sous la période française, les Arao se rappellent qu'ils vivaient encore en habitat dispersé, se cachant des Français qui tiraient du bois *May Khagnoung* avec des éléphants. En fait, très peu d'entre eux avaient vu des Français dans la région, mais les Arao se méfiaient par principe, ayant connu autrefois les évènements liés aux déportations forcées vers le Siam. Lors de la deuxième guerre d'Indochine, la zone ne fut pas bombardée, mais les Arao restèrent cachés en forêt, effrayés par le bruit des bombardements.

Jusqu'en 1979, 25 familles Arao vivaient entre elles dans la zone de Thamuang. Leur dernier village avant 1973 se situait à environ un kilomètre au sud, le long du ruisseau *Huay Gnalong*. Sous la direction du commandant Ko Chamly Kari du village de Maka, ils furent rejoints par les Atel entre 1979 et 1982, puis par les Malang en 1982. Les Atel s'installèrent au nord du village des Arao, alors que les Malang occupèrent la partie au sud. Entre 1982 et 1994, les Arao poursuivirent leur vie entre le village et la forêt et se mixèrent beaucoup plus avec les Atel qu'avec les Malang. En décembre 2000, le village comprenait 66 maisons, 111 familles et 370 personnes. Il existait environ 10 familles dont les deux parents étaient Arao, 10 familles Arao - Atel et 7 familles Arao - Malang ou Brou. Entre 2001 et 2003, le village n'avait pas beaucoup évolué et la majorité continuait à pratiquer une vie de subsistance. Le village de Songkhone, situé à l'aval de Thamuang le long de la rivière Nam Xot, avait développé une petite activité de transport fluvial avec le village de

Thalang. Depuis que les activités de commerce par la piste Thamuang-Lak Sao avaient diminué, Thamuang avait perdu une bonne partie de sa position commerciale carrefour. Néanmoins, le commerce illégal des produits forestiers continuait.

Système linéaire

Le système patrilinéaire est peu marqué. L'héritage, le plus souvent insignifiant, va à l'enfant qui reste dans la maison des parents pour s'occuper d'eux. C'est le plus souvent le fils aîné, mais une fille mariée est aussi acceptée pour rester s'occuper de ses parents.

Lignages identifiés au Laos

Pas de lignage identifié.

Ménage

Les ménages sont en général nucléaires. Les maisons abritent les parents et les enfants. L'aîné, une fois marié, adopte la résidence patrilocale. Une période préliminaire matrilocale d'une année était autrefois observée avant le mariage. Celui-ci est prononcé après le paiement de la dot qui s'élève à une barre d'argent. En 2002, la période matrilocale n'était plus obligatoire si l'époux donnait à ses futurs beaux-parents, en plus de la barre d'argent, un buffle.

Fille arao du village de Thamuang, en novembre 2000.

Religion et croyances

Les Arao croient aux génies et pratiquent le culte des parents et ancêtres. Il existe une influence bouddhique ancienne.

Génies principaux

Génies *Djama* : *Djema Mrou* (territoire, forêt), *Djema Kanau* (maison), *Djema Bou Kamout* (cimetière).

Organisations traditionnelles villageoises

Il n'existe pas, ou plus, d'organisation traditionnelle forte, mais sans doute des systèmes d'entraide et de solidarité pour les travaux agricoles.

Une caserne militaire, installée entre 1995 et 2001, a eu pour rôle de contrôler le déplacement des populations et service de relais pour les activités liées à l'armée.

Éléments homme-femme

Chez les Arao, la vie quotidienne ne favorise ni l'homme ni la femme, qui se partagent les activités et les corvées pour assurer la subsistance de la famille. La patrilinéarité du système et la résidence patrilocale pour l'aîné des fils ne favorisent en réalité pas vraiment les hommes, étant donné le mode de vie de subsistance et le faible niveau de capital laissé à l'héritage. La femme s'occupe plus particulièrement des tâches domestiques et de la cueillette alors que les hommes se chargent de la chasse, du piégeage et de la pêche des gros poissons. Chacun participe aux travaux des champs, la femme plus particulièrement aux travaux routiniers, l'homme pour les travaux de force et de construction.

Femme arao de Thamuang réparant un filet de pêche, en novembre 2000.

Cérémonies traditionnelles

Chaque année, en décembre, les Arao honorent le génie du territoire par une fête de 5 jours. Les hommes se rendent au pilier *Phi Din* avec des offrandes. Les incantations sont maintenant partagées avec les représentants Malang et Atel qui sont censés être protégés par ce génie commun.

Les Arao continuent à célébrer trois cérémonies traditionnelles. La première, *Tchiao Tamau,* correspond à celle du riz nouveau au douzième mois, c'est à dire le mois de novembre chez les Arao. C'est une fête familiale avec quelques activités villageoises, accompagnée par la musique de l'instrument *Ken.* Chaque famille ou groupe de familles de même parenté se réunit alors au lieu « *Ton* », près d'une maison, qui comporte une petite maison « *Sala* » sur pilotis par où le génie va venir, dans laquelle on laisse les outils de rituel du génie et on apporte des offrandes sous forme de fleurs, de riz et d'alcool. On ne sacrifie pas d'animaux à cette occasion. À côté, les Arao érigent un cercle de piliers « *Tat* » pour le *Phi Tiyem*, autour duquel on danse et on chante en prononçant des incantations pour faire revenir les âmes vagabondes dans le corps des vivants. Le pilier central représente le support pour les génies, c'est surtout celui que l'on décore de fleurs lors des cérémonies. Ceux du pourtour assurent la fonction de gardiens. Un petit pilier « *Lak Akol* » a pour fonction d'attirer l'abondance et la prospérité. Au premier mois, en décembre, une fête similaire est organisée au même endroit pour le génie des parents et des morts. On organise la troisième cérémonie en mars.

Lieu de cérémonie arao au village de Thamuang, en novembre 2000.

Vêtements et ornements

Les Arao portent de vêtements du marché qu'ils échangent avec les colporteurs vietnamiens ou des commerçants de la ville de Lak Sao, contre des produits de la forêt. Ces vêtements de basse qualité sont le plus souvent portés très longtemps, jusqu'au stade de haillons.

Principales caractéristiques de l'ethnie

Les femmes accouchent dans la maison en se faisant assister par des praticiens traditionnels *Maysang* ou *Maysadang*. On note quatre « sages-femmes » et un homme qui exercent cette fonction dans le village.

Il existe un cimetière à l'extérieur du village où les familles enterrent leurs morts. Quelques familles, certainement influencées autrefois par le bouddhisme des Sek, brûlent les défunts adultes de la famille.

Territoire

Territoire d'habitation

Les Arao habitent le long de la Nam Xot, dans un territoire resté isolé des voies de communication jusqu'en 1995. C'est en effet à cette date que la société forestière BPKP a ouvert une piste qui traverse le village et qui le met en relation avec la ville de Lak Xao. Cette région forestière et bien irriguée, sur sol gréseux, conserve une grande biodiversité animale et végétale, malgré les collectes commerciales organisées par les Vietnamiens depuis 1984, puis par les sociétés forestières, les commerçants lao et vietnamiens et quelques familles hmong venues s'installer dans la zone de Lak Xao. On y trouve de nombreuses variétés d'arbres, de bambous, de rotins, de champignons, de fruits sauvages, d'oiseaux et de poissons. Le cerf aboyeur, le cerf sambar, le sanglier, le porc-épic, les différentes variétés de civettes, écureuils, rats, souris, rats des bambous restent en quantité. Cette région, avec en moyenne 2 hab./km^2, est très faiblement peuplée. Les Arao gardent surtout des relations territoriales avec les groupes atel et malang. À certaines occasions, ils sont en contact avec les Maleng de Songkhone, les Tai Sinh et Kaleung de Nahao, les Brou de Navang, Phang Deng et May, les Meuiy de Kounsi et Nongmek et les commerçants et représentants de sociétés forestières de Lak Xao.

Essart et hutte arao et atel du territoire de Thamuang, le 20 novembre 2000.

Village

Ce n'est qu'après 1975 que les Arao ont construit des maisons dans un seul village. Les maisons sont toutes orientées dans le sens de la rivière Nam Xot. Suite à l'arrivée des Atel en 1979 et des Malang en 1982, le quartier arao est devenu central, bordé au nord par les Atel et au sud par les Malang. En décembre 2000, le tiers des maisons arao était en ruine, appartenant aux familles qui avaient passé toute la saison rizicole dans les essarts. Environ 80 % des maisons atel étaient également en ruine et seulement 20 % de celles des Malang, qui préféraient habiter au village.

Village de Thamuang, le 20 novembre 2000.

Les maisons arao ne se font pas face, ne sont pas clôturées et respectent une distance de 8 à 15 mètres les unes des autres. Les familles ne cultivent pas de jardins potagers et de vergers dans l'enceinte du village, mais presque toutes s'occupent d'un petit jardinet au bord de la rivière Nam Xot lors de la saison sèche, entre décembre et mars. Dans les essarts, l'habitat des familles Arao-Atel reste dispersé. Chaque abri saisonnier se trouve bâti au bord de son essart à riz. Dans chaque groupe de parcelles, ces abris sont distants de 50 à 150 mètres. Une clôture commune protège l'ensemble des parcelles. Il n'existe pas de disposition particulière des maisons. On note une tendance à l'ouverture de la maison du côté aval.

Maison

État des maisons arao au village de Thamuang en novembre 2000.

Dans le village de Thamuang, les maisons arao de petite taille (12 à 35 m^2) sont sur pilotis de bois, *May So,* non taillés, avec des parois et un plancher en bambou *May Xot* ou *May Hiya,* et une toiture recouverte de feuilles de palmier *Bay kho*.

Ces maisons, par leur taille et la qualité des matériaux de construction, renseignent sur la pauvre situation socio-économique générale des familles arao. Cela d'autant plus que les familles de Thamuang passent une bonne partie de l'année dans les essarts et ne semblent pas vouloir vraiment investir dans leur maison. L'arrangement intérieur des maisons suit le modèle régional qui semble avoir été inspiré des Brou et des Sek. Il existe une ou deux portes d'entrée à glissière pour accéder à une pièce unique. Le foyer se situe proche de la paroi sur laquelle repose l'échelle d'entrée, en son milieu. Il est surmonté d'un fumoir.

Dans les maisons les plus élaborées, les chambres, au fond, sont séparées par une paroi de bambou. La chambre des parents se situe le plus souvent sur la gauche en entrant, proche du pilier « *Hong Nok* » symbolisant le lieu de rencontre avec le génie de la maison. Ces maisons servent aussi de greniers pour le riz et le maïs lorsque les productions sont ramenées de l'essart, entre décembre et janvier.

Comme chez les Atel, il existe des interdits dans les maisons, en particulier en ce qui concerne le pilier des génies de la maison dans la chambre des parents et pour l'espace entre le foyer et la paroi frontale, réservée aux génies.

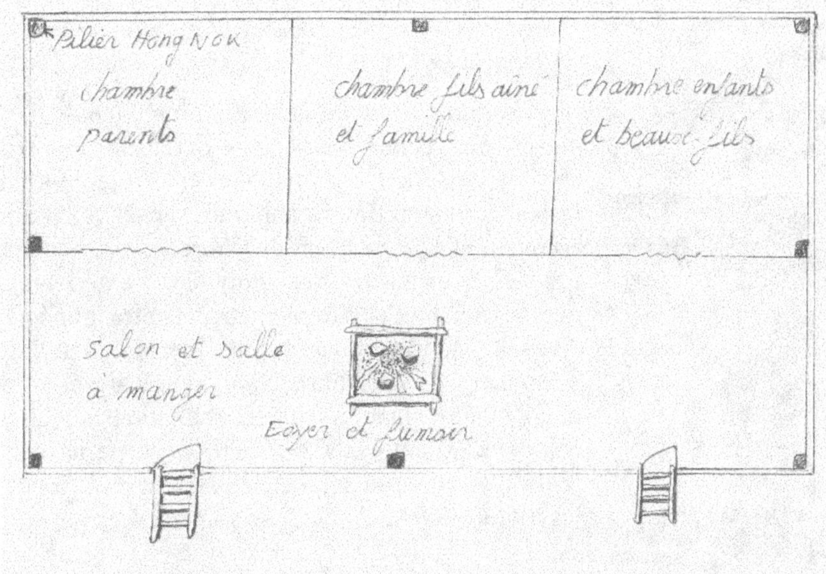

Gestion de l'espace d'une maison arao au village de Thamuang en novembre 2000.

La belle-fille et le beau-fils ne peuvent toucher ces endroits sacrés ni se rendre dans la chambre des parents.

Dans les essarts, les familles arao - atel vivent dans de petites maisons sur pilotis à pièce unique, qui sert aussi de grenier pour le riz, le maïs, les tubercules et les autres productions. Les membres de la famille dorment autour d'un foyer qui se trouve le long de la paroi le l'entrée.

Gestion des ressources naturelles

La gestion des ressources naturelles suit encore largement une logique de chasse, pêche et cueillette extensive dans un milieu faiblement peuplé ou les ressources végétales et animales sont en abondance.

La population n'utilise qu'une partie des ressources annuelles disponibles comme les champignons, les pousses de bambou et de rotin, les fougères, les fruits, etc., qu'elle collecte en général à moins de 20 minutes de leur essart ou

à environ 40 - 60 minutes du village de Thamuang. Le système actuel, avec cette faible densité de population, est donc durable et non dégradant pour l'environnement.

Femme arao réparant un filet de pêche à Thamuang, en novembre 2000.

Avec un accroissement démographique de 2-3 % par an, ce système peut encore durer plus de 30 ans sans dégradation significative et irréversible des ressources naturelles. Néanmoins, si une organisation commerciale des produits de la forêt est mise en place par des sociétés ou des individuels extérieurs, la dégradation de l'environnement peut être immédiate. Avec la réhabilitation de la piste forestière Lak Xao - Thamuang en décembre 2000, ce risque n'est pas négligeable. Toutefois, la réhabilitation ne fut pas complète et, entre 2002 et 2003, la piste ne restait praticable qu'en saison sèche pour les mobylettes et les motoculteurs.

Femme arao coupant du bois de feu au village de Thamuang, en novembre 2000.

Au quotidien, les Arao pêchent dans la Nam Xot : *Systomus sp.* ou *Puntius sp.* (*Pa Khao), Mystacoleucus marginatus (Pa Langnam), Pa Mone, Pa Pa Tchay, Channa Striata (Pa Koh), Pa Khokang, Channa lucius (Pa Kouane)*, piègent des petits animaux comme les rats, les souris, les rats des bambous, les passereaux, les écureuils, les cailles, les perdrix.

Cuisson d'un lézard dans les essarts arao de Thamuang, en novembre 2000.

Occasionnellement et en saison, ils chassent et piègent la civette, le sanglier, le chevrotain, le cerf aboyeur, le cerf sambar, la poule sauvage, le faisan argenté, le macaque, le gibbon et le varan.

Moyens d'existence et systèmes de production

Activités dominantes de production

Chasse - piégeage - cueillette - pêche - riz gluant - manioc - maïs - melon - potiron - poule. Dans les essarts, les familles sèment aussi haricot, taro, courgette, patate douce, piment, basilic, tabac, coriandre, citronnelle. Quelques familles cultivaient un petit jardinet de légumes : salade, moutarde, oignon, piment, au bord de la rivière Nam Xot pendant la saison sèche.

Principaux systèmes de production

Entre février et décembre, c'est-à-dire presque toute l'année, une partie des familles arao ou arao - atel habite plus volontiers dans les essarts que dans le village. Les systèmes de production sont alors comparables à ceux décrits pour les Atel. Pour les autres familles au système de production plus sédentaire, l'organisation des activités s'agence autour des essarts à riz d'association, des jardins de manioc et de maïs, des jardins maraîchers de saison sèche, de la cueillette et de la chasse. Quelques familles gèrent aussi des petits jardins de thé.

Essarts à riz : utilisation de plusieurs variétés de riz gluant, *Khao Nyan, Khao Bay, Khao Hao* et *Khao Leu* et de riz ordinaire *Khao Sam Kap, Khao Tchao*. Chaque force familiale sème entre 10 et 25 kilogrammes de semences. Ils associent quelquefois le riz avec patate douce, piment, melon, courgette, potiron, citronnelle, maïs et sorgho. Les bordures d'essart sont cultivées avec sésame, gingembre, manioc, basilic, canne à sucre, bananier, haricot, patate douce, taro, tubercule *Peuark* et *Kapeur*.

Ils utilisent les essarts pendant une à deux saisons et rotation suivant un cycle de 7-15 ans. Les essarts ne sont pas privatifs. Ils récoltent les variétés *Khao Nyan, Khao Bay* et *Khao Sam Kap* par égrainage direct, alors que les panicules du *Khao Hao* sont récoltées au couteau.

Jardins de décrue sur les rives de la Nam Xot : moutarde, salade, piment, menthe, maïs, coriandre, tabac, canne à sucre. Les jardins familiaux mesurent entre 20 et 40 m^2.

Jardins à maïs : jardins en général cultivés chaque année, en zone fertile inondable. Les jardins moins fertiles en zones sableuses sont cultivés 2 à 5 années, puis laissés en repos 2-3 années. Les Arao produisent le maïs rouge (*Saly Tau*), le maïs blanc (*Saly Lah*) et le maïs jaune (*Saly Tchay*). Chaque famille sème entre 1,5 et 4 kilogrammes de maïs pour une production estimée à 80-400 kilogrammes.

Jardins à manioc : les familles, qui ne cultivent pas le manioc en bordure des essarts à riz, ont en général un jardin de manioc séparé. Ces jardins ne sont pas très fertiles et souvent laissés en jachère après deux années de manioc.

Les sources de revenus : Toutes les familles vendent la cardamome, le rotin *Vai Thoum* et les poules aux commerçants vietnamiens et lao. Certaines familles effectuent régulièrement l'allée retour à Lak Sao pour le commerce de l'alcool de riz, de cigarettes et de produits de toilette. De nombreuses familles vendent des produits de la forêt, en particulier de la viande de gibier et des poissons séchés. Les familles les plus aisées commercialisent leurs porcs aux villages de Kounsi et Nongmek (ethnie Meuiy). Le commerce illégal de produits de la forêt, qui prit des proportions considérables entre 1995 et 2000 avec l'ouverture de la piste Thamuang - Lak Sao, s'est considérablement réduit par la suite. Cette diminution est liée au meilleur contrôle du braconnage par les gardes forestiers organisés par le projet DUDCP, au retrait des collecteurs de BPKP depuis 2001 et au fait que les produits intéressants sont déjà devenus rares (pangolin, tigre, léopard, bois d'aigle, rotin, tortue, etc.). Le commerce illégal continuait depuis 2001 en liaison avec les commerçants de Lak Sao, les colporteurs vietnamiens et l'armée qui se rendaient souvent dans la zone. Différents cas avaient été rapportés par les gardes entre 2001 et 2003. Certains villageois se rendaient aussi dans les villes de Houaphou et Lak Sao pour vendre des produits de la forêt.

Développement

Références au développement

Les Arao maintiennent encore une vie, ou en tout cas un esprit de chasseurs-cueilleurs. Les modèles de développement agricole sédentaire n'ont pas été adoptés faute de suivi et d'assistance technique. Les ressources naturelles abondantes assurent encore sans difficulté la subsistance familiale et cette situation confortable et durable n'oblige pas les Arao à modifier leur système de vie dans l'immédiat.

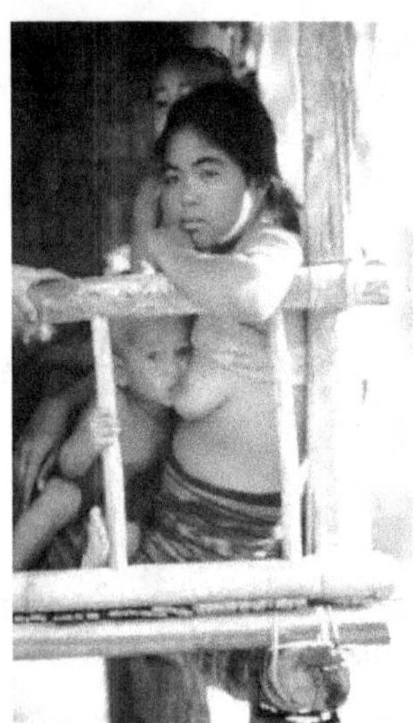

Aucun enfant Arao ne se rend à l'école, construite en 1996 de l'autre côté de la rivière. Les raisons sont simples : l'école est isolée, en pleine campagne, éloignée du village, car planifiée aussi pour les enfants de Nahao. De plus, l'instituteur ne s'y rendait pas et le système de vie des Arao ne permettait pas, à partir des essarts, de conduire les enfants à l'école. La communauté de Thamuang fut sélectionnée en août 1998 par le projet NBCA/UICN pour un programme « Guardian village » avec un suivi participatif de la conservation. Une unité villageoise de conservation fut créée et formée à partir de cette date et travailla de pair avec les gardes forestiers (rangers) du NBCA. Les villageois montrèrent un intérêt particulier au développement de la culture irriguée. Ce projet fut inscrit en 1998 dans le plan du bureau du développement rural, mais ne fut pas exécuté.

À l'avenir, le développement du village de Thamuang représente un défi à plusieurs niveaux. Le premier nécessite la cohésion sociale préalable entre les trois groupes ethniques qui composent la communauté. Le deuxième consiste dans le développement de systèmes de production qui soit durable dans une zone où n'existent a priori pas de grandes ressources en terres irrigables. La troisième demande à gérer de manière plus rationnelle les ressources naturelles, pourtant protégées par le statut de NBCA, mais vulnérables, car le village est accessible par piste à partir de la ville de Lak Sao. Le quatrième consiste en la difficulté de créer des alliances avec les villages voisins en raison de l'histoire et des croyances locales, en particulier en ce qui concerne le génie du territoire, chef d'orchestre, ou prétexte des tensions actuelles.

Les atouts de Thamuang pour le développement sont la présence d'une rivière poissonneuse et navigable et de ressources forestières encore importantes.

Tourisme et ethnotourisme

Les Arao n'ont pas été touchés par le tourisme du fait de leur isolation géographique et de la difficulté d'accès. Étant donné les difficultés territoriales et l'insécurité de cette faible communauté vis-à-vis de leur futur et la disparition de la grande partie des références culturelles traditionnelles, l'ethnotourisme n'est en rien une priorité.

Quelques auteurs de références

Chamberlain J. R., 1983 ; 2002 ; Chamberlain J. R. & al. 1996, 1997 ; UICN, 1998 ; Chazée L. & Syphanravong S., 2000 ; Culas C., 2000 ; Chazée L., 2001, 2017 ; Schliesinger J., 2015.

Chapitre III.
Atel

Nom de l'ethnie

Atel (Khoun Xot, Khoun Seun, Salang, Kanil, Tong Luang).

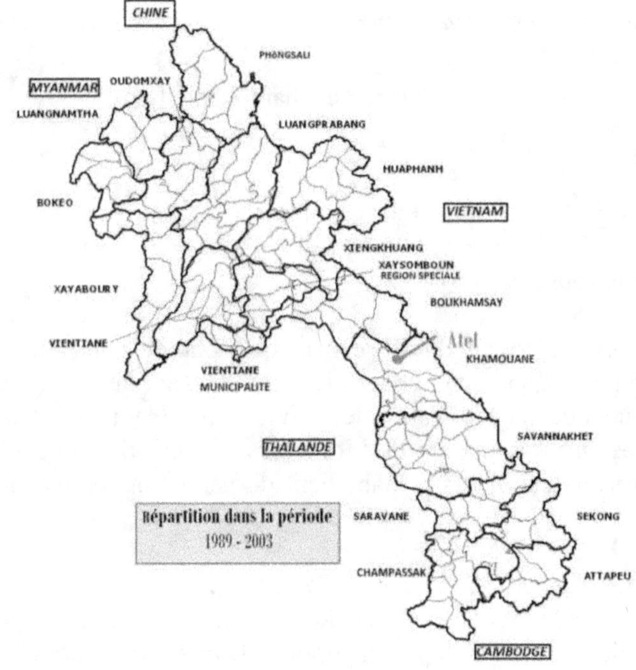

Famille, groupe et branche linguistiques

Austroasiatique, groupe môn-khmer, viétique.

Dans la période d'étude entre 2000 et 2002, suite au mélange avec les communautés arao et malang, les Atel parlaient les trois langues. Certains membres parlaient aussi la langue lao.
Beaucoup de mots d'emprunts sont utilisés et une étude linguistique urgente est utile si on veut conserver des traces de cette langue. Monsieur Toy, d'origine atel, semblait le seul représentant capable d'exprimer la langue atel d'origine. La langue semblait relativement proche de celles des Kari (Kri) et des Arao, avec plus de 50-60 % des mots identiques et 20 %-30 % relativement similaires. Par rapport aux Arao, les Atel mettent quelquefois un « A » à la fin des mots.

<u>*Quelques éléments linguistiques*</u> : *Peu* (père), *Mé* (mère), *Kanaua* (maison), *Ban* (village, emprunt lao), *Ngoua* (vache, nom d'emprunt lao), *Djélo* (buffle),

Kourr (porc), *Kakame* (poule), *Kakapou* (coq), *Vith* (canard), *Tchoa* (Chien), *Djeu* (éléphant), *Kadai* (cerf sambar), *Tréo* (cerf aboyeur), *Djéyi* (porc-épic), *Saly* (maïs, emprunt lao), *Sipirhu* (potiron), *Haarr* (piment*), Tchao Kasaar* (riz ordinaire), *Manaie* (enfant), *Katjong* (panier à riz), *Keung* (trémies à riz*), Sual* (filet épervier), *Kasang* (dent), *Palurmkurr* (foyer).

Villages étudiés (1989-2003)

1 village étudié : village de Thamuang et nord du territoire de Thamuang (district de Nakai, province de Khamouane).

Distribution géographique

District de Nakai, province de Khamouane, Laos.

Peuple

Population au Laos

Les Atel vivent dans le district de Nakai de la province de Khamouane, au village de Thamuang et dans le bassin versant du torrent Kanil (Huay Kanil), affluent de la haute vallée de la rivière Xot (Nam Xot). Comme les Kri (Kari) et les autres petits groupes itinérants et semi-itinérants « Salang », ils furent chasseurs-cueilleurs et habitaient de petites huttes en forêt jusque dans les années 1960.

Les Lao, les Brou et les Sek des vallées de la Nam Theun, Nam Noy et Nam Xot les appelaient alors les peuples « *Tong Luang* », ou « population des feuilles jaunes ». À cette période, leur système de vie était relativement similaire de celles des Yumbri de Xayabury, à la différence que les Atel résidaient dans des espaces forestiers et herbeux (forêts uniquement chez les Yumbri) et pratiquaient un peu de défriche-brûlis (pas d'essartage chez les Yumbri). En 2000-2002, ils étaient le plus souvent regroupés sous le nom de « Salang », qui se traduit aussi par « feuille » dans leur langue locale. On retrouve des peuples « Salang », c'est-à-dire encore liés à un mode de vie itinérante en forêt, dans les districts de Nakai (Thémarou, Kari (Kri), Nyommalath (Mlengbrou) and Boualapha (Kari/Salang, Cheut). La population atel est totalement mélangée par ses relations de mariage aux populations arao, malang et brou so. En janvier 2001, dans la zone Thamuang - Kanil, on notait 11 familles, 50 personnes, avec un seul parent d'origine atel. La nouvelle génération était à 100 % Atel-Arao.

Voici la composition des 11 familles ayant au moins un parent d'origine atel. M. Toy (Atel), chef du groupe, est marié en second mariage à Na (Arao) avec qui il n'a pas d'enfant. Sa première femme et ses deux enfants, habitent au village de Songkhone avec les Maleng. Madame Ken vit avec son petit-fils, un neveu et une nièce. Elle divorça d'un homme kaleung du village de Nahao et s'est remariée avec un homme arao. M. Simay (Atel) a pour femme Say (Malang) et vit aussi avec sa mère Khen. Mme Net (Atel), veuve (mari arao), vit avec ses deux enfants. Mme Maymoun (Atel) vit avec son mari Kheua (Arao) et avec son frère. Mme Son (Atel) vit avec son mari Tat (Arao), son fils Tongtchan et ses 4 filles Kongpeng, Bouata, Savady et Maysé. Mme Daume ou Mayka (Atel) vit avec son mari Kiéo (Arao) et ses 5 enfants Pong, Taduam, Manetone, Kabé et Kaboor. Mme Maydi ou Dome (Atel) vit avec son mari Koun (Arao), sa fille Nouille et ses 5 fils Di, Leng, Nyam, Lek et Nyem. Mme Mayket (Atel) vit avec son mari Djau (Arao) et ses 4 enfants, dont Ken et May. Mme Maykham (Atel) vit avec son mari Sipan (Arao) et a deux filles (Kek, Khen) et un fils (Kuang). Mme Pouang (Atel) vit avec son mari Té (Arao). Il existe aussi quelques membres atel, recrutés par l'armée, qui furent déplacés, et deux personnes qui habitaient à Navang et mariées à des Brou.

Le fait que 10 parents sur 11 d'origine Atel soient des femmes trouve sans doute son origine dans ce que nous avions analysé chez les Sek voisins de Ban Beung : dans les traditions, si les hommes sek se mariaient aussi bien avec des femmes sek ou d'autres ethnies, la société démotivait fortement des femmes sek de prendre leur mari en dehors de leur groupe ethnique. C'était une manière de garder le territoire ethnique par la lignée patrilinéaire. Ainsi, dans le cas des Atel, en dehors d'un homme, tous les autres étaient déjà issus de parents mixtes ou mariés à des femmes d'un autre groupe ethnique, alors que les femmes actuelles étaient encore d'origine atel. Toutefois, en raison de la fin des hommes atel, cette génération de femmes cherchait un mari dans les autres groupes ethniques, en particulier chez les Arao. Il n'y aura donc plus de descendance « Atel » dans la prochaine génération. Toutefois, grâce à ces mariages mixtes, le sang atel continuera à couler, contrairement aux Yumbri de Xayabury qui semblent s'éteindre doucement dans la forêt de Nam Poui depuis les années 1970.

Histoire

Jusqu'en 1979, les Atel de Thamuang vivaient un système de chasse, pêche et cueillette dans le territoire de Kanil dans lequel ils étaient attachés par leur génie gardien. Les Atel, seuls dans ce territoire et en petit nombre, les ressources naturelles leur assuraient la suffisance alimentaire et la consommation quotidienne en protéines animales. Quelques familles pratiquaient aussi quelques cultures d'essartage, cultivant le maïs, le manioc, les tubercules et le riz dans le village de Kouay, ou plutôt dans la zone de Kouay située près de la Huay Kanil et de la Nam Xot. La maladie, l'accident, la piqûre de serpent et l'attaque des tigres représentaient les réelles difficultés. L'altitude était suffisante pour éviter la présence de moustiques et donc le paludisme. Retranchés dans ce territoire couvert de forêts primaires difficilement accessibles, ils se suffisaient à eux-mêmes. Il était difficile de savoir si les Atel avaient choisi ce style de vie ou s'ils y furent contraints pour échapper aux influences extérieures de sociétés plus puissantes. En 1979, le commandant Ko-Chamly d'origine kha salang, kari du village de Maka, dans la haute vallée de la Nam Noy, eut pour mission d'organiser le regroupement des familles Atel de la zone de Nyot Nam Xot (familles appelées Khoun Xot), et en particulier celles de la région de Kanil, de la zone et des falaises de Malang (village de Boungkong, habité par 10 familles atel, situé à environ 5 heures de marche au sud-ouest de Thamuang, près de la rivière Huay Alien) et de Thamuang. Cette mission de regroupement demandée par le Pathet Lao visait à mieux contrôler les populations itinérantes et à réduire les risques de guérilla dans cette région particulièrement sensible. Ces familles atel furent déplacées, entre 1979 et 1982, au village de Thamuang habité par une communauté arao, ainsi qu'au village de Nam Houay. Dans ce dernier village, toutes les familles atel moururent suite au déplacement.

Thamuang se situe au bord de la Nam Xot, à environ 6-8 heures de marche au sud de la région de Kanil. De Houaphou, on y accédait surtout en pirogue. En 1979, lors de ce regroupement, 30 familles atel s'étaient déplacées à partir de la haute vallée de Kanil (18 familles) et de la zone de Kouay (12 familles). Ce déplacement forcé sur un territoire nouveau, accompagné du stress, de la méconnaissance de ce nouveau territoire, de la présence de moustiques et des problèmes de santé liés à une sédentarisation mal gérée et souvent insalubre provoqua la mort de la majorité de la population atel, en particulier pendant les trois premières années. Les communautés arao, malang et atel visitées entre 1999 et 2002 confirmaient d'ailleurs cette forte mortalité, sujet de discussion qui était devenu « tabou », car émotionnellement une période difficile de leur histoire.

On rapportait, selon les sources, entre 30 et 60 décès entre 1979 et 1990. Les Atel avaient très mal vécu cette période de relocalisation et attribuaient cette hécatombe au fait que le génie gardien des Atel, protégeant la région de Kanil, n'avait pas accepté le nouveau territoire Thamuang et restait encore à Kanil. Les Atel ne se sentaient donc plus protégés par les génies locaux de Thamuang malintentionnés. Ceci malgré la décision, en 1982, de construire un nouveau pilier pour un génie du territoire *Phi Din* commun aux Arao, Malang et Atel. Ce pilier, situé à environ 600 mètres à l'ouest du village de

Thamuang, fut érigé à côté de l'ancien pilier arao, qui datait de plus de 100 ans. Depuis 1982, après trois réelles années d'essai de sédentarisation, les Atel construisirent donc des maisons à Thamuang pour faire plaisir aux autorités, mais les cœurs et les racines restaient visiblement à Kanil. Chaque famille se rendait régulièrement à Kanil pour effectuer les rituels de pardon auprès du génie gardien et pour profiter des ressources forestières. Pour que ces trajets soient moins visibles par les autorités de village, la majorité des familles habitait près des essarts cultivés au nord du territoire de Thamuang, d'où elles pouvaient se rendre facilement à Kanil. En décembre 2000, une seule famille atel restait à Thamuang, toutes les autres étaient depuis février à environ 20 - 40 minutes au nord du village, migrant entre leurs essarts et Kanil.

Système linéaire

Le système patrilinéaire est peu marqué. L'héritage va à l'enfant qui reste dans la maison des parents pour s'occuper deux. C'est le plus souvent le fils aîné, mais la fille est aussi acceptée.

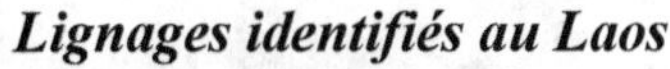

Lignages identifiés au Laos

Pas de lignage identifié.

Ménage

Fille atel du village de Thamuang, en novembre 2000.

Les ménages sont en général nucléaires. Les maisons abritent les parents et les enfants. L'un des enfants, en général le fils aîné, prend en charge les parents ou les frères et sœurs si les parents sont décédés. L'héritage se résume le plus souvent à la fonction religieuse et à quelques ustensiles de maison qui vont à l'enfant en charge des parents.

Religion et croyances

Les Atel croient aux génies et pratiquent le culte des parents et des ancêtres.

Génies principaux

Génie *Khamouth* et *Djéma* : *Kamouth Peu Khmouth Mé* (parents, village), *Djema Mrou* (forêt), *Djema Knsiri* (grand arbre), *Djema Djumuurr, Khmut, Waarr*.

Organisations traditionnelles villageoises

Depuis 1995, le mouvement des Atel est contrôlé par un camp militaire installé à Thamuang.

Éléments homme-femme

Chez les Atel, la vie quotidienne ne favorise ni l'homme ni la femme, qui se partagent les activités pour assurer la subsistance de la famille. La patrilinéarité du système et la résidence patrilocale pour l'aîné des fils ne favorisent pas vraiment les hommes, étant donné le mode de vie de subsistance auquel chaque membre participe et le faible niveau de capital laissé à l'héritage. Jusque dans les années 1980, les Atel n'avaient pas de meilleur capital qu'une maison temporaire et quelques volailles. La femme s'occupe plus particulièrement des tâches domestiques et de la cueillette alors que les hommes se chargent de la chasse, de la trappe et de la pêche des gros poissons. Chacun participe aux travaux des champs, la femme plus particulièrement aux travaux routiniers, l'homme aux travaux de force et de construction.

Femmes atel dans une hutte d'essart au nord de Thamuang, le 20 novembre 2000.

Culture

Cérémonies traditionnelles

Les cérémonies traditionnelles ne semblaient pas avoir eu de grande envergure dans le passé. Les rituels consistent à des croyances liées à la protection de leur territoire d'habitat, à la maladie, l'accident, la mort et la catastrophe naturelle. Depuis leur établissement dans le territoire de Thamuang, les Atel suivent ou participent aux rites des Arao et des Malang.

Vêtements et ornements

Avant 1970, certains Atel se protégeaient encore avec des écorces d'arbre. Ce matériel est maintenant de l'histoire, même si les quelques vieux Atel, encore en vie, en 2000, savent encore trouver les écorces que leurs ancêtres utilisaient. Depuis leur arrivée à Thamuang, les Atel portent des vêtements qu'ils échangent avec les colporteurs vietnamiens ou des commerçants de Lak Sao contre des produits de la forêt. Ces vêtements de basse qualité sont le plus souvent portés très longtemps, jusqu'au stade de haillon.

Principales caractéristiques de l'ethnie

Les Atel restent des chasseurs - pêcheurs - cueilleurs, vivant plus de 80 % de leur temps dans les essarts et les forêts. Les hommes partent quelquefois plusieurs jours dans le territoire de Kanil pour y pratiquer la chasse et la trappe, avec des moyens plus sophistiqués que les Yumbri de Xayabury à la même période. Ils sont en effet capables de construire et d'élaborer des pièges ingénieux avec des variantes pour chaque animal, selon le principe du collet de cou, collet de patte et piège assommoir. Le piège à lance était autrefois utilisé dans le territoire de Kanil, ainsi que l'utilisation du poison enduit sur la pointe des flèches des arbalètes.

Préparation d'un rat pour le déjeuner dans un essart au nord du village de Thamuang, en novembre 2000.

Les Atel aiment aussi chanter et jouent de la musique avec le *Khène* lors des fêtes traditionnelles, des naissances et de la capture d'un gros animal. Leurs références d'organisation et de calendrier de travail restent liées aux cycles forestiers.

Le père prend le nom du fils aîné lors de sa naissance. Si par malheur le fils aîné vient à décéder, le père garde son nom.

Territoire

Territoire d'habitation

Les Atel habitent dans un territoire isolé des voies de communication, sur la rive droite de la haute vallée de la Nam Xot, entre 500 et 800 mètres d'altitude. Cette région forestière et bien irriguée, sur sol gréseux, conserve une grande biodiversité animale et végétale, malgré les collectes commerciales organisées par les Vietnamiens depuis 1984, puis par les sociétés forestières, les commerçants lao et vietnamiens et quelques familles hmong venues s'installer dans la zone de Lak Xao. On y trouve de nombreuses variétés d'arbres, de bambou, de rotin, de champignons, de fruits sauvages, d'oiseaux et de poissons. Le cerf aboyeur, le cerf sambar, le sanglier, le porc-épic, les différentes variétés de civettes, écureuils, rats, souris, rats des bambous restent en quantité.

Territoire atel au nord du village de Thamuang dans le district de Nakai et hutte saisonnière dans les essarts, en novembre 2002.

On rapporte encore la présence du tigre, du léopard, de la panthère nébuleuse, du gaur et du chien rouge d'Asie. Cette région, avec en moyenne 1-2 habitants/km^2, est donc très faiblement peuplée. Le village de Thamuang est relié, depuis 1995, par une piste forestière qui fut construite par la société BPKP et qui fut réhabilitée en décembre 2000. Les Atel développent surtout des relations territoriales avec les groupes arao et malang. À certaines occasions, ils rentrent en contact avec les Maleng de Songkhone, les Tai Sinh et Kaleung de Nahao, les Brou de Navang et les commerçants et représentants de sociétés forestières de Lak Xao.

Village

Traditionnellement, les Atel menaient une vie semi-itinérante à l'intérieur de leur territoire. Les huttes étaient construites en forêt ou en bordure d'essarts. Elles étaient saisonnières pour les chasseurs-cueilleurs-cultivateurs et n'étaient utilisées que 10 à 60 jours par an en système de chasse-cueillette, d'où leur appellation de Tong Luang (feuilles jaunes qui recouvrent les abris temporaires). Les familles ou les groupes de familles vivaient en habitat relativement dispersé dans un périmètre forestier bien délimité et protégé par un génie gardien.

En 2000-2002, comme indiqué plus haut, les familles atel ont construit des maisons au village de Thamuang dans le quartier nord du village, celui le plus pauvre. Ce quartier borde celui des Arao qui se trouve au milieu du village, le sud étant occupé par les Malang. Neuf des onze maisons sont à l'état de ruine en décembre 2000, car ces familles habitent plutôt dans les essarts lors de la saison du riz de pente, entre février et décembre de chaque année. Elles n'entretiennent donc pas leur maison de village. En fait, ce quartier ressemble un peu à un hameau fantôme après un exode ou une épidémie. Ces maisons furent endommagées par les vents de mars et de novembre 2000, et partiellement pillées par les autres villageois. Il n'existe pas de jardins villageois dans ce quartier et la seule famille atel restant dans le village garde quelques maigres volailles.

Dans les essarts, l'habitat des familles atel - arao est dispersé. Ils ont bâti chaque abri maison au bord de leurs essarts à riz. Dans chaque groupe de parcelles, un espace de 50 à 150 mètres sépare chaque abri-maison. Une clôture commune protège l'ensemble des parcelles. Il n'existe pas de disposition particulière des maisons. On note une tendance à l'ouverture de la maison du côté aval. Les Atel se plaignent de cas réguliers de vols de riz dans les greniers et même dans les essarts. S'ils essayent d'assurer des gardiennages réguliers à la période de récolte, ils ne peuvent pas assurer un contrôle permanent de leur grenier à riz.

Maison

Dans le village de Thamuang, les maisons de petite taille (12 à 30 m^2) sont sur pilotis de bois *May So* non taillés, avec des parois et un plancher en bambou *May Xot* ou *May Hiya* et une toiture recouverte de feuilles de palmier *Bay Kho*. Ces maisons, par leur taille et la qualité des matériaux de construction, renseignent sur la pauvre situation socio-économique des familles atel.

L'arrangement intérieur des maisons suit le modèle régional qui semble avoir été inspiré des Brou et des Sek. Il existe une porte d'entrée à glissière (rarement deux) qui permet d'accéder à une pièce unique. Le foyer se situe proche de la paroi sur laquelle est posée l'échelle d'entrée, en son milieu. Dans les maisons les plus élaborées, les chambres, au fond, sont séparées par une paroi de bambou. La chambre des parents se situe le plus souvent sur la gauche en entrant.

Ces maisons servent aussi de greniers pour le riz et le maïs lorsque les productions sont ramenées de l'essart, entre décembre et janvier. Il existe des interdits dans les maisons, en particulier en ce qui concerne le pilier des génies de la maison dans la chambre des parents et pour l'espace entre le foyer et la paroi frontale, qui est réservé aux génies. La belle-fille et le beau-fils ne peuvent toucher ces endroits sacrés et ne peuvent se rendre dans la chambre des parents.

Intérieur d'une hutte d'essart atel dans le territoire de Thamuang, en novembre 2002.

Dans les essarts, les familles atel - arao vivent dans de petits abris maison sur pilotis à pièce unique, qui sert aussi de grenier pour le riz, le maïs, les tubercules et les autres productions. Les membres de la famille dorment autour d'un foyer qui se trouve le long de la paroi de la face d'entrée.

Gestion des ressources naturelles

La gestion des ressources naturelles suit encore largement une logique de chasse, pêche et cueillette extensive dans un milieu faiblement peuplé ou les ressources végétales et animales sont en abondance. La population n'utilise qu'une partie des ressources annuelles disponibles comme les champignons, les pousses de bambou et de rotin, les fougères, les fruits, etc., qu'elle trouve en général à moins de 20 minutes de leur essart ou à environ 40 - 60 minutes du village de Thamuang (voir document sur les Malang). Le système alimentaire, avec cette faible densité de population, est donc pour l'instant durable et non dégradant pour l'environnement. Avec un accroissement démographique de 2-3 % par an, ce système peut encore durer plus de 30 ans sans dégradation des ressources naturelles. Néanmoins, si une organisation commerciale des produits de la forêt est mise en place par des sociétés ou des individuels extérieurs, la dégradation de l'environnement peut être immédiate. Avec la réhabilitation de la piste forestière Lak Xao - Thamuang en décembre 2000, ce risque n'est pas négligeable s'il n'y a pas de réelle volonté politique d'appliquer la loi sur les NBCA.

Les Atel continuent à chasser dans le nord du territoire de Thamuang. Ils utilisent les collets, les pièges à assommoir, les pièges étrangleurs, les pièges à appâts, les nasses à porte tombante, les fusils, les arbalètes, les chiens de chasse.

Pièges à assommoir pour rongeur et oiseaux dans les jachères des Atel, Thamuang, en novembre 2020.

En ce qui concerne la culture pluviale de riz de pente, certaines familles atel utilisent le pesticide Furadan pour protéger les semences de riz contre l'attaque des rongeurs, insectes et oiseaux. Lors de la croissance du riz, les Atel n'utilisent pas de produits toxiques, mais des techniques naturelles anti-prédations comme les pièges à rongeurs et à oiseaux. Pour chasser les sauterelles *Tak Ten* particulièrement dangereuses au moment de l'épiaison, quelques familles mélangent des sauterelles dans une saumure de bambou et les dispersent dans le champ comme répulsif olfactif. Les Atel ne connaissent pas de technique contre l'attaque des punaises *Meng keng*.

<u>Ressources naturelles utilisées par les Atel de Thamuang/Kanil</u>

<u>Faune</u> : souris, mulots, rats, écureuil volant, sanglier, chevreuil, cerf, macaque, gibbon, poule sauvage, blaireau, chien sauvage, gaur, goral, loris.

Rat grillé par une famille atel du village de Thamuang, en novembre 2020.

<u>Poissons</u> : *Clarias batrachius (Pa Douk), Pangsius conchophilius (Pa Khe), Pa Tchath), Mystus wykioides (Pa Kheung), Channa striata (Pa Kho), (Pa Mone), (Pa Siu), (Pa Bou Noy), (Pa Park), (Pa Deng), (Pa Khang), (Pa Sang).*

<u>Produits végétaux alimentaires</u> : pousses de bambou et de rotin *May Lay, May Hiya, May Sod, Vai Boun*, et autres produits *Nyot Tao, Mane Peuark, Mane Luang, Mane Lay, Koy, Kipma, Peauk, Tao.*

<u>Produits vendus</u> : cardamome, rotin *Vai Thoum*, bois *May Ketsena*

Moyens d'existence et systèmes de production

Activités dominantes de production

Chasse - piégeage - cueillette - pêche - riz gluant - manioc - maïs - thé - melon - potiron - poule.

Les Atel n'ont pas de tradition de riziculture de plaine et le riz de pente était assez récent. En 2000-2002, les familles Atel de Thamuang gèrent leur agriculture dans le territoire nord de Kanil, en cultivant du riz de pente, des parcelles de maïs, de manioc et de cultures associées : haricot, taro, courgette, patate douce, piment, basilic, tabac, coriandre, citronnelle. Quelques familles cultivent un jardinet de légumes : salade, moutarde, oignon, piment, coriandre, menthe, au bord de la rivière Nam Xot pendant la saison sèche.

Quelques familles élèvent des chiens, chats et porcs.

Principaux systèmes de production

Il est plus approprié de parler de système de vie que de système de production chez les Atel. En effet, ils passent l'essentiel de leur temps à des activités extractives (chasse, cueillette, pêche). La recherche d'animaux de la forêt, de poissons de rivières, de ruisseaux et de mare et la cueillette saisonnière de subsistance sont encore les activités de référence pour assurer la suffisance alimentaire. L'essart annuel de base riz, entre mars et décembre, fait office de surface de production de lieu de résidence forestière, de piège à appât pour les rongeurs, ongulés et oiseaux granivores et de point de départ pour les expéditions de chasse et de pêche.

De février à décembre, c'est-à-dire presque toute l'année, la majorité des familles atel habitent plus dans les essarts que dans le village. L'habitat dispersé par essart assure le gardiennage continu des productions contre les prédateurs nocturnes comme les buffles domestiques, sangliers, porcs-épics, cerfs sambar, cerfs aboyeurs, et contre les prédateurs diurnes comme les buffles domestiques, macaques, munias et écureuils. Les familles indiquent aussi d'autres raisons qui justifient leur habitat près des champs de riz : des cas de vol de riz par des individuels du village, les moindres maladies et les moindres besoins de déplacement entre la maison et la forêt. Il est clair que les essarts s'alignent tous dans la zone nord du village de Thamuang, en direction de la région de Kanil où ils se rendent régulièrement.

En décembre 2000, les 4 familles atel - arao visitées dans leurs essarts cultivaient en moyenne 0,8 ha de riz dans un finage regroupant 4 à 5 familles.

Ils avaient sélectionné leurs essarts sur la berge est de la Nam Xoth. Dans les essarts, les familles semaient différentes variétés de riz gluant, réparties dans deux parcelles par famille en moyenne. Les Atel coupaient le bois et le reste de la biomasse en janvier et brûlaient en avril, puis défrichaient à nouveau le reste pour un dernier brûlage en mai. Ils semaient en mai-juin, au bâton fouisseur. Pour le riz annuel (*Khao Pi*), ils utilisaient les variétés *Khao Mong, Khao Leu* et *Khao Hao,* qu'ils semaient en juin et récoltaient en octobre. Ils semaient aussi du riz précoce *Khao Bay* en mai et récoltaient en août. Avant le semis, ils imprégnaient les semences de Furadan, insecticide qu'ils achetaient au marché de Lak Sao, qui repoussait les velléités des rongeurs, oiseaux et fourmis. Au moment de la pousse, ils repassaient du Furadan contre d'autres animaux, en indiquant les grenouilles, crapaud et lézard (*Kapome*). En réalité, ils tuaient peut-être par méconnaissance du produit, des prédateurs des insectes visés ! Ils n'utilisaient par contre pas le Furadan au moment de la récolte, car ils savaient la toxicité que le produit générait sur le riz et les rongeurs qu'ils piégeaient pour leur consommation. Un mois après le semis, ils démarraient le désherbage manuel. Lorsque l'essart était pris sur une forêt ancienne dense, ils ne désherbaient qu'une seule fois sur le cycle du riz. S'il était fait sur des friches arbustives, il fallait passer trois fois avant la récolte.

Battage au pied du riz de pente chez une famille atel de Thamuang, en novembre 2020.

Ils subissaient régulièrement des dégâts provoqués sur les racines par des vers (*Bong Toum*), ou sur les feuilles par des sauterelles (*Tak Ten*) au moment de l'épiaison et des punaises. Après la récolte, les femmes battaient le paddy ressuyé au pied, dans les huttes construites dans les essarts.

Une clôture extérieure commune en bois du groupe d'essarteurs assure la protection de l'ensemble des parcelles alors que les périmètres individuels sont clôturés par des rangées de plants de manioc. Dans les espaces les plus fertiles, le riz est associé avec des haricots, des patates douces, du maïs et du piment. Une minorité de familles cultive aussi le sorgho et la larme de Job. Un peu partout, en particulier au pied des termitières ou dans les zones particulièrement cendrées par le brûlage, courgette, potiron, melon et courge sont récoltés pendant près de 2 mois, souvent encore après la récolte de riz. L'essart nourrit en fait la famille toute l'année, car le manioc et certaines cucurbitacées peuvent être récoltés jusqu'en mars.

Résultat du piégeage de rongeurs au collet guillotine dans le territoire de Thamuang, en novembre 2000.

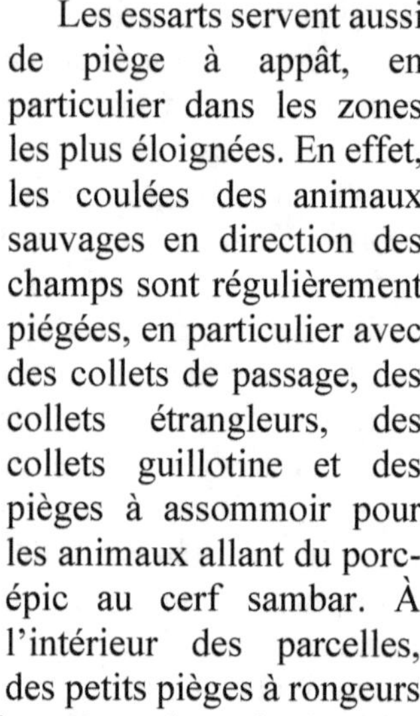

Les essarts servent aussi de piège à appât, en particulier dans les zones les plus éloignées. En effet, les coulées des animaux sauvages en direction des champs sont régulièrement piégées, en particulier avec des collets de passage, des collets étrangleurs, des collets guillotine et des pièges à assommoir pour les animaux allant du porc-épic au cerf sambar. À l'intérieur des parcelles, des petits pièges à rongeurs et à oiseaux sont disposés en batterie dans les bordures et sur les arêtes de terrain propices au passage des animaux. La relève quotidienne de ces pièges à assommoir assure, par les rats, souris, passereaux, cailles et perdrix, la viande du petit déjeuner et quelquefois du déjeuner. Femmes et enfants lancent dès 6 heures du matin quelques petits filets dérivants ou éperviers en amorçant au son de riz, ramenant jusqu'à un kilogramme de poissons.

Rotin vay thoum dans le territoire de Thamuang, en novembre 2000.

Chaque jour, un des membres de la famille se rend dans la forêt proche pour collecter quelques pousses de bambou et de rotin, quelques épices forestières et fruits de saison. En avril-mai et en octobre, ce sont les saisons propices aux champignons. En mars-avril, les Atel récoltent le miel et la cire, puis les mangues sauvages. Toute l'année et en particulier entre mai et octobre, les bambous, rotins et fleurs de bananier sont consommés. Régulièrement, les hommes partent pour plusieurs jours dans les forêts du nord de la vallée et ramènent du poisson séché, de la viande de cerf aboyeur, de chevrotain, de porc-épic, de civette et quelquefois de sanglier et de cerf sambar qu'ils attrapent au piège.

Certaines familles cultivent aussi des petits jardins séparés de maïs et de manioc, en particulier dans les zones inondables de la Nam Xot où la terre est fertile. Ils utilisent les jardins 2 à 5 ans de suite avant de les laisser 2-3 années en friche. Certains arrivent à faire deux cultures de maïs par an, avec des variétés différentes de couleurs blanche, jaune et rouge. Les Atel constatent une prédation importante par les buffles domestiques, les sangliers, les porcs-épics et les macaques. Les familles atel originaires de la zone de Kouay, dans le territoire de Kanil, vont encore récolter le thé de leurs anciens jardins.

Près des maisons, chaque famille sème quelques pieds de basilic, de coriandre, de menthe, de gingembre, de moutarde, de citronnelle, de canne à sucre, de tubercules.

Les principales sources de revenu et d'échanges proviennent de la vente de cardamome, du rotin *Vai Thoum*, de la viande et de sous-produits d'animaux sauvages, du miel.

Développement

Références au développement

Les Atel maintiennent une vie, ou en tout cas un esprit de chasseurs-cueilleurs. Les essais de sédentarisation entre 1979 et 2000 se sont soldés par des échecs sociaux et économiques. Les modèles de développement agricole sédentaire n'ont pas été adoptés faute de suivi et d'assistance technique. Ces modèles introduits furent en partie rejetés suite à l'absence de participation de la communauté à la décision de relocalisation, à son manque de préparation et à la forte mortalité qui suivit ce déplacement. Les modèles agricoles sédentaires des communautés voisines, en particulier de Nahao et de Navang, n'ont pas prouvé leur supériorité en termes de productivité du travail. De plus, les ressources naturelles abondantes assurent sans difficulté la subsistance familiale. Cette situation confortable et durable n'oblige pas les Atel à modifier leur système de vie. Depuis 1993, suite à la création de la NBCA et l'inclusion du village de Thamuang dans une zone focale prioritaire, le système de vie est devenu en grande partie « illégal », tant au niveau de la chasse - cueillette que de leur système itinérant. Un poste de police, créé en principe à Thamuang pour contrôler les activités forestières commerciales illégales, sert aussi, jusqu'en 2001, à suivre les mouvements des Atel. Ce poste manque de crédibilité dans le sens où il fut mis en place lors de la création en 1994-95 de la piste Keng Deng - Navang qui servit à la société BPKP à collecter illégalement le bois précieux, le rotin *Vai Thoum* et des animaux sauvages. Depuis 1979, les Atel ont montré un seul intérêt spontané, celui de retourner à leur ancien territoire de Kanil et de poursuivre leurs activités de chasse-cueillette dans des territoires forestiers. Ils ont aussi montré qu'ils étaient flexibles dans leurs traditions en se mélangeant aux Arao et aux Malang, en apprenant les langues lao, malang et arao et en cultivant du riz de pente. Néanmoins, les Atel sont très touchés psychologiquement par l'histoire récente tachée de nombreux décès. Ils ont perdu la confiance dans la capacité des autorités locales à les aider selon leurs besoins et leur mode de pensée. Après plus de 20 années de souffrance et d'incertitude à propos de leur futur, il sera certainement très difficile de créer une relation de confiance.

Aucun enfant atel - arao ne va à l'école, construite en 1996 de l'autre côté de la rivière. Les raisons sont simples : officiellement, l'école est éloignée du village, car planifiée aussi pour les enfants de Nahao et donc à mi-distance des deux villages. De plus, il n'y avait plus d'instituteur jusqu'en 2001 et le système de vie ne permettait pas, à partir des essarts, de conduire les enfants à l'école. Une autre raison vient du fait que les parents ne voient pas l'intérêt de l'éducation formelle dans leur système de vie ancestrale basée sur les liens homme-nature, pour lequel la transmission directe entre génération est jugée beaucoup plus importante. Dans la situation d'isolement des Atel et d'absence d'opportunités d'un autre métier pour les futures générations lors de la période de l'étude, on ne pouvait que leur donner raison.

La communauté de Thamuang fut sélectionnée en août 1998 par le projet NBCA/UICN pour un programme « Guardian village » pour un suivi participatif de la conservation. Une unité villageoise de conservation fut créée et formée à partir de cette date et travailla de pair avec les rangers du NBCA. Les villageois, Atel, Arao et Malang, montrèrent un intérêt particulier au développement de la culture irriguée, encouragés par la réussite des villageois de Nahao qui pratiquaient cette technique depuis les années 1940. Ce projet fut inscrit en 1998 dans le plan du bureau du développement rural, mais ne fut pas exécuté.

Dans les conditions de cette période 2000-2002, le futur des Atel n'est pas promis à un grand avenir. Du côté positif, la population pratique l'exogamie ethnique au mariage, ce qui lui avait permis de survivre jusqu'à ce jour, contrairement aux Yumbri de Xayabury qui restent entre eux et dont la population ne peut plus se renouveler. Leur multilinguisme leur permet une certaine adaptation dans les autres vallées du plateau de Nakai. Leur fort attachement au territoire ancestral de Kanil est un facteur important de considération dans les futures opportunités de développement. Le système de vie en transition entre la vie itinérante et la sédentarisation est aussi un élément important à prendre en compte dans la flexibilité et la durée d'un programme de développement. Du côté négatif, l'histoire récente a montré l'incapacité des autorités locales à créer la confiance et à assurer un vrai service de développement de proximité.

Étant donné les faibles opportunités de développement dans la zone de Thamuang et leur sous-développement relatif par rapport aux autres ethnies, trois types d'options sont possibles. La première qui leur convient le mieux, au moins dans le court terme, c'est de retourner vivre dans l'ancien territoire de Kanil et développer la petite irrigation gravitaire et la diversité des productions de subsistance. La deuxième consiste à redresser leur niveau de vie à Thamuang par un soutien temporaire à la sécurité alimentaire et à l'amélioration des besoins sociaux primordiaux, et développer avec un accompagnement suffisant l'élevage commercial de buffle. Cette période transitoire d'appui vise à faire passer le niveau de sécurité alimentaire et logement plus durable, de manière à rassurer les Atel sur la suite de leur développement. La troisième option consiste à compléter la deuxième option par un programme permanent et effectif d'éducation formelle des enfants de manière à mieux les armer pour l'avenir, à la condition que cette campagne soit accompagnée d'un programme de sensibilisation des parents et des enfants sur la diversification des métiers liés à l'agriculture améliorée et l'urbanisation dans les zones proches de Houaphou et Lak Sao.

Tourisme et ethnotourisme

Les Atel n'ont pas été touchés par le tourisme du fait de leur isolation géographique et de la difficulté d'accès. Étant donné les difficultés territoriales et l'insécurité de cette faible communauté vis-à-vis de leur futur et la disparition de la grande partie des références culturelles traditionnelles, l'ethnotourisme n'est en rien une priorité.

Quelques auteurs de références

Chamberlain, 1983, 1998, 2005, 2020 ; Chamberlain & al. 1996, 1997 ; IUCN 1998 ; Chazée L., Syphanravong S., 2000 ; Chazée L., 2001, 2015, 2017 ; State Planning Committee National Statistic Center Asian Development Bank, 2001.

Chapitre IV.
Brou So

Nom de l'ethnie

Brou-So (So, Brou, Mroue, Makong, Mankong, Kha So, Lao Theung).

Famille, groupe et branche linguistiques

Austro-asiatique, groupe môn-khmer, branche katouique Ouest.

<u>Quelques éléments linguistiques</u> : *Biha* (père), *Bé* (mère), N'dro (bœuf), *Tchirir* (buffle), *Téa* (canard), *Alic* (porc), *Assé* (cheval), *Atchor* (chien), *Thochoua* (riz ordinaire), *Droy* (poulet), Malong (ciel), *Louang loing* (forêt), *Deu* (eau), *Tchava* (manger), *Taleng* (rizière), *Lanel* (enfant), *Donc* (maison), *M'pi* ou *Bé* (piment), *Vil* (village), *Sers* (viande).

Dans la période considérée, on notait quelques différences linguistiques entre les Brou étudiés dans le district de Nakai et les groupes Brou situés dans les districts de Thakhek, de Mahaxay et de Nyommalath qui s'identifiaient aux noms de Tri ou Troui, Chaloui, Saloui ou Chali.

Du fait de leur nombre relativement important dans la province de Khamouane, les Brou-So ont influencé au niveau culturel et quelquefois linguistique les populations moins nombreuses et/ou moins structurées comme les Phong, les Kri (Kari), les Maleng, les Kaleung et les Yooy. Dans les vallées de la Nam Theun et de la Nam Mone, on observait une « brouisation » des autres groupes ethniques. Toutefois, les Brou parlaient presque tous la langue lao, même quelquefois entre eux, ce qui indiquait la longue période de contact avec les Lao. La langue brou ne semblait pas une question identitaire importante chez les Brou des zones de Markfeuang et de Navang, situés dans le nord du district de Nakai.

Villages étudiés (1989-2003)

9 villages étudiés dans le district de Nakai, province de Khamouane (2000-2003).
Taphayban (45 familles, 240 personnes, 2002).
Markfeuang (59 familles, 328 personnes, 2002).
Navang (53 familles, 318 personnes, 2002).
Nawa (27 familles, 145 personnes, 2002).
Katching (33 familles, 182 personnes, 2002).
Songlerk (59 familles, 285 personnes, 2002).
Vangchang (38 familles, 203 personnes, 2002).
Fangdeng (anciennement Ban Wat).
May (26 familles, 2000).

Distribution géographique

Au Laos, le large groupe « Brou » occupe les provinces de Savannakhet, Khamouane et Saravane. Quelques communautés ont migré dans le sud de Bolikhamsay et dans ou autour des villes de provinces et de districts de ces mêmes provinces. En 2000-2003, on distinguait quatre sous-groupes, dont les relations historiques, les origines et les migrations restaient encore peu connues : les Brou appelés Brou Van Kiêu, Sapoin, Makong ou Mankong. Ils se rencontraient majoritairement dans les districts de Sepone et Nong à Savannakhet, mais aussi dans les districts de Nyommalath, Bualapha et Takhek de la province de Khamouane. Les Brou-Cali, Broui Saloui ou Brou-Chaloui vivaient dans le nord-est de la province de Savannakhet, dans les districts de Sepone, Vilabouri et Nong. Quelques communautés s'étaient installées à l'ouest de la province ou dans le district de Thakhek, province de Khamouane.

Les Brou Troui ou Brou Tri, qui semblent très proches des Chaloui, se trouvent surtout dans le district de Sépone à Savannakhet au nord de la route numéro 9 et dans le district de Nyommalath à Khamouane. On trouve aussi quelques communautés dispersées à Nyommalath, à Nongbok et au sud du district de Thakhek.

Enfin, les Brou-So, qui sont étudiés ici, occupent les districts de Nakai, Mahaxay et Nyommalath de la province de Khamouane. Les villages sont principalement concentrés le long de la haute vallée de la Nam Theun, dans la basse vallée de la Nam One, dans la moyenne vallée de la Nam Noy et dans celle de la Nam Mone. Quelques communautés, anciennement déportées par les Siamois, vivent dans les plaines de Thakhek et du côté thaïlandais. Dans la haute zone du plateau de Nakai où se trouve le bassin versant de Nam Theun, les Brou sont majoritaires, représentant environ 60 % de la population.

À cette période, au Vietnam, on estimait la population à environ 50 000 dans les provinces de Quang Binh (11 000 personnes), Quang Tri (37 000 personnes) et Thua Thien-Hue (1 000). Khong Dien (2002) les classait en quatre sous-groupes, les Van Kieu, Kheua, Ma Coong et Tri. On les appelait aussi Bru, Bru Van Kieu, Quang Tri Bru, Kalo, Calo, Galler, Mang Coong. Les Van Kieu sont de loin les plus nombreux (44 000), surtout concentrés dans les districts de Huong Hoa et Ben Hai de la province de Quang Tri.

En Thaïlande, on comptait environ 800 Brou dans deux villages du district de Khong Chiam dans la province d'Ubon Ratchathani. On recensait 30 000 So dans les provinces de Sakhon Nakhon, districts de Muang et Kusuman ; de Mukdahan, avec 2 villages dans le district de Dong Luang ; et Nakhon Phanom, districts de Nawa et de Tha Uthen. En 2008, B. Migliaza indiquait 35 000 So dans les provinces de Sakon Nakhon et de Nakhon Phanom.

Plusieurs familles habitent aussi aux USA, suite à leur départ du Laos, surtout entre 1974 et 1976.

Peuple

Population au Laos

Recensement national de 1995 : 45 102 (incluant tous les groupes Brou, les Salang, les Phong). Environ 150 villages.
Estimation de Johnstone (1993) : 64 000.

Recensement national de 2015 : 163 255 (Makong, incluant différents groupes dont les Brou).

Le groupe « Brou So » : estimation 2003 (Chazée) : 12 850 personnes. (Environ 150 villages)

Le groupe brou so est surtout concentré sur le plateau de Nakai et dans le district de Khamkeut, dans un ensemble d'environ 45 villages. Ils sont majoritaires dans le district de Nakai.

Province de Khamouane

District de Thakhek (6 villages) : Nakhaihiya nyai, Khing may, Lao, Kabout, Kabout May, Xiangven.

District de Nyommalath (38 villages) : Phon Salanh, Phanoy, Naheuang, Nakhitoen, Navoet, Tatdet, Thachon, Kengkéo, Chakouan, Phon Mouang, Phavong, Khiylek, Napho, Xiengdao, Nyommalath Tay, Nafay May, Sivilay, Nongseng, Lau Thamphouang, Mixay, Thongmang, Lath Kouay, Phoname, Nyommalath Neua, Sangkeo, Kobong, That, Sangkout, Nadang, Tha Thot Tay, Khok Savang, Done, Phon Bok, Khwa, Phonsahat, Mat, Naphong.

District de Nakai (35 villages) : Bouama, Sophone, Done, Phonesavang, Kaoy, Navang, Thongsat, Phangdeng Tai, Phang Deng Neua, Kaching, Huay Masong, Nakang, Nawa, Songlerk, Kobong, Vangchang, Houayxay, Naphou, Singtong, May, Hang, Makfeuang, Thaphayban, Makmi, Nat, Boungboui, Boeng, Nath, Peu, Seuk, Kudnae, Maknao, Nasida, Nadane, Xong, Nhang, Poung Khouang, Sane (avec des Phong), Nahao (avec Phoutai, Kaleung et Tai Xinh).

District de Mahaxay (40 villages) : Nakok Nok, Nakoknay, Natoung, Phonsavanh, Tene, Nadi, Kouan Khouay, Phonlay, Nadou, Nakham, Lau, Nakiao, Somsanouk, Dang tay, Vat That, Na Phong, Ilane, Kangsikhay, Nakhai, Voen, Kangnyang Kham, Phakhene, Nachane, Kava, Nakhé, Phone, Kanethong, Khamfeuang, Nam Mala, Phona Meuang, Thongkouang, Kavak, Phasong, Nalouang, Toheua, Chaloum, Takhokkene, Hay, Namkapo, Nakhating.

Province de Bolikhamsay: quelques familles dans le district de Khamkeut

Histoire

Quelques repères historiques des groupes « Brou »

À cette période, l'origine territoriale des Brou, leurs trajets et raisons de migration restaient flous, surtout avant le début du XIXe siècle. Depuis plus de deux siècles, le berceau territorial des Brou semblait se situer sur la chaîne annamitique entre le Laos et le Vietnam, à la latitude des provinces de Khamouane-Savannakhet au Laos et de Quang Tri-Quang Binh au Vietnam. Dans l'histoire, en plus des épidémies, de la recherche de nouvelles forêts exploitables, des querelles internes et des deux guerres d'Indochine qui avaient provoqué, comme pour la majorité des ethnies montagnardes du Laos, des déplacements de population, il semblait que les évènements guerriers entre la cour de Hué au Vietnam et l'empire siamois, surtout à partir de 1827, les déportations siamoises et l'esclavage, avaient particulièrement affecté le territoire brou.

Les écrits les plus anciens viennent des sources vietnamiennes et en particulier des œuvres historiographiques et des annales historiques et chroniques de la cour impériale de Hué (Vargyas, 2000). Parmi les plus anciennes œuvres mentionnant les Brou (Viên Kiêu), on note celle de *O châu Cân luc*, écrite en 1553 sur la base de sources plus anciennes par Duong Van An (1513-1591). On note ensuite la source de *Phu Biên Tap Luc* écrite par Lê Quy Dôn (1725-1784).

En 1834, puis en 1835, toute la rive gauche du Mékong fut envahie par les troupes siamoises, avec comme objectif principal la déportation de la force de travail pour mettre en valeur les plaines de la rive droite du Mékong. Des légendes et des histoires effrayantes sont encore racontées de génération en génération par les populations Brou du Laos, informant sur les pratiques siamoises de terres et villages brûlés, les peines infligées aux récalcitrants, et les longues périodes de vie, cachées dans la forêt en petits groupes, vivant comme des chasseurs-cueilleurs. Ces deux années semblent avoir particulièrement affecté les populations des vallées de la Nam Theun, Nam Xot, Nam Mone et Nam Noy du district de Nakai. De nombreux villages furent presque complètement déportés sur la rive droite du Mékong. Quelques individus ayant réussi à s'enfuir dans les forêts reprirent une vie basée principalement sur la chasse et la cueillette.

C'est Jules François Harmand, explorateur européen, qui a décrit le premier le territoire des Brou lors de ces 5 expéditions organisées entre 1875 et 1877. C'est lors de la dernière expédition entre mai et août 1877 qu'il traverse la Cordillère Annamitique et le territoire brou entre le Laos et le Vietnam (Vargyas, 2000). Les cartes qu'il dessine montrent qu'au sud, les So vivaient dans le bassin de la rivière Sebangfay, à la hauteur des actuels districts de Vilabouri et Bualapha, où ils étaient mélangés à des Poutay et des Lao. Plus au sud, Harmand ne mentionnait plus de So : il décrivait des populations montagnardes à Songkhone, que l'on appelait « Kha Themep » et « Duon ». En 2000-2002, ce territoire était occupé par des Katang, depuis plus de

6 générations. Même si leur langue s'apparente un peu à celle des Brou, ils constituent un groupe différent. Au nord, ils occupaient les hautes vallées des rivières Se Noy, Se Bang Fay à l'est du Laos.

À partir de 1890, le capitaine A. J. Rivière, membre de la mission Pavie, explorait la région de Khamouane. Il y décrivait des populations So, Sek et Arem. Rivière différenciait les So ou Kha So de montagne, croyants dans les génies et vivant de manière forestière, des So de la plaine assimilés aux Lao et ayant adopté la religion bouddhique, l'architecture des maisons et les coutumes et vêtements lao. Cette assimilation en territoire lao était sans doute à mettre en relation avec les déportations antérieures (besoin de force de travail en Thaïlande et esclavage), comme ce fut le cas pour les Poutay, les Katang, les Souay, les Lovène et les Sek.

C'est aussi vers 1890 que démarraient les travaux de construction de la route numéro 9 entre Savannakhet et Quang Tri. Après une période d'interruption, les travaux reprirent en 1904 et en 1906, elle fut alors praticable pour les transports attelés. Cette nouvelle voie ouvrait le territoire brou (Mankong et Tri) et poutay vers les plaines du Vietnam et du Mékong. Pourtant, les Brou ne semblaient pas avoir changé grand-chose dans le mode de vie de ces populations.

En 1893, Malglaive, membre de la mission Pavie, nous informe qu'une bonne partie de la population de la rive droite du Mékong à la latitude de Sakhon Lakhon est habitée par des Poutay et des Brou déportés de la rive gauche. Dans la Cordillère Annamitique, il décrit des Kha, dont les différentes dénominations sont d'après lui synonymes : So, Soué, Sôi, Kôi, Koui.

En 1905, Valentin (EFEO) décrit avec détail les groupes brou, leur localisation et leur organisation. La même année, Macey définit les deux sous-groupes brou, les Mankong et les Tri. Il les identifie dans le district de Mahaxay, à Vang Kham, Pha Bang, Souphane, Hang Tong et Songkhone. En ce qui concerne les So, aussi appelés « R'rekoué B'broo », il en décrit l'origine d'un certain territoire « *V, vouill H'hou* » qui correspondrait au territoire tai lü de Muang Ou, c'est-à-dire dans l'actuel district de Outai à Phôngsali. Ils auraient migré progressivement par la province de Luang Prabang puis de Tran Ninh avant de s'arrêter à la hauteur de Mahaxay, Thakhek, Nyommalath et peut être à Muang Vang. Là, ils auraient été fortement influencés par la culture lao. Cette version historique est peu probable.

En 1920, Malpuech, commissaire de la province de Savannakhet, mentionne également les Brou et les Poutay de cette province. En 1922,

Dubuisson, chef du Service géographique de l'Indochine, décrit aussi ces peuples lors des relevés topographiques pour le projet de construction du chemin de fer dans la province de Khamouane.

En 1947, Villedieu, basé à Savannakhet, fait une description des ethnies de cette province, en particulier des Poutay et des Khas. Il identifie les différents groupes kha : Leu, Mangkong, Souei, So, Tahoi et Takoh. Il indique qu'au nord de la route numéro 9, dans les sous-districts de Xiengkhom, Pho Ban Phai et Angkham, de nombreux Khas se sont ralliés aux troupes Viet Minh qui visitaient souvent ces régions. Vargyas (2000), mentionne que Villedieu exposait les principes d'une politique « Kha » où il soulignait la nécessité de rendre les Kha sédentaires. « *Cette nécessité est absolue. Tant que le Kha restera nomade, nous ne pouvons presque rien faire sur lui* ». Dans son programme d'action, Villedieu utilisait principalement l'assistance médicale, l'enseignement et le sel. Le sel était une question importante pour ces peuples de montagne *« Actuellement, pour les détacher du Viet Minh, le sel constitue le meilleur moyen de propagande ».* Le Lieutenant Barthelemy, délégué de Sépone et sous les ordres de Villedieu, fait une description géographique, botanique, climatique et humaine de ce territoire. Il distingue parmi les Khas les Souei, Mangkong, Tahoi, Pakoh, Brou et Leus (Trais).

En 1950, Fraisse, professeur de l'École Nationale de la France d'outre-mer, basé à Takhek, décrit à son tour les différents groupes kha, qu'il différentie des So. Parmi les So, Fraisse désigne les Sô Trong, les Sô Slouy, Sô Phong et Sô Tri, les Sô Phou Ac, Sô Tiali. Les So de Nyommalath sont des « Makon » (Fraisse, 1950), forme corrompue de Mankong (Vargyas, 2000). Cette indication confirme la tendance actuelle (Chazée, 2002) de différencier les So habitant les hautes vallées de la Nam Theun, Nam Noy, Nam Mone et Nam Xot des Mankong de la basse vallée de la Nam Theun et des districts de Nyommalath et de Bualapha. Suite au départ des Français, nous n'avions plus d'information sur les Brou habitant au Laos alors que les recherches continuaient de côté vietnamien.

Sous la période américaine, en 1965, de nombreux Brou habitant au Vietnam furent déplacés par le gouvernement vers la route numéro 9, de manière à les éloigner des régions où le Viet Cong aurait pu exercer une influence sur eux. L'aumônier Mole étudiait 9 ethnies montagnardes, y compris les Brou, dont la publication sortira en 1970. John et Carolyne Miller, membres du Summer Institute of Linguistics, créèrent l'alphabet brou après avoir vécu de 1959 à 1968 à Khe Sanh, parmi les Brou. À partir de 1964, l'anthropologue Hickey entreprenait, en période de guerre des études sur les ethnies montagnardes comprenant les Brou. Ces deux plus importantes publications datent de 1982 et 1993.

D'après la mémoire orale des anciens et les documents historiques, il semble que les voies de migration des différents groupes brou ont divergé depuis déjà plus de 6 générations. Lors de ces séparations, les phénomènes d'acculturation, de syncrétisme et d'adoption expliquent sans doute une grande partie de la diversité des dialectes et des noms de sous-groupe d'origine brou. Au Vietnam, on rencontre surtout les Brou Van Kieu et quelques groupes appelés Mankong et Khua, dont la plus forte concentration se trouve dans le district de Huyen Huong Hoa. Côté Laos, les groupes d'origine brou ne sont plus en contact depuis déjà plus de 4 générations. Les Brou-So du plateau de Nakai ne descendent pas au sud de Houaphou. Les Troui (Tri de Sépone) ne connaissent pas les So et n'ont pas de réels contacts avec les Chaloui du nord de Savannakhet. Les Brou Tri vivant au sud du district de Takhek semblent être sortis du berceau territorial suite aux déportations siamoises et aux réseaux d'esclavage.

Dans la même période, Vuong Hoang Tuyên, membre du département d'Ethnographie de l'Université de Hanoi travaillait sur de nombreuses ethnies et en particulier sur les ethnies Van Kieu, Khua, Tri et Mangkong de la province de Quang Binh. L'auteur mentionne que les Van Kiêu sont venus du Quang Tri dans les années 1880, alors que l'origine des Mankong se trouvaient en territoire lao. Il fut le premier à révéler que le nom « Brou » venait d'une traduction de « gens de la forêt » alors que ceux qui les ont dominés dans le passé les appelaient « Ca-lo » ou « gens à queue, vu les langoutis qu'ils portaient sur leur derrière » (Vargyas, 2000). Pour lui, les noms Vân Kiêu, Ta-ôi, Khua, Tri et Mang Koong sont tous des Brou, c'est à dire des gens de la forêt. Le nom « Sô » signifie aussi la personne, et que l'on peut appeler Sô tri ou Sô Mang Koong. L'auteur Phan Huu Dât s'intéressa à l'histoire du mariage et de la famille chez les Van Kiêu des villages de Ham Nghi et Dinh Phung dans la province de Quang Binh. Il concluait que l'unité fondamentale de la société brou est le lignage ou clan « *mu* », exogame et patrilocal.

En 1972, Nguyen Trac Di nous informe du déplacement de 2 580 personnes brou de Quang Tri vers Darlac, lors de l'offensive des troupes du Nord contre le régime du Sud dans la zone démilitarisée. En 1974 et 1978, Mai Van Tân écrivait deux volumes sur les contes brou. En 1975, Nguyen Khac Tung publiait un article sur l'architecture des populations du Quang Binh alors que Ngo Duc Thinh en écrivait un en 1976 sur « les relations tribales des groupes brou de la province de Bin Tri Thien ».

Pour l'auteur, les groupes Khua, Mangkong et Tri étaient, historiquement, empreints d'influence laotienne alors que les Van Kiêu étaient issus du Vietnam. Khong Diem, en 1972, formulait l'hypothèse qu'avant le

XVIIIe siècle, ils occupaient le royaume de Vientiane et auraient été chassés par les Siamois. L'auteur publiait également en 1977 et 1978 sur les populations montagnardes du Quang Binh.

Dans les années 1980, l'Institut linguistique du comité des sciences sociales de Hanoi publiait des références linguistiques d'environ 1 000 mots Brou Van Kiêu. Entre 1985 et 1989, Gabor Vargyas effectua 18 mois de travail de terrain dans les villages de Coc et de Dong Cho, district de Huong Hoa dans la province de Bin Tri Thien au Vietnam. Ce chercheur publia différents articles et documents entre 1993 et 2000, traitant en particulier de l'histoire des différents groupes brou, des rituels et des croyances. Pour les parties historiques, nous nous sommes largement inspirés de « À la recherche des Brou perdus, population montagnarde du centre indochinois » publié par Vargyas en 2000. Depuis la fin des années 80, d'autres auteurs ont publié sur les Brou du Vietnam, en particulier Vu Dinh Loi (1987, 1 991, 1996) et Nguyen That Thang (1990, 1991).

En 1990, dans les provinces de Khamouane et de Savannakhet (Monographies provinciales, Chazée, mars 1990), les Brou-So étaient mentionnés sous la classification des Lao Theung, dans le groupe des « Brou ». Dans la province de Savannakhet, surtout habités par des Lao (51 %) et des Poutay (20 %), les Brou étaient surtout mentionnés dans le district de Nong. Les Mankong (6,4 % de la province) étaient inscrits comme un autre groupe.

Côté lao, les études sur les Brou ont repris en liaison avec des projets de développement après l'ouverture des frontières avec la Thaïlande. C'est surtout grâce au projet hydro-électrique de Nam Theun 2 que, dès 1993, des études interdisciplinaires furent lancées. Différents auteurs ont écrit sur les So de Nakai (Chamberlain & al., 1996, 1997 ; Shape & al., 1998 ; UICN, 1997-1999 ; Chazée L., 2000-2003, 2015 ; Culas C., 2001). D'autres articles et publications mentionnent les Brou du Laos : Chazée L., 1999, Schliesinger J., 2000 ; recensement national, 1995 ; AMO, 1995. En fin 2001, une étude de faisabilité pour un financement de coopération bilatérale belge permettait d'avoir quelques profils de villages Mankong des districts de Nong et Sépone à Savannakhet. Le projet « Lao-Belgian Village Development Programme » fut approuvé en juillet 2002 et les activités ont démarré en novembre 2002.

Quelques repères historiques des Brou So de Khamouane - Bolikhamsay

Les Brou So sont présents dans la partie nord de la province de Khamouane et dans le sud de la province de Bolikhamxay, surtout dans les régions de l'Est. D'après les villageois, Brou est leur ancien endonyme. Néanmoins, ils se réfèrent entre eux au nom de So. Ils sont installés dans la région de Khamouane depuis au moins le XVIIe siècle. Les Lao qu'ils ont côtoyés les appellent quelquefois les So, Kha So, Kha ou Mankong. L'appellation Kha, pour les Lao, en dehors d'une connotation ancienne péjorative, leur permet de faire la différence entre les communautés de langue tay, bouddhistes et possédant l'écriture, des peuples montagnards illettrés croyants aux génies. Les Malang de Thamuang les appellent Mroue, Marou ou M'rou (en langue salang se traduit par forêt, territoire). Il est intéressant de constater que les Brou So des vallées de la Nam Theung, Nam Xot et Nam Mone appellent « Kha » les autres groupes montagnards du haut plateau comme les Phong et les Kri, et « Mankong » ceux qui habitent au sud du plateau, en direction de Nyommalath et Mahaxay.

Les Brou de cette partie du Laos ont subi les incursions siamoises, entre 1833 et 1847, visant à déporter les populations du Laos vers le Siam, en particulier le plateau du Khorat. Si ces déportations ont surtout affecté les Lao et les autres groupes tai de la bordure du Mékong, les Siamois ont remonté les vallées de Khamouane (appelé « Cammon ») et de Bolikhamsay pour rechercher les populations de montagne. Sek, Brou, Maleng et Malang ont reçu comme héritage de leurs ancêtres cette période tragique et violente. Pendant cette période, leurs ancêtres ayant échappé aux Siamois, se sont réfugiés dans les forêts en petits groupes pour être le moins visibles possible. Cela dura plusieurs mois, voire plusieurs années.

En 1893, les Siamois perdirent une bataille décisive contre les Français dans la zone de Houaphou, et repartirent de l'autre côté du Mékong. La même année, Charles Lemire réalisa la première carte générale de la zone et quelques administrateurs et militaires s'installèrent quelques années après. Les enquêtes réalisées par C. Culas en 2000 montraient que dans la mémoire des Brou So et de leurs voisins de cette zone de Markfeuang et Navang, les populations avaient toujours redouté la présence française, alors qu'ils les croisaient rarement et n'avaient pas grand-chose à leur reprocher en dehors de corvées de portage et de services pas toujours rémunérées.

Lors de la deuxième guerre d'Indochine entre 1960 et 1975, la partie Est de la zone NBCA de Nakai fut utilisée comme une voie secondaire de la piste Hô Chi Minh, par laquelle passait le ravitaillement d'armes entre Hanoi et la ville de Saigon. La région fut donc sous tension et sous bombardement et de nombreuses communautés de cette zone se réfugièrent à nouveau dans les forêts. Suite à l'indépendance, un programme se déploya dans tout le pays pour enlever les engins non explosés (UXO), y compris dans la zone de Markfuang. D'ailleurs, en novembre 2000, des villageois nous avaient montré deux UXO qui restaient dans la zone Nord de Huay Nong Pa et qui rendaient

UXO à Huay Nong Pa, en novembre 2000.

l'agriculture risquée. Entre 1991 et 1994, des missions régulières américaines avaient eu lieu en hélicoptère pour tenter de retrouver des pilotes et militaires disparus (MIA : Missing in Action) suite à la chute de leur avion. On demandait aux villageois de les guider aux lieux de chute de ces avions, dont certaines parties, récupérées par les villageois, servaient comme porte, barrière et caillebotis à porcherie.

En fait, depuis le début des intrusions siamoises, l'arrivée des étrangers était synonyme de malheur. En effet, dans les années 1834-1850, une partie des Brou du centre du pays fut déplacée par les Siamois vers la rive droite du Mékong (Nakhon Panom, Mukdahan, Sakhon Nakhon). Cette période correspondait à des conflits d'intérêts territoriaux entre le Siam et le Vietnam. L'émotion de la période siamoise, surtout, avait tellement été forte que la peur de l'étranger était devenue chronique. La suite avait confirmé leur opinion. Cette longue période de malheurs leur avait fait perdre leurs villages, souvent leurs pagodes, leur solidarité et une grande partie de leurs coutumes. D'une vallée à l'autre, les relations furent cassées, on se méfiait des autres. Il fallait donc fuir l'étranger venant de l'extérieur à leur vallée, éviter le contact. Nous faisions partie des étrangers lors de nos missions et leur appréhension, même si elle était plus « diplomatique », restait la même.

Les Brou So diffèrent au niveau ethnolinguistique et territorial des Brou Troui (Brou Chaloui) qui habitent plus au sud, dans le sud de la province de Khamouane et dans l'est de la province de Savannakhet. Depuis les années 1960, les troupes du Pathet Lao tentaient de les regrouper avec les autres groupes austro-asiatiques de la région, Brou, Salang, Phong, en les appelant tous « Mankong » (Makong).

Dans la haute vallée de la Nam Theun, Tapayban reste le centre historique des communautés brou so de cette région, d'où de nombreux villages sont issus. Les villageois de Tapayban forment des alliances privilégiées avec les autres communautés brou so de la même vallée, en particulier avec ceux juste au sud (Pung, Navang, Markmi) et ceux juste au nord (Naphou, Vangchan, Hang). Les So de Markfeuang ont noué des alliances privilégiées avec les villages de Pung et de Songlerk. Les So originaires de Navang n'ont pas noué de véritables alliances privilégiées avec les autres villages So, en dehors de ceux de proximité (Kaching, May, Fangdeng). Cela vient peut-être du fait qu'ils sont sortis du berceau territorial « So » pour s'emparer des rizières « Sek » d'une autre vallée, celle de la *Nam Mone*, ce qui a pu les exclure socialement et territorialement et les couper de l'histoire de la vallée d'origine, celle de *Nam Theun*. En effet, même s'il existe des couples de Tapayban installés au village de Navang, ils occupent un quartier bien défini du village, celui situé en direction du village de Katching. Les divergences entre les natifs de Navang et ceux de Tapayban présentaient encore en 2003 un obstacle à la solidarité dans le village. Avec les villages de Katching, Huay Masson et Fang Deng, les villageois de Navang maintiennent des relations relativement distantes.

Les Brou So ont noué des relations sociales avec les Bo au niveau de Sop One et Phonsavang, confluence de la Nam Theun et de la Nam One, et avec les Phong dans la partie sud de la Nam Noy (village de Ka-Oy, 24 familles Brou So en septembre 2000, village de Vongkouay). Ils ont occupé la vallée de la *Nam Mone* en reprenant quelquefois les rizières que les Sek ont dû abandonner lors des déportations (Navang). Ils se sont mixés par relation de mariage avec des Tai Kaleung, Poutay, Malang et Maleng de la vallée de la *Nam Xot*. Les villages les plus hauts à l'amont n'ont pas noué, ou occasionnellement, de relations maritales historiques avec les familles de chasseurs-cueilleurs des hautes vallées de la *Nam Noy* (Kri issu de la zone de Maka dans la vallée de la Nam Noy et Témarou de la vallée de la Nam Teung issus des zones de Huay Korane, Huay Prryang et Huay Say). Pourtant, certaines relations se sont développées depuis les années 1970, lorsque ces groupes chasseurs-cueilleurs furent contraints de se « sédentariser » dans les villages de Vangchang, Thamuang et Maka. En fait, les relations de mariage entre hommes témarou et femmes so, et hommes kri et femmes so, semblent une alternative nouvelle de survie du groupe de chasseur-cueilleur. En effet, ces groupes continuent leur vie itinérante à l'amont des villages sédentarisés dans lesquels ils sont censés être sédentarisés, mais les hommes ou les femmes ne trouvent plus assez de conjoints à l'intérieur de leur groupe. Ils vont donc les chercher dans les villages brou so, de système patrilinéaire et de résidence patrilocale comme dans leur propre système social. Ces conjoints adoptent donc aussi ce système de vie itinérant en forêt. En 2002, plus de 50 % des couples témarou étaient déjà mixtes.

Lors de la présence française et japonaise, les évènements militaires et les décisions administratives ont également provoqué des mouvements de population. Lors de nos réunions, les Brou ont évoqué à quelques reprises, avec terreur, le nom d'un militaire français du nom de « Salan [4]». Entre 1961

[4] Raoul Salan (1899-1984), a fait une bonne partie de sa carrière militaire en Indochine et en Algérie, participant aux deux guerres. Il fait un premier séjour au Laos (1924 à 1933), en particulier à Muang Sing. Il y retourne entre 1945 et 1954 et c'est sans doute à cette période qu'il passe dans la région de Nakai. Au Laos, comme en Algérie, Salan n'a pas laissé de bons souvenirs auprès des populations.

et 1973, plusieurs de ces villages furent bombardés ou inquiétés par les mouvements armés et les populations durent s'adapter à vivre partiellement en forêt pour fuir les dangers. Ce n'est qu'à partir de 1974 que les communautés se réorganisèrent en structure de village. Isolés des marchés et des voies de communication, les Brou de cette région ne furent pas étudiés avant le début des années 1990. C'est ainsi qu'en 2000, on venait de découvrir que les villages de Navang, Kaching et Fangdeng, parmi d'autres, traînaient une longue histoire de lèpre. Au seul village de Navang, on comptait 11 morts de la lèpre entre 1990 et 2000. En 2002, deux femmes lépreuses restaient isolées des villages de Navang et de Fangdeng.

On apprenait aussi que de nombreuses familles de Navang étaient opiomanes depuis au moins les années 60, fournis par les Hmong de la zone de Lak Sao. Après des contrôles répétés par les autorités de district, il restait en 2002 environ 17 opiomanes dans la zone de Navang. En début 2003, la police fit un nouveau contrôle qui se solda par l'arrestation de quelques opiomanes emmenés pour un mois à Nakai, et la fuite des autres opiomanes dans les villages en direction de Lak Sao. On apprenait aussi que la population de Navang était très joueuse, misant de l'argent et des buffles au jeu de cartes. Là aussi, le contrôle des autorités entre 1990 et 2000 avait bien fait diminuer cette tendance. On découvrait aussi que certains de ces villages avaient subi de fortes inondations, comme celles de 1960 et 1996-1997 dans le village de Markfeuang. Les villages de Tapayban, Peung, Markmi et Markfeuang, ainsi que leurs champs, furent envahis par les rats en 1998, suite à la floraison du bambou *May Phay Pa.* En 1993 et 1994, les chiens rouges sauvages tuèrent 5 buffles et 6 porcs appartenant au village de Markfeuang. En 1998, un tigre dévora deux buffles du même village sur la rive droite de la Nam Theun.

Ces populations continuaient une vie de consommateurs, puisant leurs alimentations dans les essarts et champs à riz, maïs, manioc et taro et dans les forêts qui constituent des greniers permanents.

Depuis la fin des années 1980, l'ouverture économique et les opportunités de rente (commerce, production, marché, projets de développement) sont devenus les nouveaux facteurs externes de mobilité. Les cueillettes et chasses commerciales organisées par les Vietnamiens entre 1984 et 1997 ont eu comme effet de vider la zone des grands rotins *Calamus Thorelii* (*Vai Thoum)*, du bois d'aigle (*May Ketsena*), des éléphants et de nombreux tigres, pangolins et tortues. Entre 1995-97, la société BPKP traça et maintenu une piste entre les localités de Lak Sao, Thamuang, Nahao et l'est de Navang pour extraire les bois *May Khagnoung* (*Dalbergia cochinensis*) et bois *May Longlem* et le rotin *Vay Thoun*. Suite aux rapports peu glorieux des conditions d'exécution du projet de Nam Theun à ses débuts et à la nouvelle législation sur les zones protégées (NBCA), l'ouverture de cette piste fut stoppée avant d'atteindre la zone à *May Longlem*. Seuls quelques troncs furent extraits par hélicoptère, la majorité resta à pourrir dans la forêt.

Les villages de Markfeuang et de Navang

Les villages de la haute vallée de *la Nam Theun* et de ses affluents font partie, depuis 1994, de la zone protégée de Nakai-Nam Theun et d'une zone focale pour le développement. En dehors des villages de Sané, Nahao et Nawa, tous les villages de cette zone sont établis près d'une rivière permanente. Pour les Brou So, la présence d'une rivière est un critère clé dans le choix du lieu du village. À Markfeuang, la légende symbolique fait état de leur relation avec la rivière. Il y aurait eu quatre hommes brou, qui capturèrent dans la Nam Theun un énorme poisson *Pa Kang*, long de 2 à 3 mètres et pesant plus de 100 kilogrammes, sous un rapide au niveau du village de Vang Khoy. Ils décidèrent de le relâcher, pensant que s'ils le tuaient, le génie du territoire se vengerait sur les hommes et ferait mourir tous les habitants du village. Depuis ce jour, le génie du territoire est matérialisé par ce poisson, protégeant les villageois, les animaux domestiques et les champs.

C'est dans les villages de Markfeuang, Markmi et Pung dans la vallée de la *Nam Theun* que furent concentrées les activités des organisations UICN et Ecolao entre 1996 et 2000. Depuis 2000, les villages de Markfeuang et de Navang sont devenus des villages pilotes de la vallée, assistés par le projet LIL (Learning and Innovation Loan) financé par la Banque mondiale.

Le village de Markfeuang fut établi en 1974 dans la partie basse de la haute vallée de la Nam Theun, dans l'ancien sous-district de Thapayban. En réalité, les familles souches étaient dans ce territoire et certaines dans la vallée de la Nam Noy depuis plus de deux générations (avant 1950), mais à la fin des années 1960, elles s'étaient dispersées en petits groupes dans les forêts lors de la deuxième guerre d'Indochine. Le lieu avait subi deux inondations, l'une en 1960 et l'autre en 1996 ou 1997. En 1972, ils avaient fait face à une prolifération importante de rongeurs, suite à la floraison des bambous *May Sod* qui avait apporté une nourriture protéinique importante. Tous les bambous *May Sod* étaient morts l'année suivante. Ce même phénomène s'était reproduit en 1998, suite à la floraison des bambous *May Phai Pa*. En raison du nombre de rongeurs, ils n'avaient pas récolté une graine de paddy. Cette même année, ils avaient constaté les

Fillette au village de Markfeuang, en novembre 2000.

deux derniers buffles dévorés par des tigres, de l'autre côté de la rivière. Ce phénomène était fréquent jusqu'en 1955, mais le nombre de tigres avait progressivement diminué depuis. Les chiens rouges (*Manai*), jusque dans les années 1994, leur avaient aussi dévoré des buffles et des porcs.

Maison au village de Markfeuang, en novembre 2000.

Le territoire villageois est sur le côté gauche de la vallée de la Nam Theun, compris entre les montagnes Phou Laen et Phou Pane, à une altitude moyenne de 560 mètres. Comme pour le village de Teung, il est entouré de champs cultivés, zones buissonnantes, friches en jachère et forêts dégradées. En novembre 2000, le village comprenait 47 maisons, 53 familles et 242 personnes. Il fait partie de la zone qui comprend les villages de Vangchang, Soklek, Nawa, Beung, Nakang, Sinthorg, Kobong, Thaphaiban (village brou à l'ouest, en direction de la Nam Theun), Pung (village brou de 32 familles à 45 minutes à pied au sud de Markfeuang) Markmi (village brou au nord) et Nawa (village brou à l'est).

Depuis 1996, le village a reçu l'assistance de différents projets (UICN, EcoLao, NTEC, LIL) en lien avec le projet Nam Theun 2. Ils ont bénéficié d'une école, d'un dispensaire avec un stock de médicaments et des formations en soin de santé primaire, d'une piste d'accès, de plans d'ananas, de développement de nouvelles rizières, de semences de légumes, de plants de cardamome, de semences de riz amélioré, des arbres fruitiers. Les rizières irriguées ont démarré en 1997 et en novembre 2000, six familles cultivaient un total de 2 hectares, irrigués par la Huay Maydep. Trois autres familles cultivaient environ un hectare irrigué par la Huay Markba. Sept familles préparaient environ 3 hectares de rizières qui devaient être irrigués par la Huay Nongping. Enfin, trois familles préparaient un hectare près de la Huay Kho. Il existait aussi des rizières pluviales dans la zone de Tong Nong Tou. On notait des potentiels de développement de nouvelles rizières vers Huay Nong Pa. Entre 1999 et 2003, Markfeuang fut sélectionné comme village pilote dans le projet LIL de la Banque mondiale et reçut une assistance intégrée.

Construction d'un barrage sur le territoire de Markfeuang financé par le projet LIL, le 8 novembre 2000.

Le village de Navang, dans la vallée de la Nam Mone, un affluent de la Nam Xot, était également un village pilote du projet LIL. Comme celui de Narao (Nahao), c'était autrefois un village habité par des Sek, dont une partie fut déportée au Siam et l'autre partie s'installa dans leur ancien territoire, Nam Vaéo dans le district de Khamkeut. Le ruisseau de Huay Hat sépare le territoire de Navang de celui de Nahao, village situé à environ 50 minutes à pied à l'ouest, par un sentier que nous prenions régulièrement pour rejoindre le village de Thamuang situé sur la Nam Xot. En novembre 2000, les Brou de Navang, lors de notre première mission, nous disaient que leurs ancêtres, dans les années 1850, lors des intrusions siamoises, étaient partis vers les hautes vallées de la Nam Theun, vers Taphayban et d'autres s'étaient réfugiés au Vietnam. Vers 1920, un groupe brou de Taphayban s'était installé au village de Kaching, 2 kilomètres en remontant la vallée de la Nam Mone. Le village de Navang s'était reconstitué en 1973, à partir de petits groupes isolés dispersés lors de la deuxième guerre d'Indochine (certains avaient fui les bombardements de 1968 et 1969) et des anciens villages de Mark Pouk et de Kang. Ils avaient décidé de garder le nom de « Navang », nom qu'avaient donné les premiers habitants, les Sek. En 1986, la communauté brou so de Kaching s'était rapprochée de Navang, suite à une épidémie dans leur ancien village. Leurs frontières communes sont matérialisées par les marais de Vangmone. En 2000, les deux villages faisaient partie de la même unité administrative, même si chaque village avait encore son chef. Le village avait abandonné sa pagode en 1992, il ne restait qu'un vieux bâtiment délabré. Depuis, les

Rizières dans le territoire de Navang, améliorée par le projet LIL, en novembre 2000.

Maraîchage sur jardin communautaire à Navang, en novembre 2000.

École à Navang, en mars 2002.

15 familles « bouddhistes » avaient adopté les rituels et croyances liés aux génies, tout en organisant chaque année une cérémonie, au Nouvel An lao, en l'honneur de la pagode. Une nouvelle école fut construite en 1999.

En 2000, on notait trois décortiqueuses à riz. La première existait depuis 1994. En novembre 2000, le service de décorticage coûtait 2000 kips pour 12 kg de paddy. Le propriétaire du moulin gardait le son pour son élevage de porcs et de volailles, ou le vendait à raison de 100 kips par kilogramme. On notait 6 tisseuses dans le village qui vendaient régulièrement leurs produits dans les villages des vallées de la Nam Noy et de la Nam Theun. Avant, de nombreuses familles utilisaient le coton et la soie, mais en 2000, une seule famille continuait le tissage avec la soie. Il y avait aussi neuf hommes spécialisés dans la production de tables basses.

Le village de Navang est situé à environ 600 mètres d'altitude dans le bassin versant de la Nam Mone, un affluent de la Nam Xot, dans l'ancien canton de Navang. Il est entouré de friches, rizières et jardins cultivés ainsi que de forêts qui s'étendent à l'est et au nord du village. En novembre 2000, il comprenait 54 maisons, 79 familles et 288 personnes. Il fait partie de la zone qui comprend les villages de Thamuang, Nahao, Songkhone, Kaching, Phandeng Neua, Phandeng Tai, Thongxat et Houanasorg.

Entre 1999 et 2003, les villages de Markfeuang et de Navang ont bénéficié, à travers le projet LIL, d'une assistance en développement rural comprenant le développement agricole, la santé, l'éducation formelle et informelle, l'amélioration des voies internes de communication et la conservation de l'environnement. Les autres villages brou so de ces vallées ont uniquement bénéficié d'un appui en santé et en éducation.

Résultats des études des familles de Markfeuang et de Navang, conduites entre le 28 octobre et le 3 novembre 2000 (Chazée Laurent, décembre 2000)

Légende

Enfants : nombre total d'enfants vivants du chef de maison, résidents dans ou à l'extérieur de la maison.

Filles : nombre total de filles vivantes du chef de maison, résidentes dans ou à l'extérieur de la maison.

Total des ménages : nombre total de personnes résidentes en permanence dans la maison

Taille maison : TP (très petite, 15-25 m ^{2}), P (petite, 25-35 m ^{2}), M (Moyenne, 35-50 m^2), L (Large, plus de 60 m^2).

Matériaux maisons : TP (très pauvre en qualité, piliers de la maison non taillés, plancher, parois et charpente de bambou, toiture en palmes, chambres non cloisonnées), P (faible qualité, piliers des maisons non taillés, parois de la maison et des chambres en bambou, charpente et plancher en bois et bambou, toiture en palmes), MP (moyen-pauvre, piliers taillés, plancher en bois, parois en bambou, chambres séparées avec parois de bambou, charpente en bois et bambou, toiture en palmes), M (piliers taillés, plancher et parois en bois,

chambres cloisonnées en bois et bambou, toiture en palmes ou en tuiles de bois, MQ (Maison de qualité, tout en bois, inclus tuiles en bois).
Électrification :Turbines hydro-électriques individuelles installées dans la Nam Noy : T : 1 turbine par maison ; ½ T : 1 turbine partagée par deux maisons : 0 : pas d'électricité.
Situations socio-économiques : situation : TP (très pauvre), P (Pauvre), MP (Moyen pauvre), M (Moyen), MR (moyen-riche).

Village de Markfeuang

Familles de Markfeung	Enfants	Filles	Total ménage	Taille maison	Équipement maison	Situation socio-économique	Buffles	Porcs	Poulets	Chiens	Chats
01. Thithin & Keth	4	2	6	M	MQ	MR	4	1	20	2	0
02. Tchamphone & Douang	6	3	9	L	M	MR	5	0	8	1	1
03. Loun & Nou	4	3	6	M	M	MP	0	0	13	1	0
04. Xiengchay & Son	3	2	6	M-L	MQ	MP	0	2	20	3	0
05. Medsingthai & Sa	4	1	8	L	MQ	R	13	5	10	2	1
06. Xieng Ouane & Boua	5	2	9	M-L	M - MQ	R	34	2	10	2	0
07. Bountong & Lom	3	1	5	P	M – P	P	0	2	5	0	1
08. Xiengpeng & Thuan	4	2	6	P	P	P	0	2	2	1	0
09. Khamla & Vane	4	0	4	M-L	MQ	R	10	1	30	4	0
10. Douang & Keuiy	7	4	9	M-L	M-MQ	R	8	6	20	0	0
11. Bouaphan & Boualy	3	3	7	M	M-MQ	MP	0	2	10	0	0
12. M. Xiengpeng	5	4	9	M	M	MR	6	1	10	1	0
13. Some & Sa	6	3	9	L	M-MQ	M	5	2	4	2	0
14. Miss. Nieng	3	1	2	P	P	TP	0	1	6	5	0
15. Muang & Tor	1	1	4	M	P	P	0	3	9	1	0
16. Boua & Sing	6	2	9	M	M	MP	0	2	6	2	0
17. Xiengdi & Kham	7	1	9	M	M	M	3	1	8	2	0
18. Tho & Ding	4	4	7	M	P	P	0	0	2	1	0
19. Miss Douang	1	1	2	P	P	M	3	0	6	0	0
20. Miss Phong	4	2	3	M- P	MP	P	0	3	5	0	0
21. Khambay & Bang	2	2	5	M	M	MP	1	1	13	0	0
22. Miss. Soui	3	2	5	M	M	P	0	1	0	0	0
23. Xiengdouang & Tang	5	3	7	M	P	P	0	1	8	1	0
24. Si & Veune	1	0	3	P	P	P	1	0	5	0	0
25. Xiengpiu & Keo	6	2	6	M	M	M	3	2	5	1	0
26. Pheuan & Phong	1	1	3	P	P	P	0	6	7	2	0
27. Phom & Phon	7	4	11	L	M	M	0	3	20	2	0
28. Seuth & Vong	4	2	7	P	P	TP	0	1	1	0	0
29. Say & Souk	1	1	3	P	P	P	0	1	3	1	0
30. Soun & Tchit	2	1	4	M P	P	P	0	1	3	1	0
31. Somchay & Toune	6	4	8	M	P	MP	1	1	10	3	0
32. Xiengdi & Khay	6	4	8	M	M	M	2	2	10	3	0
33. Tchansang & Sa	0	0	2	P	M	P	0	0	20	0	0
34. Miss Path	2	0	3	M	P	P	0	0	6	0	0
35. Sengue & Son	3	1	5	M-P	MP	M	3	0	6	2	0
36. Miss Sou	0	0	1	M- P	TP	TP	0	0	10	0	0
37. Bouala & Keo	3	1	5	P	P	P	0	0	10	3	0
38. Xiengsang & Kor	4	1	6	P	P	P	0	4	15	2	0

Familles de Markfeung	Enfants	Filles	Total ménage	Taille maison	Équipement maison	Situation socio-économique	Buffles	Porcs	Poulets	Chiens	Chats
39. Soun & Tha	1	0	3	M	MP	P	0	1	1	0	0
40. Kham & Bout	6	2	8	M	MQ	M	0	1	4	1	0
41. Miss Hom	3	1	2	P	P	P	0	0	7	1	1
42. Miss. Phay	0	0	1	TP	TP	TP	0	1	9	0	0
43. Tha & Khoun	3	2	6	P	P	P	0	0	14	4	0
44. Soung & Keuiy	4	2	6	M- P	P	M	6	6	10	0	0
45. Saum & Yang	2	0	4	M	P	MP	0	1	10	0	0
46. Xiengkang & Pheng	5	2	8	L	M	M	1	4	10	0	0
47. Xiengxay & Keuiy	4	3	8	M	M	MP	0	3	5	0	0
48. Bouali & Boua	4	2	8	M- P	P	P	0	0	10	2	0
49. Phet & Soui	3	1	5	M	M	P	0	0	10	0	0
50. Sithone & Kong	6	4	10	ML	MQ	MR	2	6	16	2	0
51. Miss Tiu	1	1	2	V- P	TP	TP	0	0	0	0	0
52. Miss Khet	4	3	8	M	P	P	1	1	3	1	1
53. Xiengchan & Tchik	3	2	4	M	P	P	½	2	9	0	0
54. Thong & Sone	4	3	6	P	P	M	3	0	5	2	0
55. Dan & Sa	1	0	5	M	M-MQ	MR	7	2	12	0	0
56. Xou & Phai	2	1	4	P	P	TP	0	1	0	0	0
57. Miss Som	2	2	2	P	P	TP	0	0	0	0	0
Total	**198**	**102**	**321**	**2 TP, 16 P, 6 M-P, 23 M, 5 ML, 5 L**	**2 TP, 25 P, 3 MP, 14 M, 5 M-MQ, 6 MQ**	**7 TP, 22P, 8 MP, 11 M, 5 MR, 4 R**	**123**	**89**	**491**	**64**	**5**

Village de Navang

Familles de Navang	Enfants	Filles	Total ménage	Taille maison	Équipement maison	Situation socio-	Buffles	Porcs	Poulets	Chiens
01. Kalai & Peng	7	3	9	L	MQ	MR	5	1	1	1
02. Xiengpeng & Phong	9	4	13	ML	M	MR	5	5	4	5
03. Peng & Ka	7	6	13	ML	MQ	R	7	7	16	4
04. Phaun & Kout	3	2	5	M	P	MP	2	1	8	3
05. Xiengmone & Voy	5	2	7	M	TP	TP	0	1	2	0
06. Miss Huang	3	1	5	MP	MP	MP	1	0	5	0
07. Miss Djork	2	0	5	M	M	MP	2	2	3	0
08. Tchom & Pha	4	3	6	M	P	M	5	2	10	2
09. Khamouane & Khen	4	1	7	TP	TP	TP	0	2	1	0
10. Phuane (Xiengkeut & Phon)	7	1	11	M	M	MR	4	1	1	4
11. Xieng In	1	0	3	MP	MP	M	2	1	2	0
12. Sunthone & Duang	4	1	6	TP	TP	MR	8	1	8	0

Familles de Navang	Enfants	Filles	Total ménage	Taille maison	Équipement maison	Situation socio-	Buffles	Porcs	Poulets	Chiens
13. Hat & Bounsou	4	2	6	P	MP	M	4	2	9	0
14. Fong & Chork	7	6	9	P	TP	P	1	1	25	3
15. Miss. Phone	1	1	7	L	M	MR	6	1	8	5
16. Thone	2	1	3	P	MP	TP	0	0	0	0
17. Phiou & Pha	3	1	6	MP	P	TP	0	1	1	0
18. Pong & Pao	6	4	8	M	MQ	R	10	2	23	0
19. Siphan & Mi	2	2	7	M	M	M	2	1	10	0
20. Soun & Boua	1	0	5	P	P	P	1	2	2	3
21. Xiangphone & Kiane	3	0	5	P	MP	MP	2	2	4	0
22. Miss Piou	2	1	5	M	MP	M	2	2	6	0
23. Duangta & No	0	0	2	M	MP	MP	2	1	1	0
24. Ka	4	0	4	M	M	M	3	3	13	2
25. Song (Miss Phom)	2	2	5	P	MP	P	0	1	10	0
26. Xiangouane & Soun	2	1	5	M	MP	P	0	0	0	0
27. Bok & Nouane	5	2	7	P	P	P	0	0	1	0
28. Xiengdi	2	1	7	M	M	MP	1	3	8	0
29. Pheng & Lay	3	2	4	MP	M	MP	0	6	1	0
30. Tong (Pet & On)	0	0	8	P	P	P	1	0	2	3
31. Nan & Phone	1	1	3	P	TP	P	0	3	4	0
32. Bouakam & Kong	2	1	4	P	P	P	0	2	15	0
33. Vang (Tung)	2	0	4	M	MP	MP	1	0	15	0
34. Keo & Ham	1	1	3	P	P	P	0	1	8	0
35. Xienghane (Bounhome) & Kiane	4	1	4	P	P	TP	0	1	5	0
36. Moun & Saum	3	3	9	MP	M	R	15	2	20	8
37. Xiangnone & Xen	4	2	6	M	M	MP	0	2	1	5
38. Thine & Duangta	1	0	3	P	MP	P	0	0	10	0
39. Vong & Ki	5	2	7	M	MP	P	0	0	0	0
40. Douang & pheo (+ Than lin separate house)	1	1	4	P	MP	P	0	1	1	0
41. Deang & Kam	2	2	5	TP	MP	MP	1	2	20	0
42. Xiengkom	0	0	4	TP	TP	MP	3	0	40	2
43. Kong & Koung	2	1	8	M	MP	MR	5	3	11	0
44. Xiengkeo & Kongmee	1	0	7	TP	TP	MP	2	2	4	0
45. Phone & Ith	3	0	5	TP	P	P	0	1	3	0
46. Khamdi & Doy	0	0	4	TP	TP	TP	0	1	2	0
47. Kounay & Say	0	0	2	TP	TP	TP	0	0	6	0
48. Xiengpheng & Keth	8	5	12	M	M	MR	7	2	18	1
49. Miss Phang	2	1	7	M	P	P	0	1	2	1
50. Miss Deng	3	2	8	P	M	MP	2	1	5	2
51. Miss Moun	1	1	2	MP	MP	VP	0	0	0	0
52. Bounpheng & Lin	1	0	4	M	MP	M	3	1	5	1
Total	**152**	**74**	**308**	**8 TP, 16 P, 6 MP, 19 M, 2 ML, 2 L**	**9 TP, 11 P, 17 MP, 13 M, 3 MQ**	**8 TP, 14 P, 13 MP, 7 M, 7 MR, 3 R**	**115**	**78**	**380**	**55**

Le village de Vangchang, district de Nakai, province de Khammouane

Je passais par ce village en novembre 2000 et en février 2002. Ce village est surtout habité par des Brou So, mais aussi des Témarou officiellement rattachés à ce village que l'on appelle aussi les « Khoun Theun », ou les gens du haut bassin de la Nam Theun. En 2002, le village comptait 39 maisons, 40 familles et 208 personnes, dont 99 de sexe féminin. Le village est assez ancien.

Il a été déplacé récemment de quelques mètres, suite à une épidémie. En effet, comme pour beaucoup d'ethnies montagnardes du Laos, il est de coutume de se déplacer pour fuir le courroux du génie qui a provoqué le mal, même en déplaçant le village seulement de quelques mètres. Ce village n'a pas été touché par les bombardements lors de la deuxième guerre d'Indochine, période où la communauté résidait déjà dans ce village. Il ne disposait pas d'école et l'ancienne pagode avait été totalement abandonnée en 1975, suite au départ du dernier moine en 1959.

Le village basait ses moyens d'existence sur l'agriculture de plaine et montagne, l'élevage (40 buffles dans le village), la cueillette, la chasse, la pêche et le petit commerce. Les villageois avaient comme projet d'irriguer leurs rizières à partir de la Huay Tiéo, une rivière permanente. Leurs parents avaient déjà essayé dans le temps, sans succès.

Le village de Songlerk, district de Nakai, province de Khammouane

En mars 2000, le village de Songlerk, dirigé par son chef M. Boun Hiem, comptait 62 maisons, 65 familles et 298 personnes. Le village n'avait plus d'école depuis 1975.

Essarts et village de Ban Songlerk, en novembre 2000.

Les anciens affirmaient qu'ils étaient dans la région depuis au moins le XVIIe siècle, ayant échappé aux déportations siamoises. Les villageois revendiquaient leur endonyme « Brou » et indiquaient que les Lao les appelaient depuis longtemps des So ou Kha So. Les Malang de Thamuang et les Maleng de Songkhone les appelaient « Mroue ». D'après eux, le nom de « Makong » ou « Mankong » fut un nom général donné par les révolutionnaires lao (Pathet Lao), pour ne pas les appeler « Kha », dont l'interprétation pouvait être prise de manière péjorative. Ce nom regroupait plusieurs groupes de la région, des Brou, Salang et Phong.

Système linéaire

Le système brou so est patrilinéaire. En territoire à forte dominance de communautés lao, le système brou so est bilatéral avec tendance patrilinéaire. Les jeunes couples observent une période matrilocale suite au « petit mariage » qui dure un maximum de trois ans. La résidence est ensuite patrilocale ou néolocale. L'héritage matériel et religieux se transmet dans la lignée patrilinéaire des aînés. Le reste de l'héritage va aux autres fils.

Lignages identifiés au Laos

Les Brous étudiés n'ont plus de souvenirs de lignages ou clans, mentionnés dans la littérature vietnamienne.

Ménage

Les Brous étudiés pratiquent la monogamie avec une tendance à la résidence patrilocale. Traditionnellement, les jeunes époux restaient deux à trois ans en résidence matrilocale lors de la période de petit mariage *Kheuysou*, période de contrôle matrilinéaire et d'aide aux parents de la fille.

Enfants au village de Navang, en novembre 2000.

Le grand mariage *Kheuytan* est organisé lorsque la dot était rassemblée, dont la valeur dépend de la situation socio-économique des familles et du nombre d'années passées en petit mariage. En l'an 2001, au village de Songlek, la dot de référence s'élevait en moyenne à 2 porcs, un buffle, 16 poulets, 16 bols, une jarre de bière de riz, un panier à dos, un panier de riz, un plat à riz, une natte et une marmite. En réalité, cette dot était souvent réduite à un cochon, 2 ou 3 poulets, du riz et de la bière de riz.

L'héritage se transmet prioritairement de père en fils aîné. Néanmoins, il est de coutume que les femmes issues d'un autre village viennent avec un petit pactole. En 2002, au village de Markfeuang, seuls 21 % des hommes chefs de ménage avaient reçu un héritage (maison, buffle, ustensile de cuisine, cochon) de leurs parents, dont 85 % étaient des fils aînés. En ce qui concernait les femmes, seuls 19 % d'entre elles avaient reçu un héritage (buffle, cochon, bijoux, ustensiles de cuisine, vêtements et tissus).

À Navang, 42 % (19 sur 45) des hommes avaient reçu un héritage de leurs parents, principalement sous forme de rizières et de buffles. Seuls 28,5 % (12 sur 42) des femmes avaient reçu un héritage sous forme de rizière, buffle, cochon, maison. La différence de niveau d'accès à l'héritage entre les deux villages était expliquée uniquement par la présence de rizières anciennes à Navang qui représentaient un capital fixe, alors que les plus récentes de Markfeuang dataient de 1996 et n'avaient donc encore pas été données en héritage.

Même si en principe on affirme que les mariages sont libres entre ethnies, les relations de mariage sont arrangées principalement dans la même ethnie. À Markfeuang, sur les 52 chefs de ménages hommes recensés en février 2002, seuls 4 n'étaient pas Brou So (1 Sek de Teung, 1 Sek de Phoung, 1 Phong de Tong, 1 Mankong de Tahap Tai). Parmi les hommes brou so, 25 étaient nés à Markfeuang, 4 à Pung, 2 à Vanglé, 3 à Xobang, 1 à Sorklek, 2 à Phonsavanh, 1 à Singthong, 1 à Tapayban, 1 à Nakai, 1 à Ring, 1 à Talat, 1 à Vangchang, 2 à Hang, 1 à Tayeu, 1 à Kengdek et 1 à Markmi. Parmi les 57 femmes mariées, une seule n'était pas d'origine brou so (Phong de Tong). Parmi les femmes So, 24 (42 %) étaient nées à Markfeuang, 9 à Pung, 4 à Sorklek, 2 à Singthong, 2 à Kobong, 2 à Markmi, 2 à Tapayban, 1 à Phongsavanh, 1 à Vangchang, 1 à Naphou, 1 à Bungbin, 1 à Talat, 1 à Kenglik, 1 à Banthang et 1 à Muang.

Au village de Navang, parmi les 45 chefs de familles hommes recensés en février 2002, seuls 3 n'étaient pas Brou So (1 Mankong de Boualapha, 1 Poutay de Xeno et 1 Kaleung de Nahao). Parmi les hommes so, 31 d'entre eux (69 %) étaient nés à Navang, 8 à Tapayban, 1 à Pontiu. Parmi les 42 femmes mariées de Navang, seules 2 n'étaient pas d'origine brou so (1 Kaleung de Naphoung et 1 Sek de Teung). Parmi les femmes d'origine brou so, 30 (71 %) étaient nées à Navang, 6 à Tapayban, 1 à Kongmi, 1à Basseng, 1 à Katching et 1 à Nahao. Le Conseil des Anciens sanctionne les cas d'adultère. Ils concernent le plus souvent les hommes, qui doivent alors s'acquitter de leur dette en offrant un buffle à leur femme. C'est ainsi qu'à Navang, 3 hommes s'étaient endettés d'un buffle auprès de leur famille élargie, qui en garantie de remboursement utilisaient leurs rizières.

Religion et croyances

Les Brou So de Nakai croient aux génies, même s'il reste des traces de bouddhisme. L'influence bouddhique semble antérieure à 1850. Elle s'est maintenue dans les vallées jusque dans les années 1950. Depuis, au nord de Houaphou, en dehors des influences lao et poutay, le bouddhisme a perdu de son influence. Même s'il reste encore des lambeaux de pagode en bambou dans les villages de Markfeuang et Navang, quasiment personne ne pratique la religion bouddhique en 2002. Néanmoins, en début 2003, les Brou de Navang ont reconstruit leur pagode et 8 jeunes moines s'y sont installés à l'initiative des villageois.

La pratique de la religion diffère selon le village et les familles dans le même village. Cette diversité est le reflet des influences des voisins qu'ils ont côtoyés lors de leur migration. En général, la croyance aux génies a pris, ou repris le pas sur le bouddhisme depuis ces 50 dernières années. Pour certaines occasions comme les naissances, les funérailles et les maladies, on appelle toutefois les moines d'autres villages.

Génies principaux

Offrandes au génie du riz de pente au village de Navang, le 16 novembre 2000.

Génies « *Khmouth* ». Les Brou So distinguent deux grandes catégories de divinités, celle liée au monde organisé par les humains *Khmouth tang dong* et celle liée au monde non organisé, celui végétal et animal *Khmouth tang nsak*. Les principaux génies du panthéon : *Yiang kruang* (territoire), *Mbe Mbiya* (père et mère), *Tcheuk* ou *Seuk* (forêt), *Alouangpouth* (grand arbre), *Pong* (terre salée), *Vil* (village, territoire), *Kok* (falaise), *Raneup* ou *Lanuep* (cimetière), *Mana* (génie *Pop* chez les Lao), *Pheth* (arbre), *Mareng* (mort accidentelle), *Blou* (termitière), *Thai* (chasseur), *Dong* (maison), *Nieroua* (Naga, eau), *Tahek* (rizière).

Organisations traditionnelles villageoises

Au village de Markfeuang, on note des cérémonies de guérison gérées par le sorcier-guérisseur *Mô Yao*. Le maître de cérémonie *Chao Cham Khmouth* guide encore les cérémonies traditionnelles annuelles, en particulier celles liées au génie du territoire. On note huit *Chao Cham Khmouth*, tous des hommes. Les cérémonies couvrent quatre villages protégés par le même génie. On note aussi 2 *Chao Cham Pout*, toutes des femmes, qui gèrent les cérémonies des génies liées au bouddhisme.

Au village de Navang, la situation est plus compliquée, en raison d'évènements passés qui ont provoqué des divisions. Autrefois, ce territoire se trouvait « protégé » par le génie territorial des Atel, originaire de la zone de Huay Kanil et qui protège également les villages de Thamuang et de Nahao. Les villages brou de cette zone, ceux de Navang, Mai, Katching, Phangdeng et Tongsat, sont protégés par ce même génie. Suite à des évènements entre les communautés de Tammuang et de Songkone, il y eut une sous-division territoriale du génie protecteur et Songkone adopta un autre génie.

Dans le village de Navang, il existe 11 femmes (*Mo Phi*), toutes mariées. Huit d'entre elles sont appelées *Khmouth Dong* (représentante du génie de la maison), capables de soigner les malades de leur famille uniquement. Les trois autres sont appelées *Khmouth Mov*, représentante du génie de la médecine ou de la guérison, capable de soigner tous les habitants du village de Navang, que ce soit pour des problèmes de santé ou des problèmes psychologiques. Pour pratiquer ces cérémonies de guérisons, elles recherchent leur pouvoir dans la maison de leur frère aîné, au niveau de la structure symbolisant le génie de la maison. Dans la majorité des cas, le génie habitant ces femmes est lié à une personne décédée.

Au village de Navang, deux sœurs, Saum et Ka, *Mo Phi*, ont bien voulu me raconter leur histoire lors de mon passage en novembre 2000. Leur mère était *Mo Phi* et leur avait transmis cet héritage. Si elle n'avait pas eu de fille, ce pouvoir aurait pu être transmis à un fils. Ce n'était pas elles qui avaient choisi l'esprit ou le génie qui les habitait, c'est lui qui était venu les choisir. Comment s'en étaient-elles aperçues ?

L'une d'elles, Ka, avait 15 ans. Elle était tombée malade. Elle pleurait, mais en même temps, elle dansait, sans pouvoir ni rire, ni parler. Elle reconnaissait ses parents, mais ne pouvait pas communiquer avec eux. Elle continuait à danser, armée d'un bâton. Elle se rappelait qu'elle avait enroulé du fil de coton autour de la tête et jeté du riz décortiqué pour faire fuir l'esprit/le génie.

Quand il se manifestait, c'est dans sa maison, elle le savait, car elle sentait une fatigue étrange, se mettait à pleurer et se sentait énervée. Elle n'était plus elle-même c'est l'esprit/le génie qui s'emparait de ses sens et qui parlait à travers elle. Elle savait que c'était celui de l'oncle de son père, Pousson, mort en 1982 à l'âge de 70 ans et enterré à Thakhek. Son esprit voulait revenir au village et c'est à travers elle qu'il retrouvait le village. Sa mère était habitée par l'esprit du frère de Pousson, Sangvan, qui était toujours vivant en novembre 2000. Toutefois, à la mort de son frère, en 1993, le pouvoir de Ka avait disparu. Elle semblait donc tirer ce pouvoir à travers son frère, héritier des croyances et des liens avec les génies des ancêtres. Ce pouvoir était revenu en mars 2000, lors de la cérémonie « Long Kouang » pour le Tiyeng, la journée du Mov Tiyeng. Il y eut des chants et des danses pendant 24 heures, mais personne ne lui avait demandé d'officier.

Sa sœur, Saum, se disait habitée par l'esprit de son grand-père « Bout ». À la demande des gens, elle appelait l'esprit, moyennant des sommes de 2 000 à 5 000 kips, qu'elle rendait si l'esprit ne venait pas. Pour savoir s'il venait, elle lisait dans les grains de riz décortiqué. Si elle prenait trois fois de suite un nombre pair de graines, l'esprit était là. La dernière fois qu'elle avait officié en octobre 2000, c'était à la demande de sa belle-fille qui pensait avoir fait une erreur et, punie par le génie des ancêtres, était malade.

Aux villages de Navang et de Katching, lors des enquêtes familiales, j'identifiais aussi des « sorciers-guérisseurs-souffleurs », comme Biyo du village de Kaching. Ce guérisseur soufflait sur le corps du malade pour identifier le mal. Une fois le diagnostic établi, il aspirait le mal avec la main. Nang Djor, femme divorcée résidente à Navang, avait appelé Biyo, qui avait réussi à aspirer des petites pierres qui étaient sorties de la bouche de son enfant malade.

Éléments homme-femme

Les hommes disposent d'un meilleur statut que la femme du fait de la tendance patrilinéaire et patrilocale de la société brou. Dans les faits, les femmes brou n'héritent pas ou peu et ne disposent donc pas de grande indépendance économique. Elles participent aux décisions financières, mais le mari a souvent le dernier mot.

Les femmes sont en charge des corvées d'eau et de bois, du ménage, de la cuisine, du petit élevage, du jardin maraîcher, de la fabrication d'alcool. Elles participent aux travaux des champs, à la cueillette et à la pêche. Elles ne tissent ni ne brodent. Certaines font du commerce d'alcool de riz et de cigarettes au marché de district. Les hommes travaillent aussi aux champs et sont responsables de la construction et de l'entretien des maisons et des clôtures, du gros élevage, de la chasse et du piégeage, de la coupe de bois, de la fabrication des paniers et des filets et de la cueillette de rente.

Cérémonies traditionnelles

Collecte d'eau au puits de Markfeuang en novembre 2000 et préparation des plantules de riz à Navang, le 19 janvier 2000.

Labour au nouveau motoculteur à Navang le 19 janvier 2000 et pêche dans la Nam Theun près de Vangchang, le 3 février 2002.

Certaines communautés brou célèbrent encore la cérémonie annuelle pour les génies de la maison *Khmouic Donc,* qui se déroule un jour au mois de mars. Chaque maisonnée choisit son jour propice, le plus souvent le jeudi, le vendredi et le lundi. Chaque famille sacrifie au moins un poulet, quelquefois un porc, prépare 2 à 3 jarres de bière de riz et du riz (*Khao Tom*).

En février (troisième mois lao), on fête la cérémonie du Chaseng (*Kin Seng*), en l'honneur du génie du territoire. Elle est suivie par celle pour le génie de la maison. Le vendredi est un jour propice à l'organisation de ces festivités.

À Navang, elle se déroule près de la rivière *Nam Mone* avec les villageois des autres villages brou protégés par le même génie du territoire. Chaque famille sacrifie un poulet, prépare un repas à base de riz, de pousses de rotin, d'alcool de riz. Le *Tchao Champ* guide la cérémonie et porte les offrandes devant un autel construit à la frontière du village, que l'on démonte après la cérémonie. Au village de Markfeuang, la cérémonie pour le génie du territoire *Chao Cham Yiang* (*Tchao Champ Phi Muang* chez les Lao) concerne les communautés protégées par le même génie : Nawa, Peung et Markmi. Elle est gérée par les maîtres de cérémonie, le *Tchao Champ Khmouth*.

Chaque année, les agriculteurs de Navang effectuent une cérémonie avant le labour des pépinières de riz. Cette cérémonie respecte un cycle de trois années, avec un sacrifice d'un poulet les deux premières années et le sacrifice d'un porc en troisième année. Les autres offrandes sont constituées de 4 cigarettes, 1 paire de bougies, 1 pot de riz et 1 jarre de bière de riz. Si l'agriculteur n'a pas pu effectuer le repiquage lors du jour propice *Meu Hek*, en général le vendredi, il doit effectuer une cérémonie de pardon *Bouay* pour le génie *Taherk* avant de repiquer le vendredi suivant. Elle est organisée dans un endroit de la parcelle impropre à la culture, de préférence dans un angle pointu qui ressemble à la gueule d'un animal, ou dans une rizière en miniature faite à côté. C'est là que les premiers plants de riz sont repiqués, accompagnés d'incantations visant à assurer la bonne croissance et la bonne récolte.

Les cérémonies de funérailles respectent les traditions. On veille les morts un maximum de trois jours avant d'enterrer les corps. Dans les hautes terres du district de Nakai, ils sont rarement incinérés, mais ceux "bouddhisés" résidant en plaine pratiquent plus souvent l'incinération. Les personnes de plus de 8-10 ans mortes de manière considérée « naturelle » sont enterrées avec un cercueil dans le cimetière du village. En cas de mort accidentelle ou tragique, on enterre les corps à l'endroit de la mort, enroulés dans un tissu ou une natte. En effet, on pense que leur décès s'est fait sous l'emprise d'un génie de l'espace inorganisé (extérieur au village) et leur entrée dans le cimetière risque de créer la zizanie avec les génies des morts *Kamoil Mawreng*.

Au village de Navang, la population connaît exactement les lieux où sont enterrés leurs ancêtres tués par les troupes siamoises. Ils auraient été enterrés avec leurs objets personnels comprenant des tambours, des pierres précieuses, des bijoux. On affirme que ceux qui tentent de s'emparer de ces richesses sont étranglés par le génie de la malemort, *Kamout Shok* (Culas, 2000).

Vêtements et ornements

En 2000-2003, les Brou étudiés ne portaient pas de vêtements traditionnels. Les Brou disposent d'un grand éventail de produits artisanaux : Pot à riz (*Tep Tchoava*), panier à poissons (*Krong Tcho Priya*), panier à grenouilles (*Krong Along*), creuset à riz (*Tapal*), pilon à riz (*Rri*), grosse nasse à poissons (*Laan*), table basse en rotin (*Katok*), natte en pandan (*Boork*), panier fumoir à maïs (*Rapang*), panier à dos (*Poong*), trémie à riz (*Toong*).

Principales caractéristiques de l'ethnie

Les Brou So retiennent le jeudi et le vendredi comme jours propices pour le semis et la culture. On essaye de faire le brûlage des essarts le mardi. On voyage le vendredi. On se marie le jeudi et le vendredi. On enterre les morts le samedi.

Chez les Brou So des vallées de la Nam Theun et de la Nam Mone, il existe des « rites de possession ». Ces « rites » sont spécialement concentrés dans les groupes des provinces de Khamouane, du sud de Bolikhamsay et du nord de Savannakhet, chez les Brou, Maleng, Malang, etc.

Nous ne rentrerons pas dans les terminologies sociales et anthropologiques de la « possession », qui ont fait l'objet de nombreuses études sur tous les continents et qui font encore débat. Nos résultats d'études et d'observations chez les Brou So montrent que globalement, ces rites de possession touchent surtout les femmes, mais peuvent aussi toucher les hommes. Ces possessions se transmettent en général de parents à enfants, pas de manière volontaire, mais par le choix de « l'esprit » ou du « génie » d'un défunt, en général de la même famille, d'utiliser le corps « médium » d'un vivant pour s'exprimer, passer des messages ou transmettre son pouvoir pour des guérisons.

Ces états semblent structurés à travers l'héritage spirituel du frère aîné des « médium », à qui sont transmis les savoirs dans le système patrilinéaire Brou So. En cas de décès du fils aîné, le « médium » peut perdre ce pouvoir, ou le garder, mais avec beaucoup moins de contrôle de l'esprit ou du génie qui l'habite. Ces rites de possession sont accompagnés de « transe », état psychologique passager pendant lequel le médium est dépossédé de sa personnalité ordinaire et identifié à un ritualiste aux pouvoirs « shamaniques ». Cet état de dissociation psychologique est caractérisé par l'inconscience et l'absence de contrôle qu'a le « médium » de ses actes et de ses paroles. Ces états de possession peuvent être décidés par le génie ou l'esprit utilisant le « médium », le plus souvent lors des cérémonies liées aux génies des ancêtres et aux génies du territoire, ou décidés par le « médium », si un patient lui en fait la demande, pour par exemple guérir ou implorer un pardon. Si ce rite donne un résultat, le patient rétribue le médium en argent ou en animaux, d'une valeur en général comprise entre 2 000 et 5 000 kips en novembre 2002.

Autrefois, certains hommes « *Mophi* » avaient appris les pratiques et rituels qui permettaient les guérisons. Ces spécialités avaient des transes contrôlées, car l'élu de l'esprit se soumettait à une formation et une initiation sous la direction d'un maître. Ces pratiques semblent s'être pratiquement perdues dans beaucoup de villages. En 2000-2002, les rites de possessions sont perpétués par l'intermédiaire de femmes chez qui l'âme, ou l'esprit d'un de ces *Mophi* ou d'une personne décédée a décidé d'habiter. Chez les femmes, les transes sont incontrôlées, car elles n'ont pas été formées à les guider dans le cadre de cérémonies spécifiques. L'esprit ou le génie qui les habite vient souvent d'une personne de la famille du côté de son mari, décédée d'une manière « anormale », c'est-à-dire par accident et à l'extérieur de son village. Elles se savent possédées lorsqu'un jour, elles se mettent à pleurer, ne peuvent plus bouger ni entendre les personnes qui les entourent. L'esprit ou le génie utilise la bouche de l'élu pour exprimer des messages.

Dans le village de Navang, il restait 11 femmes « *Mophi* » (2002) habitées par un esprit ou génie. Toutes étaient mariées. Selon qu'elles soient possédées par l'esprit d'une personne du même lignage ou non, elles se nommaient *Kamouth Dong* ou *Kamouth Mov*.

Ces femmes construisent alors une petite chambre entre celle des parents et la pièce religieuse de leur maison. Chaque année, elles célèbrent, avec des danses et des chants, le souvenir de l'esprit ou génie « *Tiyeng* », la première fois en décembre « *Mou Tiyeng* », la deuxième fois en mars « *Long Kouang* ». Certaines se disent capables de mettre l'esprit ou le génie qui les habite en contact avec d'autres esprits/génies de manière à guérir les malades. Elles utilisent alors le rituel du comptage des grains de riz. Certaines, 8 femmes *Kamouth Dong* dans le village de Markfeuang, ne guérissaient que les membres de leur famille. D'autres, 3 femmes *Kammouth Mov* dans le village de Markfeuang, pouvaient guérir les autres villageois. Souvent, ces femmes, pour pouvoir exercer leurs pouvoirs de guérison, se rendent préalablement à la maison de leur frère aîné de manière à trouver les forces nécessaires auprès du pilier de leurs ancêtres et de l'héritage spirituel qui y est resté.

Territoire

Territoire d'habitation

Comme nous l'avons vu, les « Brou » occupent un large territoire qui s'étend du sud-est de la province de Bolikhamsay jusqu'au Vietnam et la moitié nord de la province de Khamouane. Quelques familles se sont sédentarisées dans les plaines de Savannakhet et les plaines de la rive droite du Mékong en Thaïlande. Les territoires habités sont donc diversifiés entre la vallée du Mékong et la chaîne annamitique. Certains villages sont construits dans les plaines du bassin du Mékong, d'autres furent construits sur les flancs de montagne et les vallées.

Territoire brou so dans la vallée de la Nam Xot en novembre 2000.

La plus grande concentration des peuples Brou So se trouve dans la partie haute du bassin versant de la rivière *Nam Theun* et de ses affluents, entre 500 et 900 mètres d'altitude. C'est dans la haute vallée de la *Nam Theun*, dans la zone de Tapayban, que remontent les histoires et les légendes des Brou So. Les Brou So se sont aussi installés dans la vallée de la *Nam Noy*, partageant alors le territoire avec des peuples forestiers viétiques comme les Kri et les Phong. À l'ouest, c'est au bord de la *Nam Mone* qu'ils ont formé de grands villages. En dehors de la communauté de Nongmeck associés aux Tai Meuiy depuis l'année 2000 (district de Khamkeut, Bolikhamsay), les Brou So n'ont pas franchi la *Nam Xot*, qui reste encore une vallée de peuples viétiques. Les territoires comprennent encore un bon pourcentage de forêts mixtes décidues et sèches Evergreen dont la canopée couvre plus de 70 % du sol. Les Brou gardent des relations territoriales avec les différents groupes : Salang, (Maleng, Malang, Arao, Atel, Kri), Lao, Kaleung, Tai Meuiy, Yooy, Poutay, Tai Sinh, Bo, Aheu.

Les territoires traditionnels sont protégés par un génie gardien pour lequel le ritualiste *Chao Cham Yiang (Chao cham Phi Muang* en Lao) organise des rites annuels. Le génie gardien du village de Markfeuang couvre aussi les villages de Markmi, Pung et Nawa. L'espace habité, ou organisé, reste sous la protection du génie *Kamouth Tang Dong* alors que l'espace non organisé, du règne végétal et animal, est protégé par *Kamouth Tang Nsak*. Les Brou So respectent les zones sacrées ou interdites « *Cham* » dont les cimetières, les anciens territoires où furent concentrés les lépreux des différentes vallées et les bas-fonds marécageux combinant la résurgence d'eaux chargées d'oxyde de fer *Dau Ku Shao* et la présence d'une plante particulière « *Tom Bon* ».

Ces bas-fonds sont souvent liés à des lieux d'enterrement présumés d'ancêtres tués par les troupes siamoises lors des raids de déportation entre 1833 et 1850. Les corps furent enterrés sans les rites de funérailles en raison de leur malemort. On disait que ceux qui tentent de les déterrer pour s'emparer de leurs valeurs seraient étranglés par le génie de la mauvaise mort, le *Khmouth Chok*. Cette croyance, ou réalité, transmise oralement de génération en génération, maintient la mémoire institutionnelle de cette période. Seuls quelques shamans, appelés *Kata Bi Xia*, peuvent se rendre sur ces lieux et les exorciser par des rites appropriés. On disait que ces personnes sont insensibles au feu, au couteau et aux balles de fusil. Lors de nos missions, nous pouvions constater qu'à l'approche de ces zones, les villageois ne nous suivaient pas.

Femme lépreuse dans le territoire forestier de Kachin en décembre 1999 et acceptée au village de Kachin en novembre 2000.

On nous indiquait cinq marais interdits dans le territoire de Navang et trois dans celui de Markfeuang. Dans ces zones-là, il ne fallait pas tenter de projets de développement de rizières, ou alors passer par un processus de « nettoyage » de ce lieu de tous génies malfaisants, décisions que seuls les maîtres de cérémonie et des moines étaient en mesure de prendre. En 2003, lors de ma dernière mission, les Brou So de Navang, Markfuang et Kaching n'utilisaient toujours pas ces territoires interdits.

Sur le plateau de Nakai, entre la *Nam N*oy et la *Nam Mone*, les Brou ont influencé les autres groupes ethniques selon un processus de syncrétisme dans les domaines culturels et religieux. On pouvait parler d'un territoire culturel dans lequel les systèmes de production, les cérémonies religieuses et profanes, l'architecture et l'organisation des maisons et le système de vie se sont ajustés en faveur des Brou So. Ce phénomène est particulièrement visible chez les Phong et les Kri de la vallée de la *Nam Noy* et chez les couples mixtes installés dans les villages brou so de la vallée de la Nam Theun. Avec les Tai Sinh, les Kaleung et les Poutay, le processus de syncrétisme est beaucoup plus partagé et on respecte les rites respectifs. Dans le village de Sop Phène, Chamberlain mentionne un mécanisme de respect des rites entre les Brou et les Kaleung.

Les territoires rizicoles sont en général transmis de père en fils, le plus souvent avec la plus grosse part pour le fils aîné. Néanmoins, il n'est pas rare que les filles héritent aussi, en particulier les filles uniques ou non mariées, ou si ses frères étaient décédés ou décidaient de ne pas hériter des pouvoirs religieux du chef de famille.

En effet, les rizières sont le plus souvent transmises à l'enfant ou aux enfants porteurs de l'esprit du père. À la mort des filles héritières, les rizières ne vont pas directement à ses enfants, mais à ses frères (mariés ou célibataires) et sœurs (célibataires uniquement) selon l'ordre de naissance. Lorsque toute la génération s'éteint, les terres reviennent en priorité au fils aîné du premier héritier. Il existe des exceptions.

Nouveaux périmètres rizicoles dans le territoire de Navang, le 19 janvier 2002.

Au village de Navang, il n'est pas rare qu'un fils héritier, suite à des malheurs familiaux, décide de ne pas hériter du génie des ancêtres qu'il pense maléfique. Il est alors déshérité, au moins temporairement. Dans ce cas, les rizières peuvent revenir à un autre enfant ou même à un autre villageois qui accepte de porter la responsabilité des obligations liées à ce génie des ancêtres. Il arrive aussi que les parents partagent la terre entre les fils et les filles. En 2000-2002, on note trois cas d'hypothèque sur rizières à Navang, dont la période est liée à des obligations de remboursement de buffles. Ces buffles sont empruntés pour des funérailles ou pour payer une amende liée à un cas d'adultère.

Village

Les villageois choisissent le site du village selon différents critères. Celui essentiel, c'est la disponibilité d'un territoire propice à la culture de riz et de maïs et à la disponibilité de produits forestiers vivriers et commerciaux. La qualité de la terre et la diversité des ressources naturelles représentent aussi des critères importants. Presque tous les villages sont établis près d'une rivière permanente. Le site identifié est validé religieusement par le test des deux moitiés de bâton. Ce rite consiste à fendre un cylindre de bois coupé dans une branche et de les jeter 3 fois de suite à terre. Si à chaque fois l'un tombe sur sa face externe et l'autre sur sa face coupée, le site est favorable.

En 2000-2003, les villages, regroupant autrefois 10 à 20 maisons, comprennent en moyenne 40 à 60 maisons. Les maisons sont pour 70 % nucléaires, les autres abritent 2 à 3 familles suivant la résidence patrilocale réservée le plus souvent au fils aîné, ou suivant la résidence matrilocale des jeunes couples qui n'ont pas pu encore s'acquitter de la dot. Les maisons ne se font pas face. Elles ne sont pas toujours orientées dans le même sens. De nombreuses maisons sont laissées vides en période d'essartage, la famille entière préférant passer cette période dans les champs de manière à garder les cultures contre les prédateurs et profiter des produits forestiers et du gibier autour des essarts. Dans l'enceinte villageoise, on observe des poulaillers, des porcheries et des jardinets ainsi que quelques pamplemoussiers, bananiers, papayers, jacquiers et goyaviers.

Maison

Dans le district de Nakai, la maison brou so, sur pilotis de 1,8 à 2 mètres de hauteur, est de section rectangulaire. Le nombre d'échelles d'accès indique le nombre de familles nucléaires résidant dans la maison. L'échelle, toujours avec un nombre impair de marches, débouche sur une petite terrasse ouverte qui sert de lieu de travail. De là s'ouvrent deux portes qui donnent accès au salon/salle à manger. Un foyer se trouve entre les deux portes. Le creuset à main sonore est situé sur la partie opposée à celle de l'escalier principal, placé stratégiquement à côté d'une petite fenêtre.

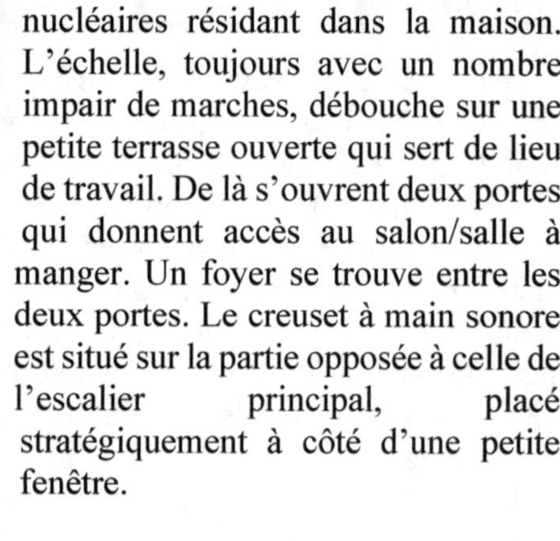

Maison de famille de niveau socio-économique moyenne à Markfeuang, en novembre 2000.

Perche de creuset à riz s'appuyant sur un bois évidé pour provoquer la résonance lors du décorticage du riz au village de Songlerk, en novembre 2000.

En effet, le creuset est prolongé sous la maison par une perche en bois qui s'appuie sur un bois évidé qui sert de caisse de résonance et lors du décorticage du riz au pilon à main, la fenêtre permet d'émettre le bruit dans le village.

Au fond s'alignent les chambres, cloisonnées par des treillis de bambou ou des parois en bois. On y accède par une étroite porte-fenêtre. Pour les maisons dont l'escalier principal est situé sur la droite, on note une pièce ouverte au fond à droite. Elle est réservée aux cérémonies religieuses et sert de couche aux fils cadets et aux visiteurs. À l'angle, un petit panier accroché au pilier abrite le lieu symbolisant le point de rencontre avec les génies de la maison. Ensuite s'alignent la chambre des parents, celle du fils aîné et enfin celle des filles. Si le fils aîné décide de partir de la maison, sa chambre ne peut pas être utilisée par les autres membres de la famille. S'il se marie en résidence patrilocale, on ajoute un escalier supplémentaire pour la belle-fille. En effet, celle-ci ne peut jamais passer par la porte qui fait face à la salle des croyances aux génies. Elle ne peut pas non plus se rendre dans la chambre des parents, dans la salle religieuse et dans les greniers.

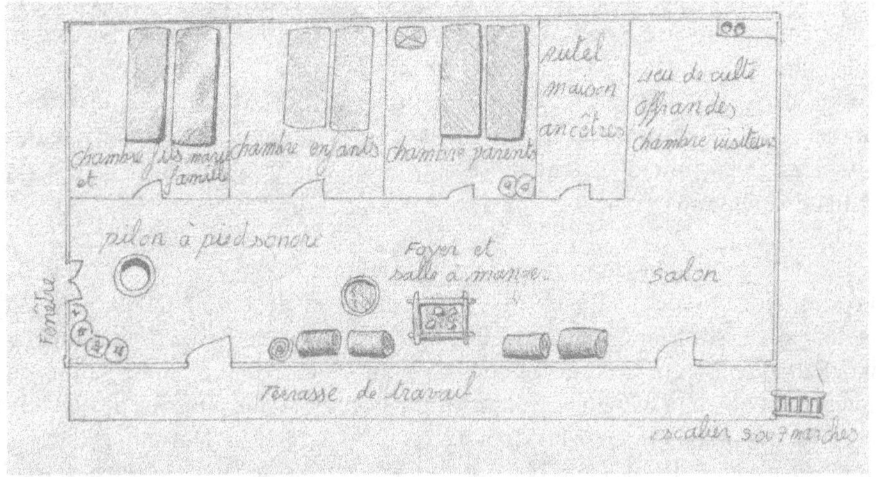

Gestion d'une maison brou so du village de Songlerk, district de Nakai, province de Khamouane, en novembre 2000.

Dans certaines maisons, une ou même deux petites chambres « *Kalong Keuiy* » entre la salle religieuse et la chambre des parents sont réservées à des personnes de la famille possédées par le génie d'un défunt, ou à celui de la lignée des grands chasseurs (village de Navang).

Pour les piliers et les poutres, les Brou So utilisent du bois dur *May Deng.* Ils choisissent un treillis de bambou *May Hiya* pour les parois, des lattes de bambou *May Phaypa* ou *May Sot* pour le plancher et des feuilles de palmier pour la toiture. Les maisons ne sont en général pas clôturées. Les arbres interdits à la construction sont ceux dont la cime avait été cassée (*May Paykhout*), qui ont reçu la foudre (*May Fapa*), les arbres tombés naturellement (*May Lom*) et les arbres tordus (*May Kheuakiéo*).

La situation socio-économique des familles brou des hautes vallées de la Nam Theun, Nam Noy et Nam Mone s'identifie aisément par l'indicateur : taille et qualité des maisons. En effet, la construction d'une belle maison reste l'objectif social prioritaire de la majorité des ménages. En dehors des vulnérables et des pauvres, ils atteignent progressivement cet objectif par la vente de porcs et de buffles qui finance les ouvriers menuisiers et charpentiers.

Nous avions fait une étude pendant trois années dans les villages de Navang et de Markfeuang pour mesurer le niveau de corrélation entre le niveau de pauvreté économique et la nature des maisons. Les très pauvres (7 % des maisons de Navang et Markfeuang en décembre 2000, 15 % à Navang et 12 % à Markfeuang en 2001, et 5,7 % à Navang et 10 % à Markfeuang en 2002) vivaient dans des maisons de 15-25 m^2, avec des parois et un plancher en bambou, une charpente en bambou, un toit en palme, des piliers non taillés et des chambres non séparées. Les pauvres (30 % des maisons de Navang et 42 % des maisons de Markfeuang en 2000, 27 % à Navang et 39 % à Markfeuang en 2001, et 24,5 % à Navang et 25 % à Markfeuang en 2002) habitaient des maisons de 25-40 m^2 avec les mêmes matériaux. Seules différences, les piliers étaient taillés et les chambres cloisonnées avec un treillis de bambou.

Les villageois dans la moyenne socio-économique (43 % des maisons de Navang et 32 % des maisons de Markfeuang en décembre 2000, 39 % à Navang et 33 % à Markfeuang en 2001, 49 % à Navang et 46 % à Markfeuang en 2002) disposaient de maisons de 40-50 m^2 avec comme amélioration un plancher en bois. La catégorie des moyens riches (9 % des maisons de Navang et 12 % des maisons de Markfeuang en 2000, 14 % à Navang et 9 % à Markfeuang en 2001, 11 % à Navang et 12 % à Markfeuang en 2002) faisait ensuite recouvrir le toit en tuiles de bois. Les plus riches (11 % des maisons de Navang et 7 % des maisons de Markfeuang en décembre 2000, 7 % à Navang et Markfeuang en 2001, 9,5 % à Navang et 7 % à Markfeuang en 2002) de ces villages logeaient dans des maisons de 60-70 m^2 entièrement en bois.

Gestion des ressources naturelles

Dans le territoire brou du haut bassin de la Nam Theun, la biodiversité est encore bien conservée grâce au manque d'accès et à la faible densité démographique (2 hab./km^2). Toutefois, le trafic illégal de la faune, du bois et des produits sous-forestiers engendré par la demande lao, vietnamienne et thaïlandaise reste un problème sérieux. Malgré l'inclusion et la protection de ce territoire, depuis 1993, dans l'Aire nationale de conservation de la biodiversité (NBCA) de Nakai-Nam-Theun, et la confiscation de nombreux fusils par les autorités de district entre 1994 et 1999, les rapports de l'UICN et de la WCS montrent la pérennité de ces trafics entre 1996 et 2000. Au niveau des villages, il existe des croyances et des traditions qui naturellement et indirectement protègent certaines parties du territoire : les forêts sélectionnées pour les cimetières, certains marécages et des zones interdites en raison des évènements du passé comme la présence de lèpre et d'autres épidémies de variole, choléra et petite vérole.

<u>*Les principaux arbres du territoire de Songlerk*</u> (Chazée L., Syphanravong S., 1999) : *Pterocarpus macrocarpus* (*Maydou), Hopea sp. (Maykhen), Dipterocarpus alatus (Maynyang), Chukrasia tabularis (Maynyom), Dalbergia cochinensis (Maykhagnoung), Aquilaria crassna Pierre (Mayheuang), Maytékha, Mayleng, Lagerstroemia sp. (Maypeuay), Castanopsis sp. (Mayko), Mayloengleng, Maytaeho, Maykayung, Maykasen, Maykhouang, Aquilaria sp. (May Ketsena).*

<u>*Faune dans les territoires de Songlerk*</u> (Chazée L., Syphanravong S., 1999) : cerf sambar, cerf aboyeur, chevrotain, sanglier, tigre, panthère nébuleuse, éléphant, goral, civette, « blaireau-furet », porc-épic, loris, pangolin, lièvre, rat des bambous, écureuil, écureuil volant, macaque, gibbon, chauve-souris, varan, tortue, poule sauvage, faisan argenté, héron, jacana, perdrix, coucou, drongo, bulbul, robin, barbu, pigeon vert, tourterelle, pipit, bergeronnette.

<u>*Poissons et animaux aquatiques dans les territoires de Songlerk*</u> (Chazée L., Syphanravong S., 1999) : *Pangsius conchophilius (Pa Khé), Hemibagrus wyckioides (Pa Kheung), Cirhinus moitorella (Pa Kang), Poropuntius deauratus (Pa Chath), (Pa Fa), (Pa Khao), Channa striata (Pa Kho), Mastacemblus sp. (Pa Lath), Hampala macrolepidota (Pa South), (Pa Mone), (Pa Sa).*

<u>*Poissons et animaux aquatiques du territoire de Markfeuang*</u> (Chazée L., Syphanravong S., 1999) : *Rhinchogobius sp. (Pa Bou), Poropuntius deauratus (Pa Tchad), (Pa Deng), Clarias batrachius (Pa Douk), Amphostistus laosensis (Pa Fa), Cirhinus moitorella (Pa Kang), Hampala macrolepidota (Pa South),*

Pêche à l'épervier dans la Nam Theun dans le territoire de Markfeuang en novembre 2000, et pêche à l'épervier dans un village brou so près de Takhek, le 21 octobre 2000.

(Pa Khokang), Pangsius conchophilius (Pa Khe), Mystus wykioides (Pa Kheung), Rasbora myersi (Pa Siu), Puntius brevis (Pa Khao), Labeo yunnanensis (Pa Wa), Channa striata (Pa Kho), Channa lucius (Pa Kouane), Mystacoleucus armatus (Pa Langnam), (Pa Mone), (Pa Sa), crabes, escargots, algues.

Crabes roux dans un village brou so dans le district de Mahaxay, en novembre 2000.

Descente de la rivière Nam Theun en aval du village de Pung, le 12 novembre 2000.

Depuis les années 1996-1997 qui ont vu la demande commerciale en produits sous-forestiers augmenter dans tout le Laos, les ressources naturelles diminuent très vite. Il faut aller de plus en plus loin pour collecter les produits et chasser le gibier, ce qui diminue considérablement la productivité du travail et les revenus familiaux. En 2003, les dynamiques d'extractions des produits forestiers n'étaient pas favorables à leur gestion durable.

Les Brou So, comme les Arao, Atel, Témarou, Kri et Sek du territoire des hautes vallées de la Nam Theun, s'adonnent régulièrement au piégeage et disposent de nombreux types de pièges : piège à assommoir, collet étrangleur, piège à porte tombante, collet de passage.

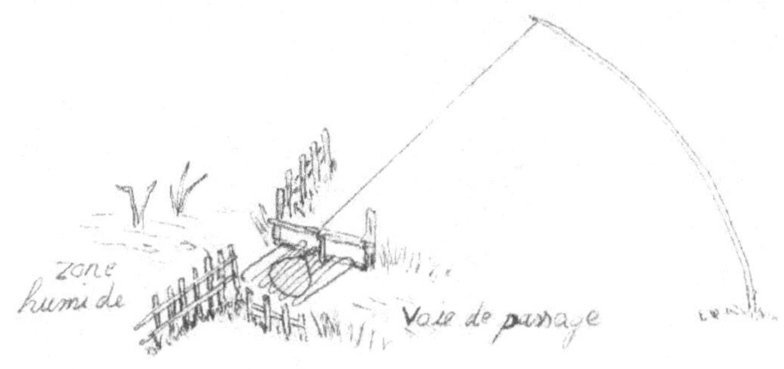

Piège à limicoles (bécassines, bécasseaux, pluviers) au village de Navang, en novembre 2000.

Pièges à rongeurs, oiseaux et petits félins au village brou-so de Navang, en novembre 2000.

Moyens d'existence et systèmes de production

Activités dominantes de production

Riz gluant - buffle - porc - volaille - jardins maraîchers et fruitiers - manioc - maïs - travail saisonnier - cueillette - chasse - pêche.

Riz ordinaire - bière de riz - artisanat du rotin. Les revenus provenaient de la vente, de maïs, de porcs, de volailles, des produits sous-forestiers, du travail saisonnier et de l'achat et revente d'alcool de riz et de cigarettes. Depuis 1997, les familles les plus riches faisaient du petit commerce et organisaient des transports fluviaux avec des bateaux à moteur.

<u>Les autres cultures</u> courantes : sésame, patate douce, piment, aubergine, melon, potiron, courgette, concombre, haricot, sorgho, ananas, citronnelle, oignon, ail, moutarde, basilic, taro, persil, coriandre, gingembre, menthe, canne à sucre, banane, papaye, citron, larme de job.

Jardin maraîcher communautaire à Ban Markfeuang, le 24 janvier 2002.

En 2000-2002, les études de terrain ont montré que les Brou du village de Markfeuang cultivent 43 espèces et variétés de plantes annuelles, 6 de plantes semi-pérennes et 12 de plantes pérennes. En forêt, ils utilisent régulièrement 7 variétés de bambou, 5 variétés de rotin, 46 variétés de légumes, tubercules et feuilles comestibles, 34 variétés de fruits, 13 sortes de champignons, 25 plantes médicinales, 4 plantes aromatiques et résineuses, 19 types de poissons de rivière et de mare et plus de 40 animaux sauvages ou produits animaux.

Artisanat brou so aux villages de Navang et Markfeuang : table basse, panier à riz, panier à semences, panier à grenouilles, cloche à buffle, nasse, natte, piège à rongeurs, grande corbeille de stockage du riz, en 2000-2002.

<u>*Les plantes cultivées au village de Navang*</u> (Chazée L., 2000, 2001) :

Oryza sativa (Khao nyao - riz gluant), *Oryza sativa (Khao tchao* - riz ordinaire), *Sea mays (Sali* - maïs), *Arachis hypogaea (Mark Tua din* - arachide), *Coix lachryma-jobi (Mark Duay* - larmes de Job), *Vigna rodiata (Mark Tua Hai* - haricot), (*Khao fang* - Sorgho), *Manihot esculenta (Man Tone*

- manioc), *Colocasia esculenta (Pheuak* - taro), *Pachyrrhuyzus erosus (Mane Phao* - haricot), *Cajanus cajan (Mark Tua Hae* - pois cajan), *Canavelia ensiformis (Mark Fak* (*Tone*) - haricot Jack bean), *Psophocarpus teragonolobus (Mark Thua Phou* - Haricot Winged bean), *Ipomoea batatas* (*Mane Daang* - patate douce), (*Mane Mane* (*Khang*) - tubercule), *Dioscorea sp.* (*Mane Seng* - tubercule), *Saccharum officinarum* (*Oy* - canne à sucre), *Sesame indicum* (*Mark Nga* - sésame), *Nicotiana tabacum* (*Ya sub* - tabac*), Citrulus lanatus* (*Mark Mo* - pastèque), *Lagenaria vulgaris* (*Mark Nam Tao* - courge), *Cucumis sp.* (*Mark Teng Hai* - melon), *Cucurbita maxima* (*Mark U* - potiron*), Cucumis sativus* (*Mark Teng Khang* - concombre), *Luffa cylindrica* (*Mark Bouab* - courge), (*Mark Noy* - courgette), *Brassica sp.* (*Pak Salad* - salade), *Brassica sp.* (*Pakad Ho* - moutarde), *Brassica sp.* (*Pakad Tin Mi* - salade), (*Houakha Noy*), (*Houakha Nyai*), *Raphanus sativus* (*Pakad Khao* - radis), *Brassica sp.* (*Pakad kiu* - feuille de moutarde), *Solanum melongena* (*Mak Kheua* - aubergine), *Allium cepa (Pak Boua Deng* - oignon), *Allium cepa* (*Pak Boua loeiy* - feuille d'oignon), *Allium sativum* (*Pak Thiem* - aïl), *Ipomoea aquatica* (*Pak Bong* - épinard d'eau), *Occinum basilicum* (*Pak Itou* - basilic), *Zingiber officinale* (*Khing* - gingembre), *Capsicum frutescens* (*Mak Pet* - piment), *Cymbopogon citratus* (*Sinkhay* - citronelle), *Coriandrum sativum* (*Pak Hom Pom* - Coriandre), *Mentha sp.* (*Pak Hom Ho* - menthe), *Foeniculum vulgare* (*Pak Sii* - Fenouil), *Gossypium sp.* (*Fay Noy* - coton), *Musa sp.* (*Mak Khouay* - banane), *Carica papaya* (*Mark Houng* - papaye), *Ananas comosus* (*Mark Nat* - ananas), *Camelia sinensis* (*Xé* - thé), *Morus sp.* (*Mone* - mûrier), *Mangifera indica* (*Mark Mouang* - mangue), *Citrus aurantifolia* (*Mark Nao* - citron), *Citrus aurantium* (*Mark Kiang* - orange), *Citrus grandis* (*Mark Pouk* - Pamplemousse), *Artocarpus heterophylla* (*Mark Mii* - jacquier), *Tamarindus indica* (*Mark Kham* - tamarin).

Les principaux produits de la cueillette du village de Navang (Chazée L., Syphanravong S., 1999, 2000 - Foppes 2001) :

Pousses de bambou, de rotin et d'autres plantes :

Daemonorops jenkinsiana (Vay Boun), Raphis humilis (Sane), Livistonia spioza Kurtz. (No Kho), Calamus poilanei Conr. (Vay Thoun), Arega pinnata Merr. (Tao Nhay), Didymosperma caudatum Wenld. (Tao Noy), Calamus sp. (Vay Nam Hang), Saccharum spontaneum L. (No May Lao), Saccharum arundinaceum (No Khem), Smilax bracteada Presl. (No Kheuang), Pandanus spp. (No Toey), Dracaena angustifolia Roxb. (No Khen), Bambusa spinosa Rez. (No May Pha Pa), Bambusa tulda Schuttles. (No May Bong), Oxytenanthera paviflora Br. (No May Sot), Indosasa sinica (No May Khom), Bambusa thoreilii Roxb. (No May Khouang), Gigantochloa albocillata Munro & Kurz. (No May Lay), Bambusa blumecana Schuttles. (No May Phai Ban),

Sinarundinaria sp. (No May Ha), Alpinia spp. (No May Khoua Kha), Dinochloa sp. (No May He Tan), Schizostachyum blumei Nees (May Hiya), Dendrocalamus brandisii Kurz. (No May San Phai), Vietnamosasa pusilla Nguyen (No May Phek), (No Khi Khai), (No Houa Peuay), (No May Len), (No May Katem), (No May Mong).

Rotin Vay Sane et Cardamome à Huay Nong Pa, territoire de Markfeuang, le 8 novembre 2000.

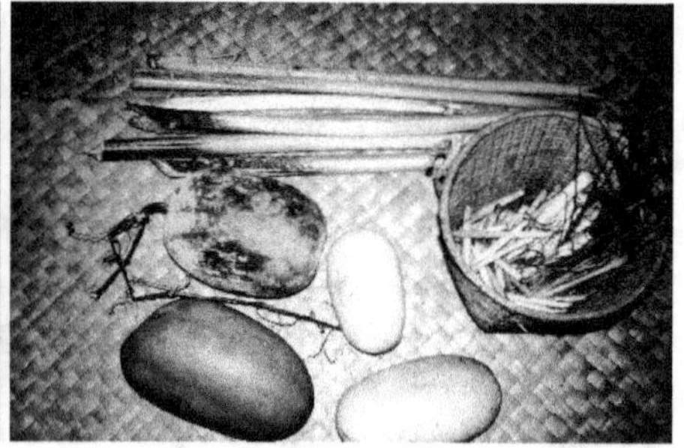

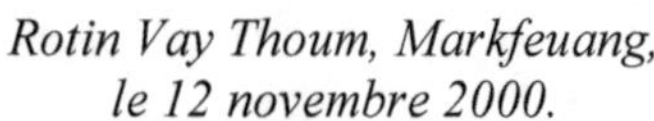

Rotin Vay Thoum, Markfeuang, le 12 novembre 2000.

Produits de la forêt, Ban Navang, novembre 2000.

<u>Fleurs comestibles</u> :

Dendrobium spp. (Pheung Nyai), Jusminum spp. (Sone), Erythrina fusca Lour. (Thong), Eryngium foetidum L. (Hom Ho), Ixora nigricans Wight. (Khem Deng), Ixora lobbii Loud. (Khem Khao), Mussaendra kurrii Craib. (Ka Beua), Crinum wattii Bak (Boua Bok), Dendrobium sp. (Pheung noy), Michelia alba DC. (Cham Pi), Bauhinea sp. (Ban Leng), Celosia crislata L. (Diay Si Deng), Areua scandens Wall (Diay Si Leuang), Raphiolepis indica Lindl. (Mai Khan Khak), Lagertroemia macrocarpa (Ka lao), Gnetum sp. (May Mouay), Gmelina aborea Roxb. (May So), Dregea volubilis Benth (Dok Ngouane), Passiflora sp. (Dok La Hok), Dendrobium spp. (Pheung Noy Si Leuang), Bauhinea sp. (Ban Leng), Eryngium foetidum L. (Hompe), Pterocarpus macrocarpus (Dok Dou), Bombax ceiba L. (Dok Ngiou Deng),

Bombax ancepts Pierre (Dok Ngiou Khao), Curcuma spp. (Dok Ka Chiou), Habenaria conotricta Hook. (Dok Nang Kai), Aneillema loureiri Hance (Dok Nang Oua), Sympolcos racemosa Roxb. (Dok Mouad), Gardenia florida L. (Dok In Tha Va), Bauhinea sp. (Dok Ban Leuang), Plumeria spp. (Dok champa), Nerium oleander L. (Dok ka dan nga), (Dok Kan Ngeuang), (Dok Vane), (Dok Khai Moune), (Dok Phad), (Dok Khikan), (Phoung Phad), (May Kaso), (Kiou Lay San), (Sane Ti).

Rotin Vay Boun et feuilles Park Ileuath et Mark Keng dans le territoire de Navang, en novembre 2000.

<u>*Légumes forestiers*</u> :

Ocimum camum Sims. (Pak Itou), Centella asiatica L. (Pak Nok), Acacia pinnata L. (Pak Kha), Lycopodium spp. (Pa Koud), Lasia spinosa Thw. (Pak Nam), Allium tuberosum Roxb. (Pak Pene), Allium sp. (Pak Ikhou), Crateva magma DC. (Pak Koum), Amaranthus spinosa L. (Pak Hom nam), Amaranthus lividis L. (Pak Hom Kiang), Brassica sp. (Pak Kad Hong), Limnocharis flava Buch. (Pak Kan Chong), Houttunynis cordata Thund (Pak Khao), Monochoria hastata Solm. (Pak Tob), Passiflora foetida L. (Pak Bouang), Amaranthus sp. (Pak Hom Sai), Benincasa caerifera Sart. (Pak Tone), Barringtonia coocinea Kostel. (Pak Ka Done), Amaranthus sp. (Pak Khom Sang), Zyzygium gratum (Pak Khamek), Cratoxylon formosum Dyer. (Pak Tiou Some), Cratoxylum sp. (Pak Tiou Phad), Elaecarpus robustus Roxb. (Pak Bi Kating), Eleusine indica L. (Pak Nga Khouay), Oroxylum indicum L. (Pak Mark Lin May), Ficus sp. (Pak Bay Hai), Ipomoa aguatica Forsk. (Pak Bong), Piper sarmentosum Roxb. (Pak Ileuath), Monordica charantias L. (Pak Sai), Cymbopogum nardus L. (Houa Si Khay), Polygonum adoratum L. (Phak Piou).

Champignons :

Termitomyces sp. (Het Pouark), Psilocybe cubensis Sing (Het Khi Khouay), (Het Tane), Lentinus squarrosulus Mont. (Het Khao), Scleroderma sinnamariensis (Het Khonkong), Auricularia sp. (Het Kadan), Auriculari sp. (Het Hou Ling), Auriculia polytricha (Het Hou Nou), Schizophyllum sp. (Het Kab Ke), Termitomyces sp. (Het Pouark Khao Pian Noy), Termitomyces sp. (Het Pouark Phan Nay), Volvariella volvacea Sing. (Het Peuang), Dacdallopsis confragosa (Het Deng May Ko), (Het Leuad), (Het Khai), (Het Sob Not Kiou), Astraeus hygrometrius Morgan (Het Tab Khouay), (Het Tab Tao Nai), (Het Nanong), Psilocybe sp. (Het Kang Nam Phon), Termitomyces sp. (Het Pouak May Si Khao Nai), (Het Saving), Amatula princeps (Het Sa Khok), Botetus chrysenteroides Snell. (Het Peuang), Russula sp. (Het Khi Thao), (Het Nam Fone), Auricularia sp. (Het Phoung Mou), (Het Koui).

Fruits forestiers :

Baccaurea ramiflora Lour (Mark Phai), Baccaurea sapida (Mark Phai Pa), Nephilium longum (Mark Ngieo), Dillenea sp. (Mark Som San), Dillenea sp. (Mark Pheng), (Mark Phene), Dillenea sp. (Mark Sane), Ampellocissus martinii Pl. (Mark Sone Koi Noy), Ampellocissus martinii Pl. (Mark Sone Koi Nyai), (Mark Gnang), (Mark Som Phong), Garcinea fusca Pierre (Mark Lamong), (Mark Som Gniou), Aglaia meroscela Pell. (Mark Kong), (Mark Ling Hai), Zyzygium cumini druce (Mark Vakol), Zyzugium sp. (Mark Vakang), Zyzygium sp. (Mark Va Noy), Microcos tomentosa Smith. (Mark Khom), (Mark Khai Khiad), Uvaria rufa Bl. (Mark Phi Pouane), Uvaria hirsuta (Mark Khai Khao), (Mark Pai Pok), Castanea sp. (Mark Ko Kiu), Castanea sp. (Mark Ko Nam), Ficus sp. (Mark Deua Kun), Ficus sp. (Mark Deua Khoun), Dialium indum (Mark Khampep), Mangifera sp. (Mark Mouang pa), Bombax ceiba L. (Mark Ngiou), (Mark Talot), Solanum sp. (Mark Kheua Teuan), (Mark Phoung Phad), (Mark Yang), Tetramyxis pelligrini Gagnep. (May Ho), Spondius bipinnata (Mark Kou), (Mark Li), (Mark Ka Heuang), Melbinia godefroyana O Kze. (Mark Kaba), (Mark Kapong), (Mark Hompe), Caesalpinea sp. (Mark ma), Terminalia chebula Retz. (Mark Some Mo), Averrhoa corambola L. (Mark Pheuang), Citrus aurantifolia Swing. (Mark Nao Dong), (Mark Dang), Zyzygium gratum (Mark Kamek), (Mark Kha Teuan), Ardisia sp. (Mark Tin Cham Noy), Ardisia sp. (Mark Tin Cham Nyai), Antidesma delicatulum Hutch. (Mark Khai Pu), Antidesma sp. (Mark Mao), Pandanus sp. (Mark Toey), Arenga pinnata (Mark Tao), Tamrindus indica (Mark Kham), (Mark Kam), (Mark Some Ho), (Mark Ngeun Bao), Musa sp. (Mark Pi), Steicheria trifuga (Mark Kho), Spondias sp. (Mark Kok), Phillantius embilica sp. (Mark Kham Pome), Protium serratum (Mark Fen), Uraria aucalis ((Mark Hang Meao), Vitex tripinnata (Mark

Sakhang), Erioglossum edule (Mark Houat Noy), Cayrea sphaerica (Mark Kadone), Bryophyllum calcycinium (Mark Nyatou), Salaccia verrucosa (Mark Takouang), Eugenia sp. (Mark Wa), Psidium guava (Mark Sida Pa), Citrus grandis (Mark Sommoh), Rhus semialata (Mark Sompot),

Tiges de bambou :

Bambusa tulda (May Bong), Schizostachyum blumei Ness. (May Hiya), Dendrocalamus brandisii Kurz. (May Sangphai), Oxynanthera albociliata (May Lay), Dendrocalamus ionoifimbriatus (May Phang), Bambusa thorelii Roxb. (May Kouang), Oxytenanthera parvifolia (May Sod), (May Khom), Bambusa blumeana (May Phai Pa), (May Thaie), (May Phaiven), Bambusa sp. (May Mong).

Lianes :

Bauhina bassacensis Pierre (Kheua Nang Khouay Thao), (Kheua Ngoum), Bauhinia sp. (Kheua Khao), Combretum latifolium (Kheua Vai Dine), (Kheua Ngouane), Gnetum sp. (Kheua Neuay), Acacia rugata Mer, (Kheua Sompoy), (Kheua Houy), (Kheua Yang), Meibonia gobefloyana O. Kze. (Kheua Kha Ba), (Kheua Say Sang), (Kheua Mark Teng Ka), (Kheua Nam Mouak), (Kheua Han), Mucuna priens DC. (Kheua Ka Piad), (Kheua Tay Dine), (Kheua Ba), (Kheua Khouay), Derris sp. (Kheua Khao Pok), (Kheua Ka Pou), Dioscorea penthaphylla L. (Kheua Imou), Bauhina sp. (Kheua Poung Pao), (Kheua Houp), Combretum decandrum (Kheua Vai Dine), (Kheua Top Ma), Bouhinea acuminata L. (Kheua Khao Long), (Kheua Mark King), (Kheuan En One), Bauhinea sp. (Kheua Khao Kad), Bauhinea sp. (Kheua Kha Khan), Anomianthus dulcis Sincl. (Kheua Tin Tang), (Kheua Khai Khiad), Dioscorea sp. (Kheua Khai Thao), Dioscorea esculenta Burk. (Kheua Ipeum), Dioscorea glabra Roxb. (Kheua Mane Lay), Diocorea membranacea Pierre (Kheua Iyang), Dioscorea bulbifera L. (Kheua Mane Leuang), Dioscorea sp. (Kheua Mane Houng).

Feuilles de couverture et construction :

Livistonia speciosa Kurz. (Bay Kho), Pandanus sp, (Bay Toey), Ancistrocladus tectorius Merr. (Bay Thong Khouang), (Bay Tong Chod), Hibiscus sp. (Bay Hou Chang), Solanum torvum Sw. (Bay May Kheng), Solanum wrightii Benth (Bay Mark Kheua), Musa sp. (Bay Khouay), (Bay Pouak), Stachyphrynium griffithii Schum. (Bay Tong Heua), Colocasiaesculenta Schott. (Bay Pheuak), (Bay Hing).

Fibres de plantes pérennes et annuelles :

Aquilaria crasna (Po Heuang), Broussonetia papyrifera (Posa), (Po Khao), (Po Deng), (Po Liang), Imperata cylindrica (Nya Kha), (Nya Khiou), (Nya Phiet), (Nya One), (Nya Khet Lin), (Nya Ngoub), (Nya Pik), (Nya Mao), (Nya Vad), (Nya Khat), (Nya Pak Khouay), (Nya Khom Pao), (Nya Ngoung), (Nya Sai), (Nya Khoum Thi), Thysanolaena maxima (Khem).

Graines, fruits secs, plantes médicinales, résines, plantes aromatiques :

Amomum sp. (Mark Neng - cardamome), Ricinus communis (Mark Houng Sa Pa), Uvaria micrantha (Kamlang Seua Kong), Pachygone nitida (Kheua Hob Heb), Dalbergia sp. (Kheua Kao Bed), (Kheua Kao Por), Diospyros sp. (Kheua Mane Lep Méo), Elephantopus scaber (Khi Fay Nok Khoum), Ficus hispida (Kok Dua Pong), Gonocaryum subrosatum (Kok Jikau), (Kok Kadouk Ling), Ixora cuneifolia (Kok Khem Khao), Ormosia cambodiana (Kok Si Mou), Polyaltha suberosa (Kok Ngen), Hibiscus praeclarus (Kok Saphai), smilax sp. (Ya Houa), Dipterocarpus alatus (Nam Man Yang), Shorea sp. (Khisi), Aquilaria crasna (May Ketsena, Po Heuang).

Résine de Khisi, en novembre 2000, territoire de Ban Poung, district de Nakai, novembre 2000.

Écorces :

Persea sp. ou *Litsea sp. (Peuak Bong), Boehmeria sp. (Peuak Mouak), Antiaris toxicaria Lesch. (Peuak Nong), (Peuak Kieb), Lagerstroemia sp. (Peuak Pouay), Barringtonia cocinea Kostel* ou *Careya sphaerica Roxb. (Peuak Ka Done), Dillenia sp. (Peuak Mark Sane), Pterocarpus macrocarpus Kurz. (Peuak Dou).*

Quelques produits de la cueillette du village de Songlerk, vallée de la Nam Theun (Chazée L., Syphanravong S., 1999) :

Amomum sp. (*Mark Neng* - cardamome*), Aquilaria crasna (May Ketsena* - bois d'aigle), (*Bay Lay* - plante médicinale), *Shorea sp.* (*Khisi* - gomme Damar),

(*Kikong), (Kisouth* - laque animale), *Dipterocarpus alatus* (*Nam Mane Nyang* - résine Yang), *Calamus poilanei Conr. (Vay Thoun* - rotin), *Arenga pinnata (Nyot & Mark Tao* - pousses et fruit de palmier), *Lycopodium sp. (Pakoud* - fougère), *Mark Keng* (poivre sauvage), *Musa sp.* (*Mak Phi* - fleur de bananier sauvage), *Mak Tong, Mangifera sp. (Mak Mouang Pa* - mangue sauvage), *Barringtonia sp.* (*Pak Kadom), Eugenia zeylanica (Pak Samek), (Pak Vane), (Pak Kantong), (Pak Khagna), Monochoria hastaefolia (Pak Top), Castanea sp (Mark Ko), Steicheria trifuga (Mark Kho), Spondias sp. (Mark Kok), Phillantius embilica sp. (Mark Khampome), Dialium indum (Mark Khampep), Baccaurea sapida (Mark Faye), Alipinia galangal (Khaa), Xerospermum laoticum (Mark Ngéo), (Mark Kheng* - aubergine sauvage*), (Hompé), (Mark Kheuahem), (No Lay* - pousse de bambou), *No Hok, No Bong, No Kka, No Hiya, No Kha* (pousse de bambou).

Champignons :

Termitomyces sp. (Het Pouark), Psilocybe cubensis Sing (Het Khi Khouay), (Het Tane), Lentinus squarrosulus Mont. (Het Khao), Lentinus sp. (Het Bot), Scleroderma sinnamariensis (Het Khonkong), Auricularia sp. (Het Katan).

Principaux systèmes de production

Les Brou sont un peuple d'essarteurs semi-itinérants, pratiquant la culture de pente *Hai* en système rotatif ou en système pionnier avec coupe de forêts primaires. Le choix et la gestion des essarts restent étroitement liés à des croyances. On valide ce choix à travers des rites liés au cycle du riz.

Essart brou so au village de Songlerk, district de Khamouane, en avril 2000.

Le moyen de production de l'essarteur de la région de Navang-Markfeuang consiste à exploiter temporairement une parcelle « d'espace non organisé » protégé par le génie *Kamouth tang nsak* tout en maintenant de bonnes relations avec lui. Par exemple, l'essarteur choisit un essart, mais ne l'exploite que si les nuits suivantes ne sont pas agitées de mauvais rêves. Si, après la coupe de certains arbres comme le *May Khagnoung, May Peuay, May Mi, May Xot*, un cauchemar apparait, l'essarteur apaise le génie en sacrifiant un poulet.

Les Brou des hautes vallées de la Nam Theun, Nam Noy et Nam Mone utilisent plusieurs modes d'exploitation du territoire (Tableau ci-dessous) : l'essartage familial en système de jachère *Hai*, est réalisé par 90 à 100 % des familles sur des forêts secondaires de 15 à 40 années ou sur des friches de 7-12 ans. Dans le premier cas, ils cultivent l'essart 2 à 3 années successives. Dans le deuxième cas, ils changent de parcelle chaque année. Presque tous les essarts (96 % des ménages de Markfeuang et 86 % des ménages à Navang en 2000) sont des champs d'association de cultivars dans lequel le riz domine largement (une variété de riz ordinaire *Khao Tchao* et une variété gluante *Khao Hao*).

Saisie de bois May Khagnoung coupé illégalement au village de Nakai Neua, district de Nakai, en décembre 2000.

Dans les basses vallées de la Nam Theun et Nam One, les Brou cultivent parfois le riz d'essartage dans les zones alluviales. Ils utilisent alors des variétés de riz de cycle court, de manière à éviter les inondations liées aux pluies de l'Est entre le mois d'octobre et novembre. Chaque membre familial représentant une unité de force de travail sème entre 15 et 40 kilogrammes de semences à l'aide d'un petit bâton fouisseur. Les graines sont recouvertes de terre pour les protéger des oiseaux, rongeurs et insectes. Depuis 1997, de nombreuses familles les trempent dans l'insecticide « Furadan » (Carbofuran, insecticide toxique, interdit en France depuis 2008) pour les protéger des termites et des fourmis.

Pour les familles d'essarteurs sans rizières, il est rare que le riz suffise à plus de six mois de consommation. Contrairement aux groupes de parler tay, cela ne doit pas être traduit automatiquement par une insuffisance alimentaire, même si le riz est déjà devenu l'aliment de subsistance préféré chez les Brou So. En effet, les Brou disposent d'une panoplie impressionnante de productions et de produits de la forêt qui leur assurent de pouvoir toujours manger à leur faim, à part dans le cas de cas sociaux difficiles : vieux sans enfant, femme ou homme divorcé ou veuf avec de nombreux enfants en bas âge, membre handicapé, malade chronique.

Les Brou So de la zone de Navang-Markfeuang, en plus du riz, consomment maïs, potiron, courgette, haricot, sorgho, sésame, larmes de job, patate douce, basilic, citronnelle, piment, melon, gingembre, taro et quelquefois manioc, bananier et coriandre.

Tableau : résultat des suivis agricoles 2000 - 2002 - villages de Markfeuang et de Navang

Surfaces agricoles et d'agroforesterie par année 2000, 2001 et 2002	**Nombre d'hectares ou de jardins et pourcentage de familles de Markfeuang**		**Nombre d'hectares ou de jardins et pourcentage de familles de Navang**	
	Nb	% familles	Nb	% familles
Système agricole				
Essarts uniquement de riz 2000 (ha)	0,5	2	1,4	6
Essarts uniquement de riz 2001 (ha)	30,3	46	1,6	5
Essarts uniquement de riz 2002 (ha)	13,4	27	1,2	6
Essarts de riz avec association 2000 (ha)	57,3	96	19,2	86
Essarts de riz avec association 2001 (ha)	29,9	54	15,7	82
Essarts de riz avec association 2002 (ha)	50,9	73	9,6	51
Riziculture de saison des pluies 2000 (ha)	1,9	16	18,8	72
Riziculture de saison des pluies 2001 (ha)	4,1	31	15,5	60
Riziculture de saison des pluies 2002 (ha)	4,0	27	23,5	73,6
Riziculture de saison sèche 2000/01 (ha)	0	0	4,8	22
Riziculture de saison sèche 2001/02 (ha)	0	0	8,1	23
Riziculture de saison sèche 2002/03 (ha)	0	0	7,6	32
Jardin de maïs 2000	42	72	58	89
Jardin de maïs 2001	33	58	33	63
Jardin de maïs 2002	50	83	73	93
jardins de manioc 2000	35	60	20	37
jardins de manioc 2001	23	39	15	29
Jardins de manioc 2002	38	37	33	61
Jardins de décrue maraîchage 2000/01	45	70	45	81
Jardins de décrue maraîchage 2001/02	47	84	32	63
Jardins de décrue maraîchage 2002/03	42	68	25	46
Verger et maraîchage villageois 2000	46	75	40	74
Verger et maraîchage villageois 2001	46,5	77	32	62
Verger et maraîchage villageois 2002	83	88	58	83
Jardin de thé 2000	30	53	13	20
Jardin de thé 2001	26,5	46	8	25
Jardin de thé 2002	31	46	25	34
Jardin de tabac 2000/01	45	77	22	41
Jardin de tabac 2001/02	51	81	26	46
Jardin de tabac 2002/03	41	66	21	38

Jardin de banane & ananas 2000	14	25	27	49
Jardin de banane & ananas 2001	12	30	8	15
Jardin de banane & ananas 2002	20	34	16	28
Jardin de canne à sucre 2000	0	0	12	24
Jardin de canne à sucre 2001	0	0	6	11
Jardin de canne à sucre 2002	0	0	6	11

Laurent Chazée, 2003

En l'an 2000, 72 % des ménages de Markfeuang et 89 % des ménages de Navang cultivaient annuellement un jardin permanent (*Suan*) de maïs d'une surface correspondante à 3 à 8 kilogrammes de semences, qui leur procurait 60 à 300 kg de grains. Ces jardins sont en général privatifs, hérités, recherchés sur les berges alluviales fertiles. Ils sont quelquefois cultivés pendant deux saisons, celle de février - juin et celle d'avril - août. Les agriculteurs les protégent contre les assauts des buffles, des cerfs, des sangliers et des porcs-épics. Les singes, les écureuils et les oiseaux représentent aussi des prédateurs du maïs. La proportion de ménages producteurs de maïs variait entre 2001 et 2002 : à Markfeuang, 58 % en 2001 et 83 % en 2002 ; à Navang, 63 % en 2001 et 93 % en 2002.

En l'an 2000, 60 % des ménages de Markfeuang et 37 % des ménages de Navang cultivaient des jardins de manioc sur les piedmonts et sur les berges alluviales moins fertiles. Ces jardins ne sont en général pas permanents ni privatifs. On effectue les rotations tous les deux ans. La proportion de ménages producteurs de manioc variait entre 2001 et 2002 : à Markfeuang, 39 % en 2001 et 37 % en 2002 ; à Navang, 29 % en 2001 et 61 % en 2002.

Jardin maraîcher au village de Navang, district de Khamouane, le 18 novembre 2000, suite à la vulgarisation du projet LIL.

Entre novembre et avril 2000, 85-90 % des familles de ces villages cultivaient un petit jardin légumier en système de décrue (70-75 % des familles) et/ou dans le village (70-75 % des familles). Ces jardins privatifs renferment principalement moutarde, oignon, coriandre, piment, aubergine, tabac et canne à sucre. Suite à l'introduction de nouvelles variétés de légumes et d'arbres fruitiers, de nouvelles techniques et d'arrosoirs par le projet DUDCP, le nombre de jardins et leur surface ont augmenté entre 2001 et 2003. De plus, dans cette période, la tendance paysanne était de favoriser le développement des jardins maraîchers villageois, grâce à l'introduction de l'arrosoir. La proportion de ménages producteurs de légumes en jardin de décrue : à Markfeuang, 84 % en 2001 et 68 % en 2002 ; à Navang, 63 % en 2001 et 46 % en 2002. En jardins villageois, la proportion de ménages évoluait de la façon suivante : à Markfeuang, 77 % en 2001 et 88 % en 2002 ; à Navang 62 % en 2001 et 83 % en 2002.

Les communautés installées sur les anciens territoires sek comme celle de Navang, cultivent leurs rizières (72 % des familles de Navang cultivaient 18,8 hectares en 2000, 74 % cultivaient 23,5 hectares en 2002) depuis au moins 3 générations. D'autres, sous l'impulsion des projets liés au barrage de Nam Theun, démarrent des rizières comme celle de Markfeuang (16 % des familles cultivaient 1,9 hectare en 2000, 27 % cultivaient 4,0 hectares en 2002). La double culture irriguée de riz se développe depuis la fin des années 90, en raison de l'assistance des projets. À Navang, 22 % des familles cultivaient 4,8 hectares de riz de saison sèche en 2000, et 32 % des familles cultivaient 7,6 hectares en 2002/2003. Ces rizières étaient soit humides, car situées dans des bas-fonds marécageux, soit irriguées par des petites structures de diversion sur les ruisseaux comme le Huay Hang.

Culture en rizière chez les Brou So de Ban Navang, district de Khamouane, 2000 - 2001.

En 2001 et 2003, nous avions effectué des tests de variétés et de rendement du riz de plaine dans les villages de Markfeuang et de Navang. En saison des pluies, les Brou des vallées de la Nam Theun et de la Nam Mone cultivaient surtout le riz gluant *Khao Lu* introduit par la société BPKP en 1994. Ce riz de cycle moyen (155-160 jours) résistait bien aux conditions agroclimatiques de la région et produisait 1,2 à 2 tonnes par hectare selon le climat et la qualité du sol. En 2002, le riz gluant *Khao Muong Nga* (cycle de 170-180 jours), introduit à partir du district de Xay à Oudomxay en 2001, s'était révélé résistant aux conditions du milieu, plus résistant que le *Khao Lu* à la toxicité en fer et répondant mieux au facteur fertilité du sol. En 2003, plus de 15 % des périmètres irrigués de Navang et Markfeuang furent repiqués en *Khao Muong Nga*. Le rendement moyen avait été estimé à 1,53 tonne par hectare. Les autres variétés testées comme de *Khao Mali*, le *Tasano, Khao Kay noi*, RD10 et TDK1 obtinrent de moins bons résultats et furent en général plus sensibles aux foreurs du riz. En saison sèche 2001/02 et 2002/03, le projet DUDCP testa les variétés TDK1, TDK5, TSN *et Khao Tchao Lao Soung*. Les variétés TDK1 et *Khao Chao Lao Soung* donnèrent les meilleurs résultats.

Les Brou entretiennent des jardins de thé vert (53 % des ménages de Markfeuang et 19 % des ménages de Navang en décembre 2000, 46 % et 25 % en 2001, et 46 % et 34 % en 2002), qu'ils ont hérités des ancêtres. Ils cultivent le tabac dans les villages ou sur les berges entre novembre et avril (77 % des ménages de Markfeuang et 41 % des ménages de Navang dans l'année 2000, 81 % et 46 % en 2001, et 66 % et 38 % en 2002). Les familles gèrent quelquefois des jardins mixtes à dominante de banane, ananas et canne à sucre (dans l'année 2000, 25 % des ménages de Markfeuang et 49 % des ménages de Navang, 30 % et 15 % en 2001, et 34 % et 28 % en 2002). Dans les villages de Markfeuang et Navang, assistés entre 2001 et 2003 par le DUDCP, les meilleurs résultats de culture furent obtenus par l'extension et l'intensification de la riziculture irriguée, la diversification légumière et l'extension des jardins maraîchers. Ces résultats furent la conséquence d'actions intégrant l'introduction de nouvelles techniques, de nouveaux outils et des entonnoirs. L'introduction de fils barbelés pour la clôture des rizières et des jardins donna des résultats très positifs au niveau de la protection des champs, de l'économie de temps à la fabrication des clôtures, et de l'économie en bois et bambou coupés.

L'élevage des buffles (Tableau ci-dessous) est géré en système de vagabondage semi-surveillé. En décembre 2000, 39 % des familles de Markfeuang possédaient des buffles (entre 1 et 27 buffles par ménage) (40 % en 2001 et 64 % en 2002) et 66 % des familles de Navang possédaient entre 1 et 22 buffles par ménage (61 % en 2001, 87 % en 2002). Le nombre croissant

Gestion de la basse-cour au village de Markfeuang dans une plantation de thé, en janvier 2001.

de ménages propriétaires de buffles venait du résultat du DUDCP qui fournit 28 buffles à Navang et 27 buffles à Markfeuang entre 2001 et 2002. Le buffle, animal autrefois réservé aux cérémonies de funérailles, devient aussi un animal constitutif de la dot de mariage, par influence et relation de mariage avec les Tai Kaleung, Poutay et Sek, ainsi qu'un animal de valeur commerciale. En 2002, sa vente finançait principalement la construction de maisons en bois et l'emploi d'ouvriers pour aménager de nouvelles rizières. Les familles en voie d'appauvrissement suite à un décès, divorce ou maladie étaient quelquefois obligées de se séparer d'un buffle pour acheter du riz. Dans certains cas liés à des funérailles ou des amendes à verser, les Brou de Navang se procuraient un ou deux buffles en hypothéquant leurs rizières. En 2000-2002, quatre cas d'hypothèques furent observés.

Tableau : suivi de l'élevage à Markfeuang et Navang entre 2000 et 2002

Type d'élevage	**Markfeuang**		**Navang**	
	Nb	% de familles	Nb	% de familles
Buffle 2000	123	39	128	66
Buffle 2001	123	40	115	61
Buffle 2002	140	64	153	87
Porc 2000	108	75	98	70
Porc 2001	89	70	78	80
Porc 2002	143	81	87	54
Poulet 2000	669	96	230	80
Poulet 2001	491	93	380	93
Poulet 2002	747	93	526	94
Canard 2000	12	7	39	22
Canard 2001	0	0	44	58
Canard 2002	44	19	67	36
Chien 2000	39	42	107	89
Chien 2001	64	58	55	35
Chien 2002	50	64	85	79

Laurent Chazée, 2003.

La cueillette et la chasse dans les friches et les forêts et la pêche dans les rivières font partie intégrante des activités quotidiennes. Pièges à assommoir, pièges à détente, collet de passage, collet élévateurs, collet étrangleur, collet guillotine, cage à porte tombante, arbalète, fusil, lance-pierre, filet rabatteur, filet épervier et nasse constituent l'attirail familial de piégeage et de chasse.

Nasse à poissons à Ban Markfeuang, en novembre 2000.

Parmi les produits naturels du territoire, les poissons, les crabes, les grenouilles, les mollusques, les pousses de bambou, de palmier et de rotin, les tiges de rotin, le petit gibier (rat, rat des bambous, écureuil, chauve-souris, chevrotain, cerf aboyeur, sanglier, civette, porc-épic, blaireau-furet, oiseaux d'eau), les feuilles comestibles, les champignons et les feuilles pour la construction (*Kho, Toei*) sont les produits les plus communs pour la consommation de la famille. Les principaux revenus monétaires (46 % à Mark Feuang, UICN 1999) viennent de la vente des animaux sauvages et de leurs sous-produits (pangolin, singe, tortue, varan, python, oursons, chaton, petit tigre), de la cardamome, du bois d'aigle, de la gomme Damar, du rotin, des pousses de bambou et du fruit *Mark Tao*.

En 2000-2002, de nombreuses familles de ces deux villages tiraient aussi leurs revenus du commerce de l'alcool de riz et de cigarettes achetées dans les gros villages ou villes secondaires voisins (dans l'année 2000, 42 % des ménages de Markfeuang effectuaient cette activité avec les villes secondaires de Houaphou, Nyommalath et Ka Oy et 59 % des ménages de Navang l'effectuaient avec les villes de Lak Sao et de Houaphou). Les familles collectaient et vendaient aussi de la cardamome, à raison de 1 à 15 kg/famille de cardamome décortiquée par an. Certains collectaient aussi de la résine *Khisi*, entre 20 et 500 kg/famille. Les familles les plus pauvres recherchaient des travaux saisonniers dans le village ou dans les villages de leur vallée (lors de l'année 2000, 42 % des familles de Markfeuang et 59 % des familles de Navang). Les volailles, les porcs et les buffles représentaient la deuxième source de revenus. Certaines communautés des districts de Nakai et Khamkeut obtenaient aussi des revenus non négligeables de la vente du petit gibier et des poissons. Le trafic illégal de produits forestiers concernait surtout les pangolins, les tortues, les pythons, les varans, les oursons, les chatons, la viande de cervidés, le bois d'aigle, le fruit *Mark Tao*, le rotin *Vai Thoum*, le bois (*Dou, Tae Kha, Kayung*). Enfin, quelques familles avaient des membres travailllant en ville ou expatriés aux États-Unis, mais il semblait que les liens se distendaient et que les aides économiques de ces migrants devenaient négligeables.

Tableau : autres activités économiques aux villages de Markfeuang et Navang entre 2000 et 2002

Autres activités économiques	**Markfeuang**		**Navang**	
	Nb	% de familles	Nb	% de familles
Familles impliquées dans le petit achat-vente 2000	24	42	32	59
Familles impliquées dans le petit achat-vente 2001	37	65	20	38
Familles impliquées dans le petit achat-vente 2002	33	56	19	34
Familles impliquées dans le travail saisonnier 2000	32	56	39	75
Familles impliquées dans le travail saisonnier 2001	51	89	39	75
Familles impliquées dans le travail saisonnier 2002	30	51	33	77
Familles impliquées dans les travaux du projet 2000	32	56	39	75
Familles impliquées dans les travaux du projet 2001	51	89	39	75
Familles impliquées dans les travaux du projet 2002	55	92	53	100
Familles impliquées dans les activités de services 2000	7	12	3	6
Familles impliquées dans les activités de services 2001	6	11	1	2
Familles impliquées dans les activités de services 2002	9	15	2	4
Artisanat commercialisé au marché de district 2000	0	0	15	29
Artisanat commercialisé au marché de district 2001	0	0	26	50
Artisanat commercialisé au marché de district 2002	0	0	10	19

Source : Laurent Chazée, 2003

Entre 2001 et 2003, dans les villages de Navang et Markfeuang, les sources traditionnelles de revenus avaient diminué en raison des opportunités plus attrayantes d'emploi pour les travaux communautaires organisés par le projet

DUDCP et le bureau du développement rural de la province de Khamouane. La collecte de cardamome, la gomme Damar et l'artisanat commercial furent très réduits pendant cette période, alors que le commerce d'alcool continuait.

Développement

Références au développement

Les Brou So des hautes vallées de la Nam Theun et de ses affluents sont restés retranchés dans cette forêt depuis plusieurs générations sans se soucier du monde extérieur. Néanmoins, de nombreux villageois furent autrefois employés dans l'armée française, puis américaine et lao, ce qui leur a permis de voir d'autres horizons à Takhek, Savannakhet et Vientiane. Suite aux mouvements de différents groupes ethniques entre vallées et suite aux incursions vietnamiennes, la grande majorité des Brou parle parfaitement les langues lao et vietnamienne. La langue lao était devenue véhiculaire entre les Brou, Poutay, Sek, Kaleung, Bo, Malang et Maleng. Les mariages interethniques ont permis, par le mélange de cultures, de rendre beaucoup plus souples les traditions et les coutumes. Dans certains cas, les phénomènes d'acculturation se sont traduits par des phénomènes de syncrétisme et d'assimilation (Brou - Sek et Brou - Kaleung/Poutay/Tai Sin). Dans d'autres cas, la culture Brou So a largement influencé les autres groupes et a provoqué un processus de déculturation pour ces derniers (Phong, Kari, Maleng). Dans certains villages, la jeune génération n'arrive déjà plus à différencier les origines ethniques des villageois. Les différences ethniques sont de plus en plus confondues dans une notion de groupe territorial dont les limites en sont définies par la vallée ou le bassin versant.

En effet, on parle des « gens » de la vallée de Theun, ceux de Mone, de Xot et de Noy. En dehors de quelques actions encore ponctuelles de développement liées au projet hydroélectrique de la Nam Theun, les villageois Brou So ont peu évolué depuis ces 100 dernières années. Ils sont restés dans leurs comportements, leur organisation et leur mentalité de chasseurs-cueilleurs. Renfermés dans leur territoire, ignorants du monde extérieur, effrayés des évènements du passé, ils considèrent l'étranger à la vallée comme un ennemi potentiel. L'histoire lui donne malheureusement raison. En 1999 et

2000, on réservait à l'étranger un accueil mitigé, tant au niveau de la nourriture que de l'accommodation. On lui fournissait des informations plus qu'approximatives et on ne lui posait surtout pas de questions. Les villageois n'avaient qu'un souhait, c'est qu'on le laisse en paix. Néanmoins, dans ces villages isolés comme Navang et Markfeuang, le Brou, souvent envieux et jaloux, reste très calculateur, peu partageur et pas très généreux en dehors des fêtes. Cette attitude limite les mécanismes d'entraide et de solidarité à l'intérieur des communautés. La chasse, le piégeage, la pêche et la cueillette occupent la moitié de leur temps de travail, activités qu'ils réalisent avec une grande passion. Les chasseurs utilisent de nombreux types de pièges, dont l'ingéniosité et la finesse des mécanismes de déclenchement contrastent avec l'archaïsme de leurs outils agricoles : la forêt reste leurs références à tous les niveaux. Consommateurs avant d'être producteurs, les temps quotidiens de travaux de l'homme et la femme ne dépassent pas, en 2000, 5 heures par jour sur la moyenne de l'année.

C'est certainement depuis le développement des villes secondaires de Lak Sao et Houaphou entre 1992 et 2003 que les changements les plus significatifs furent observés. En 2002, les Brou vendaient leurs animaux d'élevage et s'orientaient directement vers les activités non agricoles (tous les villages) ou vers le financement de rizières (Navang, Markfeuang, Nawa, Kaching, Tapayban).

Depuis le projet de Nam Theun, quelques activités de développement furent réalisées comme des écoles, des dispensaires, des voies d'accès. Le premier motoculteur fut introduit à Markfeuang en 1997, puis le deuxième en mai 2001. Le premier motoculteur de Nawa est arrivé en janvier 2002. À Navang, un motoculteur privé fut acheté en 1997, celui du projet Banque mondiale en 2001. Depuis 2002, les villageois de Markfeuang et de Navang s'étaient engagés dans la construction de petits périmètres irrigués financés par la Banque mondiale. Malgré les difficultés de travail communautaire, la population commençait, depuis 2002, à faire confiance au projet DUDCP, et réalisait que c'était peut-être une occasion à ne pas perdre.

Dans la zone de NBCA de Nakai-Nam Theun, les Brou So ne sont pas confrontés à un problème de sécurité alimentaire, mais plutôt à la façon alternative de se procurer de la nourriture sans pratiquer la défriche-brûlis, qui n'est pas autorisée dans le cadre d'une aire protégée. Le riz, aliment préféré, n'est pas suffisant, mais il est remplacé par de nombreux autres produits cultivés et forestiers.

Le changement de système de production n'est donc pas une nécessité alimentaire au niveau des populations, et c'est là toute la difficulté de les convaincre de ne plus brûler la forêt, chasser et collecter des produits forestiers. Lorsque les projets UICN et DUDCP ont démarré leurs activités, les villageois ne furent pas intéressés et assuraient une participation minime et passive. Ils n'étaient pas motivés par les objectifs de développement de moyens et longs termes, mais uniquement par des rémunérations immédiates des activités subventionnées pour y parvenir. Ils jugeaient ces projets comme une intrusion dans leur système de vie, dans laquelle ils s'étaient confortés. Ils voyaient d'un mauvais œil le fait de voir devenir illégal leur système de production ancestral par le fait de la création d'une aire protégée, d'autant plus que les bénéfices du changement étaient loin d'être évidents.

Dans le village de Markfeuang, où la disponibilité de terres irrigables est limitée, la population savait qu'elle ne pouvait pas vivre uniquement sur l'agriculture stabilisée. Leur réaction fut donc de combler le manque à gagner en travaillant avant tout pour gagner de l'argent ou du riz quand ils en avaient besoin. Aucune vision de développement ne pouvait émerger de ce processus. Les arbres fruitiers plantés et les jardins créés restèrent le plus souvent à l'abandon.

Entre 2002 et 2003, DUDCP lança un mécanisme de mise à disposition d'un fonds de développement social et économique « à la carte » basé sur une série de critères. Chaque planification du fonds fut adaptée aux besoins et aux capacités des ménages. Ce mécanisme permit de répondre aux besoins prioritaires des familles de Navang et Markfeuang et de motiver la participation des populations.

Au niveau social et alimentaire, les Brou So furent d'abord intéressés à assurer la sécurité alimentaire en période creuse, à acheter des couvertures, matelas, moustiquaires, ustensiles de cuisine et des vêtements, et à entretenir ou refaire leur maison. Au niveau productif, ils furent surtout intéressés à développer les rizières irriguées, les jardins maraîchers et l'élevage de buffles. Les conditions de participation furent les mêmes dans les deux villages : plus d'une année de mise en confiance et de discussion ; une communication permanente et un accompagnement de proximité avec une équipe basée au village ; une stratégie de développement et de conservation des ressources naturelles qui permette de maintenir ou d'assurer la sécurité alimentaire de chaque famille pendant les périodes critiques ; un développement progressif adapté aux capacités de travail de la population et aux coutumes locales.

Ce mécanisme et ces conditions du projet, qui furent conçus pour lancer un processus de développement, ont permis des résultats rapides (voir les deux tableaux ci-dessous).

Tableau : Tendance de la situation démographique et socio-économique des villages de Markfeuang et de Navang entre 2000 et 2002

Indicateurs démographiques et socio-économiques	**Village de Markfeuang**	**Village de Navang**
Démographie		
Familles 12/2000	57	52
Familles 01/2002	57	52
Familles 11/2002	59	53
Population 12/2000	320	288
Population 01/2002	321	308
Population 11/2002	328	318
Croissance démographique 2000/2001	+ 0,3 %	+ 6,9 %
Croissance démographique 2001/2002	+ 2,2 %	+ 3,2 %
Taille des familles 12/2000	5,60	5,35
Taille des familles 01/2002	5,63	5,92
Taille des familles 11/2002	5,56	6,00
Niveau de pauvreté/bien-être		
Familles très pauvres 12/2000	4 (7 %)	4 (7 %)
Familles très pauvres 01/2002	7 (12 %)	8 (15 %)
Familles très pauvres 11/2002	6 (10 %)	3 (5,7 %)
Familles pauvres 12/2000	24 (42 %)	16 (30 %)
Familles pauvres 01/2002	22 (39 %)	14 (27 %)
Familles pauvres 11/2002	15 (25 %)	13 (24,5 %)
Familles moyenne - pauvre 12/2000	7 (12 %)	8 (15 %)
Familles moyenne - pauvre 01/2002	8 (14 %)	13 (25 %)
Familles moyenne - pauvre 11/2002	14 (24 %)	13 (24,5 %)
Familles de condition moyenne 12/2000	11 (20 %)	15 (28 %)
Familles de condition moyenne 01/2002	11 (19 %)	7 (14 %)
Familles de condition moyenne 11/2002	13 (22 %)	13 (24,5 %)
Familles moyennement aisées 12/2000	7 (12 %)	5 (9 %)
Familles moyennement aisées 01/2002	5 (09 %)	7 (14 %)
Familles moyennement aisées 11/2002	7 (12 %)	6 (11,3 %)
Familles aisées 12/2000	4 (7 %)	6 (11 %)
Familles aisées 01/2002	4 (7 %)	3 (7 %)
Familles aisées 11/2002	4 (7 %)	5 (9,5 %)

Source : Chazée L., 2003

Tableau : Situations et tendances des niveaux de capitaux des familles des villages de Markfeuang et de Navang entre 2000 et 2002

	Village de Markfeuang	Village de Navang
Capitaux familiaux entre 2000 et 2002	Pourcentage de familles	
Capital physique		
Très petite maison 12/2000	39 %	41 %
Très petite maison 01/2002	32 %	45 %
Très petite maison 11/2002	30 %	33 %
Maison petite-moyenne 12/2000	49 %	46 %
Maison petite-moyenne 01/2002	50 %	47 %
Maison petite-moyenne 11/2002	53 %	51 %
Maison moyenne-large 12/2000	12 %	13 %
Maison moyenne-large 01/2002	18 %	8 %
Maison moyenne-large 11/2002	17 %	16 %
Évolution de l'électrification des maisons entre 12/2000 et 12/2001	Pas de maison électrifiée	22 maisons électrifiées (0-22)
Évolution de l'électrification des maisons entre 12/2001 et 11/2002	Pas de maison électrifiée	+ 13 % (22-25)
Évolution du nombre de couvertures par famille entre 12/2000 et 12/2001	- 8 % (3.45/maison – 3.2/maison	0 % (2.9/maison – 2.9/maison)
Évolution du nombre de couvertures par famille entre 12/2001 et 11/2002	+ 31 % (3.2/maison - 4.2/maison)	+ 82 % (2.9/maison - 5.24/maison)
Évolution du nombre de matelas par famille entre 12/2000 et 12/2001	+ 9 % (1.23/maison – 1.33/maison)	- 15 % (0.85/maison – 0.90/maison)
Évolution du nombre de matelas par famille entre 12/2000 et 12/2001	+ 51 % (1.33/maison 2.2/maison	+ 210 % (0.90/maison-2.8/maison)
Évolution du nombre de buffles entre 12/2000 et 12/2001	0 % (123-123)	- 10 % (128-115)
Évolution du nombre de buffles entre 12/2001 et 11/2002	+ 13 % (123-140)	+ 28 % (115-153)
Évolution du nombre de porcs entre 12/2000 et 12/2001	- 18 % (108-89)	- 20 % (98 - 78)
Évolution du nombre de porcs entre 12/2001 et 11/2002	+ 47 % (89-143)	+11 % (78-87)

Source : Chazée L., 2003

Ces résultats sont à analyser dans le cadre d'une courte période, à partir de deux villages Brou So de référence, et dans le cadre d'une aire protégée. C'est là-dessus que devraient s'appuyer les futurs programmes de développement, en analysant les leçons du passé et en adaptant ces mécanismes à l'évolution socio-économique des Brou So du plateau de Nakai. Dans le moyen terme (nouvelle génération), étant donné la surface limitée de terres irrigables, il n'est pas imaginable que la population puisse se nourrir à partir de l'agriculture seule, ou de lancer l'agriculture commerciale. La distance et la difficulté d'accès aux marchés de district rendent les opportunités économiques comparativement non avantageuses. Il existe donc un grand risque que la population continue à vivre sur la forêt. L'alternative consiste à trouver le moyen de stabiliser ou réduire la population démographique dans cette zone. L'éducation formelle constitue un moyen indirect de former la nouvelle génération à de nouvelles opportunités. La seconde potentiellement intéressante est de former les jeunes sortis de l'école à de nouveaux métiers liés à la demande en main-d'œuvre du projet hydro-électrique de Nam Theun, de manière à leur assurer un emploi en dehors de la zone.

Ces populations pourraient avoir la priorité dans leurs catégories d'emplois. Cette formation de quelques mois au début du projet de Nam Theun pourrait être conduite dans un centre temporaire de formation à Houaphou. Après 5-6 années de travail en dehors de la zone, il serait alors fort probable que peu d'entre eux reviendraient vivre à leurs villages d'origine. Cela d'autant plus que les politiques de déplacement des populations de montagne près des voies de communication et la standardisation du modèle lao se poursuivaient encore au début des années 2000.

Tourisme et ethnotourisme

Vannerie brou so au village de Kaching, en novembre 2000. Ed. M. Cairn, à partir d'une photo de L. Chazée.

Les Brou So déplacés ou déportés dans les plaines ne présentent pas de grande spécificité du fait du brassage et des mélanges avec les populations poutay et lao. L'architecture traditionnelle des maisons et le style de vie n'ont déjà plus de caractère spécifique et la standardisation des modèles de villages de plaine et des maisons en matériaux modernes peu esthétiques rendent ces zones « urbanisées » peu attrayantes. Ceux des hautes vallées de la Nam Theun et Nam Mone et de la moyenne vallée de la Nam Noy se situent dans une zone en dehors des circuits touristiques. Ils sont dans une zone empreinte d'une ambiance de commerce illégal fortement contrôlé par la police, les milices, les douanes et l'armée, peu propice au tourisme.

La localisation géographique, le contrôle par les forces de l'ordre et les comportements sociaux des Brou ne représentent pas des facteurs favorables à l'ethnotourisme. Même si l'artisanat et la manière de vivre peuvent attirer quelques touristes, les possibilités de déboire et de frustration sont telles qu'il n'est pas recommandé de tenter l'expérience. Il est probable qu'avec la dynamique de développement lié au projet hydroélectrique de Nam Theun, la situation évoluera vite.

Quelques auteurs de références

Références aux Brou So :
Harmand J., 1879-80 ; Malglaive J., 1879-1895 ; Barthélemy P.S., 1899, 1901, 1902 ; Valentin, 1905 ; Grossin P., 1933 ; Malpuech U., 1920 ; Colani M., 1936 ; Villedieu, 1947 ; Fraisse A., 1950 ; Phan Huu Dat 1963, 1964, 1975, 1998 ; Lebar F.M., Hickey G.C., Musgrave J. K., 1964 ; Matras J., Martin M.A., 1972 ; Ferlus M., 1974, 1979, 1989, 1996 ; Miller C., 1974 ; Matras-Troubetzkoy J., 1974 ; Diffloth G., 1976 ; Phillips R. L., Miller J., Miller C., 1976 ; Hickey G.C., 1982 ; Ngo Duc Thinh, 1976 ; Chamberlain J. R., 1983, 2012 ; Dang Nghiêm Van & al., 1984, 1993 ; Vu Dinh Loi, 1987, 1996 ; Nguyen Tat Thang 1991 ; Chamberlain J. R. & al. 1995, 1996, 1997 ; Miller C., 1996 ; Miller J. & Miller C., 1996 ; Shape & al, 1998 ; Vargyas G., 1993, 1994, 1996, 1998, 2000 ; Chazée L., 1995, 1999, 2000, 2001, 2002, 2003, 2015 ; Ethnologue, 1996 ; Nguyen Duy Thieu, 1996; UICN, 1997-1999 ; Alton C. & Sylavong L., 1997 ; Chazée L., Syphanravong S., 2000 ; Schliesinger J., 2000, 2003, 2015 ; recensement national, 1995 ; AMO 1995, 2000 ; Sparkes S., 1997 ; Culas C., 2000 ; Foppes J., 2001 ; Khong Dien, 2002 ; NTEC, 2002 ; Migliazza B., 2008 ; De Boer H., Lamxay V., 2009, 2011 ; Souksavath B., Nakayama M., 2013 ; Lan TTH, Huijsmans R., 2014 ; Kenney-Lazar M., 2018.

Chapitre V.
Brou Troui

Nom de l'ethnie

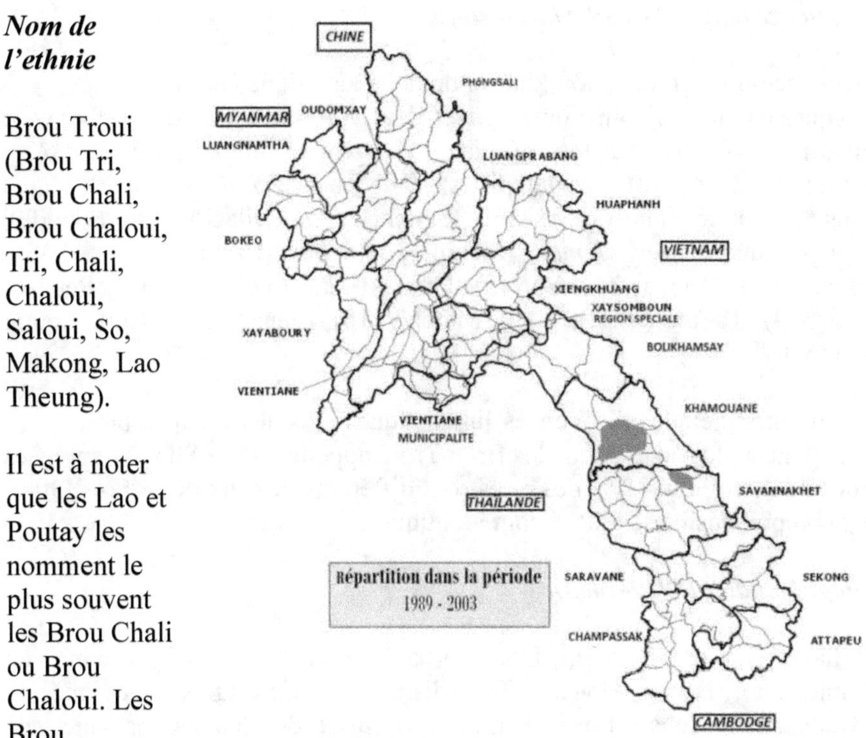

Brou Troui (Brou Tri, Brou Chali, Brou Chaloui, Tri, Chali, Chaloui, Saloui, So, Makong, Lao Theung).

Il est à noter que les Lao et Poutay les nomment le plus souvent les Brou Chali ou Brou Chaloui. Les Brou revendiquent plutôt leur nom indigène, qu'ils affirment être Troui ou Tri selon la prononciation et la région.

En fait, les Troui des villages du sud du district de Thakhek distinguent des petites différences de dialecte et de coutumes entre eux (Troui, Chalui, Chali), les So du plateau de Nakai, les Tri de la province de Saravane et les Trong ou Mankong. Ces différences sont difficilement analysables étant donné le peu d'études ethnolinguistiques et historiques sur les « Brou » du Laos.

Côtés vietnamien et thaïlandais, on donne souvent d'autres classifications : Van Kiêu, So, So Tri, Brou avec des variantes Tri, Kha So, Thro, Trong,

Chaly, So Saloui, So Phong. Dans la classification ethnique proposée par le Front lao d'édification populaire le 18 août 2000, les « Brou Tri » sont classés dans les catégories « Makong », qui regroupent plusieurs groupes. Il fallut attendre 2019 pour que le groupe « Brou » soit reconnu dans la classification nationale.

D'après l'hypothèse de Michel Ferlus, l'ethnonyme « Tri » viendrait de la racine « ri » de l'ancienne langue viet-muong qui se traduit « personne humaine ».

Famille, groupe et branche linguistiques

Austroasiatique, groupe môn-khmer, branche katouique Ouest.
Quelques éléments linguistiques : *Bra* (père), *Bié* (mère), *Thror* (vache), *Téa* (canard), *Assé* (cheval), *Achor* (chien), *Throya* (riz ordinaire), *Trouay Kan* (poule), *Malong* (ciel), *Treung* (forêt), *Deu* (eau), *Tchava* (manger), *Ranel* (enfant), *Doung* (maison), *Kheut* (piment), *Vil* (village), *Sec* (viande), *Tchipoua* (maïs), *Pongtchouane* (manioc), *Avatchine* (riz cuit).
Les nombres : Mouay (1), Bar (2), Paï (3), Paul (4), Xeung (5), Pet (6), Taboure 7), Takore (8), Také (9), Matchit (10), Meuay Kala (100), Xeung Kala (500).

On note quelques différences linguistiques avec les groupes brou situés sur le plateau de Nakai et que les Brou Troui appellent les « So ». D'après les Brou Troui, environ 30 % des mots sont différents de ceux des « So », 30 % sont compréhensibles et 40 % sont identiques.

Villages étudiés (1989-2003)

5 villages étudiés : Nakoum, Dongmarba (district de Thakhek, province de Khamouane), Beung Houana Tai (district de Xebangfay, province de Savannakhet), Houay Loua, Sémoum (District de Sépone, province de Savannakhet).

Distribution géographique

Au Laos, les Brou Troui se trouvent dans les provinces de Khamouane, Savannakhet et Saravane.

En Thaïlande, on trouve des Brou dans la province de Sakon Nakhon, dans le district de Kusuman. Communautés Brou dans les provinces de Mukdahan et de Nakhon Phanom (Nateuil, Natao).

Peuple

Population au Laos

Recensement national 1995 : 45 102 personnes (incluant les Brou, Salang et Phong). Environ 150 villages.
Estimation 2002 (L. Chazée) : 18 000 personnes (Brou Troui uniquement).

Province de Khamouane (au moins 30 villages) :

District de Takhek (2 villages) : Nakhoum, Dong Markba.

District de Nongbok (3 villages) : Pongkiu, Laona, Sengvangta.

District de Mahaxay (21 villages) : Phakham, Kawa, Vangduanha, Nakhé, Khokhimin, Panam May, Kouanglouang May, Dongvaydin, Kenglem, Pa khong, Pa Kouay Thong, Nakadom, Toheua, Namché, Nakatang noy, Kouay Khon, Pha Sava, Done, Phaoy Dong, Hay.

District de Nyommalath (4 villages) : Fangdeng, Toung, Mouang Khay, Tat, Kouang Phanok.

D'autres villages « Brou » existent, dont l'identité exacte reste à confirmer :
District de Nyommalath (36 villages) : Salanh, Phanoy, Naheuang, Nakhi Thoen, Naveut, Keng Et, Tak Det, Thachon, Kengkéo, Chakouan, Phonmouang, Khiylek, Napho, Xiengdao, Nyommalath Tai, Nyommalath Neua, Nafay May, Sivilay, Nong Seng, Lô, Ko bong, Sang Kéo, Tham Phouane, Mixay, Thong Mang, Latkouay, That, Sangkout, Nadang, Thathot Tay, Done, Khok Savang, Phonbok, Phonsaat, Math, Naphong.

District de Nakai (4 villages) : Nasida, Nadane, Xong, Nhang.

District de Mahaxay : Nakok Nok, Nakoknay, Natoung, Phonsavanh, Tene, Nadi, Kouan Khouay, Phonlay, Nadou, Nakham, Lau, Nakiao, Somsanouk, Dang tay, Vat That, Na Phong, Ilane, Kangsikhay, Nakhai, Voen, Kangnyang Kham, Phakhene, Nachane, Kava, Nakhé, Phone, Kanethong, Khamfeuang, Nam Mala, Phona Meuang, Thongkouang, Kavak, Phasong, Nalouang, Toheua, Chaloum, Takhokkene, Hay, Namkapo, Nakhating.

Province de Savannakhet

Districts de Sepone : Vangbing, Houay Loua 1, Houay Loua 2.

District de Xebangfay (16 villages) : Beung Houana Tai, Beung Houana Kang, Beung Houanna Neua, Hathphek, Poungdeng, Nasaat, Kapha, Khok Khiminh, Nonkatai, Keng Khen, Pongkiou, Kangbone, Hongmeuang, Nanoy, Thong, Bangpiet.

Districts de Vilabouri et Nong : quelques communautés et familles intégrées dans d'autres villages.

Province de Saravane (7 villages) : Thatath, Palay, Thong, Khamkeo, Houay Nyang, Namlin, Houayphay (Phaphilang).

Histoire

Quelques repères historiques sur les Brou Tri

À cette période de l'étude, l'origine territoriale des Brou, leurs trajets et raisons de migration restaient flous, surtout avant le début du XIXe siècle. Depuis plus de deux siècles, le berceau territorial des Brou semblait se situer sur la chaîne annamitique entre le Laos et le Vietnam, à la latitude des provinces de Khamouane-Savannakhet au Laos et de Quang Tri-Quang Binh au Vietnam.

Dans l'histoire, en plus des épidémies, de la recherche de nouvelles forêts exploitables, des querelles internes et les deux guerres d'Indochine qui avaient provoqué, comme pour la majorité des ethnies montagnardes du Laos, des déplacements de population, il semblait que les évènements guerriers entre la cour de Hué au Vietnam et l'empire siamois, surtout à partir de 1827, les déportations siamoises et l'esclavage avaient particulièrement affecté le territoire Brou (voir la partie historique des Brou So).

C'est vers 1890 que démarrent les travaux de construction de la route numéro 9 entre Savannakhet et Quang Tri. Après une période d'interruption, les travaux reprenaient en 1904 et en 1906, elle était praticable pour les transports attelés. Cette nouvelle voie ouvrait le territoire brou (Mankong et Tri) et poutay vers les plaines du Vietnam et du Mékong. Pourtant, les Brou ne semblaient pas avoir changé grand-chose dans le mode de vie de ces populations.

En 1905, Valentin (EFEO) décrivait avec détail les groupes « Brou », leur localisation et leur organisation. La même année, Macey définissait les deux sous-groupes brou, les Mankong et les Tri. Ils les identifiaient dans le district de Mahaxay, à Vang Kham, Pha Bang, Souphane, Hang Tong et Songkhone. En 1950, André Fraisse, professeur de l'École Nationale de la France d'outre-mer, basé à Thakhek, décrivait les différents groupes kha, qu'il différentiait des So. Parmi les So, Fraisse désignait les Sô Trong, les Sô Slouy, Sô Phong et Sô Tri, les Sô Phou Ac, Sô Tiali. Suite au départ des Français, nous n'avions plus d'information sur les Brou habitant au Laos alors que les recherches continuaient de côté vietnamien.

Côté Laos, les groupes d'origine brou n'étaient plus en contact depuis déjà plus de 4 générations. Les Brou So du plateau de Nakai ne descendaient pas au sud de Houaphou. Les Troui (Tri de Sepone) ne connaissaient pas les So et n'avaient pas de réels contacts avec les Chaloui du nord de Savannakhet. Les Brou Tri vivant au sud du district de Thakhek semblaient être sortis du berceau territorial suite aux déportations siamoises et aux réseaux d'esclavage.

Dans la même période, Vuong Hoang Tuyên, membre du département d'Ethnographie de l'Université de Hanoi travaillait sur de nombreuses ethnies et en particulier sur les ethnies Van Kieu, Khua, Tri et Mangkong de la province de Quang Binh. L'auteur mentionne que les Van Kiêu étaient venus du Quang Tri dans les années 1880, alors que l'origine des Mankong était en territoire lao. Il fut le premier à révéler que le nom « Brou » viendrait d'une traduction de « gens de la forêt » alors que ceux qui les ont dominés dans le passé les appelaient « *Ca-lo* » ou « gens à queue » vu les langoutis qu'ils portaient sur leur derrière (Vargyas, 2000). Pour lui, les noms Vân Kiêu, Ta-ôi, Khua, Tri et Mang Koong sont tous des Brou, c'est à dire des gens de la forêt. Le nom « Sô » signifie aussi la personne, et que l'on appelait aussi Sô Tri ou Sô Mang Koong. L'auteur Phan Huu Dât s'intéressait à l'histoire du mariage et de la famille chez les Van Kiêu des villages de Ham Nghi et Dinh Phung dans la province de Quang Binh. Il concluait que l'unité fondamentale de la société brou était le lignage ou clan (mu), exogame et patrilocal. En 2000, les Brou Troui des villages visités n'avaient aucun souvenir de lignages. Ngo Duc Thinh écrivait un en 1976 sur « les relations tribales des groupes brou de la province de Bin Tri Thien ». Pour l'auteur, les groupes khua, mangkong et tri étaient, historiquement, empreints d'influence laotienne alors que les Van Kiêu étaient issus du Vietnam. Khong Diem, en 1972, formulait l'hypothèse qu'avant le XVIIIe siècle, ils occupaient le royaume de Vientiane et auraient été chassés par les Siamois. L'auteur publiait également en 1977 et 1978 sur les populations montagnardes du Quang Binh.

Côté lao, les études sur les Brou avaient repris en liaison avec des projets de Développement. C'est surtout grâce au projet hydro-électrique de Nam Theun 2 que, dès 1993, des études interdisciplinaires furent lancées. Différents auteurs avaient écrit sur les So de Nakai (Chamberlain J. R. & al. 1996, 1997 ; Shape & al., 1998 ; UICN, 1997-1999 ; Chazée L., 2000, 2001, 2002, 2003 ; Culas C., 2000). D'autres articles et publications mentionnaient les Brou du Laos : Chazée L., 1999, 2017 ; Schliesinger J., 2000, 2015 ; Recensement 1995, 2015 ; AMO 1995. En fin 2001, une étude de faisabilité pour un financement belge permettait d'avoir quelques profils de villages Mankong des districts de Nong et Sépone à Savannakhet.

Résultats de nos études 2000-2003

En 2000-2003, les Brou Troui sont établis au sud de la province de Khamouane et leur région s'étend dans l'est de la province de Savannakhet et le nord de la province de Saravane. Ils semblent être venus de l'est de Savannakhet et de Saravane, mais la migration des Brou Troui au Laos reste mal connue.

Les principaux facteurs historiques externes qui expliquèrent leur mobilité furent liés à l'occupation siamoise de l'actuelle province de Khamouane (autrefois Mahaxay Kong Kéo), les déportations vers le Siam, l'occupation française et japonaise, l'insécurité lors de la deuxième guerre d'Indochine, les politiques de regroupement et de contrôle de population après 1975 avec les essais de réduction des pratiques de défriche-brûlis, les politiques de développement rural par zone focale depuis 1995 et les migrations volontaires influencées par le développement d'une route et d'une ville secondaire, ou d'un projet de développement.

Les facteurs internes de leur déplacement furent principalement liés à des croyances (maladies, épidémies, accidents, attaques de tigres, mauvaises récoltes successives, incendie de village, etc.) et à la recherche de terres. Ces déplacements volontaires pour des raisons internes s'effectuaient le plus souvent dans des petits rayons géographiques de quelques centaines de mètres à quelques kilomètres dans leurs territoire et vallée historiques.

D'après les villageois du sud du district de Thakhek, le nom de Brou Troui est leur endonyme. Ils disent venir de l'est des provinces de Savannakhet-Saravane, près de la frontière vietnamienne, des territoires de Muang Bam et Muang Vang - Ang Kham.

Village de Sémoum, district de Sépone, province de Savannakhet

En 2001, le village de Sémoum est établi le long de la route numéro 9 dans le district de Sépone. La communauté s'est installée là en 1988, venant de leur ancien site situé à environ trois kilomètres au nord. Les villageois ont subi d'intenses évènements militaires entre 1964 et 1973 en raison du fait que la piste Hô Chi Minh traversait le district de Sépone. Les 2 villages de Houay Loua sont également situés le long de la route numéro 9, à environ

7 kilomètres du village de Densavane. Leurs voisins Mankong et Poutay affirment que les Brou Troui sont venus après eux, du Vietnam, selon la volonté des Français. Les Troui disent effectivement venir du Vietnam, mais ne confirment pas l'influence française.

Les Mankong et les Troui, proches linguistiquement, se sentent pourtant différents en raison de leur histoire et de leurs migrations divergentes. Chaque groupe reste dans son village et maintient son identité territoriale, même si les mariages entre ces deux groupes sont relativement courants. Entre 1974 et 1995, ces familles se sont réparties dans 5 villages (Houay Loua 1, Houay 2, Houay 3, Houay 4 et Houay 5), puis se sont regroupées. Avant les évènements militaires démarrés en 1964, les familles de ces différents villages habitaient dans la zone occupée dans le début des années 90 par le village Houay Loua 4.

Pendant les bombardements, les familles se sont réfugiées dans les grottes au sud de la rivière Sépone, dans les zones de Phu Ket, Phu Oot et Phu Alia. Cette région fut affectée par de nombreux raids aériens et par l'aspersion de défoliants et le Napalm. En 1964, une base militaire fut installée par les troupes du Pathet Lao à l'intersection des routes 9 et 28, qui servit de support aux troupes vietnamiennes.

C'est surtout en 1971, lors de l'opération *Lam Son 719*, que les combats au sol furent les plus violents, lorsque les troupes de l'armée vietnamienne du Sud essayèrent de couper la piste Hô Chi Minh. Les anciens se rappellent que pendant toute cette période, les villageois passaient la plus grande partie de leur vie en petits groupes cachés dans la forêt et les grottes. Suite à la libération, les Vietnamiens et les Lao entreprirent des coupes de bois le long de la route numéro 9. Entre 1977 et 1981, les Vietnamiens réhabilitèrent la route numéro 9 pour faciliter les échanges entre les deux pays. Cette piste, entre 1982 et 1993, allait aider à transporter les débris métalliques (munitions et engins de guerre) collectés et vendus par les villageois aux Vietnamiens, et à les transporter vers la frontière thaïlandaise à partir de 1990. Cette route fut d'ailleurs goudronnée au début des années 90. Entre 1990 et 1993, la première économie rurale de Sépone et du village consistait à vendre le fer (20-40 kips/kg en 1991 - 0.03-0.06 $), l'aluminium (500 kips/kg en 1991 - 0,8 $), le cuivre (800 kips/kg en 1991 - 1,1 $) et les détonateurs des bombes non explosées (1 200 kips/détonateur en 1991 - 1.1.7 $). Adultes et enfants s'attachaient à cette tâche dangereuse, qui provoqua de nombreuses blessures et même décès (Kou Chansina & al., 1991). En 1991, l'économie de subsistance reposait sur la riziculture de pente, l'élevage, la cueillette, la pêche et la chasse. En 2001, le village de Houay Loua était habité par 58 ménages totalisant 282 personnes. Le système de production reposait toujours sur les mêmes activités.

<u>*Village de Beung Houana, district de Xebangfay, province de Savannakhet*</u>

Nous avions étudié ce village le 25 novembre 2000. Géré par son chef M. Ka Dam, il comptait 116 maisons, 120 familles et 588 personnes, dont 309 femmes. Le village disposait d'une pagode sans vénérable et d'une école des niveaux P1 à P4. Il bénéficiait d'un système d'irrigation gravitaire réalisé par un projet.

On disait que lors des intrusions siamoises du milieu du XIXe siècle, ils s'appelaient Chaloui ou Troui et résidaient à la frontière du Vietnam, aux villages de Muangbam et Muang Vang Ang Kham. Ils furent conduits par Nang Beng et Nang Ngome du côté thaïlandais. Ils s'installèrent dans le territoire de Muang Vé, dans la province de Nakhon Phanom. Une partie des familles retourna au Laos, dans le village de Dong Nyot Hè, près des villages de Nyang et Pongkiou. La communauté était alors dirigée par trois frères : Beuth, Meuth et Peuth. Au moment de la visite, il restait des descendants dans le village de Beun Houanna, dont M. Tongsa et M. Kheuang. Puis les familles se séparèrent progressivement en groupes en fonction de l'accroissement démographique, dans les autres villages de Beung Houana, Dongmarkba et Pongkiou. Sous la période française, 3 familles partirent au village de Hathphek et 2 familles s'établirent au village de Palai.

Le nom de Beung Houana viendrait de l'étang qui se trouve à la tête des rizières du village. La légende veut que les deux frères Beuth et Meuth s'échappassent des régions de Meuang Ou et Muang Vang, qu'ils situaient à la frontière chinoise, d'où ils furent repoussés par d'autres groupes ethniques. L'autre frère, Peuth, serait venu des villages de Khamteuil et Khorat en Thaïlande. Les trois frères se seraient rejoints au village de Dong Nyot Hè. Après quelques années, il y aurait eu des affrontements avec la communauté lao du village de Nyang suite aux différences de rites liés aux territoires et aux mariages. En particulier, les Troui avaient l'habitude de sacrifier un porc pour le mariage alors que les Lao sacrifiaient un buffle. Les Troui durent déménager. Ils s'installèrent à Thong, puis 300 mètres plus loin, au village actuel de Beung Houana. Ils y créèrent progressivement des rizières et un village permanent, développèrent l'élevage puis le commerce de transit avec le côté thaïlandais. À partir de 1991, la communauté s'intégra à l'économie de marché, intégration facilitée par la proximité de la frontière thaïlandaise et la réhabilitation de la route 13 entre Vientiane et Paksé. Le village devint rapidement de style lao et les Broui Troui adoptèrent téléphones mobiles, télévisions et autres technologies électroniques, reléguant rapidement la transmission des savoirs traditionnels des anciens au second plan. Déjà, en 2001, les nouvelles générations avaient des références urbaines et montraient peu d'intérêts à leurs origines rurales.

Système linéaire

Le système est patrilinéaire et la résidence patrilocale. La période matrilocale lors de la période de « petit mariage » dure un maximum de trois ans. La résidence est ensuite patrilocale ou néolocale. L'héritage matériel et religieux se transmet dans la lignée patrilinéaire des aînés. Le reste de l'héritage va aux autres fils.

Lignages identifiés au Laos

Les anciens de villages visités n'ont pas de souvenirs de lignages, ce qui indique qu'ils n'étaient plus connus depuis au moins les années 1950. Les Brou s'identifient aussi à des So ou à des Mankong et distinguent différents sous-groupes : Brou So, Brou Chaloui/Chali/Troui, Brou Tri et Brou Trong.

Ménage

Les Brou Troui étudiés sont monogames. Traditionnellement, les jeunes époux restaient deux à trois ans en résidence matrilocale lors de la période de petit mariage *Kheuysou,* période de contrôle matrilinéaire et d'aide aux parents de la fille. Le grand mariage *Kheuytan* est organisé une fois la dot rassemblée, dont la valeur dépend de la situation socio-économique des familles et du nombre d'années passées en petit mariage. Chez les Brou Troui situés en territoire brou de Mahaxay et Nyommalath, les maisons des villages abritent 1 à 3 familles avec une moyenne de 1,8 famille par maison. La maison représente le ménage pour ce qui est des travaux collectifs et de production de base. Chez les Brou Troui installés en plaine en territoire lao, la famille nucléaire réduite aux parents et enfants représente le ménage le plus courant. Dans les villages de Beung Houanna et Nakoum, le ménage représente en moyenne 1,2 famille.

Religion et croyances

À l'origine, les Brou Troui croyaient aux génies et aux âmes et certains, habitant en territoire lao, ont intégré un certain niveau de bouddhisme. Depuis 1969, le bouddhisme par influence des sociétés de parler tay fut encouragé par le gouvernement.

Au village de Nakoum, la communauté pratique la religion catholique et entretient une église de belle taille. La construction fut assistée par des groupes religieux français. Les trois communautés brou troui du district de Nongbok sont également de religion chrétienne. D'après AMO, il y avait en l'an 2000 environ 200 personnes de religion chrétienne.

Génies principaux

Église du village brou troui de Ban Pongkiu du district de Nongbok et entrée de Ban Dong Markha près de Takhek, le 30 novembre 2000.

Cérémonie de Baci au village de Beung Houana, district de Xebangfay, province de Savannakhet, le 25 novembre 2000.

Génies « *Khmouth* » : *Yiang Done* (forêt), *Yiang Ho* (territoire), *Doung* (maison des ancêtres), *Raneup* (cimetière), *Mana* (génie *Pop* chez les Lao), *Mareng* (mort accidentelle), *Blou* (termitière).

Organisations traditionnelles villageoises

Dans les villages traditionnels, les cérémonies de guérison sont encore organisées par le sorcier-guérisseur *Phi Mor* ou *Phi Pao*. Le maître de cérémonie *Tchao Champ* guide encore les cérémonies traditionnelles annuelles.

Cérémonie de Baci au village de Beung Houana, avec le maître de cérémonie, le 25 novembre 2000.

Éléments homme-femme

Les hommes disposent d'un meilleur statut que la femme du fait de la tendance patrilinéaire et patrilocale de la société brou. Les femmes brou n'héritent pas beaucoup et ne disposent pas de grande indépendance économique. Elles participent aux décisions financières, mais le mari a souvent le dernier mot. Les femmes sont en charge des corvées d'eau et de bois, du ménage, de la cuisine, du petit élevage, du jardin maraîcher, de la fabrication d'alcool. Elles participent aux travaux des champs, à la cueillette et à la pêche. Certaines femmes en plaine ont appris à tisser des étoffes simples. Les hommes travaillent aussi aux champs et sont responsables de la construction et de l'entretien des maisons et des clôtures, du gros élevage, de la chasse, de la fabrication des paniers et des filets et de la cueillette de rente.

Femmes brou troui au village de Nakhoum, district de Takhek, province de Khamouane, le 26 novembre 2000.

Ce sont le plus souvent les familles pauvres qui recherchent des travaux saisonniers dans le village ou dans les villages voisins. En plaine, certains jeunes cherchent à s'employer dans les villes de Takhek et Xéno ou pour des travaux saisonniers en Thaïlande. Depuis 1995, la migration illégale en Thaïlande s'accroît. Les jeunes filles et garçons sont souvent pris en charge par des réseaux de placement, pour lesquels il n'existe aucune transparence.

Culture

<u>*Cérémonies traditionnelles*</u>

Depuis les années 70, les cérémonies traditionnelles ont été abandonnées, adaptées, souvent simplifiées, suite aux campagnes politiques, des influences du bouddhisme et du christianisme.

Au village de Beung Houanna, la communauté entourée de villages lao suit les cérémonies et rites bouddhiques. À la troisième nuit de la lune montante du troisième mois lao en février, elle célèbre le *Soukhouan Khao,* ou *Vay Thror* pour le rappel des âmes (ou des *Kwaan*) et du génie du riz avant le démarrage de la culture du riz. Cette fête familiale de trois jours est célébrée par toutes les familles, accompagnée du sacrifice d'un poulet ou d'un porc par famille. La veille de la fête, elles préparent le *Khaotom,* riz cuit dans une feuille de bananier, des gâteaux, des tubercules *Mane Pheuark.* Le matin de la fête, on présente les offrandes incluant l'animal sacrifié devant le grenier. On formule des incantations pour *Nangkhan, Nangkhay, Nangkhosoc* et *Nangkap* dans le but d'une bonne récolte de riz. C'est ensuite que l'on attache le *Khaotom* aux cornes du buffle de traction, c'est une sorte *de Soukhouan Kouay,* cérémonie de rappel des âmes, avant le travail des rizières.

La communauté de Beung Houanna célèbre aussi 2 fois par an, en avril et en novembre, les rites collectifs *Lien Seng* ou *Yang Hô* vis-à-vis des génies du territoire *: Heuasawa, Thamsaleua, Heuathong*. C'est au lieu *Hophi,* autel du génie du territoire, que l'on apporte les offrandes et que l'on récite les incantations. Cet autel est en général situé à la limite du village, à environ 3 kilomètres au nord des maisons. Cet autel peut aussi se situer dans le site d'un ancien village dans lequel le génie du territoire a décidé de rester. Cette cérémonie d'une journée, en général un mardi, est accompagnée du sacrifice d'un poulet par famille et de l'ouverture de jarres de bière de riz.

La communauté de Nakoum a abandonné beaucoup des rites et cérémonies traditionnels au profit des pratiques chrétiennes. Toutes les familles se rendent à l'église le dimanche, jour férié.

Vêtements et ornements

Les Brou Troui étudiés ne portent plus de vêtements traditionnels depuis plus de 30 ans.

Principales caractéristiques de l'ethnie

Chez les Brou Troui, le système de petit mariage matrilocal *Kheuiy Xou* et grand mariage patrilocal *Kheuiy Tan* reste largement pratiqué. Il fut influencé par les Lao voisins si bien que le buffle remplace maintenant le porc dans la valeur de la dot du mariage définitif. En système de petit mariage, le couple reste en principe un maximum de deux ans chez les parents de l'épouse. À cette occasion, l'époux offre un porc, des poulets, une valeur de 500 000 kips (équivalent à 60 US $ en janvier 2001) pour sa belle-mère pour « le lait de la mère » et une valeur de 500 000 kips pour ses beaux-parents. Il participe aussi largement aux frais du repas. Si les époux souhaitent organiser directement le grand mariage, la dot s'élève alors à un buffle, un porc, 10 poulets et 10 jarres de bière de riz. La cérémonie commence chez l'homme et se termine chez les parents de la femme. Le couple passe une nuit dans cette maison pour symboliser la période matrilocale. Le matin, le couple se rend alors en résidence patrilocale ou dans une nouvelle maison.

Après l'accouchement, la mère boit des tisanes à base de la zone centrale du tronc de bois rouge *May Deng* pour accélérer le rétablissement et réduire les saignements. Elle se lave avec une concoction de feuilles de haricot *Mark Touahé* et de l'écorce *Peuak Somkop* dans de l'eau bouillie. On donne un prénom au bébé à l'âge de 15 jours.

Traditionnellement, les Brou Troui enterraient leurs morts. Le cimetière se situait à quelques centaines de mètres du village. Depuis les années 1993, la majorité des familles de Beung Houanna les incinérait. On veillait les corps dans la maison du défunt pendant une période de 1 à 3 jours.

Territoire

Territoire d'habitation

Les « Brou » occupent un large territoire qui va du sud-est de la province de Bolikhamxay jusqu'au Vietnam et descend jusqu'au milieu de la province de Savannakhet. Quelques familles se sont sédentarisées dans les plaines de Savannakhet et les plaines de la rive droite du Mékong en Thaïlande. Ces territoires habités sont diversifiés, il n'y a donc pas de modèle territorial brou. Certains villages sont construits dans les plaines du bassin du Mékong, d'autres furent construits sur les flancs de montagne et les vallées.

Les Brou Troui sont dispersés de leur territoire d'origine des montagnes de l'est des provinces de Savannakhet et Saravane. Nous avions visité des villages des zones Est et Ouest.

Territoire et village de Nadane, district de Nakai, le 23 novembre 2000.

Les Brou Troui de l'Est sont installés dans des zones montagneuses, de part et d'autre de la route numéro 9. Autrefois répartis en petits groupes dans ce territoire forestier, les évènements de la deuxième guerre d'Indochine les ont fait fuir dans les forêts, avant de se regrouper le long de la route numéro 9. En 2000-2003, les Brou Troui occupaient des vallées de montagne, qu'ils exploitaient en grande partie en régime de jachère pour la production de riz de pente. La forêt reste un garde-manger important, ainsi que les rivières d'où les familles tirent les poissons, crevettes, crabes et mollusques. Ils partagent le territoire avec les groupes brou-mankong et poutay.

Déportés lors de la période siamoise, certains villages sont établis depuis plus de 100 ans dans les plaines du Mékong, au sud - ouest du district de Thakhek et au nord - ouest du district de Xebangfay. Ces communautés vivent alors sur un territoire de topographie plate, à environ 170 mètres d'altitude. Ils ont aménagé les territoires forestiers en rizières pluviales. Les bois et bosquets conservent une faible biodiversité, ils les utilisent pour le bois de construction, le bois domestique et pour la cueillette de quelques pousses de bambou et quelques champignons. Ils gèrent les étangs suivant une alternance entre la pêche et la culture de décrue. Ils sont entourés par des territoires lao et poutay.

Les villages situés plus à l'est dans le district de Mahaxay et Nyommalath et dans la province de Savannakhet occupent des territoires forestiers et montagneux entre 200 et 500 mètres d'altitude. Les communautés sont quelquefois regroupées avec des populations de parler tay venues du Nord-Est du Laos. Ils restent en contact avec des populations tai meuiy, tai kaleung, poutay et tai mène.

Village

Le choix du site du village est lié à la disponibilité d'un territoire propice à la culture de riz et de maïs, et aux produits forestiers vivriers et commerciaux. Le sol et les ressources naturelles représentent des critères les plus importants pour le choix du site. Presque tous les villages sont établis près d'une rivière permanente. On remarque, comme chez les Brou So, que les maisons sont orientées dans le sens de la rivière ou de la vallée et qu'elles ne se font pas face. Étant donné la diversité des habitats, il est inutile de décrire un village type. On se référera à ceux décrits en zone de montagne pour les Brou So et ceux décrits pour les Poutay et Bo pour ceux situés en vallée et plaine. La taille des villages varie de 25 à 130 maisons. En décembre 2000, celui de Beung Houanna Tai regroupait 116 maisons, 120 familles, 584 personnes.

Maison

Au village de Beung Houanna, l'architecture et l'organisation de l'espace intérieur vient d'un mélange entre les traditions brou-troui et l'influence ethnoterritoriale lao. La maison est rectangulaire, portée par des pilotis de 1,80 à 2 mètres de haut. Le nombre d'échelles d'accès indique le nombre de familles nucléaires résidant dans la maison. L'échelle principale, au nombre impair de marches, débouche sur une petite terrasse ouverte latérale qui sert de lieu de travail, sur laquelle est souvent construite une petite cuisine séparée du bâtiment principal. De là s'ouvre une porte qui donne accès au salon/salle à manger.

Maison brou troui au village de Nakhoum (district de Takhek) et au village de Dong Markba (district de Takhek), en novembre 2000.

Traditionnellement, le foyer se trouvait au centre de cette salle. En 2002, il était souvent situé dans une cuisine séparée. Au fond s'alignent les chambres, cloisonnées par des treillis de bambou ou une paroi en bois. On y accède par une étroite porte-fenêtre. Dans le prolongement des chambres, la place au fond à gauche est réservée pour les célébrations religieuses et le lieu pour les génies. Au quotidien, elle peut servir de chambre pour un fils cadet ou pour un visiteur. La belle-famille n'est pas autorisée à s'introduire dans la moitié de la maison où se trouve la pièce religieuse.

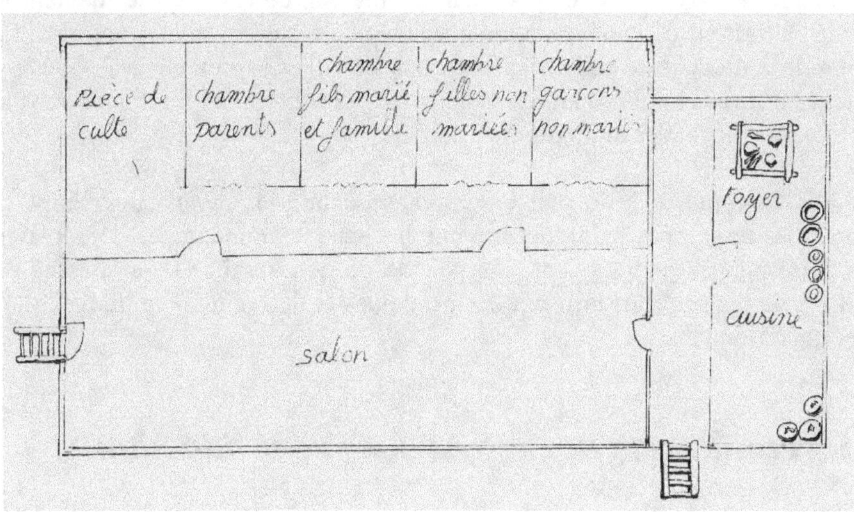

Gestion de l'espace d'une maison du village de Beung Houana Tay, district de Xebangsay, province de Savannakhet, le 25 novembre 2000.

Pour les piliers, les Brou Troui taillent dans le bois *May Dou* ou *May Deng*. Ils réalisent les planchers en bois et les parois extérieures en bambou tressé

May Hiya, ou en planches de bois. La toiture est recouverte de chaume *Nya Kha* ou de tuiles de bois. Les bois fendus, fourchus, morts naturellement ou atteints par la foudre ne sont pas utilisés pour la construction.

Au village de Semoum, en 1991, Kou Chansina (1991) rapportait que les maisons étaient faites de bambou et recouvertes de chaume *Nya Kha*. Les pilotis étaient en bois ou en container de bombes récupérées. Chaque maison comportait des petites maisons ou plutôt paniers des génies « *Yiang* ». Il y en a un pour chaque personne vivante du ménage, que l'on détruit ou brûle à leur décès.

Gestion des ressources naturelles

Dans le territoire Brou Troui des districts de Nyommalath et Mahaxay, la biodiversité est encore bien conservée grâce au manque d'accès et à la faible densité démographique (2 hab./km^2). Le système d'essartage et de chasse-cueillette, basé sur un objectif vivrier avec vente du surplus sur les marchés locaux, reste reproductible dans la situation démographique de cette période. La population sait tirer parti du garde-manger forestier tout en préservant les essences qu'elles utilisent. Le trafic illégal de la faune, du bois et des produits sous-forestiers engendré par la demande vietnamienne et thaïlandaise pose un problème sérieux. Le développement commercial de ces activités devient le principal facteur de la dégradation accélérée de ces écosystèmes naturels. Le contrôle étatique reste peu efficace et dans les villages, on mentionne souvent que les milices et polices armées sont souvent les premiers impliqués dans le commerce illégal des animaux.

Les communautés de plaine se sont sédentarisées depuis longtemps et gèrent les ressources naturelles comme les autres communautés de la plaine du Mékong. Elles pratiquent très peu de défriche-brûlis et de chasse. En culture de plaine, elles utilisent des pesticides et des engrais chimiques sans gestion rationnelle.

Moyens d'existence et systèmes de production

Activités dominantes de production

Riz gluant - buffle - porc - volaille - jardins maraîchers et fruitier - maïs - travail saisonnier - cueillette - pêche - vannerie.

Dans les villages isolés situés en montagne, les communautés cultivent aussi le manioc et le riz ordinaire et pratiquent la chasse, le piégeage et la cueillette commerciale de cardamome, rotin et gomme Damar. Dans les villages de la plaine du Mékong, certaines familles se sont orientées vers les activités de commerce et de service.

Les autres cultures courantes du village de Nakoum : sésame, patate douce, piment, aubergine, melon, potiron, courgette, concombre, haricot, sorgho, ananas, citronnelle, oignon, ail, moutarde, basilic, taro, persil, coriandre, gingembre, menthe, canne à sucre, banane, papaye, citron, larme de job.

Les cultures identifiées au village de Semoun en 1991 (Kou Chansina & all., 1991) : riz glutineux (*sulo ruoi, dip dor, abai, malem, lamet, kavian, savaa, abuam, da mahok, preang*), riz ordinaire (*pang dip, kapang, kapu'a*), concombre, maïs, piment, patate douce, manioc, canne à sucre, gingembre, pastèque, haricot, menthe, taro, citronnelle, tabac, aubergine, citrouille, papaye, banane, tamarin, coco, jacquier, goyave.

Les activités agricoles identifiées au village de Houay Loua 1 (Dirk Vangansberghe, 2001) : riz de pente (*Khao do, Khao abai, Khao malene, Khao mone, Khao lamet*), manioc, maïs, vache, buffle, porc, chèvre, volaille.

Principaux systèmes de production

Les Brou Troui sont, traditionnellement, un peuple d'essarteurs semi-itinérants pratiquant la culture de pente *Hai* en système rotatif ou en système pionnier, avec coupe de forêts primaires. C'est encore la base de production des communautés de montagne des districts de Nyommalath et Mahaxay (voir système de production des Brou So).

Dans le district de Sépone, les Brou Troui basent encore leur système de production sur le riz de pente, la culture de substitution comme le maïs et le manioc, la chasse, la cueillette et la pêche. Le plus souvent en état de grande

pauvreté, seules quelques familles arrivent à posséder des bovins et des buffles. Les autres élèvent des poules et quelquefois des porcs et des chèvres. Les systèmes culturaux de pente ont peu évolué et ont même régressé en termes de productivité suite au regroupement des familles après 1975, dont les conséquences furent l'augmentation localisée de la densité démographique et la réduction des cycles de jachère. Leur seule alternative agricole dans ces conditions, c'est le développement de la riziculture de plaine ou l'intensification des cultures de pente. Très peu de Brou Troui ont reçu d'assistance dans ce sens. En 2001, les cycles de friche variaient de 3 à 7 ans entre chaque culture de riz, avec une fertilité qui permet, en moyenne, une récolte de 560 kilogrammes de paddy par hectare (Vangansberghe, 2001). Malgré la proximité de la route numéro 9, les communautés sont encore peu touchées par l'économie de marché. Les stratégies de subsistance dominent, les quelques revenus monétaires étant assurés par le travail saisonnier et la vente de sous-produits forestiers : écorce *Yang bong*, pousses de bambou, champignons.

Les Brou Troui situés dans la plaine du sud du district de Thakhek et du district de Xebangfay basent, comme chez les Lao voisins, leur système de production sur la riziculture pluviale en plaine. En 2001, les villageois de Beung Houanna et Dongmarba devaient bénéficier d'un projet d'irrigation par pompage qui était dans sa phase finale en décembre 2000. Les ressources en plaine restaient relativement importantes dans cette région, mais les crues régulières de la rivière Xébangfay et la remontée de l'eau dans les affluents *Nam Khem* et *Huay Sayphau* réduisaient les récoltes à raison d'une fois tous les quatre ans. La dernière inondation importante remontait à septembre 2000.

Rizières et battage du riz au village de Dong Markba, district de Takhek, province de Khamouane, le 30 novembre 2000.

L'élevage de buffles et quelquefois de porcs se développe depuis l'ouverture des marchés thaïlandais en 1991. Depuis la réhabilitation de la route nationale 13 et le développement de l'économie de marché locale et régionale, de nombreuses familles s'orientent vers les activités non agricoles telles que le petit commerce routier, les services de transport et de traction mécanisée, l'achat et vente de produits entre les villages et les villes de Thakhek et Xeno.

Développement

Références au développement

En 2000-2003, les Brou Troui étaient dispersés sur des zones diversifiées dans lesquelles les systèmes de production avaient évolué différemment selon les villages. Les Brou Troui des zones montagneuses de l'Est fonctionnaient d'une manière traditionnelle similaire aux Brou So. Ceux du district de Sépone souffraient des regroupements d'après 1975, qui ne furent pas accompagnés d'assistances suffisantes pour leur permettre de s'adapter aux nouvelles conditions de gestion du territoire et des ressources naturelles. Après une période de vente des restes métalliques (en particulier l'aluminium et le cuivre des avions abattus) qui avaient permis à quelques ménages d'accumuler un certain capital entre 1976 et 2000, les opportunités économiques non agricoles avaient quasiment disparu. La pression démographique ne permettait plus de fonctionner de manière extensive et la pauvreté régnait sur ces villages. Depuis 2001, la coopération belge préparait la faisabilité d'un projet de développement rural dans les districts de Sépone, Nong et Thapangthong, qui devait bénéficier à des communautés Brou Troui. Chez eux, les croyances et les forces sociales étaient encore fortes dans les processus de décision et il était important que tout projet de développement tienne compte de cela, pour éviter les coûts sociaux du changement. La question des génies territoriaux, des critères de choix d'implantation de village et de gestion des écosystèmes naturels étaient des éléments particulièrement sensibles. Dans les références locales, le développement des rizières irriguées semblait la solution préférée pour leur bien-être.

Les Brou Troui situés en plaine de part et d'autre du Mékong ont largement repris les références de développement des Lao et des Thai. Les phénomènes d'acculturation montrent que les Brou, lorsqu'ils sont majoritaires sur un territoire, possèdent une structure sociopolitique et culturelle suffisamment forte pour préserver leurs traditions et leurs systèmes vis-à-vis d'autres groupes ethniques forts tels que les Kaleung, les Tai Sam et les Tai Meuiy. Lorsqu'ils se retrouvent en minorité, on observe des processus de réinterprétation des valeurs et de syncrétismes culturaux comme pour les cérémonies de mariage et de funérailles. Ces systèmes sont évolutifs dans la durée, ce qui indique la capacité d'adaptation des Brou Troui. Dans la région, l'objectif de développement passe avant tout par le développement de la riziculture irriguée et l'alimentation de base de riz. Les Brou Troui de la plaine se sont déjà habitués au climat chaud et ont déjà accès aux services de santé. Ceux de la montagne redoutent encore le climat de plaine associé au paludisme et se soignent encore beaucoup en suivant des rites et utilisant la médecine traditionnelle.

Tourisme et ethnotourisme

L'ethnotourisme n'a pas pris place dans les villages et territoires Brou Troui, qui ne sont pas situés sur les circuits touristiques. Les villages déportés le long du Mékong ne présentent plus de spécificités ethniques et ont repris en grande partie les références agricoles, architecturales et culturelles lao et poutay. Dans les montagnes de l'Est, les communautés ont comme première priorité de pouvoir sortir de leur état socio-économique dégradé. Les villages sont d'aspect pauvre et ne donnent pas une image attrayante. Les activités artisanales ne présentent pas d'avantage comparatif et sont de qualité médiocre. De plus, la priorité des ménages vise à assurer la subsistance alimentaire, ce qui ne laisse pas de temps pour l'ethnotourisme.

Quelques auteurs de références

Malglaive J., 1879-1895 ; Valentin 1905 ; Barthélemy P.S., 1899, 1901, 1902 ; Malpuech U., 1920 ; Colani M., 1936 ; Villedieu, 1947 ; Fraisse A., 1950 ; Phan Huu Dat, 1963, 1964, 1975, 1998 ; Ferlus M., 1974, 1979, 1989, 1996 ; Hickey G.C., 1982 ; Ngo Duc Thinh, 1976 ; Wurm S.A. & Hattori S., 1981 ; Nguyen Quoc Loc, 1984 ; Nguyen Xuan Hông, 1984, 1994 ; Dang Nghiêm Van & al., 1984, 1993 ; Vu Dinh Loi 1987, 1996 ; Kou Chansina & al, 1991 ; Onechanh Douangdara & al, 1991 ; Bertrand D., 1994 ; Chazée L., 1995, 1999 ; AMO, 1995, 2000 ; Chamberlain J.R & al., 1996 ; Chazée L., Syphanravong S., 2000 ; Schliesinger J., 2000, 2015 ; Vargyas G., 2000, 2001, 2003, 2017 ; Le Roux P., 2001 ; Vangansberghe D., 2002. Choo Chein-Hua M., Herington J., Ryan A., Simmons J., 2012; Pholsena V., 2013.

Chapitre VI.
Katang

Nom de l'ethnie

Katang (Kateng, Lao Theung, Mankong, Lanan, Ong, Pakeo, Phakheo, Brou Katang)

Famille, groupe et branche linguistiques

Austro-asiatique, groupe môn-khmer, branche katouique Ouest (Ethnologue, 2017).

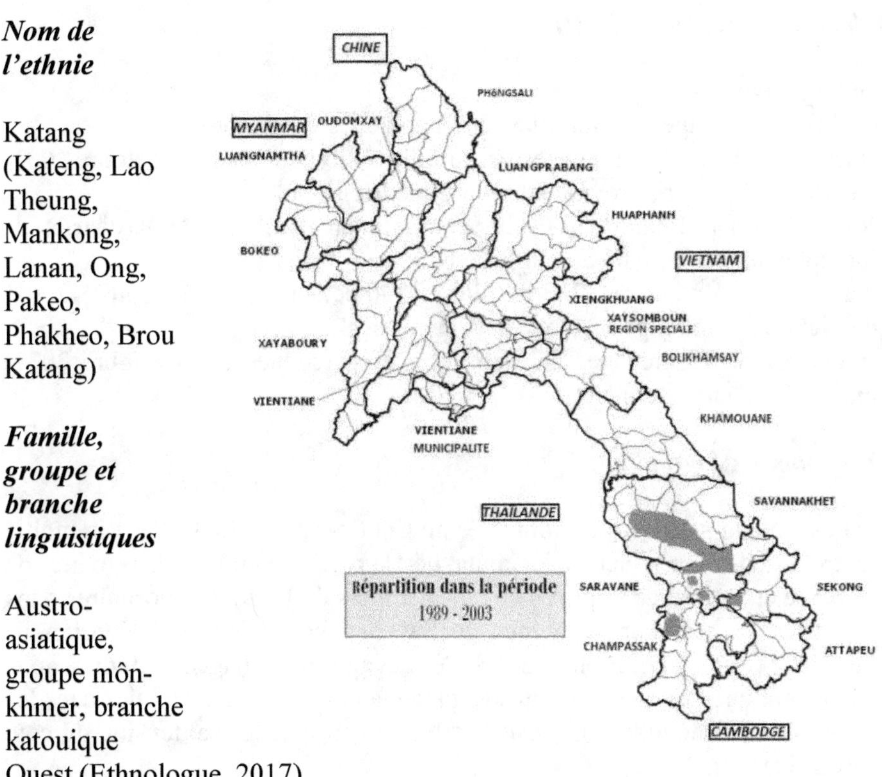

Quelques éléments linguistiques : *Bua* (père), *Bé* (mère), *Raaneng* (enfant), *Doi Tchao* (riz ordinaire), *Doi Nyao* (riz gluant), *Palay Sali* (maïs), *Palay Tiyao* (piment), *Tcha Doi* (manger), *Druay* (poulet), *Alli* (cochon), *Takkeng* (bœuf), *Trréa* (buffle), *Aché (*cheval), *Atcho* (chien), *Deu* (eau), *Téya* (forêt), *Kaleuang* (arbre), *Kaneng* (dent), *Tiiya* (canard), *Kulaa* (tigre), *Malong* (ciel), *Vil* (village), *Dong* (maison), *Niya* (rizière), *Toum* (rivière). Il existe quelques différences d'accent et de prononciation entre les Katang du district de Sonburi-Songkone et ceux du district de Ponthong.

Entre eux, les Katang de Xonburi-Songkone parlent leur langue. Les enfants communiquent aussi en Katang malgré l'éducation formelle en langue lao. Tous parlent la langue lao, surtout dans les zones Ouest où ils côtoient des villages lao et poutay. Dans la province de Champassak, seules les personnes âgées parlent encore katang, la nouvelle génération parle uniquement le lao. La langue katang présente des similarités avec celle des Brou. Les Katang de Savannakhet considèrent que 60 % des mots sont comparables aux Brou Troui de la même province, 30 % des mots ont de fortes ressemblances et 10 % des mots sont différents.

Villages étudiés (1989-2003)

5 villages étudiés :
Khoklo (37 ménages, 48 familles, 264 personnes en octobre 2001),
Hinsow, Nava Nua (46 ménages, 49 familles, 323 personnes en octobre 2001) (District de Xonburi, province de Savannakhet).
Dong Makho (72 familles - 429 personnes en octobre 1991) (district de Champhone, province de Savannakhet).
Tha Nyai (214 ménages, 248 familles, 1390 personnes en novembre 2001) (district de Phonthong, province de Champassak),
Nongdi Dam (35 ménages, 37 familles, 180 personnes en novembre 2001) (district de Champassak).

Distribution géographique

Les Katang sont surtout implantés au Centre-Sud du Laos, dans la moitié Centre-Sud de la province de Savannakhet, la partie centrale de la province de Saravane et le nord de la province de Champassak. Ils sont majoritaires dans le district de Xonbouri, province de Savannakhet. Suite aux déportations siamoises et aux migrations dues à l'esclavage, les villageois étudiés nous indiquaient que des communautés Katang étaient sans doute établies dans les plaines de la Thaïlande. En 1997, Diffloth mentionne leur extension du côté vietnamien.

Peuple

Population au Laos

Population du recensement en 1995 : 95 440, en majorité à Savannakhet, 33 962 à Saravane et 1 919 à Champassak.

Population estimée en 2002 : 110 000 personnes. Plus de 180 villages, y compris mélangés à d'autres ethnies comme les Lao, Taoy, Souay, et Kanay dans le district de Phine.

Les Katang représentent le sixième groupe dans la classification du recensement national de 1995.

Population du recensement national de 2015 : 144 255 personnes.

Province de Savannakhet *(118 villages - 54 000 personnes - étude 2001).*

District de Xonbouri (69 villages) : Kutapham, Khanodong, Payay, Hanokho, Nongsangheng, Duangmala, Tho, Nachanday, Khanbounhuang, Pounthon, Lambou, Nabong, Kholow, Kabao wat, Kabao Sè, Kabao Tay, Kabao Pounteung, Nongbene, Khoksavang, Huaymuang, Vangsuung, Naho noy, Haho nyai, Nahang, Salan, Kengpanao, Nava Nua, Nava tay, Napho, Hinsow, Dongmouat, Tapongsé, Tapongsé kang, Tapongsé Kho, Huay noy, Patong nyai, Sévan, Sayvontila, Nasang Ho, Tongvaykho, Lamtouay, Lambiyat, Pasiit, Salé, Nathong, Paloung, Alang, Phong, Kengli, Nalahen, Nasai, Natsano, Donghalang, Setamouak, Kalum, Nongkhé, Napasou, Napong, Tapayi, Tengtamlang, Natchan, Tanvay nua, Tanvay tai, Thamli, Nava, Dongnongthen, Nongsin, Nayang, Khokkhen.

District de Champhone (49 villages) : Nonghong, Nanockhiène, Nongphet noy, Nongphet nyai, Nyang soung, Dongmaryang, Khamkhen, Nonndai, Laopieth, Nongkalong, Khonetaie, Dongkhankhou, Khokkang, Nangnyo, None soung, Phontath, Khaokath, Khamkha, Koutbone nua, Muongkhay, Khamnoy, Nongboua, Xiengbane, Kalang nua, Kalang tai, Pakouay, Khampané, Nonkhay, Nonsawang, Khamsida nua, Khamsida tay, Dongpheungthong, Nonkhoun, Phonkang, Xongpeuay1, Dongmi, Phaykhong, Xongpeuay 2, Thameuang, Dongilay, Nakham, Nahadiéo, Dongtadeng, Pakhon, Nonghong, Beuntaloung, Dongmakho, Donedeng. Quelques villages avec des mélanges comme à Nateuil, Taleo, Thouat, Koutbone.

District de Songkhone (2 villages) : Huay khot, Huay Khai.

District d'Atsaphangthong (Katang mélangés dans quelques villages lao) :

District de Thapangthong (4 villages) : Dong Noy, Kengbep, Nonchan, Nahouakhuay ;

District de Phine (plusieurs villages) dont Ken Say, La Kai

***Province de Saravane** (plus de 42 villages, en 2001)*

District de Kongsedon : Nasadong.

District de Lakhonpheng (10 villages) : Domgtaloung, Khamfeuy, Nakhandat, Nongveng, Talabat, Nakata, Donhua, Namuang Noy, Namuang Nyai, Nathun Nua.

District de Taoy (11 villages, 8 071 personnes en 2001 - source : district de Taoy) : Tomli Tong, Tomli Khao, Tomli kao, Moun, Posem, Passing (avec Taoy et Kanay), Lahap, Pasiya, Saytong, Huay Noua, Doup.

District de Toumian : quelques Katang.

District de Saravane (9 villages) : Naxai, Naxai noy, Naxai Nyai, Dongko Kang, Xapon, Leunthon, Chong Nyai, Chong Noy, Kengkayao.

District de Laongam (7 villages) : Khamtong Nyai, Kang, Nami Noy, Nami Nyai, Chan Nua, Phanay, Channonghin.

District de Vapi (4 villages, 138 maisons, 176 familles, 845 personnes en 2001) : Nalan, Konglu Nyai, Konglu Noy, Tataphien.

***Province de Champassak** (13 villages)*

Districts de Nasadong, de Xanasomboun, de Paksong : quelques familles katang mélangées aux Lovène et Souay.

District de Ponthong (12 villages katang (Pakhéo) en cohabitation avec des Lao & Souay) : Nongkoun, Nonpatchao, Van Vichit, Nonghin, Nongpheu, Donkhuang, Ankham, Bounkhé, Kheng Nyai, Xongkhone, Tha Nyai, Ta Noy.

District de Champassak : Nongdi Dam.

Province de Xékong

District de Thateng, district de Kaleun et district de Laman : quelques familles mélangées dans des villages.

Histoire

On ne connaît pas l'histoire des Katang. Leur nom est mentionné en 1906 dans la Revue indochinoise, puis par Hoffet en 1933 et Lafont en 1962. C'est l'une des ethnies les moins étudiées du Laos, et la moins étudiée des 10 plus grands groupes du Laos. Lors de la présence française, de nombreux explorateurs ou résidents dans la province de Savannakhet n'ont pas mentionné le groupe « Katang ». On sait qu'autrefois (Hoffet, 1933), ils habitaient souvent de longues maisons en ménage plurinucléaire. Quelques longues maisons subsistent dans les zones reculées de Xonbouri et au village de Tumlan dans la province de Saravane. On sait aussi que déjà, en 1933, certaines communautés cultivaient des rizières aménagées en plaine en utilisant la traction animale. Ce sont sans doute au Laos l'une des premières communautés môn-khmères à avoir adopté cette technique, apprise au contact des Lao et des Poutay.

Les Katang se sont installés dans le territoire du sud-est de Savannakhet et du nord-est de Saravane, qu'ils occupaient depuis longtemps (avant les années 1800 d'après la mémoire orale des anciens). Leurs systèmes de production relativement permanents et sédentaires et leur système d'expansion spatiale par division des villages le suggéraient. Les villages sont souvent anciens, autant dans la province de Savannakhet que dans celle de Saravane. Il semble qu'autrefois, des communautés katang aient migré vers le sud et le sud-ouest du pays, passant par Saravane, Laongam pour terminer vers Pontong et Sukuma. Dans les provinces de Champassak et Sékong, les Katang avaient souvent eu à souffrir de la seconde guerre d'Indochine, suite aux évacuations et bombardements entre 1963 et 1973, et aux programmes de réinstallation dès 1975.

Village de Khoklo, district de Xonburi, province de Savannakhet

En septembre 2001, dans le district de Xonbouri, les villageois de Khoklo sont séparés en trois hameaux. En octobre 2001, le premier hameau regroupait 6 maisons, celui établi après 1954 comptait 17 maisons et celui de 1997, 14 maisons. Au total, il y avait donc 37 maisons, 48 familles pour un total de 264 personnes. Le village de 1954, le plus riche et le mieux établi, disposait d'une école primaire pour les deux premiers niveaux. Il n'y avait pas d'électricité, d'adduction d'eau ni de dispensaire.

Les villageois étaient issus, dans les années 1920, d'une division du village de Kabao, centre historique des lignages « Katang » de cette région. Quelques familles s'étaient installées à quelques kilomètres au sud, près de la rivière Sé Samxoi. En 1954, en raison des bombardements de ce hameau, les familles s'étaient ensuite déplacées d'environ 800 mètres et avaient formé un second hameau. Ils commencèrent à créer des rizières dans les années 1958. En 1975, 3 familles étaient retournées à l'ancien hameau pour retravailler leurs terres. En 1978, une importante inondation de la rivière Sé Samxoi emporta les rizières et une partie des maisons du hameau établi après 1954. C'est en 1985 que les villageois avaient participé, sous la direction du district, à l'ouverture de la piste entre la ville de Mong Song et la route numéro 9. En 1987, 8 familles du hameau d'après 1954 créèrent un nouveau hameau à environ 2,5 kilomètres au sud, le long de la piste en direction de Muong Song (12 kilomètres). Elles furent rejointes en 1993 par trois autres familles. Cette migration était motivée par la recherche de nouvelles terres inondables à cultiver. Cette communauté était souvent affectée par des inondations moyennes, qui sont finalement bénéfiques par les alluvions qu'elles apportent et par les poissons que les villageois recueillent. Ce sont les sécheresses qu'ils redoutent le plus, d'autant plus que ce territoire au socle gréseux et peu profond limite la réserve de stock d'eau et forme un sol sableux à faible capacité de rétention d'eau. Lors de la période de l'étude, c'est en 1989 et 1990 que les sécheresses furent les plus sévères.

Femme katang décortiquant du paddy au village de Khoklo, en septembre 2001.

Suite aux nouvelles directives agricoles et forestières de 1990-91, les familles augmentèrent leur surface de rizières pluviales et la sécurité alimentaire fut assurée vers 1995. Les premiers motoculteurs furent achetés en 1997, il y en avait 4 en octobre 2001. La première décortiqueuse à riz fut achetée en 1999, il n'y en a pas eu d'autres depuis. Ils avaient un total de 93 buffles, 55 vaches, 25 porcs et 260 poulets. On recensait aussi dans le village 15 vélos, 6 barques de pêche et 9 métiers à tisser.

En 2001, environ 80 % des familles possédaient des volailles et produisaient : riz gluant, pois, piment, oignon, citronnelle, fenouil et tubercule *Pheuak*. Les rizières étaient irriguées par pompage à partir des rivières Huay Hinlat et Huay Kasa. Les familles pêchaient régulièrement des poissons et collectaient des grenouilles, champignons et pousses de bambou. Un peu plus de la moitié des familles possédait des buffles et cultivait du basilic, du persil, de la menthe, des papayes et des bananes. Quelques familles récoltaient la gomme Damar en forêt. Les familles les plus pauvres cherchaient à s'employer pour des travaux agricoles non qualifiés, de manière à subvenir à leur besoin en riz en période de soudure. Ils n'avaient comme outils que des barres pour dessoucher (*Siam*), des hachettes (*Kouan*), des houes, des couteaux et quelquefois des pelles (*Souan*). Les familles pauvres interviewées dans le village indiquaient que leurs besoins immédiats se résumaient à acheter du riz et à entretenir la maison. Les deuxièmes priorités, c'était d'acheter des outils, des volailles et des porcs, puis un buffle. S'il y avait un projet de développement, elles souhaitaient toutes pouvoir bénéficier de terres pour développer des rizières et d'un système pour les irriguer. Ensuite, elles souhaitaient des puits à proximité pour les besoins domestiques, une nouvelle école et la réhabilitation de la piste d'accès au village et l'accès à l'électricité. En matière de développement d'agriculture commerciale, les familles considéraient que le piment, la moutarde, la patate douce, le melon et le haricot étaient les meilleures options.

Village d'Insoh, district de Xonburi, province de Savannakhet

Je visitais ce village, situé à 47 kilomètres de la capitale du district, le 23 septembre 2001. Le village avait un aspect assez pauvre et n'était pas très bien entretenu. Il était relativement éloigné des marchés et ne semblait pas dans une dynamique d'économie commerciale. À l'aspect des maisons, on ne notait pas de grande différence entre les familles. Le village comptait 23 maisons, dont 21 construites après 1984. Les familles étaient venues du village de Napho à la recherche de terres cultivables, l'autre moitié des familles était restée à Napho. Les villageois se divisaient entre les lignages *Salan* et *Trra*. On retrouvait le lignage *Salan* dans les villages de Kabao et les lignages *Salan, Patong* et *Insoh* et *Trra* aux villages d'Insoh, de Nava Tai, de Nava Neua et de Napho. Ils observaient la monogamie et l'exogamie lignagère. Si les représentants du lignage Salan observaient des cérémonies liées au bouddhisme et appelaient les moines pour leurs cérémonies, les *Trra* organisaient chaque année deux cérémonies liées aux génies, celles de *Tchagna* et de *Tré*, décrites plus loin. Depuis 1992, le village n'avait plus de guérisseur traditionnel « *Mo yao* ». Il existait autrefois des rites de possession chez les femmes « *Yang pok* », que l'on retrouvait encore dans d'autres villages katang.

Village de Nava Neua, district de Xonburi, province de Savannakhet

En septembre 2001, ce vieux village entouré de vieux tamarins et manguiers avait un aspect assez riche, comportant certaines maisons spacieuses recouvertes de tôles ondulées ou de plaques en fibro. Le village comptait 46 maisons pour 49 familles et un total de 323 personnes. Il existait deux lignages dans le village, *Trra* et *Loï*. On recensait aussi, comme capital privé, 25 vélos, 10 motoculteurs, 2 décortiqueuses à riz, 30 métiers à tisser et 10 charrettes.

Village de Nava Neua, district de Xonburi, province de Savannakhet, en septembre 2001.

Les familles basaient leur système de production sur la riziculture, l'élevage commercial de buffles et de bovins, le maraîchage, le tissage et la pêche. Toutes les familles possédaient des cocotiers et cultivaient le riz gluant, le tabac et le piment. La majorité possédait des bovins et des porcs et cultivait arachide, patate douce, moutarde, oignon, concombre, tubercule (*Pheuak*), manguier, bananier, papayer, tamarinier. On notait de nombreux buffles (43) et bovins (150), quelques porcs (40) et volailles (60). Moins du tiers des familles cultivait manioc, sésame, pois (*Mark Tua hé*), goyave, ail, citronnelle, coton et bambou (*Phay Ban*).

Le village restait assez loin des marchés et n'avait pas d'accès à la capitale de district pendant la saison des pluies en raison du manque de pont sur la rivière. Toutefois, les commerçants venaient acheter les buffles dans le village et les payaient en baht thaïlandais. En octobre 2001, un buffle s'échangeait à 10 000 - 15 000 bahts, un bovin à 5 000 - 8 000 bahts et 200 000 à 500 000 kips pour un porc.

Katang de la province de Saravane (2001)

Dans la province de Saravane, les villages katang sont anciens et relativement développés. Dans le district de Saravane, les villages de Dong ko Tay, Dong Ko Kang, Don Kao et Nasay Khop Phao sont tous âgés de plus de 50 ans (1896 pour Nasay Khop Phao, d'après les anciens). Les familles ont développé l'élevage, les arbres fruitiers et la riziculture fixée (en dehors de Nasay Khop Phao). Néanmoins, la défriche-brûlis est encore pratiquée.

Katang de la province de Champassak (2001)

Dans la province de Champassak, on trouve des familles katang, surtout dans le district de Ponthong. Ils sont associés aux Lao et aux Souay. Ils ont adopté les systèmes de production lao, ainsi qu'une partie de leur culture, de leur religion et de leur architecture. Moins entreprenants que les Lao, ils sont souvent obligés de recourir à la recherche de travaux saisonniers et à la chasse-cueillette pendant les périodes de soudure.

Dans certains villages, les Katang sont appelés « Phakhéo » en référence à une légende, dont il existe de nombreuses versions. Selon cette légende (L. Van Haren, 2001), un homme katang aurait jadis découvert une belle et imposante statue du Bouddha dans les zones montagneuses de Saravane. Toutes les versions s'accordent pour situer cet évènement il y a environ 200 ans (dans les années 1800). Au village de Nongdi Dam, on précise que cet homme était issu d'un père katang et d'une mère lao et qu'il associait le bouddhisme à la croyance aux génies. On dit aussi que cette statue fut découverte dans le lit d'une rivière, dans le territoire du village de Seu Meu Liap dans le district de Laongame. L'histoire raconte ensuite que cet homme montra la statue à un de ses amis lao, en lui faisant promettre qu'il ne dirait rien. Le Lao ne tint pas parole et la nouvelle se répandit. De là, les versions divergent.

Certaines communautés affirment que les Katang emportèrent la statue jusqu'à Bangkok pour obtenir la reconnaissance des Siamois. D'autres disent que les Siamois, ayant eu connaissance de l'existence de cette statue, auraient ordonné aux Lao de la ramener, sous peine de représailles. Les Lao s'emparèrent de la statue, mais celle-ci était tellement lourde qu'ils ne purent pas traverser le Mékong.

Une autre version au village de Songkhone, district de Pontong, indique que l'homme katang qui découvrit cette statue, quand il sut que son ami lao n'avait pas tenu parole, emmena la statue en forêt avec un groupe d'amis pour ne pas se la faire voler. Il partit de son village de Muong So Moi dans la province de Saravane. Persuadé que l'on allait partir à la recherche de Katang fuyards, il décida de changer le nom du groupe et de se présenter sous celui de « *Phakheo* » pour dérouter les poursuivants. C'est depuis cette période qu'ils ont acquis ce nouveau nom. Cette légende ferait-elle allusion à une migration du nord vers le sud au moment des déportations siamoises et de l'esclavage ? Elle indique, dans toutes les versions, une suprématie des Lao et des Siamois que les Katang craignent, ainsi qu'une volonté de plaire aux peuples de parler tay et de religion bouddhique (envoi de la statue à Bangkok et assimilation au bouddhisme par le changement de nom de l'ethnie). Cette légende concerne les Katang de Saravane uniquement, car les Katang de Savannakhet étudiés ne la connaissaient pas. Elle ne doit pas être assimilée à celle du Bouddha d'Émeraude dont les dates et les lieux ne correspondent pas. En effet, le roi Sayasethatirat installa la statue du Phakeo dans la ville de Xiengthong (Luang Prabang) en 1548-1560. Suite à la création du royaume du Lane Xang, le roi transféra le Bouddha d'Émeraude à Vientiane en 1565, dans le temple de Ho Pakheo construit à cet effet. La statue y resta jusqu'en 1778, année où les Siamois prirent Vientiane et emportèrent la Statue à Bangkok.

Système linéaire

Dans la province de Savannakhet, le système patrilinéaire est bien marqué. La résidence est patrilocale dans la période du « petit » mariage et suite au « grand » mariage. Le petit mariage permet au jeune couple de vivre ensemble, mais ce n'est qu'au grand mariage que la cérémonie définitive est célébrée et que l'ensemble de la dot est versé aux parents de la mariée. La polygamie existait encore dans quelques villages, comme au village de Khoklo. Dans la tradition, on pratiquait l'exogamie lignagère, mais ces valeurs se perdaient dans certains villages comme celui de Nava Nua dans le district de Xonbouri. La femme adopte le lignage du mari au mariage, mais reprend le sien d'origine en cas de divorce. On note une forte endogamie ethnique du fait de leur habitat relativement mono-ethnique à l'est des plaines de Savannakhet et des barrières linguistiques et culturelles. Néanmoins, il existe quelques mariages entre Katang et Lao et Katang et Poutay.

Dans la province de Champassak, les Katang associés aux Lao maintiennent encore un système patrilinéaire et patrilocal lorsque le mari est Katang. Les femmes katang mariées à des Lao adoptent les références lao.

Lignages identifiés au Laos

Les « lignages » ou références généalogiques aux génies des ancêtres « *Brou* » sont nombreux et dispersés parmi les communautés katang. Les références lignagères sont encore bien présentes chez les Katang de Savannakhet et contrairement à de nombreux groupes austro-asiatiques vivant au Laos, ils ne semblent pas emblématiques ni correspondre à des qualificatifs territoriaux. Ils font référence à des génies liés à des ancêtres communs, sans que l'on en connaisse l'origine. Les villages du sud-est de la province de Savannakhet sont composés de représentants d'un à cinq « lignages ». Il est rare que les villageois connaissent l'ensemble des lignages katang sur leur aire de répartition. Les échanges entre eux se limitent à quelques kilomètres.

Les trois hameaux du village de Khoklo dans le district de Xonbouri sont représentés par le seul lignage *Lanong*. La communauté de Insoh est issue des lignages *Trra* et *Salan* alors que celle de Nava Nua abrite les *Trra* et les *Loï*. On note aussi, dans d'autres villages des districts de Xonbouri, Champhone et Songkhone les lignages *Paset, Pasoy, Craie, Tchan* et *Arao*. Dans le village de Phoudaopheng Noy dans la province de Champassak, on trouve les lignages *Pana, Roay, Assouam, Rrenon et Pasie.*

Le lignage Lanong se retrouve dans les villages de Khoklo, Kalang, Kupatan, Kabao Nua, Kabao Tay du district de Xonbouri, et dans le village

Katang de Champhone. On identifiait le lignage *Salan* dans les villages de Hinsow, Kabao, Salan et Patong. Le lignage *Trra* se trouvait dans les villages d'Insoh, Nava Neua et Nava Tai.

Les rites et cérémonies sont souvent séparés et différents entre « lignages » d'un même village. On ne consulte pas les mêmes maîtres de cérémonie, on n'utilise pas toujours les mêmes moyens de guérison. Certains brûlent leurs morts, d'autres les enterrent. Les *Salan* font quelquefois intervenir des pratiques bouddhiques contrairement au *Trra* du village d'Insoh. Dans la province de Champassak, les Katang ont oublié le nom de leur lignage.

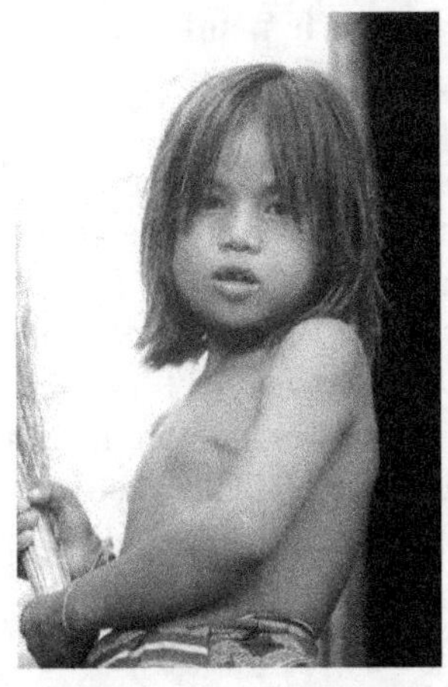

Ménage

Dans les villages katang de Xonbouri et Champhone, la résidence est patrilocale ou indifférenciée pour plus de 98 % des cas. Les cas de matrilocalité restent des exceptions liées à des cas de divorce, veuvage ou cas de fille unique. Dans certains cas, le mariage se passe en deux étapes, avec une période patrilocale suite à une cérémonie chez les parents de la fille (*Tang Tring*), suivi d'un mariage définitif patrilocal (*Tchadong*).

Fillette au village de Khoklo, en septembre 2001.

En 2000, la majorité des ménages se résumait à la famille restreinte aux parents et enfants. Seules les maisons héritées abritaient deux ménages jusqu'à la mort des parents.

Selon les familles, c'est l'homme (40 % des cas) ou la femme (60 % des cas) qui gère les finances de la famille. Les décisions financières sont prises en dernier recours par l'homme. La femme ne bénéficie pas d'indépendance économique et n'obtient en général pas de revenus qui lui soient propres.

Au niveau nutritionnel, les Katang des districts de Xonbouri et Champhone basent leur alimentation sur le riz gluant et le poisson. Les pousses de bambou et de rotin, les champignons, les grenouilles, les escargots, les crevettes, les feuilles forestières, les tubercules cultivés *Pheuark* et les légumes du potager accompagnent en saison ces aliments de base. Occasionnellement, on déguste aussi les grillons, rats, souris, rats des bambous, passereaux, poules sauvages, écureuils. La viande était rarement consommée, en dehors des périodes de festivité accompagnées de rites sacrificiels. Selon nos enquêtes, plus de 90 % des ménages fonctionnaient suivant ce régime alimentaire toute l'année.

En période de soudure, entre le mois de juin et le mois de septembre lorsque les greniers étaient vides, les familles les plus pauvres n'hésitaient pas à s'employer chez les familles plus aisées, à demander un don ou un crédit en riz auprès de leur famille élargie ou vendre quelques poulets pour pouvoir se nourrir de riz. En dehors de ces trois principales alternatives, on se procurait aussi quelquefois du riz en vendant des pousses de bambou, des poissons et des grenouilles ou en demandant un don en riz aux voisins. Le vol dans les greniers ou dans les champs était aussi rapporté dans presque chaque village. Il était donc rare que les familles aient l'obligation chronique de se nourrir uniquement de tubercules forestiers *Mane Koï* ou *Mane Hup* pendant ces périodes. Contrairement aux austro-asiatiques du Nord et Centre Nord du Laos, les Katang ne cultivaient pas ou occasionnellement le manioc comme plante de sécurité alimentaire.

Le taux d'éducation primaire des adultes ne dépassait en général pas 20 %. Le niveau secondaire ne dépassait pas 2 %. Les femmes étaient le plus souvent illettrées. Depuis la fin des années 1980, un effort avait été fait pour assurer l'école primaire des deux premiers niveaux en construisant des structures pour un groupe de villages. Malgré la faible distance (le plus souvent 0 à 3 km, maximum de 5 km) entre l'école et les villages les plus reculés, on enregistrait des taux d'éducation en primaire qui variaient de 40 à 70 %. Ce constat semblait être expliqué par le manque d'intérêt des enfants et des parents qui eux-mêmes n'étaient pas persuadés des bienfaits de l'éducation et la qualité de l'enseignement dans ces écoles.

Les principales maladies enregistrées dans les villages sont les fièvres, dont le paludisme, les diarrhées et les grippes. Des cas de choléra reviennent tous les 5-10 ans.

Religion et croyances

Dans le sud-est de Savannakhet, les Katang croient aux génies. Quelques lignages comme les *Salan* gardaient des vestiges d'influence bouddhique, qu'ils n'arrivaient pas à expliquer. Il n'est pas impossible que cette influence soit liée à la période de l'esclavage, qui toucha beaucoup de villages de cette région. Dans la province de Champassak, les Katang associés aux Lao avaient quelquefois adopté le bouddhisme, tout en continuant à honorer les génies. Il existait une église katang avec environ 100 chrétiens (AMO, 2000).

Génies principaux

Génies « *Khmouiy* » identifiés dans les districts de Xonbouri et Champhone dans la province de Savannakhet : *Phua* (père), *Pé* (mère),

Tchohay (grand-père), *Aya* (grand-mère), *Izyangtoya* (forêt), *Izyang Tchangnak* (territoire), *Izyeng Tro* (riz), *Izyang Yarreu* (eau), *Khamouiy Sua* (lignage).

Organisations traditionnelles villageoises

Dans les années 1990-2000, il existait quelquefois des groupes d'entraide pour les travaux de rizière, qui fonctionnaient uniquement pour les travaux d'entretien et lors de problèmes d'inondation. Lorsque la communauté cultivait du riz de saison sèche, le groupe de production était plus formel et organisé pour assurer la gestion, l'entretien et le paiement des frais de fonctionnement.

Depuis 1999, suite au décret et aux directives du ministère de l'Agriculture et des Forêts relatif à l'organisation des utilisateurs de l'eau, certaines communautés disposent d'un comité de gestion et de contrôle du périmètre et d'un fonds de développement villageois pour assurer le fonctionnement et l'entretien du système d'irrigation.

Dans presque tous les villages, il existe des guérisseurs traditionnels « *Mo Yao* » utilisant des rites divinatoires. Ils sont souvent âgés et non remplacés après leur décès.

Pour la cérémonie annuelle en l'honneur du génie du territoire *Mahesak*, le maître de cérémonie *Khouancham* a un rôle important. En dehors de cette cérémonie, d'autres cérémonies pour ce génie sont organisées. Par exemple, si un projet de développement impliquant des infrastructures et des machines démarre, on sacrifie un buffle ou un bovin au centre du village *Lak Ban* et on demande l'autorisation du démarrage du projet au génie du territoire *Izyang Tchangnak*.

Dans certaines communautés comme à Nava Neua, il existe des rites de possession à travers certaines femmes « *Izyang Pok* ou *Yang Tiyem* ». Ces femmes se réunissent quelquefois, une ou deux fois par an, pour organiser des danses. Ces danses permettent d'assurer le lien annuel avec les génies de l'au-delà.

Ces femmes possédées sont quelquefois accompagnées de jeunes femmes désirant être initiées à ces savoirs. Néanmoins, dans la plupart des communautés, elles sont âgées et non remplacées. Certaines familles des villages katang ne reconnaissent pas leurs pouvoirs de guérison. Au village de Dongmarko, c'est une femme « *Phi Thai* » qui tient la fonction de guérisseuse.

Les éléments homme-femme

Lors de la période d'étude en 1990-2003, le système patrilinéaire et la résidence patrilocale de la société katang n'étaient pas favorables à la femme. En effet, le système de résidence et d'héritage qui en découlait annulait toute possibilité pour les femmes d'accéder au capital immobilier de ses parents. Coupé de son lignage d'origine lors de son mariage, elle perdait alors le soutien familial et lignager pour adopter les références lignagères et coutumières de son mari. Elle devenait donc très vulnérable en cas de divorce ou en cas de décès de son mari. Elle restait sous la dépendance de son mari, autant pour la production que pour les finances. Même si elle gardait quelquefois les économies de la famille, son pouvoir de décision en ce qui concernait les achats et les ventes restait secondaire. Contrairement à ses voisines lao et poutay, elle ne disposait pas d'économie personnelle qui lui permettait de faire ses propres dépenses.

Cérémonies traditionnelles

Les Katang effectuent des cérémonies, fêtes et rites traditionnels relatifs aux génies du village et des ancêtres, au cycle du riz, aux guérisons, aux mariages et aux funérailles.

Au village de Khoklo, on organise chaque année la cérémonie *Mahesak* (territoire), au centre du village (*Lak Ban*). Elle se déroule en avril-mai, avant le labour de plaine et le semis de riz de pente. À cette occasion, chaque famille sacrifie un poulet devant le lieu symbolisant le centre du village « *Iyang Jmanak* ».

Au village d'Insoh dans le district de Xonbouri, le « lignage » *Trra* organise deux cérémonies annuelles.

La première cérémonie « *Tchagna* » dure un jour au mois de février. L'objectif vise d'une part de consolider le contact avec les ancêtres à travers l'héritier familial des pouvoirs religieux, d'autre part de marquer une étape importante dans le cycle du riz. Chaque famille sacrifie un à plusieurs poulets et on apporte de l'alcool de riz, puis on se rend chez l'héritier religieux, le plus souvent le fils aîné. Les filles ne pouvaient hériter de ce pouvoir. Chacun se recueille en face de la pièce des génies « *Mou Komouiy* » (au quotidien une pièce commune de la maison où dorment les invités masculins), on récite des incantations de manière à demander protection, santé et abondance.

Les femmes ne sont pas autorisées à entrer dans la maison des génies. À cette occasion de *Tchagna*, l'héritier autorise formellement l'utilisation de la deuxième et principale réserve de paddy des greniers. En effet, entre la récolte d'octobre-novembre et février, seuls quelques sacs placés dans la partie avant du grenier sont consommés par les familles. Ce mécanisme est intéressant dans le sens où il oblige les familles à une gestion des réserves sur l'année. En pratique, les pauvres ne peuvent pas toujours attendre février et demandent l'autorisation d'ouvrir leur grenier avant février, moyennant un rite de pardon. Le même jour, le lignage *Salan* du même village célèbre cette cérémonie selon d'autres rites. Chez eux, on ne se rend pas chez l'héritier religieux de la famille.

Autel des génies dans une maison katang du village de Nava Neua, district de Xonburi, en septembre 2001.

La deuxième cérémonie, nommée *Tré*, dure également une journée au mois de mai-juin. Elle marque le début de la riziculture de plaine, avant le repiquage. Les familles sacrifient un ou plusieurs poulets pour souhaiter une bonne récolte. Sous la conduite du maître de cérémonie *Kouan Tcham*, elles se rendent au centre du *village Izyang Man Nak*.

Au cours du cycle de la vie d'une génération, l'héritier spirituel de chaque famille du lignage *Trra* doit organiser une ou plusieurs fêtes *Lapup* pour assurer le lien entre les générations. C'est aussi une occasion pour garder des liens entre les défunts de chaque génération, et montrer l'abondance. Elle peut être déclenchée suite à la mort d'un des parents, ou d'une année favorable propice à montrer l'abondance. Des mécanismes intergénérationnels similaires existent aussi chez d'autres ethnies comme les Lantene du Nord du Laos. L'héritier, souvent le fils aîné, réunit alors sa famille élargie pour préparer cette fête, basée sur le sacrifice des buffles. Dans la tradition, chaque famille doit fournir un buffle.

Au début des années 2000, certaines familles ne pouvaient plus se le permettre. Néanmoins, il est nécessaire qu'à minima, un buffle soit sacrifié à cette occasion au niveau du village. Cette fête fut organisée en 1986 au village d'Insoh et en 2000 dans les villages de Pathong et Napho. On notait aussi une cérémonie mortuaire chez les Katang de Champassak, qu'ils nommaient « *Ta*

Pup ». L'origine était peut-être la même. Au début des années 2000, cette cérémonie était encore souvent accompagnée du sacrifice d'un buffle. À cette occasion, on déterrait les cendres des morts, mis dans un pot en terre et à nouveau enterrées.

Vêtements et ornements

Dans les années 1950, les Katang de Saravane et Sékong portaient des ceintures « caches sexe ». Au début du siècle, ils cultivaient le coton, l'égrainaient, le filaient et tissaient. Ils confectionnaient des vêtements simples teintés aux couleurs végétales. Les femmes portaient des jupes et des chemises, les hommes des pantalons et chemises. En 2000, les femmes continuaient à tisser des tissus pour la consommation familiale. Seules quelques communautés touchées par le tourisme les vendaient.

Principales caractéristiques de l'ethnie

Les Katang sont le sixième groupe en effectif au Laos, pratiquement pas étudié et peu connu.

Les Katang parlent une langue môn-khmère spécifique et continuent à la pratiquer entre eux malgré leur connaissance du Lao et quelquefois du vietnamien.

Les Katang se divisent en plusieurs lignages, dont les origines ne sont pas emblématiques et semblent s'appuyer sur des esprits ancestraux.

Les Katang ne sont pas une ethnie soudée, les communautés étant souvent incapables de savoir s'il existe des Katang au-delà de 20 kilomètres de leur village, et de connaître les différents lignages des villages voisins.

Les Katang construisent des maisons dont les parois sont en feuilles insérées dans un treillis de bambou. Cette technique, aussi utilisée par leurs voisins lao et poutay, semble originairement venir des Katang.

Maison Katang avec parois en feuilles dans la province de Savannakhet, en septembre 2001.

Les Katang disposent d'un mécanisme d'utilisation des réserves de paddy qui oblige à une meilleure gestion de la consommation sur l'année.

Les Katang pratiquent le petit mariage « *Tangtring* » et le grand mariage « *Tchadong* », tous les deux célébrés chez les parents de la fille. La période entre le petit et le grand mariage, en résidence matrilocale, durait autrefois une année. Elle est souvent réduite à quelques jours ou semaines aujourd'hui.

La femme accouche dans un petit abri, *Mo Itholokone,* construit à côté de la maison, comme chez les peuples « Kri » de Khamouane et ceux du nord-est de la province de Saravane. Ce mécanisme évite les ennuis, frais et déménagements engendrés par les croyances en cas d'accouchement difficile ou de la mort de la femme ou du bébé.

En cas de divorce, la responsabilité de la faute est décidée par le Conseil des Anciens. Celui qui a tort doit laisser la maison et donner un buffle en compensation à son ancien conjoint. C'est dans ce cas que la femme peut hériter d'une maison. Entre certains lignages, le sacrifice d'un buffle est obligatoire pour couper les liens entre eux.

Lorsqu'un membre de la famille doit habiter en dehors du village pour des raisons professionnelles ou privées, il est d'usage d'organiser un *Baci*, quelquefois accompagné de sacrifices d'animaux. Avec l'accroissement de la mobilité de la population liée à l'amélioration des accès et au développement des services urbains, cette tradition est uniquement maintenue pour les départs et arrivées importants.

Lorsque la communauté décide de diviser le village, de se déplacer, de créer une infrastructure communautaire dans le village ou son territoire, les villageois, guidés par le maître de cérémonie, organisent une cérémonie visant à en informer les génies et à obtenir leur accord. Une fois le projet validé par les génies, il n'y a plus de crainte à avoir. Les rituels s'accompagnent le plus souvent d'offrandes, même symboliques.

Le cimetière se situe dans une forêt interdite à quelques centaines de mètres du village. Le cimetière est divisé physiquement entre les différents lignages. Les lignages *Lanong* et *Salan* ont tendance à brûler leurs morts, d'autres comme les *Patoy* les enterrent. Pour tous, les morts issus de circonstances accidentelles ou violentes, appelées non ordinaires, sont enterrés.

Chaque mois, les Katang respectent 2 jours fériés *Van Sinh*, correspondant au 15e jour de la lune croissante et au 15e jour de celle décroissante.

Territoire

Territoire d'habitation

Les Katang n'ont pas été très dispersés lors des évènements de l'histoire. En 2000 encore, ils occupaient une large zone entre Savannakhet et Champassak, avec une forte concentration dans la partie Nord, dans les districts de Xonburi, Champhone et Songkhone. Ils ne semblent pas fortement liés à des génies protecteurs d'un territoire précis, ni vénérer un génie du territoire « Mahesak » ou « *Izyang Kiam Nak* » commun. Les limites des anciens districts sous la période française semblaient encore constituer les limites physiques du réseau d'échange entre les Katang.

Dans la province de Savannakhet, le territoire est composé de plaines couvertes de forêts claires, ou de collines et moyennes montagnes sur la frange est. Là, ils bordent les territoires lao et poutay.

La plaine repose sur un socle gréseux peu profond qui forme un sol sableux, sur lequel pousse une forêt sèche similaire à celles que l'on peut rencontrer dans les zones aux sols peu profonds des plaines de l'est d'Attapeu ou du nord de la ville de Xayaburi. Ce type de sol et de socle particulier influe sur la spécificité de la biodiversité. Il permet certainement la constitution de nappes suspendues dans les bas-fonds, où le riz donne des rendements corrects. La pérennité de ces rendements est assurée par le phénomène annuel d'inondation des différentes rivières. Ces territoires ombragés et alluviaux sont favorables à la régénérescence de pâturages propices à l'élevage des ruminants.

Village et territoire du village katang de Nava Neua, district de Xonbury, province de Savannakhet, en septembre 2001.

Plus au sud, les Katang habitent avec les Lao les plaines ouvertes des districts comme Vapi, bordés à l'est par les populations taoy du district du même nom. Au sud, le territoire katang s'arrête dans les districts de Laongame et de Bachiang. Lors de la seconde guerre d'Indochine, certaines communautés s'étaient réfugiées sur les bords du plateau des Bolovens dans le district de Paksong. D'autres avaient migré entre 1991 et 1997 pour tenter leur chance avec la culture du café. Là, ils côtoyaient les populations lao, souay, lovène, taoy, lavai et alak.

Dans la province de Champassak, les Katang sont associés aux Lao et aux Souay dans des territoires de basse altitude, en particulier dans les districts de Ponthong et de Sukuma. Au XIXe siècle, les Katang avaient créé des rizières dès leur arrivée de Saravane, ce qui signifie qu'ils connaissaient cette technique depuis longtemps, ce qui confirme les informations des Katang de Savannakhet. Après 1975, des familles lao les ont rejoints sur leur territoire pour créer de nouvelles rizières et acheter les rizières des Katang.

Village

Dans les districts de Xonbouri et Champhone, les villages sont séparés en hameaux de 5 à 20 familles.

Poulailler au village et territoire du village katang de Nava Neua, district de Xonbury, province de Savannakhet, en septembre 2001.

Les Katang, autrefois proches des parcelles de défriche-brûlis, la tendance est à la résidence proche de rizières fixées. L'abondance de ressources naturelles, en particulier les plaines cultivables, les poissons et les bambous, et la présence d'une rivière ou d'un point d'eau constituent les critères principaux pour le choix du site du village.

Ils construisent chaque village autour d'un centre, le *Lak Ban* ou le *Izyang Tiao,* que l'on protège et que l'on entretient. C'est là que l'on organise les cérémonies traditionnelles villageoises et que le maître de cérémonie interroge les génies lorsqu'il s'agit de prendre une décision communautaire comme changer la place du village, construire un réseau d'irrigation dans le territoire, endiguer une épidémie. L'expansion spatiale des Katang passe clairement par la division du village lorsque sa taille commence à poser des problèmes d'accès aux ressources de production. Les villages sont construits sur un territoire de plaine forestière ou de moyenne montagne. L'espace n'est pas dégagé et les arbres assurent un ombrage de plus de 40 %. Ils ne clôturent pas le village ni les maisons, il n'existe pas de voies d'accès ni de plans d'aménagement précis. Les maisons sont souvent éloignées de plus de 10 mètres les unes des autres. Dans les villages, on note la présence de greniers sur

Greniers groupés à l'extérieur du village de Khoklo, district de Xonbouri, en septembre 2001.

pilotis, poulaillers, arbres fruitiers (tamarinier, longanier, bananier, goyavier, papayer, cocotier, pamplemoussier). Le cimetière se trouve à proximité du village. Chaque lignage dispose de sa parcelle dans le cimetière. Dans le lignage Lanong du village de Khoklo, on brûle les morts par influence bouddhiste. D'autres lignages comme les *Patoy* des villages de Nahong, Patong et Kenpanao, on enterre les morts sans les brûler.

Maison

La résidence est patrilocale, même s'il existe de rares cas de matrilocalité liés à des divorces ou à des familles à fille unique. Autrefois, on fait mention de longues maisons plurinucléaires, qui ont presque toutes disparu depuis les années 70. Il n'est pas certain que l'habitat polynucléaire ait été adopté par tous les lignages katang. Les anciens villages établis dans le district de Xonbouri ne comportent pas d'anciennes longues maisons.

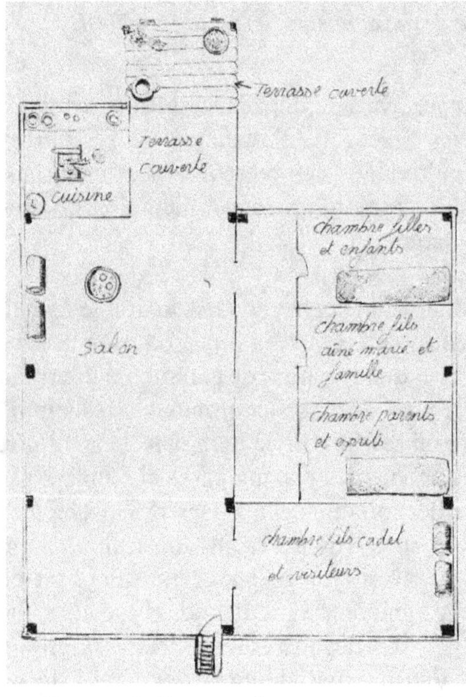

Gestion de l'espace dans une maison du village katang de Nava Neua, district de Xonbury, province de Savannakhet, le 24 septembre 2001.

Au début des années 2000, environ 70-90 % des maisons abritaient une famille restreinte aux parents et enfants. Le reste des ménages était composé de deux familles, plus rarement trois. C'était souvent les maisons reprises par l'un des enfants mariés et qui avait la charge des parents.

Dans le district de Xonburi, les maisons sont de petite à moyenne taille (30 à 70 m^2), de forme rectangulaire et sur pilotis en bois. On y accède par une échelle en bambou ou en bois. Les Katang taillent les piliers en section carrée ou octogonale dans les bois *May Hang* et *May Tchik*. Seuls les plus pauvres ne taillent pas les piliers. Les planchers sont le plus souvent en planches de bois *May koung*. Seuls les plus pauvres qui n'ont pas hérité de la maison des parents utilisent le bambou *May sang Pa*, au moins dans un premier temps. Traditionnellement, les Katang font les parois extérieures de la maison en feuilles de l'arbre *May Koung* insérées dans un treillis de lattes de bambou *May Phay Pa* ou *May Katcha.* Quelques ménages utilisent des bandes de bambou éclaté *May Pho*. Les ménages les plus riches refont leurs parois en planches de bois. Les charpentes combinent en général des poutres en bois *May Koung* ou *May Taum* et des chevrons en bambou *May Pho*. Les plus riches n'utilisent que le bois, les plus pauvres que le bambou. La toiture est recouverte de chaume en *Nya fek, Nya Kha* ou *Fuang* (paille de riz) ou en tuiles de bois. Depuis 1990, les plus riches achètent des tôles ondulées. Depuis 1997, certaines couvrent leurs maisons en panneaux de fibrociment.

La maison traditionnelle comporte une grande salle commune, ou plutôt une grande terrasse couverte où l'on discute et prend les repas. C'est sur la terrasse que l'on accède à la maison par une échelle latérale. On se rend aux chambres par une ou deux portes selon que le ménage comprend une ou deux familles. Dans le cas d'une seule famille, la cuisine peut se trouver au milieu de la terrasse ou sur une autre terrasse excentrée sur la gauche ou la droite. Les chambres ne sont pas cloisonnées et la seule pièce fermée sert de dortoir pour toute la famille. Pour les maisons abritant deux familles, les parents et l'un des enfants mariés, la cuisine est le plus souvent excentrée sur une terrasse latérale à gauche. C'est là que l'on trouve le seul foyer de la maison, de section carrée et surmonté d'un fumoir. La porte de gauche pour l'accès aux chambres peut être utilisée par tout le monde, mais celle de droite est interdite à la belle-fille, car elle passerait devant la pièce réservée pour les cérémonies du lignage et devant la pièce du génie des ancêtres « *Mou Khamouiy* ». La belle-fille n'a d'ailleurs pas le droit d'utiliser la moitié droite de cette pièce-dortoir. Dans cette pièce s'alignent au fond les différentes chambres, séparées par des cloisons en bois ou en bambou. On accède à chaque chambre par une porte-fenêtre. De gauche à droite, on trouve la ou les chambres des filles non mariées, puis celle du fils et de sa famille qui hériteront de la maison et à qui seront transmis les pouvoirs religieux et les obligations des rites de descendance. Ses parents dorment dans la chambre suivante, souvent dans la pièce des génies. Enfin, à l'angle droit de la maison, une pièce ouverte sert de lieu pour les cérémonies familiales. Elle est strictement interdite à toute personne de sexe féminin de la maison. Au quotidien, le fils non marié l'occupe. C'est là aussi que dort un ami de passage.

Intérieur d'une maison katang au village de Nava Neua, avec foyer surélevé, le 24 septembre 2001.

Comme chez beaucoup de groupes ethniques, la maison reste un indicateur de situation socio-économique de la famille. Cet indicateur est exprimé par les Katang eux-mêmes dans leur analyse de la pauvreté. Lorsque l'on a un peu d'argent, on entretient les maisons. Si l'on vend un buffle, c'est souvent pour financer la préparation des matériaux de construction pour une nouvelle maison. La construction pourra prendre des années selon les finances de la famille. La maison entièrement en bois et d'au moins 60 m^2 de superficie, recouverte de tuiles de bois, de tôles ou de fibrociment reste le modèle de réussite de chaque famille.

Caractéristiques des maisons relativement aisées dans les villages visités des districts de Xonbouri et Champhone (10 à 20 % des maisons du village appartiennent à cette catégorie) : maison de 80-100 m^2, des piliers en bois taillés reposants sur des blocs en ciment, un plancher et des parois extérieures et intérieures en bois avec des chambranles pour les portes et les fenêtres, une toiture en tôles ou en fibrociment. Le capital de la maison comporte 8 à 15 matelas, 8 à 15 couvertures, 1 à 6 moustiquaires, 1 à 2 vélos, quelquefois une mobylette, une radio, une platine cassette, quelquefois un téléviseur ou un lecteur DVD. Le matériel de cuisine est abondant. Certaines maisons disposent de tables, chaises, armoires. Tous ont un motoculteur et certains un moulin à riz. En bordure de rivière, certains ont des pirogues à moteur. Comme outils agricoles, ils possèdent un motoculteur équipé de charrue, roue/herse, et remorque, 2 à 5 déssoucheurs de tubercule - *Siam*, 3-5 couteaux d'élagage *Hak*, 1-2 petites hachettes traditionnelles *Kouane,* 1-2 pelles *Souane* et 1 râteau. Certaines familles riches disposent aussi d'une pompe à eau pour assurer l'irrigation des pépinières en début de saison ou compléter l'irrigation de certaines rizières à partir d'un étang artificiel (Songkhone, Saravane).

Caractéristiques des maisons des ménages en situation socio-économique moyenne dans les villages visités (40 à 70 % des maisons) : maisons de 40 à 70 m^2, sur piliers en bois taillés, avec des parois extérieures en feuilles ou bois, une charpente en bois et une toiture recouverte de chaume *Nya fek* ou de tuiles de bois. Les planchers sont en bois. Les chambres sont quelquefois séparées par des cloisons de bambou ou par une simple tenture de coton. Il n'y a en général pas de fenêtres. Le capital à l'intérieur de la maison se résume à un maximum de 6 matelas, 4 à 10 couvertures, 1-3 moustiquaires, une ou deux petites batteries pour la recherche nocturne des grenouilles, un vélo, une carriole à main et quelques ustensiles de cuisine. En bordure de rivière, les familles disposent d'une pirogue à rames. Comme outils agricoles, ils possèdent une charrue et une herse de traction animale, 1 à 3 déssoucheurs de tubercule *Siam*, 2-3 couteaux d'élagage *Hak*, une petite hachette traditionnelle *Kouane* et quelquefois une pelle *Souane*.

Caractéristiques des maisons des ménages en situation socio-économique difficiles dans les villages visités (20 à 30 % des maisons) : maisons de 30 à 45 m^2, sur piliers en bois non taillés, avec des parois extérieures en feuilles ou en bambou, une charpente bois-bambou et une toiture recouverte de chaume. Les planchers sont en bois ou en bambou. Les chambres ne sont pas séparées, ou par une simple tenture de coton. Il n'y a en général pas de fenêtres. Le capital à l'intérieur de la maison se résume à un maximum de deux matelas, 2 à 5 couvertures, 0-1 moustiquaire, une petite batterie pour la recherche nocturne des grenouilles, quelques ustensiles usagers de cuisine.

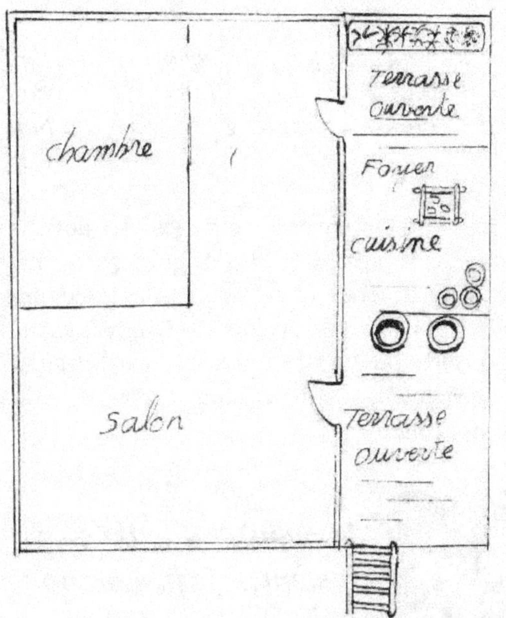

Gestion de l'espace dans une maison de ménage pauvre du village katang de Khoklo, district de Xonbury, province de Savannakhet, le 22 janvier 2001.

Comme outils agricoles, ils possèdent 1 à 2 déssoucheurs de tubercules *Siam*, 1-2 couteaux d'élagage *Hak*, une petite hachette traditionnelle *Kouane* et quelquefois une charrue et une herse de traction bubaline.

Gestion des ressources naturelles

Les Katang gèrent les ressources naturelles de manière extensive, cherchant plutôt à tirer parti des phénomènes naturels que de les contrôler. Ainsi, le rythme de pêche oscille en fonction des crues et des décrues. On attend l'assèchement des plans d'eau pour organiser des pêches villageoises. On utilise les drains naturels et les canaux d'irrigation et de drainage pour poser des nasses. L'élevage est en vagabondage semi-contrôlé. Les arbres fruitiers sont suivis en régime de cueillette. Les variétés végétales cultivées sont issues d'une sélection massale empirique basée avant tout sur la résistance aux insectes et aux maladies. La production agricole fixée sans défriche-brûlis est beaucoup moins polluante et dommageable pour la biodiversité par rapport aux ethnies austro-asiatiques du Nord et de Sud du pays.

Essences d'arbres identifiées dans le territoire de Khoklo, district de Xonbouri : *May Koung, May Tchik, May Hang, May Nyang, May Khamphone, May Khisi.*

Essences de bambou dans le territoire de Khoklo : *May Pa, May Pho, May Kasak.*

Variétés de poissons dans le territoire de Khoklo : *Pa Douk, Pa Kho, Pa Pak, Pa South, Pa Kheung, Pa Khao, Pa Kot, Pa Tasay, Pa Tchakang, Pa Siou, Pa Piya, Pa Khé, Pa Nyon, Pa Ségné, Pa Koun, Pa Nang, Pa Suam, Pa Bou, Pa Loth.*

Il existe des forêts sacrées ou interdites chez les Katang. Elles correspondent aux zones de cimetière, aux zones historiques qui connurent des évènements catastrophiques ou à celles que l'on croit habitées par de mauvais génies. Au village de Nongdi Dam, on ne s'aventure pas dans la forêt de la montagne *Pou Kokhang* sans prendre les précautions d'usage. Les villageois n'y chassent pas et respectent le silence pour ne pas réveiller et provoquer le courroux des génies du lieu.

Vannerie au village de Khoklo, le 22 janvier 2001.

Moyens d'existence et systèmes de production

Activités dominantes de production

Riz gluant - pêche - volailles - légume - tubercule *Pheuark* - piment - pousses de bambou.

Bovin - buffle - porc - maïs - arachide - arbre fruitier - emploi saisonnier – tissage - vannerie.

Production, produits forestiers et activités non agricoles des villages de Khoklo et Nava Nua en octobre 2001 : riz gluant, maïs, maïs doux, manioc, pois, canne à sucre, papayer, manguier, cocotier, tamarin, longane, goyave, melon, potiron, moutarde, salade, aubergine, oignon, ail, basilic, gingembre, piment, citronnelle, coriandre, persil, menthe, fenouil, indigotier, coton, pousse et canne de bambou au village et en forêt, champignons forestiers, gomme Damar, fabrication de paniers et de nasses, tissage, couture, emploi saisonnier au village, en ville et quelquefois en Thaïlande.

Principaux moyens d'existence et systèmes de production

Dans les districts de Xonbouri et de Champhone, les Katang basent leur système de production sur la riziculture fixée de bas fond, la pêche et l'élevage. La majorité des familles cultive un petit potager dans le village ou sur les rives des rivières. Les cultures de défriche-brûlis ont disparu de la plaine et sont assez restreintes dans les montagnes à l'est. La cueillette, la chasse et le piégeage sont des activités secondaires en comparaison des austro-asiatiques des régions du Nord et du Sud du Laos.

Depuis 1992, un système de production basé sur la riziculture fixée, l'élevage commercial de bovins et la pêche se développe dans le district de Xonbouri et à l'est des districts de Champhone et Songkhone. Depuis 1997, certains villages katang accessibles sont encouragés à la culture commerciale de piment, d'arachide et de maïs.

L'histoire de la riziculture permanente de bas-fond remonte à la fin du XIXe siècle, vers la fin de la période de l'esclavage. Il est possible que cette technique ait été d'abord adoptée par les Katang ayant travaillé comme esclave chez les Lao de la région. Les vieux de la région se rappellent avoir entendu leurs parents dire que chaque esclave devait travailler une période de 10 ans pour rembourser sa « valeur d'achat ». Cette période pouvait être réduite à 5 ans si la femme ou un autre membre familial de l'esclave décidait de travailler volontairement et gratuitement pendant 5 ans. C'est lors de cette période qu'ils auraient pu apprendre les techniques de culture inondée. En 1933, Hoffet observait déjà des cas de riziculture fixée chez les Katang. Cette technique reste pourtant limitée jusque dans les années 1975. Suite aux politiques agricoles et forestières de 1975, la riziculture inondée s'accroît doucement.

C'est à partir de 1990, en lien avec les nouvelles conditions du marché, l'expansion du réseau routier et le renforcement des politiques contre les pratiques d'essartage que les Katang augmentent sensiblement leurs surfaces de rizières. Dans les districts de Xonbouri et de Champhone, les anciennes rizières font partie de larges périmètres dont la gestion est régie par des règlements communautaires en ce qui concerne la garde des ruminants et les travaux d'entretien. Dans la zone Est, les nouvelles rizières sont créées dans les bas-fonds des plaines forestières. Ces forêts sont alors éclaircies davantage et les parcelles protégées des bovins et des buffles par de fortes clôtures en bois. Malgré le sol sableux, la riziculture est possible grâce au socle gréseux peu profond qui permet une nappe suspendue en saison de pluies. Le rendement est stabilisé grâce à la nature extensive du système et aux alluvions qui se déposent lors des inondations. Lors de fortes inondations, ces rizières sont lessivées et la production perdue. Depuis 1994, certains périmètres comme celui du village de Dong Makho bénéficient d'assistance en irrigation par barrage-réservoir ou par pompage, ce qui permet la double culture annuelle comme dans les districts de Champhone et de Vapi. Le riz gluant occupait 90-95 % des surfaces en riz. Le riz ordinaire est produit uniquement pour le marché.

L'objectif premier de la riziculture est d'assurer la suffisance alimentaire de la famille. Les familles riches disposant de motoculteurs et pouvant financer la main-d'œuvre extérieure pour le repiquage et la récolte arrivent à vendre du riz. C'est surtout le riz de saison sèche qui est vendu. Les productions sont commercialisées de plusieurs façons et pour différentes raisons.

Chez les familles aisées, c'est le producteur qui transporte lui-même son paddy en motoculteur pour le vendre à un commerçant du district (Songkhone, Champhone, Xonbouri, Vapi) ou à un gros moulin à riz (Champhone, Vapi). L'objectif de la vente est purement spéculatif. Chez les familles sans motoculteur, la vente se fait au village, à une famille riche du village qui se spécialise dans l'achat-vente, ou à un commerçant venu du district ou de la province. Chez ces familles, la vente de riz sert le plus souvent à financer des besoins quotidiens d'ordre alimentaire ou social. Il arrive que certaines familles pauvres vendent aussi du paddy au village même s'ils n'assurent pas la suffisance alimentaire. C'est le plus souvent pour payer leurs dettes ou pour répondre à une urgence de santé. En octobre 2001, le kilogramme de paddy se vendait 800-900 kips dans les villages et 1 000 kips dans les villes de district.

La pratique de défriche-brûlis n'existe plus que dans la zone Est du territoire katang, dans l'est du district de Xonbouri et dans les districts de Phine et Taoy.

Chaque famille pratique intensément la pêche aux poissons, grenouilles et crevettes. Les escargots aquatiques sont récoltés en saison. Les poissons sont pris toute l'année au filet rabatteur, filet épervier, nasses et autres techniques. On ne peut pas parler de gestion, mais plutôt de pêche traditionnelle. L'itinéraire technique de ceux qui se lancent dans la pisciculture suit la logique de pêche traditionnelle, c'est-à-dire une pêche continue de petits poissons qui n'arrivent pas à grandir. C'est lors de la montée des eaux en juin-juillet qu'il convient de poser des nasses dans les nouvelles zones envahies. C'est lors des inondations que chacun se précipite dans les zones favorables. C'est dans les bras de canaux et de rigoles et dans les drains de rizières que l'on place des nasses en saison des pluies pour la friture.

Le poisson est avant tout mangé frais. Le surplus est vendu au village, aux autres villages, aux commerçants venant du district. Certaines familles le conservent en le fumant. Chaque famille prépare du *Paderk*, une macération de poissons, et certaines en vendent au village ou au district. En période d'inondation, on arrive à en vendre au district et même à Savannakhet. En octobre 2001, les prix au kilogramme frais variaient de 9 000 à 15 000 kips selon la variété de poisson.

Les grenouilles sont recherchées entre mai et octobre. Contrairement au Nord du Laos, ce sont ici les grosses grenouilles. On les attrape le jour et la nuit. Il n'est pas rare, certaines nuits favorables, de voir des plaines illuminées de torches frontales alimentées par de petites batteries. Elles sont consommées, mais aussi vendues dans les villages, au district et dans les autres districts. En octobre 2001, les trois grosses grenouilles étaient vendues 1 000 kips. Entre août et octobre, les escargots aquatiques sont recherchés. Ils sont consommés ou quelquefois vendus ou échangés à des colporteurs vietnamiens qui se rendent dans les villages à vélo.

Dans les districts de Xonbouri et de Champhone, la basse-cour est principalement composée de poulets (60 volailles et 260 volailles respectivement dans les villages de Nava Neua et Khoklo en octobre 2001). Les canards sont rares et moins appréciés sur les marchés. Les porcs sont régulièrement décimés par les épidémies. Le poulet est l'animal sacrifié lors des cérémonies de pardon et celles liées au village et au cycle du riz.

Parmi les familles pauvres ou de situation socio-économique moyenne, les poulets restent une production que l'on vend ou échange en cas d'insuffisance en riz, pour acheter du sel ou du glutamate, ou pour financer des médicaments. En octobre 2001, les poulets s'échangeaient à 7 000 - 12 000 kips (0,8 - 1,3 US $) selon leurs poids.

Les porcs sont peu nombreux dans les villages visités (40 à Nava Neua et 25 à Khoklo en octobre 2001). Ils vagabondent en général dans le village et sont quelquefois entravés par des colliers triangulaires en bois similaires à ceux utilisés chez les Hmong, pour les empêcher de s'introduire dans les moulins à riz et dans les jardins potagers. Ils sont consommés lors de cérémonies de mariage ou vendus au village ou au district. En octobre 2001, un porc moyen est vendu 250 000 kips (26 US $), un gros porc 400 000 à 500 000 kips (42-54 US $). Au kilogramme, il est vendu 15 000 kips.

L'élevage de buffle est associé à certains travaux. En octobre 2001, on en comptait 43 à Nava Nua et 92 à Khoklo. Ils servent avant tout à la traction animale pour la préparation des terres, au transport et aux cérémonies sacrificielles de funérailles et de « *Lapup* ». Ils sont laissés en vagabondage semi-contrôlé en saison sèche. En saison des pluies, les animaux de traction sont attachés dans les villages. Les autres sont éloignés des rizières. Les propriétaires de plus de 5 buffles arrivent à en vendre tous les trois ans à des commerçants du district, de la province ou d'autres provinces, faisant régulièrement de la prospection dans les villages. En octobre 2001, les buffles étaient vendus entre 10 000 et 15 000 bahts (250 à 350 US $) selon leur poids. Le revenu des buffles finance le plus souvent les frais de construction d'une nouvelle maison, l'achat d'un motoculteur ou d'une décortiqueuse à riz. Dans les districts de Xonbouri, Champhone et Songkhone, l'élevage commercial de bovins se développe vite depuis le début des années 1990. Les pâturages sont favorables, les marchés sont stables et la forte productivité du travail rend cette activité attractive. Pourtant, la productivité est encore limitée par la forte mortalité en cas d'épidémie. La couverture vétérinaire reste faible dans la région. Certains propriétaires katang possèdent plus de 30 têtes de bétail et sont capables d'en vendre chaque année. En octobre 2001, une vache sur pied était vendue 5 000 à 8 000 bahts (120 à 180 US $) selon son poids. Comme pour le buffle, la viande vendue au kilogramme s'achète 19 000 kips.

Les cultures commerciales se développent depuis 1997, mais restent encore à petite échelle et mal organisées. Parmi celles-ci, c'est la culture du piment qui est la plus ancienne et la mieux répandue. Il est cultivé en toute saison dans les villages ou en saison sèche en bordure de rivière. Il se vend en frais (8 000 kips/kg en octobre 2001) ou sec (10 000-12 000 kips/kg en octobre 2001). L'avantage est qu'il se conserve, qu'il a une valeur pondérale intéressante et qu'il ne demande pas un grand entretien. On le vend au village, au district et dans la province. Il n'existe pas encore de filière commerciale organisée.

L'arachide est très demandée par les complexes agro-industriels de Thaïlande. Depuis 1997, suite à la diminution des taxes d'importation de l'arachide produite au Laos, les commerçants recherchent activement à acheter ce produit dans les villages. Il est acheté entre 1 700 et 2 200 kips/kg non décortiqué. Chez les Katang, le développement de cette production est lent car ce n'est pas une culture traditionnelle et les villageois n'avaient pas encore adopté de logique de culture commerciale à la fin des années 1990. Elle est pourtant intéressante en culture de contre-saison, du fait de son cycle court de 3 mois et de sa capacité à restituer l'azote aérien dans les rizières où elle est produite.

Le maïs n'est pas encore une culture industrielle chez les Katang. La majorité du maïs est aujourd'hui vendu au stade pâteux pour la consommation en frais. Il est vendu en épis, directement aux commerçants qui viennent le chercher au champ (environ 1 800 - 2000 kips/kg en octobre 2001).

Certaines communautés produisent et vendent des noix de coco, les gousses de tamarin, les bananes, les longanes.

Dans le district de Champassak, les Katang ont adopté les systèmes de production des Lao. Selon la région, ils reposent sur la production rizicole, le petit et gros élevage, la culture commerciale de banane et légume, la vente des bambou, gomme Damar et écorce *Kabong*. Depuis 1975, suite à l'installation de familles lao dans les villages Katang, on observe une nette tendance de rachat des rizières katang par les Lao (L. Van Haren, 2001). Les Lao achètent en général à bas prix, lorsque les Katang se trouvent en situation alimentaire et économique difficile ou rencontre un problème grave de santé, et sont alors obligés de vendre.

Les moyens d'existence du village de Dongmakho, district de Champhone, province de Savannakhet.

Nous avions étudié ce village en septembre 2001. Ce vieux village katang comptait 72 maisons, 78 familles et 429 habitants, dont 213 femmes. D'après les anciens, six familles s'étaient installées ici dans les années 1850, venant du village de Tongkham, situé à environ 1,5 kilomètre. Ce déplacement faisait suite au décès de 3 personnes lors de la même année, qu'ils avaient analysé comme un mauvais présage.

En 1954, les 30 maisons du village avaient brûlé suite à un incendie accidentel. En 1969 et en 1971, des bombardements autour du village les avaient fait fuir temporairement. Il n'y avait pas eu de morts, mais trois bovins périrent. En 1977, il y avait eu la création de la première coopérative, suivie en 1979 par une deuxième coopérative qui périclita l'année d'après. En 1985, le village subit à nouveau un incendie, qui brûla 12 maisons.

Le village est situé en plaine, à 15 km de la route nationale 9 et à 5 km du village de Sibounheuang, le marché le plus proche où les villageois vendent le riz, les volailles et le poisson. Ils se rendent aussi quelquefois aux marchés de Donghen et de Savannakhet. Le village est accessible toute l'année par une piste difficile en saison des pluies sur les 5 derniers kilomètres. Il dispose d'une école maternelle et d'une école primaire de P1 à P3. Le village n'est pas électrifié, mais depuis 1999, l'état a installé deux pompes électriques de 75 kW situées à 1,2 km du village pour l'irrigation des rizières.

On recense aussi 23 vélos, une mobylette, 2 motoculteurs, 8 barques de pêche à rames, 3 décortiqueuses à riz, 35 métiers à tisser et 2 machines à coudre. On note quatre familles qui font du petit commerce et qui tiennent des petites boutiques dans le village, vendant des friandises, des cigarettes, des gâteaux et de la quincaillerie.

Ils sont classés dans les villages de niveau socio-économique moyen pauvre dans les références régionales de cette période. On compte 25 familles pauvres, 45 familles assurant leur sécurité alimentaire et 8 familles plus aisées, les familles basent leur stratégie de revenu sur la vente de riz et de canards et sur la recherche de travaux saisonniers agricoles. Les 16 familles les plus pauvres s'emploient régulièrement dans la scierie voisine, dans les travaux de repiquage et de récolte dans les villages voisins plus riches ainsi que dans les villes comme aide maçon ou dans les chantiers de construction avec les entreprises locales. Elles consacrent toutes du temps pour la pêche, la cueillette et la chasse. Plus de 35 jeunes, garçons et filles, travaillent de l'autre côté, en Thaïlande, dans le travail agricole et agroalimentaire ou dans les bars. Cette économie reste en grande partie informelle.

Le village a comme caractéristique de ne pas s'orienter vers la diversification et l'intensification de l'agriculture commerciale, contrairement à de nombreuses communautés voisines. La communauté a décidé de garder un rythme traditionnel de travail, visant à assurer leur sécurité alimentaire et à conserver leur temps pour la chasse et la pêche. Les communautés voisines plus performantes économiquement les classent comme des « paresseux ».

Toutes les familles cultivent du riz gluant sur 85 ha de *Napi* (riziculture de saison des pluies) et 35 ha de *Nasseng* (riziculture de saison sèche). Elles n'ont pas assez d'eau pour étendre leur périmètre rizicole pour le *Nasseng* et expriment le besoin d'un nouveau canal d'environ 1 500 mètres pour le faire. En saison sèche, 10 familles utilisent leurs rizières pour produire des pastèques et des melons qu'elles vendent sur le marché. D'autres produisent des aubergines et des piments. Dans les parcelles, on note aussi : maïs *Mak Sali* (15 % des familles), riz ordinaire *Khao Tchao* (5 %), arachide *Mark Tua*

Din (10 %), manioc *Mane Tone* (20 %), pois *Mark Tua Hé*, tubercules *Khaa*, sésame *Mark Nga* (10 %), ananas *Mark Nat* (35 %), concombre *Mark Teng* (50 %), salade *Pak Salad* (30 %), aubergine *Mark Tua* (45 %), tomate *Mak Len* (10 %), moutarde *Pakad Kiao* (6 %), pastèques *Mark Mo* (25 %), melon *Mark Mou* (15 %), oignon *Pak Boua* (15 %), ail *Pak Tiem* (15 %), potiron *Mark U* (6 %), basilic *Pak Itou* (30 %), gingembre *Khing* (10 %), piment *Mark Pet* (60 %), citronnelle *Sinkhay* (18 %), coriandre *Pak Hom Pom* (10 %), indigotier *Bay Kham* (10 %), persil *Paksii* (10 %), papayers *Mark Houng* (50 %), manguiers *Mark Mouang* (40 %), bananiers *Mark Kouay* (40 %), jacquiers *Mark Mii* (15 %), goyaviers *Mark Sida* (30 %), cocotiers *Mark Pao* (20 %), tamariniers *Mark Kham* (40 %), quelques pieds de citronniers (*Mark Nao*), orangers (*Mark Kiang*), pamplemoussier (*Mark Pouk*)

Dans le village, on compte 106 buffles, 135 bovins, 37 porcs, 1 500 volailles. La majorité des familles s'est spécialisée dans l'élevage des canards (plus de 1 000 têtes), qu'elles vendent au marché de Sibounheuang. Les canards sont moins sensibles aux maladies que les poulets et se vendent plus cher, 16 000 kips/pièce. Ils les nourrissent aux résidus de riz. Les familles aisées vendent un total de 15 buffles par an pour l'ensemble du village.

Les habitants se consacrent encore beaucoup à la cueillette, récoltant des pousses et cannes de bambou et de rotin, des champignons, de l'herbe à balai *Khem* et résine *Nam Mane Yang* et un peu de cardamome *Mark Neng*. Ils chassaient, en particulier des sangliers, écureuils, écureuils volants, rats et faisans.

Développement

Références au développement

Les Katang semblent avoir côtoyé les Lao et les Poutay depuis longtemps. Ils en ont adopté partiellement la langue, les systèmes de production et l'habitat. Moins entreprenants, plus reculés des voies de communication, moins éduqués et moins informés des tendances du marché, ils sont restés plus en retrait des dynamiques de développement que ces derniers. Néanmoins, ceux qui ont décidé de s'investir dans l'agriculture intensive et les activités non agricoles axées sur le marché, Songkhone et Vapi, obtiennent des résultats comparables aux Lao et Poutay. Les croyances et les fonctionnements traditionnels ne sont donc a priori pas un obstacle au développement et à l'adoption des techniques de production. Il suffit seulement qu'ils y voient un avantage économique positif et un coût social acceptable pour s'y investir.

Chez les communautés étudiées, les deux principales causes exprimées par les Katang qui expliquent la différence entre les ménages riches et les ménages pauvres sont le système d'héritage qui favorise le fils restant avec les parents et la capacité de force de travail ou plutôt le ratio entre la force de travail et le nombre de bouches à nourrir. Les autres critères exprimés sont l'accès ou non aux rizières, l'énergie du couple et le facteur chance.

Dans la période de l'étude 1990-2000, pour les indicateurs socio-économiques, les Katang identifient les familles aisées à leur maison spacieuse et de bonne qualité, à la grande surface de rizières, à l'achat d'un motoculteur et d'un moulin à riz thermique, au nombre de buffles et de vaches.

Ils identifient les plus pauvres par le fait qu'ils n'ont pas assez de paddy à manger en période de soudure sans avoir à rechercher des travaux saisonniers et à demander des crédits et des dons à la famille élargie. Les travaux saisonniers sont principalement agricoles, avec le repiquage du riz de saison sèche en février, la récolte en mai-juin et la préparation de nouvelles rizières. Pour ces travaux non qualifiés, ils touchent entre 8 000 et 10 000 kips par jour en octobre 2001. Si cela ne suffit pas pour nourrir la famille, ils collectent et vendent plus de volailles, grenouilles et pousses de bambou, puis mangent des tubercules peu appréciés comme *Mane koi,* et *Mane Huk* ou des pousses de bambou. En dernier recours, certains finissent par voler du riz dans les greniers. Ces familles pauvres habitent de petites maisons de pauvre qualité et n'ont pour capital que quelques volailles et ustensiles de maison. L'éducation n'est à leurs yeux, pas un facteur important pour expliquer la diversité socio-économique. Néanmoins, nous avions pu constater que chez les plus riches, le chef de famille a toujours le niveau du secondaire de premier niveau (*Mattagnon*). Par contre, nous avions aussi identifié des Katang éduqués en condition pauvre.

En 1990-2003, les Katang développaient la production de riz, l'élevage des poissons et des bovins. C'est sur ces potentiels de production que les projets d'assistance devraient s'appuyer. Pour l'instant, les seuls projets d'assistance furent les projets de route, quelques pompes distribuées et montées par le département d'irrigation, des écoles primaires et des dispensaires. Le projet national contre le paludisme financé par la Commission européenne distribue des moustiquaires imprégnées dans certains villages. CARE travaille depuis plusieurs années pour le développement des productions villageoises. Depuis quelques années, le BIT assiste le gouvernement pour élaborer un cadre juridique et légal et pour informer les autorités locales et les villages des risques de cas de trafic de femmes et d'enfants entre le Laos (Khamouane, Savannakhet et Champassak) et la Thaïlande. Ce trafic, largement illégal, n'est pas nouveau, mais il n'a pas le développement qu'il a pris depuis la deuxième guerre d'Indochine. Ce trafic a été mis en évidence dans les années 1990-91 lors des études de projet dans cette région, puis confirmé lors des études nationales et du recensement en 1995, y compris par le Centre National de Statistique lors de l'étude d'impact social de la crise financière de 1997 financée en 1998 par la Banque mondiale, puis par l'étude financée par le BIT en 2000-2001. D'après nos études de septembre-octobre 2001, les communautés katang étaient beaucoup moins touchées par ce phénomène que les communautés voisines lao et Poutay.

Du côté humain, l'éducation des Katang reste le facteur limitant le développement et l'efficience de gestion des actions de développement agricole. Les capacités en finance et en capital sont souvent très faibles et ne permettent pas de passer d'une économie de subsistance à une économie de marché. Dans cette situation, les riches progressent vite, les pauvres travaillent pour eux comme main-d'œuvre saisonnière. Globalement, le résultat économique et social est positif pour les deux côtés, moyennant un état de dépendance risqué pour les pauvres. En effet, la mécanisation progressive des exploitations aisées risque, à moyen terme, de limiter les besoins de main-d'œuvre.

Basés sur les tendances actuelles de développement, il semble que les contraintes principales à lever pour un développement durable soient : 1) assurer l'éducation primaire, au moins jusqu'au niveau P5, pour tous les enfants en combinant qualité de l'enseignement et encouragement des parents à envoyer filles et garçon à l'école ; 2) informer les communautés et les femmes de leurs droits en termes d'héritage par l'organisation d'informations par des équipes mobiles juridiques ; 3) organiser les villageois à produire et éventuellement transformer des produits commercialisables simples, stockables, pour qui la demande du marché local et thaïlandais semble assurée, et peu destructrice pour l'environnement. Dans la province de Savannakhet, l'élevage de bovins, le piment et l'arachide semblent être les produits répondant le mieux à ces critères pour le moment. Les conditions de réussite passent par une production, collecte et commercialisation organisée, une couverture vétérinaire permanente et efficace de la part des services de l'élevage, une sélection de variétés de piment et d'arachides (gousses à trois graines) qui répondent aux besoins du marché national et thaïlandais.

Une étude que j'ai effectuée en octobre 2001 - janvier 2002 auprès de 4 villages et 19 ménages katang dans les provinces de Savannakhet et de Champassak nous donnait des indications récentes sur les besoins et les demandes de ce groupe. Les besoins individuels prioritaires que les ménages tentaient de financer étaient, par ordre décroissant d'importance : la maison (88 % des familles), les buffles et les bovins (47 %), le développement des rizières (37 %), l'achat de motoculteurs et de petites rizeries (26 %), le petit commerce et les étangs à poissons. Parmi les besoins communautaires, l'adduction d'eau villageoise, les pistes et l'éducation arrivaient en premières places. Les villages non connectés au réseau électrique le demandaient. Pour le développement de l'agriculture commerciale, les Katang étaient intéressés par les légumes, le riz, le piment, les volailles et la patate douce.

Tourisme et ethnotourisme

En dehors de quelques villages avec de longues maisons et du tissage dans la province de Saravane, les Katang ne sont pas situés dans les circuits touristiques. On ne visite en général pas les villages katang de Savannakhet. En effet, ils sont souvent confondus dans une zone majoritaire lao et Poutay et n'ont donc pas hérité d'une image de peuple ethnique aux caractéristiques spécifiques. De plus, beaucoup d'autorités provinciales ignorent leur nom et les appellent des Lao Theung ou Mankong, dénominations générales reprises par les Lao depuis les années 1960. Leurs modes de vie, coutumes, rituels et artisanats n'ont pas d'avantages comparatifs par rapport aux austro-asiatiques du Nord et du Sud. Ainsi, en dehors des communautés qui ont préservé les longues maisons et quelques produits artisanaux, le potentiel touristique reste faible en ce qui concerne cette population.

Quelques auteurs de références

Revue indochinoise, No 40, 1906, pp 1307 ; Hoffet J., 1933 ; Lafont P.B., 1962 ; Lebar F.M., Hickey G.C., Musgrave J. K., 1964 ; Chazée L., 1991, 1995, 1999, 2002 ; Lucas 1996, 1997 ; Diffloth G., 1997 ; AMO, 2000 ; Chithtalath S.A., Earth B., 2001 ; Datta D., 2007 ; McIntosh L.S., 2013 ; Pholsena V., 2013 ; Schliesinger J., 2015 ; Miller C., 2017.

Chapitre VII.
Kri

Nom de l'ethnie

Kri (Kari, Kha Kri, Kri, Salang Kri, Lao Theung, Tong Luang)

Famille, groupe et branche linguistiques

Austro-asiatique, groupe môn-khmer, viétique, viet-muong.

Tous les groupes « Salang » des hautes vallées de la Nam Noy, Nam Theun et Nam Xot se comprennent entre eux, même si les accents et quelques mots sont différents. 60 % des mots sont identiques à ceux des Salang-Malang et 30 % se rapprochent beaucoup (accent/prononciation).

Quelques éléments linguistiques : *Pue* (père), *Mai* (mère), *Por* (bœuf), *Tchaloh* (buffle), *Vith* (canard), *Kourr* (porc), *Beungneu* (cheval), *Tchor* (chien), *Tchaotchakor* (riz ordinaire), Ka (poulet), *Krum* (ciel), *Dark* (eau *),* *Anhan* (manger), *Tongrong* (rizière), *Brou* (forêt), *Manaie (*enfant), *Plith* (piment *), Kanor* (maison), *Ban* (village), *Xith* (viande), *Hong* (rivière), Ké *(Saola).*

Villages étudiés (1989-2003)

3 « villages » ou plutôt campements étudiés : Maka Nua, Maka Tai, Maka Kang.

Distribution géographique

Centre du Laos, à l'est des provinces de Khamouane et de Bolikhamsay. Éventuellement ce groupe au Vietnam, sous un autre nom.

Peuple

Population au Laos

Estimation de la population kri 2003 (Chazee) : 880 personnes.

Province de Khamouane

District de Nakai : 3 villages kri (Maka Neua, Maka Tai et Maka Kang) dans la vallée de la Nam Noy : 29 maisonnées et 137 personnes (décembre 2000).

District de Nyommalath : Un groupe itinérant indiqué par les villageois sédentaires.

District de Bualapha : quelques familles.

Province de Bolikhamxay

District de Khamkeut : estimation d'environ 800 personnes en 2000 et 1 116 personnes, dont 544 de sexe féminin en 2019.

Recensement national 1995 : 739 personnes, incluant les populations « Kari » du district de Bualapha (Khamouane).
Recensement national 2015 : 1 067 personnes (recensement national, sous le nom de « Kree »).

Histoire

En 2000, il n'existait pas vraiment d'écrits sur les peuples itinérants de parler viet-muong, en dehors de quelques recherches linguistiques et classement ethnolinguistiques, dont l'intérêt restait limité pour approcher les stratégies de développement de ce groupe. En effet, les forces internes des Kri, les forces externes subies depuis la période siamoise et les expériences empiriques que ces populations avaient accumulées pour assurer leur survie représentaient des éléments de recherche et d'analyse plus importants pour évaluer l'acceptabilité sociale de la dynamique de développement en cours ou à venir, que de s'en tenir à de seules recherches linguistiques. La recherche linguistique se poursuivit pendant et après la période d'étude, en particulier par Enfield N.J. et Diffloth G. (2009), à partir de données de terrain de 2005-2006.

En 1947, Villedieu, basé à Savannakhet, faisait une description des ethnies de cette province, en particulier des Poutay et des Khas. Il identifiait les différents groupes kha : Leu, Mangkong, Souei, So, Tahoi et Takoh. Le Lieutenant Barthelemy, délégué de Sepone et sous les ordres de Villedieu faisait une description géographique, botanique, climatique et humaine de ce territoire. Il distinguait parmi les Khas les Souei, Mangkong, Tahoi, Pakoh, Brou et Leus (Trais). Les Leu se situaient sur le haut de la chaîne annamitique et sont nomadisant. Vargyas (2000), rapporte les paroles de Barthelemy : « *Couverts de longs cheveux, vivant presque nus dans de pauvres cases qu'ils déplacent fréquemment, n'ayant aucune industrie familiale et ignorant tout du tissage, ne vivant que de riz de leur raïs et des produits de la forêt, les Kha Leus ont perpétuellement des allures de bêtes traquées. Peureux jusqu'à être veules, soupçonneux jusqu'à la fausseté, ils vivent dans la crainte constante des envahisseurs, qu'ils soient Annamites, Laotiens ou Français. Éternel enjeu entre deux puissances qu'il ne connaît que par leurs représentants, « linh » annamites et « phulits » laotien, qui le pillent et le brutalisent à tour de rôle et à qui mieux mieux, passant de l'autorité de Savannakhet à la domination de Quangtri, sans en savoir les raisons, et surtout sans qu'on lui ait demandé son avis ; ne pouvant circuler comme il l'entend, vendre son riz, acheter du sel et des buffles où cela lui plaît* » et ajoute *: « le Kha Leu ne demande qu'une seule chose : qu'on le laisse tranquillement vivre en paix ».* Ce dernier constat était encore vrai en 2000-2003 pour les populations itinérantes que j'ai rencontrées dans les hautes vallées de la Nam Noy (Kri/Kari), Nam Theun (Themarou) et Nam Xot (Atel).

Vargyas (2000) donne comme raison principale de la mobilité de ces peuples itinérants vers l'ouest (du Vietnam au Laos) la poussée vers l'ouest des Vietnamiens et l'empiétement de la civilisation due à la colonisation française sur leurs territoires traditionnels.

En 1950, André Fraisse, professeur de l'École Nationale de la France d'outre-mer, basé à Takhek, décrivait les différents groupes kha qu'il différentiait des So. Parmi les So, Fraisse désigne les Sô Trong, les Sô Slouy, Sô Phong et Sô Tri, les Sô Phou Ac, Sô Tiali ainsi que de petits groupes nomades. En 1983, Chamberlain mentionne les Kri habitant dans les provinces de Khamouane et Bolikhamxay. En 1985, la classification nationale de 47 groupes faisait état du groupe « Kri » regroupant 110 personnes. Le recensement de 1995 mentionnait 739 personnes Kri, alors que la même année, l'ethnographe vietnamien Hoai Nguyen comptait 910 Kri. En 1996, Nguyen Duy Thieu et l'Institut des langues de Summer au Texas proposaient deux autres listes de groupes ethniques, chacune avec les Kri. En 1995, Michel Ferlus proposait une comparaison des langues et peuples viet-muong y compris les Kri. En 1999, les Kri étaient aussi inscrits sur la liste établie dans la publication des peuples ruraux du Laos de Laurent Chazée. En 2015, le recensement national estimait la population Kri (Kree) à 1 067 personnes.

Les hameaux ou camps forestiers de Maka Tai, Maka Kang et Maka Neua

Entre 2000 et 2002, j'étudiais rapidement les Kri, ou Kari, de la haute vallée de la Nam Noy, dans le cadre du plan de développement social lié au projet Nam Theun. Ils étaient séparés en trois camps, ou hameaux forestiers, tant la structure des maisons semblait temporaire : Maka Tai : 8 maisonnées avec 40 personnes ; Maka Kang : 6 maisonnées et 28 personnes, mélangées avec des familles phong ; Maka Neua : 15 maisonnées avec 69 personnes. De nombreuses maisons étaient électrifiées par des turbines hydrauliques individuelles échangées avec les Vietnamiens contre des produits de la forêt. Au village de Maka Tai, en novembre 2000, les villageois venaient de construire une petite école temporaire depuis trois mois, mais il n'y avait pas d'instituteur. Avant 1982, ils bénéficiaient d'une école avec les niveaux P1, P2 et P3, mais les instituteurs étaient rapidement partis en raison des conditions de vie qu'ils jugeaient trop difficiles.

Kri, ou Kari, était le nom de groupe qu'ils se donnaient eux-mêmes, et qui fut transmis par les ancêtres. Cette appellation, que l'on pouvait interpréter comme « les gens de la forêt », comme les Yumbri de la province de Xayabury, pouvait donc être un endonyme, mais il est possible qu'il soit un exonyme ancien adopté[5]. En effet, de nombreux petits groupes viet-muong de la région se désignaient avant tout comme des Salang. D'après les Kri de Maka, le nom de Salang viendrait d'une déviation du mot *Sala,* qui veut dire *Bay Tong*, la feuille de bananier. « Salang » serait alors la base de l'exonyme « *Tong Luang* », en référence au peuple des feuilles jaunes, quand ces communautés se déplaçaient en forêt, protégées la nuit par des abris de feuilles de bananiers, qu'ils quittaient quand ces feuilles étaient déjà jaunes. Cet exonyme était encore utilisé à la même période pour les Yumbri (Mlabri) de la province de Xayabury, que l'on qualifiait alors de *Phi Tong Luang* (génie

[5] En 2009, Enfield et Diffloth indiquent que Kri est leur autonyme.

des feuilles jaunes), en raison du fait que les personnes des autres ethnies qui découvraient ces camps ne voyaient jamais ces populations en dehors d'abris de feuilles jaunies de bananiers. D'ailleurs, lorsque je visitais la première fois les Yumbri de Xayabury avec les populations voisines de leurs forêts, mon guide m'indiqua que je n'avais aucune chance de prendre en photo un Yumbri, car c'était un « génie ».

Selon certains Kri de Maka Tai, le nom de Kha fut longtemps employé lors du protectorat et celui de « Salang » fut ensuite donné par les gens de plaine à partir de 1949, qui, selon eux, viendrait de *Sola* (*Bay Tong* chez les Lao - feuilles de bananier sauvage). Les habitants de Maka Tai ne confirmaient pas cette version. D'après la transmission orale, les Kri pensaient qu'ils étaient dans la zone de Maka Neua lors des incursions siamoises du XIXe siècle. Ils se seraient réfugiés dans la forêt pendant de nombreuses années et seraient revenus à Maka Neua après le départ des Siamois. Jusque dans les années 1960, ils nous disaient que quelques familles isolées habitaient autour du village brou de Kouné situé à l'est, près de la frontière vietnamienne, au-delà du village de Beuk habité par les Sek. D'autres familles isolées habitaient, jusque dans les années 1970, aux alentours du village de Ban So, de l'autre côté de la Nam Noy. Pendant la deuxième guerre d'Indochine, en 1967 et 1968, les familles s'étaient réfugiées dans les forêts suite aux premiers bombardements aériens dans la zone de Teung.

Hameau de Maka Neua, district de Nakai, province de Khamouane, le 3 novembre 2000.

Les trois camps étaient établis sur la rive gauche de la Nam Noy, au nord des villages Sek de Teung et Xeuk. Le camp de Maka Tai se trouvait à l'emplacement de l'ancien village de Ban Khot. Il était entouré de forêts, avec des jardins de maïs et de manioc en bordure de la rivière. Pour rejoindre le camp de Mak Kang, situé à environ une heure de marche, il fallait remonter la Nam Noy, passer les affluents Huay Mark Man (gauche de Nam Noy) et Huay Malek (droite de Nam Noy), dont l'eau venait de la montagne Malek, réputée pour son gibier. Au nord de la montagne, un ancien village brou so avait été abandonné. C'est au niveau de Huay Mark Man que se trouvait la limite nord du territoire de Teung protégé par son génie du territoire. Il suffisait de remonter la Huay Mark Man pour rejoindre le village sek de Beuk.

Le village de Mak Kang se trouvait à la jonction entre la Nam Noy et la Huay Tchaka. Il fallait encore remonter au nord, traverser la Huay Kaod et Huay Maka pour rejoindre Maka Neua, situé pas très loin de la frontière vietnamienne, avec à l'est les monts Phou Tchit et Phou Tonglong.

Les groupes de familles changeaient fréquemment de place dans le territoire protégé par leur génie du territoire. Les raisons des déplacements étaient en général liées à des croyances par rapport à des maladies, des décès et des accidents. Le hameau de Maka Neua s'était monté dans les années 1970. Celui de Maka Kang, autrefois appelé Maka Neua, s'était construit au début des années 1970 à partir des familles vivant dans la forêt du territoire de Ban So et rejoint en 1990 par 16 familles de Maka Nua. En 1995, 4 familles de Maka allèrent s'installer avec des Brou dans le village de Bouama, près du village de Phonsavang et de la Nam Theun. En 1997, des familles de Maka Neua et Maka Kang avaient migré dans le nord du territoire de Ban Teung pour construire Maka Tai à côté d'une zone irrigable que les familles mettaient progressivement en valeur depuis le début de l'année 2000. Les trois hameaux étaient situés le long de la Nam Noy, à une heure de marche d'intervalle entre chacun d'eux. Les familles disaient avoir habité la même région depuis plusieurs générations. Ils étaient chasseurs-cueilleurs et produisaient aussi du manioc et du maïs. La culture de riz était peu adaptée au climat frais du nord de la rivière Nam Noy. Ils indiquaient que pas mal de Vietnamiens et Laotiens avaient vidé la zone des ressources forestières non ligneuses, en particulier le rotin *Vai Thoum* et la cardamome. Des Vietnamiens continuaient à venir et demandaient des pangolins, tortues et varans.

À partir de 1956 et surtout en 1979, des familles phong du village Yang situé côté vietnamien étaient venues se joindre aux hameaux de Maka (en 2000, il y avait 10 familles phong à Maka Kang, 3 familles à Maka Neua et une famille à Maka Tay). Les Kri avaient depuis établi des relations de mariage avec les Phong avec qui ils avaient des affinités linguistiques et historiques. Il semblait que les Kri et les Phong partageaient autrefois un territoire géré par le même génie protecteur du territoire. Avant 1975, une seule famille avait tenté la riziculture irriguée vers Maka Neua. Depuis le début des années 1980, suite à l'établissement de l'armée vietnamienne aux frontières, des relations d'échange s'étaient établies, en grande partie illégales. Les braconniers vietnamiens collectaient dans les villages et dans la forêt des animaux sauvages et des sous-produits animaux (ivoire d'éléphant, carapace de tortue, tigre, autrefois rhinocéros), des produits forestiers comme le rotin, le bois d'aigle, des plantes médicinales. Depuis 1993, la zone devenue protégée (NBCA de Nakai) était contrôlée, mais le trafic illégal de tortues, pangolins, varans, pythons, oursons, Douc langurs, rotins, bois d'aigle et autres produits continuait en lien avec les demandes vietnamienne, chinoise, thaïlandaise et laotienne. Ceci malgré l'établissement d'un poste douanier à Maka Neua. En 1998, les villageois de Maka vendaient ou échangeaient aussi du miel, des buffles, des porcs et des poulets aux Vietnamiens (UICN, 2001). En l'an 2000, les Kri affirmaient qu'ils étaient plus nombreux qu'il y a 25-30 ans, grâce à l'accès aux médicaments qu'ils se procuraient par le biais de commerçants ambulants.

Au village de Maka Neua, en novembre 2000, l'ancien chef de village, M. Talo, nous informait qu'il était né au camp de Kadak, situé à environ un kilomètre du village brou de Kouné, proche de la frontière vietnamienne. La transmission orale de ses parents indiquait que les Kri étaient déjà dans la région lors des incursions siamoises, pendant laquelle ils se réfugièrent en forêt durant de longues périodes. Avant les années 1960-1965, les Kri résidaient par petits groupes de 2 à 3 familles. Ils avaient créé, avec les Brou, ce village de Kouné. Vers les années 1965, certaines familles étaient venues dans le bassin versant du Huay Maka, d'où le nom du village. Maka Neua était le premier camp, qui était resté lors des bombardements, plus au sud, qui les avaient effrayés mais pas physiquement atteints. La communauté actuellement à Maka Tai avait rejoint le village de Ban So, de l'autre côté de la Nam Noy, qui était déjà occupé par les Brou So. Lorsque ces derniers étaient partis rejoindre les villages de Vanglé et Tong, les Kri s'étaient également déplacés et avaient créé Maka Kang, avec quelques membres Brou So avec qui il y avait eu des mariages.

Système linéaire

Le système est patrilinéaire et peu marqué. L'héritage est transmis de père en fils, avec la majorité pour le fils aîné qui est le plus souvent désigné pour rester dans la maison des parents après son mariage. Si les parents n'ont pas de fils, la fille reste alors dans la maison.

Lignages identifiés au Laos

Pas de lignage identifié.

Ménage

Famille kri au hameau de Maka Tai, en octobre 2000.

Chez les Kri, la résidence est patrilocale pour l'aîné des fils. Entre le petit et le grand mariage, les nouveaux couples observent une période de matrilocalité d'environ deux ans.

Religion et croyances

Croyance aux génies

Génies principaux

Génies « *Khmoyth* » : *Pue-Khmu mé* (parents), *Ban* (village), *Brou* (forêt), *Tougol* (terre salée), *Bou* (cimetière), *Dark* (eau), *Marang* (mort accidentelle), *Rong* (rizière), *Xtchurangki* (grand arbre), *Tchumure* (dragon), *Tchawa* (génie *Pop* chez les Lao).

Organisations traditionnelles villageoises

On ne note pas d'organisation traditionnelle villageoise en dehors du maître de cérémonies et de rituels, le *Tchao Tchamp* et le devin-guérisseur, le *Mo Mom* ou *Mo Yao*. Il devait sans doute exister des relations privilégiées d'entraide pour les travaux des champs entre voisins ou réseaux de familles élargies, mais ces relations semblaient plutôt être activées au cas par cas.

Éléments homme-femme

Les hommes disposent d'un meilleur statut que la femme du fait de la tendance patrilinéaire et patrilocale de la société kri. Entre le petit et le grand mariage, la période matrilocale assure un certain soutien social de la famille de la femme ainsi qu'un contrôle des obligations de l'homme vis-à-vis de sa future femme.

Les femmes kri n'héritent pas beaucoup et ne disposent pas d'indépendance financière en raison de leurs activités consacrées quasi exclusivement aux travaux vivriers et aux corvées quotidiennes. Elles participent aux décisions financières, mais le mari a souvent le dernier mot. Les femmes sont en charge des corvées d'eau et de bois, du ménage, de la cuisine, du petit élevage, du jardin maraîcher, de la fabrication d'alcool, de nattes et d'épuisettes. Elles participent aux travaux des champs, à la cueillette et à la pêche. Elles ne tissent ni ne brodent.

Femme kri allumant une cigarette au hameau de Maka Tai, en octobre 2000.

Femme kri taillant un manche d'outils au village de Maka Neua, le 3 novembre 2000.

Les hommes travaillent aussi aux champs et portent la responsabilité de la construction et de l'entretien des maisons et des clôtures, de la forge, du gros élevage, de la chasse, de la fabrication des paniers *Kayang* et des filets ainsi que de la cueillette de rente.

Culture

Cérémonies traditionnelles

Les Kri des camps de Maka célèbrent le *Kin Ted* ou *An Ted*, fête d'une journée organisée au deuxième mois lao, en janvier. Chaque famille mange du poisson et du poulet à cette occasion et l'on apporte des offrandes devant l'autel des génies *Ripthoy* (*Champhi* en Lao) qui consistent en du riz bouilli *Khao Tom* et du riz cuit dans du bambou *Khao Lam*. Le soir et la nuit, on chante et on joue de la musique traditionnelle en utilisant des instruments *Paokhen* et *Sixor*.

Au mois de mars, les Kri honorent le génie du devin *Mophi* et les villageois préparent du riz, du poisson et 4 jarres de bière de riz. Après la récolte de riz en novembre, les Kri honorent le génie du maître de cérémonie *Ongayak Khmoyth* (*Tchao Tchamp* en langue lao) en lui apportant un plat de riz et 1 jarre de bière de riz.

Vêtements et ornements

Les Kri ne portaient pas de vêtements traditionnels. Autrefois, les ancêtres se recouvraient d'écorces, comme les groupes salang du district de Bualapha.

Principales caractéristiques de l'ethnie

Mariage

Le mariage est en général organisé un mois après les fiançailles. L'époux participe à la dot et aux festivités en apportant 4 poulets, 1 porc, 16 piastres d'argent ou une barre d'argent *Lathong*, 4-8 jarres de bière de riz, 8 bols, 1 machette *Tohorr,* 1 couteau *Braa,* 1 petit couteau *Kadout*, 1 collier *Tuur* en graines de *Marpat*, 4 mètres d'étoffe, 1 casserole et 1 marmite en cuivre *Mathong*. Le jour du mariage, l'époux reste dans la pièce de l'autel des génies toute la journée. Après la cérémonie, la belle-fille se rend dans la maison de son époux pendant 4 jours, puis revient chez elle pour valider le mariage vis-à-vis de ses parents.

Grossesse et accouchement

La mère kri reste environ 15 jours dans une cabane, celle des menstruations *Top Kaoduc,* construite à côté de sa maison. C'est d'ailleurs dans cette maison de plain-pied, propre à chaque femme en âge de se reproduire, que la femme s'isole pendant la période de menstruation. À cette occasion, elle ne rentre pas dans sa maison et ne travaille en général pas. C'est sa famille qui la nourrit. Pendant cette période, son mari ne peut entrer dans d'autres maisons que la sienne, car il a été en contact avec le sang. On nous disait que chez les familles issues de mariages « Kri-Phong », la maison d'accouchement se trouvait attachée à la maison principale et sur pilotis.

Cabane d'accouchement et de menstruation chez les Kri de Maka Tai, en octobre 2000.

Les femmes kri accouchent à la limite du village, dans une petite cabane des naissances *Topré,* construite sans pilotis où elles restent environ 5-6 jours avec leur mari. On retrouvait à cette période une pratique similaire chez les Kado de Samouay et les Salang de Bualapha. Il est interdit à la mère et à son mari de se baigner pendant 5 jours qui suivent l'accouchement. Ils se baignent ensuite à l'eau froide. Après l'accouchement, la mère boit des tisanes d'herbes médicinales (*Vanechot* et *Harkheua Leuath* en particulier), et utilise aussi des infusions, des plantes pour des bains de vapeur et pour des massages. Elle utilise de nombreuses plantes médicinales qu'elle connaît parfaitement.

Les principales plantes utilisées après l'accouchement sont le *Katoun Noy* (*Rubus cochichenensis*), *Kha* (*Alpina galanga*), *Kreuale Tang* (*Treversia palmata*), *Rong Prouh* (*Lagerstroemia calyculata*) et *Ksi Luad* (*Embelia ribes*). Elle respecte également des interdits alimentaires pendant cette période. Après l'accouchement, la mère se nourrit principalement au riz et au sel pendant 15 jours. Les poissons, le gibier et la viande de buffle lui sont formellement interdits. On donne le nom du bébé un mois après sa naissance.

A la fin de la période postaccouchement, qui dure souvent plus de six mois, la famille effectue un rituel de clôture de cette période avant de pouvoir rejoindre définitivement leur maison. Pendant cette période post-accouchement, la mère peut aller et venir dans le village et à la rivière, mais ne se rend pas dans d'autres villages ni dans la forêt pour collecter des produits. Elle ne peut pas toucher d'autres personnes que son mari et ses enfants. Les Kri ont une relation particulière avec le sang. Tout montre que tout ce qui porte la trace de sang n'est pas autorisé dans la maison : femme au moment des menstruations ou des accouchements, viande saignante, gibier. Les anciens affirment qu'autrefois, les Kri ne devaient pas se nourrir de buffle, cerf, sanglier, gaur, goral et tigre, sous peine d'être atteints de folie.

Décès et funérailles

Les personnes décédées sont enterrées immédiatement, tant qu'il fait jour, et sans cérémonie. Seule la famille du défunt accompagne le corps enroulé dans une natte de *pandan*, au cimetière *Boue*. Au village de Maka Tai, le site du cimetière est situé dans la forêt à 300 mètres au sud du village. Une petite cabane est construite au-dessus de la tombe. Pendant 4 jours, la famille apporte des repas au mort sans manger de viande et sans travailler. Puis, elle démonte la maison d'habitation pour la reconstruire à un autre endroit. Les personnes décédées en forêt ne sont pas enterrées au cimetière.

Croyances

L'accident, la malemort, l'épidémie ou la maladie grave dans une maison entraîne automatiquement l'abandon du site de la maison et des structures du premier étage, piliers, poutres et plancher.

Nutrition et santé

Si autrefois, les Kri se nourrissaient préférentiellement de tubercules forestiers, en 2000-2002, lors de nos visites, leur plat de subsistance préféré était le riz, puis le maïs, ensuite le manioc et enfin les produits forestiers comme le tubercule *Mark Pao*, les pousses de bambou et de rotin et la liane *Kheua.* Comme les Témarou, les Sek, les Phong et les Brou de cette région, ils récoltent de nombreux produits forestiers qui leur assurent une diversité alimentaire appréciable. En raison de la faible influence de l'économie de marché et l'absence de voie d'accès, les Kri maintiennent un mode de vie vivrier dans laquelle les ressources alimentaires des forêts, jachères et zones humides gardent toute leur importance. On estime que les produits issus de la forêt, des rivières et des zones humides dépassent la moitié de leur alimentation. Chez eux, comme chez les Témarou et les Mlabri, le service productif des écosystèmes jour un rôle très important.

Les plantes médicinales connues et utilisées, quelquefois après transformation, sont nombreuses et les Kri en comptent plus de 40. Parmi celles-ci, certaines sont surtout utilisées en décoction à boire (*Katoum Deng, Katoum Khao, Mark Mua, Mark Mi, Tringue, Probe, Kréale Kambosouh,*

Toui, Nam Tao Noy, Yuah Toh, Peual Hoey, etc.), d'autres pour les bains de vapeur et massage (*Hen Hon, Nom Ngam, Kham*, etc.), en infusion (*Kouad Prii*), en lavage (*Pray Mark Neng*), en soupe (*Ta Lou Mala*).

Territoire

Territoire d'habitation

Lors de la période d'étude, les Kri occupaient le haut bassin de la Nam Noy au nord du district de Nakai de la province de Khamouane. Les trois hameaux étaient établis sur la rive droite de la Nam Noy, entre 800 et 900 mètres d'altitude. Maka Neua, la zone d'origine des ancêtres, se situait au nord de la rivière Maka. Celui de Maka Kang était établi au sud de la rivière Huay Tchaka, habité par une majorité de familles phong. Celui de Maka Tai était construit sur le territoire de Ban Teung, au sud de la rivière Koloun. Ces trois hameaux étaient entourés de montagnes et vallées forestières abondamment irriguées. Autrefois, la cueillette, la chasse, la pêche, le terrain pour la culture de manioc et de maïs représentaient les critères dominants de choix du territoire.

Territoire et village de Maka Kang, le 3 novembre 2000.

Territoire et village de Maka Neua, le 3 novembre 2000.

Les Kri (Kari) sont protégés par un génie gardien du territoire dont les limites ont été négociées par les ancêtres. Ce territoire est ceinturé à l'ouest par le village habité par des So, à l'est par les villages de Namoy et Beuk et les montagnes *Pou Tong Long* et *Pou Tchit*, au sud par celui de Héo et Teung et à l'ouest par la Nam Noy qu'ils traversent de temps en temps. Les Kri ne changent pratiquement jamais de vallée et n'ont que rarement rencontré les « Salang » de Vangchang, qu'ils appellent encore « Tong Luang ». Cette dénomination vient certainement du fait que les Kri (Kari) les ont rencontrés il y a très longtemps dans la forêt et pensent qu'ils mènent encore une vie itinérante, contrairement à eux qui se sont « sédentarisés » depuis 1974.

Village

Autrefois, les « villages » étaient plutôt des hameaux mobiles regroupant deux à sept familles habitant de petites huttes de mauvaise qualité. Les maisons étaient déplacées à chaque épidémie ou catastrophe naturelle, toujours dans les limites du territoire protégé par le génie gardien. En 2002, les hameaux restent de petite taille et ne sont pas clôturés. Les maisons ne sont pas orientées de manière définie et elles ne sont pas clôturées. L'enceinte villageoise comprend des maisons, des porcheries, des poulaillers et quelques arbres fruitiers de 10-20 ans. La construction de ces hameaux date de 1974, mais ce n'est que depuis 1995 que les familles y habitent plus de 6 mois par an. Les trois hameaux sont électrifiés par des turbines individuelles d'origine vietnamienne installées dans les rivières Huay Maka, Huay Tchaka et Huay Koloun.

Maison

Les maisons sont de section rectangulaire et montées sur moyen à haut pilotis (en général 16 pilotis). Elles sont de maigre qualité avec des matériaux de construction où le bambou domine. À quelques exceptions près, l'aménagement des maisons est similaire à celles de leurs voisins : Brou et Phong.

Maisons kri au village de Maka Tai, en octobre 2000.

On y accède par une échelle latérale située sur la droite en regardant la face avant de la maison. De la terrasse ouverte qui sert de lieu de travail, deux portes à glissière permettent d'accéder à la pièce principale qui sert de salon, salle à manger, salle de réunion et salle de rangement. Le creuset à main fiché sur une tige de bois reposant sur le dos d'un tronc évidé fixé sous la maison se situe du côté opposé à celui de l'escalier d'accès. Le foyer est implanté entre les deux portes. Au fond à gauche, la chambre des parents est séparée par une cloison de bambou. L'autel des génies se situe dans cette chambre, symbolisé par le pilier d'angle. Au milieu se trouve la chambre également

Intérieur d'une maison kri au village de Maka Neua, le 3 novembre 2000.

cloisonnée des enfants, qui sert à l'enfant marié qui reste avec ses parents. Sur la droite, une salle ouverte sert de chambre pour les enfants non mariés lorsque la chambre centrale est occupée, ou par les invités qui passent la nuit.

Les piliers sont en bois dur *May Dou*, la toiture recouverte de feuilles de palmes *Bay Kho,* les parois et cloisons en bambou *May Hiya* ou *May Phang*, et le plancher en lattes de bambou *May Sot* ou *May Phai*. Les maisons ne sont pas clôturées.

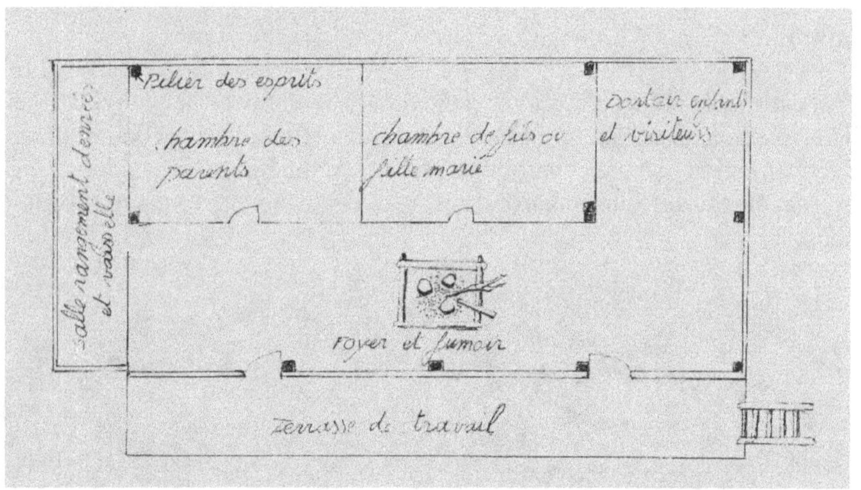

Gestion d'une maison kri au village de Maka Tai, le 23 avril 2000.

Gestion des ressources naturelles

Dans le territoire kri du haut bassin de la Nam Noy, la biodiversité est encore bien conservée grâce au manque d'accès et à la faible densité démographique (1 hab./km^2).

Le trafic illégal de la faune, du bois et des produits sous-forestiers, engendré par la demande vietnamienne reste un problème sérieux. Malgré l'inclusion et la protection de ce territoire, depuis 1993, dans la NBCA de Nakhai-Nam-Theun, les rapports de l'UICN et de la WDC montrent le maintien de ces trafics entre 1996 et 2000.

Les principaux arbres du territoire de Maka Tai (2000) : *Pterocarpus macrocarpus (May Dou), Dipterocarpus alatus (May Nyang), Chukrasia tabularis (May Ngom), Aquilaria crasna (May Heuang, Ketsena, (May Heng), Lagerstroemia sp. (May Peuay), (May So), Litchi sinensis (May Ngieopa), (May Khaokouay), (May Houalon), (May Bok), (May Phi), Quercus kerri (May Ko), (May Loengleng), Ficus annulata (May Hay), Cratoxilon polyanthum (May Tiu), (May Kanebouang), Careya sphaerica (May Kadol), Alstonia sholaris (May Tinpet), Broussonetia papyrifera (May Posa), Hopea spp. (May Khen), Sindora cochinchinensis (May Taie), Phyllanthus emblica (May Khampome), Anisoptera cochinchinensis (May Bark), Keteleeria roulletti (May Hing), Pasania magneinii (May Komoue).*

Arbre May Ketsena dans le territoire de Maka Neua, en novembre 2000.

Faune dans le territoire de Maka Tai (2000) : cerf sambar, cerf aboyeur, chevrotain, gaur, saola, chien rouge d'Asie, macaque, langur, gibbon, sanglier, tigre, panthère nébuleuse, goral, civette, blaireau-furet, porc-épic, loris, pangolin, rat des bambous, écureuil, écureuil volant, chauve-souris, varan, tortue, poule sauvage, faisan, jacana, perdrix, coucou, drongo, bulbul, barbu, pigeon vert, tourterelle, pipit, bergeronnette.

Serpent vert arboricole dans le territoire de Makai Tai, en octobre 2000.

Autrefois, les animaux étaient piégés par d'innombrables types de pièges ou chassés à l'arbalète *Sanain*. Les villageois imprégnaient les pointes des flèches *Sarra* dans du poison *Korr* fabriqué à partir de la sève de l'arbre *Krou,* gros arbre que l'on trouve vers Vanglé et Tong, dans le sud de la vallée de la Nam Noy.

Entre 1930 et 1990, les fusils achetés en période de guerre et l'armement des polices et milices villageoises permirent de chasser de gros animaux. Suite aux campagnes de confiscation des fusils démarrées en 1993, les villageois continuent à piéger en utilisant le collet de passage, le collet guillotine, le collet étrangleur, le piège à assommoir et le piège à lance. Ils chassent à l'arbalète les petits oiseaux et les petits rongeurs.

Poissons dans le territoire de Maka Tai (2000) : *Channa striata (Pa Kho), Hampala macroletidota (Pa South), Crrhinus moitorella (Pa Kang), Poropuntius deauratus (Pa Tchath), Clarias batrachius (Pa Douk), (Pa Deng), Bagarius yarreli (Pa Khaie), Mystus wykioides (Pak Keung), (Pa Khokang), Mastacemblus armatus (Pa Lath), (Pa Mome), (Pa Sa), (Pa Song), Pangasius (sanitwongsei?) (Pa Luam), Channa lucius (Pa Kouane), (Pa Phanxay), (Pahak Kouay), Gyrinocheilus pennocki (Pa Ko), Rhinchogobius sp. (Pa Bou), Boesemania microlepsis (Pa Kouang).* Le poisson constitue la source quotidienne de protéine animale la plus régulière. Hommes, femmes et enfants utilisent les filets rabatteurs, les filets appât, les filets épervier et l'hameçon. En mars-avril, ils emploient des nasses pour la prise des poissons chats ou l'écorce *May Som* pour asphyxier les petits poissons dans les plans d'eau.

Poissons pêchés à Maka Neua, le 3 novembre 2000.

Enfants kri pêchant à l'hameçon au village de Maka Kang, en novembre 2000.

Depuis 1984 qui a vu la demande vietnamienne en produits sous-forestiers augmenter dans cette partie du Laos, les ressources naturelles commerciales ont chuté très vite. Il faut aller de plus en plus loin pour collecter les produits, ce qui diminue considérablement la productivité du travail et les revenus familiaux. Depuis l'établissement du poste des douanes à Maka Neua et les postes de l'armée à Xeuk et Kouné, le braconnage semble se réorganiser à l'ouest de Maka au nord de la rivière Huay Khot entre la Nam Noy et la Nam Theun. Étant donné les faibles moyens de contrôle et le peu de zèle des gardes forestiers à sortir de leur bureau, il est vraisemblable que ce trafic ne cesserait qu'avec la perte de la biodiversité intéressante commercialement. On pourrait alors annoncer la fin des activités illégales…

Moyens d'existence et systèmes de production

Activités dominantes de production

Manioc - maïs - riz ordinaire - tabac - porc - volaille - travail saisonnier - cueillette - chasse – piégeage - pêche. Riz gluant - jardins maraîchers - bière de riz - buffles. Les revenus proviennent de la vente, de maïs, de porcs, de volailles, des produits sous-forestiers, du travail saisonnier.

Les autres cultures : patate douce, tubercule *Pheuak*, piment, potiron, courgette, concombre, melon, ananas, citronnelle, oignon, basilic, *Marktol*, canne à sucre, banane, papaye, *Sé* (sorte de thé vert local).

Récolte de manioc au village de Maka Neua, le 3 novembre 2000.

Principaux produits de la cueillette du village de Maka Tai (2000) : *Aquilaria sp. (May Ketsena* - bois d'aigle), *Khisi* (gomme Damar), *Kisouth*, *Nam Man yang* (résine Yang*), Calamus thorelli (Vay Toum* - pousse et canne de rotin), *Arenga pinnata* (*Mark Tao* - pousse et fruit de palmier), (*Mark Ka Bao* - tubercule forestier), *Pandanus sp. (Mark Toey), Mark Khene* (*Zanthoxylum rhetsa* - poivre sauvage), *Musa sp.* (*Mark Phi* - fleur de bananier sauvage), *Coscinium usitatum* (*Kheuahem), Nehilium longum (Mark Ngéo), Mangifera spp. (Mark Mouang Pa* - mangue sauvage), *Baccaurea ramiflora Lour.* (*Mark Faye), Pakvane, Dioscorea sp. (Mane Lay), Dioscorea hispida Dennst (Mane Koï), Dioscorea alata L. (Mane Pa), Lycopodium spp. (Pakoud), Olax obtus Bi. (Kheuakatok), Combretum decandrum (Vay Din), Piper sarmentosum Roxb. (Park Ileuath), Zyzygium gratum (Park Kha Mek), Castranopsis spp. (Mark Ko), Schleichera oleosa Merr. (Mark Kho), Spondius pinnata (Mark Kok), Nephelium longam (Mak Ngiou), Phyllanthus embrica L. (Mark Khampome), Pithecellobium dulce Benth (Mark Khampep), Ficus sp. (Mark Deua), Mark Kheng*

Dessin de femme kri fumant le tabac local au village de Maka Tai, octobre 2000 (edition M. Cairn) à partir d'une photo de L. Chazée (Oct. 2000).

(aubergine sauvage*), Eryngium foetidum L. (Pak Hompé), Saccharum spontaneum L. (No Lao* - pousse de bambou), *No Hok, Oxytenanthera pavifolia Br. (No Sot), Rhaphis humilis Bl. (No Sane), No Vane, Daemonorops jenkinsiana (No Boun), Dendrocalamus sp. (No Sang), No Thaie, Bambusa tulda Roxb. (No Bong), Schizostachyum blumei Nees (No Hiya), Dendrocalamus ionoifimbriatus (No Phang* - pousse de bambou),

Champignons : *Termitomyces sp.* (*Het Pouark), Auricularia sp. (Het Kadane), Lentinus squarrosulus Mont (Het Khao), Auricularia sp. (Het Houling)*.

Les sources de revenus à Maka Tai : faune, poissons et produits forestiers (60 %), élevage (30 %), travaux saisonniers (10 %).

Principaux systèmes de production

Les Kri des camps de Maka vivaient encore comme des chasseurs-cueilleurs dans les années 1950-1960. Depuis cette époque, ils pratiquent aussi la culture de manioc, de maïs et de taro et l'abatis-brûlis en système de jachère. Les essarts, au sud de leurs camps, proche de la rivière Nam Noy, comprennent du riz ordinaire *Khao Mane Toune* et des associations avec le maïs, le sorgho, le piment, les patates douces, les haricots, le basilic, le potiron, les courgettes. En 2000-2002, les friches sont toujours cultivées après plus de 6 années de repos. Les essarts n'ont pas de caractère privatif et peuvent être utilisés par d'autres familles après approbation verbale du dernier à l'avoir cultivé. Les Kri utilisent d'autres modes d'exploitation du territoire : le jardin familial permanent ou semi permanent, le plus souvent à caractère privatif, pour la culture du maïs, de préférence sur des terres alluviales inondables de la Nam Noy et Huay Maka ; le jardin bisannuel de manioc en zones de piedmont ou d'alluvion, avec un retour tous les 6-8 ans ; quelques rares familles cultivent un jardinet légumier au bord de la rivière Nam Noy lors de la saison sèche. Les buffles restent en vagabondage semi-surveillé.

Les Kri utilisent plus de 150 produits dans la forêt voisine, en particulier des bambous, des rotins, des épices, des feuilles, des champignons. Ces 150 produits fournissent plus de 500 sous-produits. Les produits de la chasse, du piégeage et de la pêche dans les rivières procurent les apports en protéines animales.

Il est intéressant de noter qu'il existe de nombreux interdits alimentaires qui diffèrent selon les familles, autant pour les buffles que pour certaines espèces d'animaux sauvages. Depuis 1998, avec l'influence des militaires installés à Ban Xeuk, l'assistance liée au projet de Nam Theun 2, quelques familles ont commencé la riziculture permanente (1,5 ha pour 5 familles en année 2000 pour le village de Maka Tai). Toutefois, en raison du manque d'eau et du manque de performance du petit barrage réalisé en 1999 sur la Huay Maka, les Kri n'étaient pas persuadés par cette technique.

Dans le haut bassin de la Nam Noy, il est rare que la production de riz couvre les besoins familiaux de plus de 6 mois par an. Le manioc, le taro, le maïs, les produits de la forêt font partie du régime alimentaire permanent des populations. Ils ne constituent pas des aliments de substitution du riz, comme chez les peuples de parler tay. En cas d'insuffisance alimentaire après avoir consommé le riz, le maïs, le manioc et les tubercules cultivés, les Kri disposent de nombreuses alternatives de survie alimentaire : demande de prêt de nourriture à la famille élargie, recherche accrue de gibier, de poissons ou de produits sous-forestiers pour la vente, recherche d'emplois saisonniers dans les villages voisins, vente d'animaux domestiques.

Outils agricoles kri au village de Maka Neua, le 3 novembre 2000.

Depuis le début des années 1990, les Kri ont commencé à collecter des produits de la forêt comme le rotin *Vai Thoun* et vendre certains animaux demandés par les Vietnamiens comme les pangolins, varans, félins. Depuis 1992, certains commerçants lao viennent aussi acheter des produits de la forêt et des animaux domestiques, alors que quelques familles des hameaux de Maka recherchent d'autres revenus monétaires avec les activités d'achat-vente d'alcool et de cigarette. La majorité des échanges s'effectue encore sous forme de troc avec les commerçants ambulants vietnamiens qui proposent marmites, vêtements, chaussures, turbines, produits de toilette, médicaments, torches et piles contre tortues, os de félin, pangolins et viande séchée. En 2001, les systèmes de production sont toujours basés sur ces composantes plus proches de la chasse-cueillette que de la production. Les travaux quotidiens restent extensifs. Le temps de travail ne dépasse pas 5 heures par jour et par personne, temps suffisant pour assurer l'alimentation de la famille en toute saison.

Développement

Références au développement

En 2002, les Kri étaient encore des chasseurs-cueilleurs dans leurs activités quotidiennes, leur façon de se nourrir et leur choix de vie. Les Kri, autrefois traqués par les Siamois et les Vietnamiens, enfermés depuis plusieurs générations dans la haute vallée forestière de la Nam Noy, il est difficile de savoir si ce mode de vie venait d'un choix délibéré ou du résultat d'une exclusion sociale et d'une fuite continue qui les a fait stagner, ou même régresser à leur stade actuel d'évolution. Ils montrent de nombreuses similitudes avec les Yumbri de Xayabury telles qu'un emploi quotidien inférieur à 5 heures, une grande suspicion et méfiance envers les étrangers à leur territoire, une passivité et désintérêt vis-à-vis du monde extérieur. Leur attitude secrète, réservée et taciturne, traduit une volonté de ne pas communiquer avec l'étranger, ennemi potentiel auquel il est préférable de ne rien dévoiler. L'histoire leur donne raison.

Le mode de vie est principalement basé sur des activités de consommation, la cueillette, la chasse, le piégeage et la pêche. Les activités de production agricole sont nouvelles de ces 30 dernières années et restent encore minoritaires dans l'ensemble de leur modèle de consommation. La production commerciale, l'intégration dans l'économie de marché, la gestion agricole et la gestion de l'environnement ne sont pas encore des notions connues, ni des obligations.

Les Kri de Nakai se sont installés depuis 1975 dans la haute vallée de la Nam Noy, dans une zone isolée dans laquelle ils sont très attachés par les croyances religieuses et par la connaissance locale de la gestion de ses ressources naturelles. Les limites religieuses du territoire sont les seules encore vraiment respectées par les Kri (Kari) et les communautés voisines : le territoire kri.

Femme kri de Maka Tai, en octobre 2000.

Le développement socio-économique ne se conçoit pas en dehors de ces frontières traditionnelles. Toute tentative de relocalisation forcée et non approuvée religieusement se traduirait certainement par des effets négatifs comme ceux observés chez les Atel originaires de Huay Kanil dans la vallée de la Nam Xot. Depuis au moins 1984, les Kri ont été en contact avec les colporteurs et braconniers vietnamiens. Ils sont aussi en contact avec les militaires basés à Ban Seuk depuis 1997 et avec le personnel de la NBCA, de l'UICN et de la WCS depuis 1994.

En août 1998, Maka fut sélectionné par le Gouvernement et l'UICN pour un programme « Guardian village » consistant à mettre en place un système participatif de conservation. Une unité villageoise de suivi de la conservation fut créée entre novembre et décembre 1998 pour contrôler le territoire. En raison du passage d'un ouragan lors de la période de la mission d'assistance, cette unité ne put être formée. Les villageois montrèrent un intérêt particulier pour le développement des rizières irriguées et l'établissement d'un fonds de médicament. En 1999, avec l'assistance des membres de l'aire protégée (NBCA), du service agricole du district (DAFO) et de la province (PAFO), la surface de rizière passa de 0,5 ha à 5,5 ha, dont 2,5 ha pouvant être irrigués en saison sèche grâce à la construction d'une série de petits barrages. Le projet UICN distribua 40 binettes et pelles et 250 kg de semences de riz.

Dans les conditions de 2000-2002, le futur alimentaire et économique des Kri pendant les 20-30 années à venir n'était pas contraint du fait du faible ratio entre la démographie et les ressources naturelles. Seule la prédation des acteurs extérieurs sur les ressources naturelles pouvait réduire la période de sécurité alimentaire des Kri. C'était le réel combat à mener plutôt que blâmer les Kri dont le niveau d'extraction des ressources pour leurs besoins restait infime.

Le fait que l'ethnie Kri n'ait pas d'interdits à pratiquer l'exogamie ethnique au mariage (Brou, Phong) représente une sécurité de survie du groupe. Néanmoins, leur fort attachement au territoire ancestral de Maka, leur isolation par rapport au monde et à son évolution sont des facteurs limitant les futures opportunités de développement. Le système de vie en transition entre la vie itinérante et la sédentarisation est aussi un élément important à prendre en compte dans la flexibilité et la durée d'un programme de développement.

Étant donné les faibles opportunités économiques dans la zone de Maka et leur sous-développement relatif par rapport aux autres ethnies de la vallée, les options réalistes de développement restent encore limitées. S'ils souhaitent qu'on les laisse en paix, le manque de développement organisé laisse la place à la prédation illégale des ressources naturelles par des commerçants, ce qui risque d'être pire dans le moyen terme pour la survie des Kri.

Les changements progressifs d'attitudes et de comportement, voire de certaines croyances, s'opéraient surtout par leur mélange, leur contact et leurs échanges avec les peuples voisins sek, brou et phong.

En 2003, l'une des options préférées des Kri consistait à un développement progressif en partant de leur système de vie dans le territoire de Maka, avec l'introduction des composantes de culture irriguée, d'éducation formelle et de diversité des productions de subsistance. Vu la très faible productivité du travail des populations, il convenait de redresser leur niveau de vie par un soutien temporaire à la sécurité alimentaire (pour limiter la pression sur le

NBCA) et à l'amélioration des besoins sociaux primordiaux, et développer l'élevage commercial de buffles. Un programme permanent et effectif d'éducation formelle des enfants permettrait de mieux les armer pour l'avenir.

Tourisme et ethnotourisme

Il n'y a jamais eu de tourisme dans cette région inaccessible et protégée jusqu'à la fin de la période d'étude. Dans le contexte de cette période, cette activité n'était pas recommandée, ni en termes de sécurité, ni en termes d'options de développement pour ces Kri, vivant encore au stade de la survie et très attachés à leur liberté.

Quelques auteurs de références

Fraisse A., 1949 ; Chamberlain J. R., 1983, 2002, 2003, 2018 ; recensement national, 1995, 2015 ; Hoai Nguyen, Ferlus M., 1995 ; Chazée L., 1995, 1999, 2017 ; Nguyen Duy Thieu, 1996 ; Chamberlain J. R. & al., 1996, 1997 ; UICN 1998, 1999, 2001 ; Chazée L., Syphanravong S., 2000 ; AMO, 2000 ; Nam Theun 2 project, Social Development Plan, 2005 ; Enfield N.J., Diffloth G., 2009 ; De Boer H., Lamxay V., Lamxay V, De Boer H., Björk L., 2011 ; Zuckerman C.H.P., Enfield N.J., 2022.

Chapitre VII.
Liha

Noms de l'ethnie
Liha

Famille, groupe et branche linguistiques

Austro-asiatique, groupe môn-khmer, viétique, branche Nord-Ouest avec les Toum et les Phong.

D'après les Liha de Sopkhy, la langue liha ressemble à celle des Toum. Ils peuvent communiquer facilement en langue locale avec les Toum et les Phong.

Quelques éléments linguistiques liha (Ban Sokhy) : *Euiy* (père), *Mé* (mère), *Kone* (enfant), *Ankeum* (manger), *Keum* (riz), *You Dak* (boire), *Dak* (eau), *Ma* (génie), *Pakhlang* (forêt), *Khlongdak* (rivière), *Koul* (porc), *Tchor* (chien), Ka (poulet), *Vid* (canard), *Ngoua* (bovin), *Keulo* (buffle), *Mar* (cheval), T*hlong* (essart, Hai), *Na* (rizière), *Kaa* (poisson), *Nya* (maison), *Phla* (couteau), *Tao* (couteau pointu), *Phlé* (panier), *Pounkouth* (foyer).
Chiffres : *Mott* (un), *Hane* (deux), *Pa* (trois), *Pol* (quatre), *Dam* (cinq), *Phlao* (six), *Bay* (sept), *Sam* (huit), *Tchine* (neuf), *Meuay* (dix).

Villages étudiés
1 village étudié : Ban Sopkhy (octobre 2019)

Distribution géographique

Laos

Province de Bolikhamsay, districts de Khamkeut et de Xaichamphon, mélangés avec des Tai Mène, Tai Theng, Tai Meuiy et Hmong.

Viêtnam : province de Nghê-An (pas d'information sous le nom de « Liha »).

Peuple

Population au Laos

La population liha en 2002 était estimée à environ 50 familles et 300 personnes (Chazée, 2002). En 2019, elle était estimée à 70 familles et environ 400 personnes.

Les Liha ne sont pas recensés comme une ethnie officielle et peu d'information existe à leur sujet. Étant donné les problèmes de sécurité dans les années 2000 - 2002 dans la zone habitée par les Liha, nous n'avions pas pu les étudier, malgré deux tentatives en mars 2011 et en juillet 2017, qui échouèrent. À cette période, les Liha étaient uniquement enregistrés dans le district de Khamkeut, au village de Phoulane. Ils furent ensuite déplacés au village de Sopkhy (35 familles) dans le futur nouveau district de Xaychamphon mais certaines autres familles liha auraient rejoint le village de Souanmone au sud du district de Khamkeut. Nous retournions visiter les Liha de Sopkhy en 2019.

Province de Bolikhamsay

District de Khamkeut

En 2019, le district de Khamkeuth enregistrait 11 ethnies : les ethnies de parler tay étaient majoritaires : Tai Meuiy, Tai Mène, Tai Theng, Tai Nyo, Sek (134 personnes, dont 73 de sexe féminin). On notait aussi les Kri (1 116 personnes, dont 544 de sexe féminin), les Hmong (140 personnes, dont 78 de sexe féminin), les Ksing Mul (100 personnes, dont 52 de sexe féminin), les Yrou/Lovène (90 personnes, dont 50 de sexe féminin), les Phounoy (45 personnes, dont 20 de sexe féminin), les Liha et Kapkaie. On remarquait que la grande majorité de ces ethnies n'était pas originaire du district. Le district était une zone de regroupement assez hétéroclite d'ethnies venues du Nord (minorités de parler tay, Hmong, Phounoy, Ksing Mul), du Sud (Lovène) et du Vietnam (Liha). La communauté sek était assez proche des autres communautés de Nakai et de Takhek.

District de Xaychamphon

Le district de Xaychamphon, créé depuis 2003, comprend en 2019 un total de 17 villages, 1 980 familles et 10 814 personnes, dont 5 140 de sexe féminin. Ces villages sont habités par 8 ethnies enregistrées : Lao, Toum (679 personnes, dont 338 de sexe féminin), Phong (483 personnes, dont 213 de féminin), Liha (46 familles), Tai Meuiy, Hmong et Phounoy et Khmu. Là aussi, le district regroupe de nombreuses ethnies non originaires de la région, venues s'installer suite à l'essor de Lak Sao depuis le milieu des années 1990.

Histoire

L'histoire des Liha vivant au Laos n'était pas connue au moment de l'étude. On savait que ce peuple de langage viétique venait depuis les années 1940 du Vietnam, au niveau de la frontière nord du district de Khamkeut, province de Bolikhamsay.

Village de Sopkhy, district de Xaytchamphone

Dans ce nouveau district créé en 2003, il n'existe qu'un village de familles liha mélangées à d'autres ethnies. On dit qu'il existe aussi quelques familles liha à Ban Souanmone dans le district de Khamkeuth. En octobre 2019, le village de Ban Sopkhy est géré par son chef M. Tchiasavang et ses deux adjoints. Le Conseil des Anciens *Néohome* comprend 2 personnes et l'Union des femmes lao également 2 personnes. On note aussi, comme dans tous les villages, l'armée et la police villageoise. Le village compte 10 anciens combattants, 3 fonctionnaires et 6 militaires.

Le village se compose de 113 maisons dont 46 maisons habitées par des Liha, 48 maisons par des Hmong et 19 maisons de minorités de parler tay : Meuiy, Mène et Thèng. Le village dispose d'une école primaire gérée par 5 instituteurs pour 187 élèves inscrits, ainsi qu'une école maternelle de 30 enfants gérée par 2 institutrices. Le capital privé cumulé du village comprend 30 motoculteurs (Tuk-Tuk), 113 mobylettes, 1 voiture, 30 décortiqueuses à paddy et 220 téléphones portables.

D'après M. Thongphanh, 3e Adjoint au chef du village, les Liha seraient venus du Vietnam. Les 3 premières familles se seraient d'abord installées, en

Territoire et village de Sopkhy, district de Xaychamphone, 7 mars 2011.

1940, à Ban Phoulane. D'après lui, il existe encore les familles liha de cet ancien village qui se trouvent maintenant dans le village de Souanmone, dans le district Khamkeuth, entre Lak Sao et le district de Nakai. De 1940 au 2000, la population liha a atteint 35 familles au village de Phoulane. En 2000, à la demande du chef de canton, les Liha de ce village ont dû se déplacer à Ban Sopkhy, qui appartenait à la zone Khet Tchamp, avant de devenir Xaychamphone à la création du nouveau district en 2003. En 2019, les Liha résident dans 46 maisons.

Système linéaire

Les Liha ont un système patrilinéaire et la résidence est patrilocale.

Lignages identifiés au Laos

Au village de Sopkhy, les Liha ne se rappellent pas s'il existait autrefois des lignages.

Ménage

Au village de Sopkhy, en 2019, les ménages sont en majorité mononucléaires, comprenant la famille restreinte aux parents et enfants non mariés.

Religion et croyances

Les Liha sont animistes et croient aux génies. Comme les Toum, ils célèbrent le Têt vietnamien, ce qui confirme leur passé au Vietnam. La fête du Têt, Nouvel An vietnamien, a lieu le jour de la première nouvelle lune, au milieu de la période séparant le solstice d'hiver de l'équinoxe de printemps, entre le 21 janvier et le 20 février.

Le Têt est généralement fêté le même jour que le Nouvel An chinois, puisque le Vietnam et la Chine possèdent le même calendrier, de type luni-solaire. Les Liha ont les mêmes journées de célébration que les Vietnamiens et les Tai Dam. Le cycle de riz de pente démarre après la fête du Têt. En dehors de la fête de Têt, les Liha ont aussi des cérémonies traditionnelles annuelles spécifiques.

Génies principaux

Les Liha croient à plusieurs génies *Ma* : *Ma Euiy Ma Mé* (génie des parents), *Ma Ban* (génie du village), *Ma Muang* (génie du district), *Ma Pakhlang* (génie de la forêt), *Ma Khlang* (génie de l'arbre), *Ma Khlong-Dark* (génie de la rivière), *Ma Dark* (génie de l'eau), *Ma Phlou* (génie de la montagne), *Ma Nya* (génie de la maison), *Ma Poung* (génie des terres salées), génie du cimetière.

Organisations villageoises

Dans la composition administrative du village en 2019, le chef du village est Hmong, le premier adjoint de parler tay et le deuxième adjoint M. Thongphanh Chanthavy est de l'ethnie Liha. Les représentants du Néohom sont Liha et Hmong et les représentantes de l'Union des femmes lao d'ethnies de parler tay.

On nous indiquait la présence de sorciers-guérisseurs au village de Sopkhy, en charge d'organiser les cérémonies traditionnelles. Dans ce village, les Liha organisent traditionnellement et annuellement des groupes d'entraide entre les familles du village et d'autres villages des territoires voisins pour certaines activités, comme le semis et la récolte du riz de pente (*Hai*) et le repiquage et la récolte du riz de rizière (*Na*).

Certains groupes d'entraide existent aussi dans les familles élargies du village de Sopkhy. Ils étaient encore actifs en 2019.

Éléments homme-femme

La répartition des tâches entre les hommes et les femmes est similaire chez les Liha et les autres ethnies du village de Sophy et des villages voisins des ethnies Toum, Phong, Hmong, Meuiy, Mène, Thèng, Nyo, Kouane, Tai Pao, etc.

Les hommes ont la responsabilité exclusive de la construction et de l'entretien des maisons, greniers et bateaux en bois, de la coupe de bois de construction, du transport des bois coupés, de la défriche, du labour et du hersage des rizières, des clôtures, de la forge, de la chasse, de la pêche, de l'élevage de buffles, bovins et caprins. Les femmes se chargent particulièrement de la cuisine, du nettoyage de la maison, de la collecte de bois de feu, du transport d'eau domestique, du repiquage du riz, du désherbage des champs à la main ou à la faucille, de la basse-cour, du tissage, de la cueillette vivrière.

Villageois liha de Ban Sopkhy, district de Xaychamphone, 7 mars 2011.

Hommes et femmes partagent de nombreuses activités : débardage des essarts, semis et récolte de pente, travail dans les jardins d'association, pêche (petite pêche pour les femmes : alevins, crabes, crevettes, mollusques d'eau, insectes aquatiques, algues).

Vêtements et ornements

Les Liha produisaient autrefois leur coton et les femmes avaient appris le tissage depuis le Vietnam, activité qu'elles continuaient en 2019. Depuis les années 1990, les jeunes générations préfèrent les vêtements du marché. Les femmes portent les chemises blanches ou de couleur noire ou verte, à manches longues sans col, et des jupes tissées au village ou achetées au marché. Elles portent des boucles d'oreilles, des colliers, des plaques métalliques décoratives, des ceintures en argent ou en or.

Les hommes portent des vêtements du marché, des chemises et les pantalons de couleurs différentes.

Culture

Cérémonie liée à la récolte du riz de pente

La cérémonie annuelle est adressée aux génies, juste avant la récolte de riz de pente, en préparant le *Khao Hang*, c'est-à-dire du paddy cuit à feu faible-modéré, décortiqué au pilon.

Cérémonie liée au démarrage de la consommation du riz de la nouvelle récolte

Cette cérémonie s'adresse aux génies des essarts afin qu'ils protègent leur culture de riz et qu'ils permettent une bonne production, en particulier pour le riz de pente et de bas-fond. Elle est organisée juste après la récolte et avant toute consommation du riz nouveau. On croit que celui qui tente d'enfreindre cette règle s'expose à des malheurs.

Cérémonie annuelle du territoire

Cette cérémonie est organisée chaque année par la communauté liha du village. Cette cérémonie s'adresse aux génies du village et du district *Ma Ban Ma Muang*, de manière à ce que les génies du territoire les protègent des incidents, malheurs et décès et leur apportent la chance. En principe, chaque famille sacrifie un poulet à cette occasion. Celle qui n'a pas de poulet peut remplacer l'offrande par deux morceaux de poissons enroulés de feuilles de bananiers et grillés : *Mok Pa*. Le sacrifice du poulet se fait devant l'autel des génies qui se situe normalement à l'extérieur de l'enceinte villageoise. Dans ce nouveau village de Sopkhy, en 2019, les Liha n'ont pas encore monté cet autel des génies. Ils sont donc obligés, ou peut-être est-ce voulu, de se rendre chaque année dans le territoire de l'ancien village de Phoulane où se trouve toujours l'autel des génies du territoire. En effet, il est probable que si les Liha n'ont pas transféré cet autel au village de Sopkhy depuis 19 ans qu'ils y habitent, c'est qu'il existe sans doute une incompatibilité. Si on se réfère aux situations similaires dans le district de Nakai (Atel, Arao, Brou), il est possible que les génies du territoire de Phoulane, inféodés au Liha, n'aient pas accepté le déplacement de ces derniers dans le nouveau territoire de Sopkhy (décidés par les autorités sans consultation des génies du territoire). Ces génies leur demandent donc peut être de venir annuellement maintenir leur cérémonie à Phoulane.

Mariage

Les Liha sont monogames.

Lors de la négociation de mariage, la question de la dot est abordée. En 2019, à Ban Sopkhy, les frais de dot consistaient à :

- 1-2 pièces d'argent (*Ngeun-Hang* en langue lao), ou l'équivalent de 2,5 millions de kips (septembre 2019).
- Des équipements de cuisine comme des marmites, de la vaisselle, etc.
- Des animaux, porcs et poissons.

Accouchement

Les femmes liha accouchent traditionnellement dans leur maison avec l'aide de personnes de la famille, en particulier le mari et les parents, mais aussi dans certains cas les voisins et les sages-femmes traditionnelles du village. Les Liha célèbrent la cérémonie de la fin de l'accouchement pendant 3 jours, après la naissance. Pendant ces 3 jours, la mère et le bébé restent près du foyer. La mère se repose et se remet par l'utilisation de plantes médicinales (décoction, infusion, application) et par la chaleur apportée par les braises. Elle ne boit que de l'eau bien bouillie et ne se nourrit que de poulets, poissons grillés et légumes pendant cette période. Les légumes et fruits acides sont interdits, ainsi que la viande rouge.

Divorce

L'homme peut prendre une deuxième femme sans divorcer de la première. Toutefois, en cas de violation de la coutume envers sa première femme, le coupable sera dans l'obligation de divorcer et de payer une amende. Si le coupable décide finalement de retourner avec sa première famille, il doit se remarier et payer une nouvelle dot. De plus, celui qui demande le divorce n'obtiendra pas l'héritage et devra laisser la maison. Ce système démotive l'idée même du divorce…

Héritage

En général, c'est un des fils qui reste avec les parents après son mariage qui bénéficiera de la plus grande partie de l'héritage, en particulier les terres et la maison. Les filles mariées ne reçoivent qu'une petite part au moment de leur mariage, avant de sortir de la maison pour habiter avec leur mari. Les autres fils sortis de la maison ne reçoivent que de l'argent en espèce.

Décès

Les corps des défunts sont enterrés dans le cimetière, quels que soient le motif et le lieu de leurs décès. Les membres de la famille du défunt respectent une durée de 3 jours après l'enterrement avant de rentrer dans d'autres maisons. Il ne semble pas exister de forts interdits liés aux funérailles, à l'inverse de nombreuses ethnies môn-khmères, miao-yao et tibéto-birmane.

Principales caractéristiques de l'ethnie

Les femmes ne fument pas, mais quelques femmes âgées mâchent encore des écorces d'arbres. La jeune génération ne fume pas et ne mâche pas d'écorces. Les hommes fument la cigarette et la pipe, mais ne mâchent pas comme les femmes. Lors des cérémonies et des visites officielles, ils préparent de l'alcool de jarre fabriquée au village.

Territoire

Territoire d'habitation

En 2019, le territoire du village de Sopkhy est comparable à ceux des autres villages de la zone, comprenant des zones de montagnes, de piedmont et de vallées. Ce territoire avait été choisi par l'administration dans une période d'insécurité démarrée au nord (zone de Xaysomboun) et qui avait atteint le centre et l'est de la province de Bolikhamsay à la fin des années 1990, d'où la création de ce nouveau district et d'une zone « interdite » sans laissez-passer dans les années 2000 et 2002 surtout. C'est dans ce contexte que la communauté liha de Phoulane fut déplacée au bord de la piste, à 7 km de la capitale du nouveau district.

Autrefois, les Liha respectaient les critères suivants pour le choix de leur territoire : présence d'une rivière ou d'un cours d'eau, de terres arables et favorables pour la culture de riz de bas-fond, chaîne montagneuse de basse altitude et bien exposée pour la culture de riz de pente, des forêts primaires et secondaires pour le bois de construction des maisons, la chasse et la cueillette des produits forestiers et des plantes médicinales. Sur ces territoires, ils créaient des rizières *Na*, des essarts *Hai* et des jardins légumiers et fruitiers *Souan*.

Accès et territoire de Ban Sopkhy, district de Xaychamphone, le 7 mars 2011.

Village

Le village de Sopkhy est un village multiethnique récent de l'année 2000, qui n'a rien de traditionnel. Il est typique d'un village-route décidé par les

Jeu de la toupie au village de Sopkhy, district de Xaychamphone, le 7 mars 2011.

autorités locales. Les rizières se trouvent sur son côté gauche, les 2 écoles sur la droite. Le village est implanté de part et d'autre de la route. La partie gauche est occupée par les minorités de parler tay et par les Liha, alors que les Hmong se sont installés du côté droit. Si les Liha furent les premiers habitants, suivis par les minorités de parler tay, ce sont les Hmong qui en 2019 sont les plus nombreux.

Maison

Les maisons liha de Sopkhy n'ont sans doute pas l'architecture de celles qui existaient dans leurs anciens territoires des années 1950. Celles de 2019 sont généralement en bois, sur pilotis assez hauts, de forme rectangulaire. Les parois, le plancher et la charpente sont réalisés en planches de bois dur. La charpente est recouverte de chaume, de tuiles de bambou, de plus en plus remplacé, depuis les années 2010, par des tôles ou des tuiles.

Intérieur d'une maison d'une famille liha pauvre à Ban Sopkhy, district de Xaychamphone, le 7 mars 2011.

Ces maisons sont construites le long de la rue centrale, façades vers la rue. À l'intérieur, la maison est divisée en deux espaces principaux. La première partie où se trouve la porte d'entrée est reliée à la cuisine sur la gauche et équipée d'au moins un foyer de structure carrée surmonté d'un fumoir (deux foyers en cas de résidence de 2 familles). Cet espace commun est réservé aux activités familiales, pour accueillir les visiteurs et pour les cérémonies traditionnelles, les mariages, etc. Le deuxième espace comprend les chambres, dont le nombre dépend de la taille des familles. Elles sont délimitées par des tentures en tissus.

Séchage du paddy sur la terrasse d'une maison liha à Ban Sopkhy, le 7 mars 2011.

C'est sous la maison, entre les pilotis, que les Liha ont leur métier à tisser, les stocks des produits de la récolte, les poulaillers et les porcheries. Les buffles et les bovins sont parqués à la saison des pluies sous ou à côté de la maison.

Gestion des ressources naturelles

La gestion des ressources naturelles est relativement similaire entre les Liha et les ethnies voisines. La gestion agricole comprend la gestion du cycle des essarts/jachères selon la technique de défriche-brûlis pour le riz de pente, la gestion des jardins permanents de pente, *Souan,* et celle des rizières pluviales de bas-fond. L'élevage est conduit de manière extensive, les animaux s'alimentant partiellement des ressources naturelles autour du village et dans les chaumes après récolte pour les buffles et les bovins.

Les Liha extraient des ressources naturelles des forêts, friches et rivières du territoire, à travers la cueillette, la chasse/piégeage et la pêche.

Les produits naturels utilisés par les Liha dans le territoire (Sopkhy, octobre 2019).

Arbres : *May Khène, May Dou, May Taie, May Bark, May Nyang, May Perk, May Khagnoung, May Khamphi, May Khoom, May Kor, May Peuay, May Safang Dèng, May Mark Ngèo, May Manpa, May Nyom, May Sakhang, May Tiou, May Khisi, May Thone, May Ngioupa.*

Bambous : *May Phai Ban, May Phai Manmou, May Phay Pa, May Hiya, May Xoth, May Xang Phai, May Xangkham, May Hok, May Xang, May Bong khom, May Bong Vane, May Lai, May Houak.*

Rotins : *Vay Khok, Vay Nam, Vay Thoun, Vay Nyai,*

Palmiers sauvages : *Ton-Tao.*

Faune : cerf aboyeur, sanglier, civette, varan, pangolin, chevrotin, mangouste, poule sauvage, écureuil, écureuil volant, rat des bambous, souris, singe, chauve-souris, passereaux, faisan, rapaces diurnes et nocturnes, tourterelle, perroquet, serpent, tortue, renard.

Poissons : poissons de vase : (*Pa Douk, Pa Kot, Pa Kheung, Pa Kha-Nyèng, Pa Khaie, Pa Seuam*), *Pa Khor, Pa Khokang, Pa Tchath, Pa Park, Pa Kèng, Pa Khéng, Pa Loth, Pa Lath, Pa South, Pa Sakang, Pa Lénfai, Pa Khao, Pa Phanxay, Iène, Ka Pou, Koung.*

Moyens d'existence et systèmes de production

Sources économiques dominantes

Riz de pente - riz de bas-fond - légumes - volailles - porcs - buffles - cueillette - pêche - chasse - tissage - travaux saisonniers dans la construction.

Vannerie - petit commerce - salaire/travail administratif - retraite d'anciens combattants.

Tissage à Ban Sopkhy, le 7 mars 2011.

Principaux systèmes de production

Les activités principales de production de riz sont basées sur la culture pluviale de pente et plus récemment sur la riziculture pluviale de bas-fonds. Les jardins permanents ou semi-permanents, *Souan,* démarrent par la culture de riz par essartage (*Hai*) et sont ensuite convertis, après 2 ou 3 années de culture de riz, en jardin d'association comprenant bananiers, plantes médicinales cultivées, manioc, maïs, patate douce, haricot, arachide, concombre, melon, piment, aubergine, coton, tabac et autres végétaux.

Pour le riz de pente, même si la consigne de l'État est de respecter une jachère courte de 3 à 6 ans maximum, les Liha continuent en 2019 à utiliser des friches de 6 à 10 ans d'âge, en particulier celles qui ne disposent pas de rizières. Les Liha sèment le riz de pente entre mi-avril et début juin, dépendant de la pluviométrie. Les hommes passent d'abord pour faire les trous au bâton fouisseur (perche en bois se terminant en pointe). Les femmes versent les grains de paddy en poquet dans les trous. Certaines rebouchent les trous à la main, d'autres ne le font pas afin de gagner plus de temps, au risque de perdre de la semence picorée par des oiseaux ou consommé par les rongeurs ou des insectes. Pour le riz pluvial de bas-fond, les Liha préparent une pépinière et les femmes repiquent les plantules environ 30 jours plus tard en rizière. Les hommes préparent préalablement les terres par un labour et un hersage au buffle ou au motoculteur. C'est surtout au moment de la récolte que toute la famille (femme, homme, enfant en âge de travailler et quelquefois moines de la pagode) et les groupes d'entraide sont sollicités entre décembre et janvier, car une parcelle de riz doit être récoltée en une seule journée.

La récolte est ensuite transportée dans les greniers, le plus souvent construits au bord de la route. Les familles pauvres le font en portant les sacs, les familles de condition moyenne ou aisée par carriole avec un motoculteur. En 2019, on constatait que de nombreux villages de la zone entre Ban Viengthong et Xaychamphone comme Sopkhy et Phon Ngam (Meuiy, Hmong et Toum) disposaient de greniers collectifs.

Les Liha sont aussi occupés par le tissage, la vannerie, les emplois saisonniers, en saison sèche, pour la construction de maisons dans les villages des districts de Xaychamphone, Viengthong et Khamkeuth/km 20.

Développement

Références au développement

D'après M. Thongpanh Chanthavy, 2e Adjoint-chef du village de Sopkhy, les Liha sont venus du Vietnam au Laos à l'époque française, s'installant au village de Phoulane en 1940. Jusqu'en 2000, ils n'étaient pas étudiés et juste enregistrés dans les statistiques provinciales, que j'avais pu me procurer lors de la rédaction d'une petite monographie provinciale, en 1991. Lors de la période d'étude (1989 - 2003), nous n'avions pas de référence de développement concernant les Liha, en dehors de leur système traditionnel de vie. C'est ensuite que le village reçut des aides en matière d'éducation et de conseils agricoles.

Tourisme et ethnotourisme

Pas de référence de tourisme dans cette zone du Laos, fermée pour des raisons de sécurité pendant plusieurs années, et inaccessible par route. Depuis la création du nouveau district de Xaychamphone en 2003, la piste longue de 72 km entre le district de Viengthong et celui de Xaychamphone ne permettait qu'un accès difficile pendant la saison sèche. Même si la zone a été officiellement ouverte en 2005, l'accès restait difficile et en dehors des circuits touristiques encore en 2019.

Quelques auteurs de référence

Chazée L., 2000, 2019 ; Chamberlain J. R., 2002, 2016, 2018 ; Ferlus M., 2007, 2017 ; Sidwell P., Alves M., 2021.

Chapitre IX.
Malang

Nom de l'ethnie

Malang (Salang, Kha Salang, Malang, Arem, Lao Theung)

Le nom « Malang » serait issu de la montagne Malang d'où ils viennent. Salang semble être le nom commun qui lie les peuples itinérants forestiers de langue viétique. Les Lao les appellent « *Kha* ». Les Brou les appellent « *Arem* » (qui se traduit par *Kha* en langue lao).

Les Salang qui viennent de la montagne Malang sont appelés « *Malang* » (ceux de Thamuang). Ceux qui viennent de la rivière Maleng sont appelés « *Maleng* » (ceux du village de Songkhone). Les Salang Malang et Maleng appellent « *Atel* » (nom de la Nam Theun en langue salang) les Salang qui viennent du haut bassin de la Nam Xot (région de Kanil), et « *Salang* » ou « *Tong Luang* » ceux de Vangchang dans la haute vallée de la Nam Teun (Salang-X dans la classification de Chamberlain). Ceux qui viennent du bassin de la Huay Nath sont appelés « *Salang Nath* ». On appelle aussi les « *Salang-Kri* » ceux qui habitent les trois hameaux de Maka dans le bassin versant de la Nam Noy. On note aussi les groupes « *Salang Ahoe* » ou « *Kha Ahoe* » vivant dans la basse vallée de la Nam Theun et de la Nam Gnouang et les groupes « *Salang Toum* » ou « *Kha Toum* ». Entre les districts de Nyommalath et Boualapha, le long de la Nam One, on trouve aussi un petit groupe de Salang appelés « *Kha Boualapha* », « *Tong Luang* » par les Yooy et les Lao des villages voisins (Salang Z dans la classification de Chamberlain). En décembre 2000, ils étaient 13 personnes pas très loin du village de Xang.

Famille, groupe et branche linguistiques

Austro-asiatique, groupe môn-khmer, branche viétique. Tous ces groupes « Salang » se comprennent entre eux, même si les accents et quelques mots sont différents. Environ 70 % des mots malang sont similaires à ceux des Atel et des Arao.

<u>*Quelques éléments linguistiques malang au village de Thamuang*</u> : *Pé* (père), *Mai* (mère), *Ngoua* (bœuf), *Tchilou* (buffle), *Vith* (canard), *Koure* (porc), *Mangneu* (cheval), *Tchor* (chien), *Tchaokasay* (riz ordinaire), Ka (poulet), Thene (ciel), *Dark* (eau *), Anhan* (manger), *Throng* (rizière), *Mroue* - *Maroue* (forêt), *Manaidit (*enfant), *Harreu* (piment *), Kanor* (maison), *Ban* (village), *Cid* (viande).

<u>*Quelques éléments linguistiques malang au village de Pa Katan*</u> : *Pheu* (père), *Mai* (mère), *Ngoua* (bœuf), *Kadé Tchilo* (buffle), *Vith* (canard), *Koul* (porc), *Ma* (cheval), *Djor* (chien), *Tchaokasay* (riz ordinaire), *Kaa* (poulet), *Dark* (eau *), Haal* (piment *), Kanor* (maison), *Ban* (village), *Kassang* (dent).

<u>*Autres mots différents entre les Malang de Thamuang et ceux de Pa Katan*</u> :

- Bambou *May Phay* (bambou *Phay*) : *Soum Aka* (Malang de Pa Katan) et *Sivi* (Malang de Thamuang).
- Rochers en travers de rivières : *Keng* (Malang de Pa Katan) et *Kalan* (Malang de Thamuang).

Villages étudiés (1989-2003)

2 villages étudiés : Thamuang (district de Nakai, province de Khamouane), Pa Katan (district de Khamkeut, province de Bolikhamxay).

Distribution géographique

Les Salang Malang habitent dans le nord-est de la province de Khamouane et au sud-est de la province de Bolikhamsay. En 2002, ils résident dans 5 villages.

Province de Khamouane (1 village)

<u>District de Nakai</u> : Thammuang.

Province de Bolikhamsay

<u>District de Khamkeut</u> : villages de Pa Katan, Nam Hoay, Khet Namkéo, Poungkuet.

D'autres groupes Salang habitent à Songkhone, Vangchang, Navang, Maka Tai, Maka Neua, Maka Kang.

Peuple

Population au Laos

Population totale estimée en 2003 : 470 personnes.
5 villages avec présence de plusieurs familles salang malang et présence d'individuels Malang à Lak Sao, Navang et Nahao. En mars 2001, 22 familles de souche Malang au village de Thamuang et quelques membres Malang associés avec des Atel, Arao, Brou et Tai Sinh. En avril 2002, 46 familles (39 maisons, 246 personnes) au village de Pa Katan, comprenant une famille malang - tai then, une famille malang - kaleung et une famille malang - brou (de Navang).

Histoire

Les différents groupes de langue viétique semblent être établis dans l'extrême est des provinces de Bolikhamxay et de Khamouane ainsi que dans les hautes vallées de la Nam Noy et de la Nam Theun. Ils se seraient séparés géographiquement il y a plus de 150 ans pour des raisons inconnues. La migration s'est effectuée de tendance est-ouest et est-sud-ouest, changeant de vallée, mais restant aux mêmes altitudes et dans les mêmes écosystèmes. Dans la province de Khamouane, les groupes viétique se retrouvent un peu à l'est de Lak Xao et ne descendent pas au-delà du nord du district de Nakai. Le territoire de Maka est reconnu par les ethnies de la vallée de la Nam Noy comme un territoire salang très ancien. Le territoire de Kanil, dans la haute vallée de la Nam Xot, a plus de 150 ans.

Les Salang Malang de Thamuang vivaient autrefois dans les forêts de Phou Malang, à l'ouest du village actuel. Les Malang étaient alors répartis en petits hameaux dans les zones de Tanout, Boungkong, Pa Katan et Nam Hoay.

D'après les anciens Malang vivant à Thamuang, leurs parents s'identifiaient déjà, dans les années 1920, à des Salang de la région de Malang. Ils habitaient, comme les Arao et les Maleng, en habitat dispersé dans les limites de leur territoire ancestral protégé par les génies. Les Malang vivant une vie très territoriale, ils ne semblent pas avoir eu de contact avec les autres groupes viétique des vallées de la Nam Xot, Nam Theun et Nam Noy depuis plus de deux générations.

Quartier malang du village de Thamuang, district de Nakai, province de Khamouane, en novembre 2000.

En 1977, les 10 familles du village de Bounkoung, village situé à environ 5 heures de marche au sud-ouest de Thamuang, près du ruisseau Huay Alien, rejoignirent la communauté malang du village de Tanout. En 1982, sous les ordres du commandant Ko-Chamly, l'ensemble des familles migra au village de Thamuang habité traditionnellement par des Arao.

Ils furent rejoints à partir de 1979 par des familles atel. Ils construisirent des huttes temporaires et décidèrent la même année d'ériger un nouveau pilier territorial *Phi Din* pour relocaliser leur génie de l'ancien territoire malang. En effet, le déplacement de la population en dehors des limites territoriales religieuses ne pouvait pas être conçu sans l'accord et la protection de leur génie du territoire. Cette activité fut organisée avec les Arao et les Atel pour une protection commune. Ce pilier en bois *May Khagnoung* fut planté à environ 600 mètres à l'ouest du village, près de l'ancien pilier des Arao. Cet empressement à sa construction fut certainement motivé par le mauvais présage que constituait la forte mortalité des Atel, venus ici trois années plus tôt et qui n'avaient pas pris cette précaution.

Progressivement, les Malang construisirent des maisons dans le quartier sud de Thamuang. Ils consacrèrent aussi les premières années à cultiver leurs essarts et à sélectionner des jardins à maïs, manioc et légumes pour assurer l'alimentation familiale. Venant de l'ouest où ils étaient déjà en contact avec des communautés de Lak Sao, ils conservèrent les relations d'échanges commerciaux et se développèrent comparativement plus vite que leurs voisins, les Arao et les Atel. En 2002, les Malang ont déjà un niveau de vie supérieur à ces derniers : maisons de meilleure qualité, commerce avec Lak Xao, quelques pirogues et moteurs à bateau.

En décembre 2000, environ 80 % des familles malang de Thamuang vivaient dans leur maison de village alors que la moitié des Arao et une minorité des familles atel restaient depuis plusieurs mois dans leurs essarts.

La communauté malang de Pa Katan s'identifie toujours à des « *Tong Luang* », même s'ils sont sédentarisés depuis plus de trois générations au village de Pa Katan, situé le long de la piste Houaphou - Lak Sao, à 45 kilomètres de Houaphou. Le village était déjà là lorsque les Français ouvrirent la piste en 1922 pour extraire le bois de *May Khanyoung*. La communauté reconnaît l'origine commune avec les Malang de Thamuang, mais se disent différents car ils ne s'identifient pas au même territoire d'origine. La nouvelle génération ne parle pas la langue malang et les adultes leur parlent en langue lao.

Village de Pa Katan, district de Khamkeut, province de Bolikhamsay, en mars 2002.

Système linéaire

Système patrilinéaire peu marqué. L'héritage va à l'enfant qui reste dans la maison des parents pour s'occuper deux. C'est le plus souvent le fils aîné, mais la fille est aussi acceptée.

Lignages identifiés au Laos

Pas de lignage identifié.

Ménage

Les ménages sont en général nucléaires. Les maisons abritent les parents et les enfants. La résidence est patrilocale pour l'aîné des fils. Une période préliminaire matrilocale d'un à cinq ans était autrefois observée avant le mariage. Cette étape peut être raccourcie, moyennant une dot plus conséquente. Dans le système traditionnel, celui-ci était prononcé après le paiement de la dot qui s'élevait, en 2000 au village de Thamuang, à 3 porcs, 16 poulets, 2 barres d'argent, 4 piastres d'argent et 8 jarres de bière de riz. De plus, l'époux devait compenser « le lait de la mère », *Kha Nam Nom,* en lui apportant un peigne, une lame de rasoir, un miroir, un collier en graines *Mark Path*, une plaque décorative en argent, du nécessaire à mâcher et un paquet de 4 à 8 œufs.

Le mariage est organisé d'abord chez les parents de la fille, puis chez ceux du futur mari, pour exercer les rites de transfert entre les deux lignages. Le lendemain, les parents de la fille se rendent chez leur beau-fils pour organiser le *Baci* d'accueil de leur fille dans la nouvelle maison. À cette occasion, certains parents donnent une partie de l'héritage à leur fille.

Religion et croyances

Croyance aux génies et culte des parents et des ancêtres.

Génies principaux

Génies « *Khmouith* » ou « *Tchama* » : *Tchama* (parents, village), *Brou* (forêt), *Poung* (terre salée), *Bone Khmouith* (cimetière), *Dark* (eau), *Mareng* (mort accidentelle), *Thro* (champ), *Xeua* (cousin).

Organisations villageoises

Organisation administrative officielle avec le chef de village *Nay Ban*, les adjoints *Hong nay ban*, le comité administratif *Poussouay Nay Ban*, les organisations de masse (Union des femmes lao, *Sahaphan Menyin Ban*, Association des jeunes *Saonoum Ban*, le Conseil des Anciens *Neohom* ou *Neo Lao Sangxat*, les agents de la sécurité *Pongkan*, de l'armée *Konglon*.

Éléments homme-femme

Chez les Malang, jusqu'en 2003, fin de notre période d'étude, la vie quotidienne ne favorisait ni l'homme ni la femme, qui se partagent les activités pour assurer la subsistance de la famille. La patrilinéarité du système et la résidence patrilocale pour l'aîné des fils ne favorisent pas vraiment les hommes, étant donné le mode de vie de subsistance et le faible niveau de capital laissé à l'héritage.

Décorticage manuel du riz et chasse des de rat des bambous au village de Thamuang, en novembre 2000.

La femme s'occupe plus particulièrement des

tâches domestiques, de la cueillette, de la confection des nattes, des paniers à riz et des épuisettes, de la bière de riz alors que les ho mmes se chargent de la chasse, de la trappe, de la pêche des gros poissons, de la forge, de la confection des paniers à dos, des trémies à riz et des filets, des constructions.

Chacun participe aux travaux des champs, la femme plus particulièrement pour les travaux routiniers, l'homme pour les travaux de force.

Culture

Cérémonies traditionnelles

Les Malang effectuent les cérémonies liées au *Kin Seng*, traduit en langue malang en « *Mékayou* ». En novembre (douzième mois lao), les Malang célèbrent les génies *Phi Ho* du village pendant un jour. Au village de Thamuang, les villageois sacrifient 4 poulets deux années de suite, puis un porc avant de recommencer le cycle. Un autel *Phi Ho Ou* est entretenu devant la maison du *Tchao Tchamp* ou maître de cérémonie.

Les Malang organisent ensuite la cérémonie pour le *Phimo*, qui peut être réalisée par chaque famille ou avec le *Phimo*. Le *Phimo* est une personne habitée par l'esprit ou le génie d'une personne décédée, et par qui il a acquis des pouvoirs spirituels. À cette occasion, il n'y a pas de sacrifice, mais des offrandes de bougies, fleurs, riz et alcool. En 2000, il existe 10 *Phimo* dans le village de Thamuang. Les familles malang où existent des *Phimo* célèbrent aussi le *Lien-Tchian* pour les génies de la maison et des parents. Elle est guidée par les *Phimo* avec des danses et des incantations.

Vêtements et ornements

Les Malang n'ont pas de vêtements traditionnels. Autrefois, certains rapportent qu'ils se couvraient d'écorces, mais ce n'est plus le cas depuis les années 1940. Aujourd'hui, les Malang se procurent les vêtements au marché de Lak Xao ou par le biais des colporteurs vietnamiens qui passent régulièrement au village.

Principales caractéristiques de l'ethnie

Lors des décès, les défunts sont veillés 1 à 3 jours, puis enterrés ou brûlés selon les familles. La crémation est d'influence bouddhique. Autrefois, la maison du défunt devait être démontée et remontée à côté. Le cimetière se situe à quelques centaines de mètres du village.

Territoire

Territoire d'habitation

Autrefois, d'après les informations recueillies par les Malang de Thamuang et par leurs voisins, les communautés malang vivaient selon un calendrier de chasse-cueillette-pêche dans les zones forestières reculées. Depuis les années 1960, les Malang furent souvent regroupés dans des villages, dans des zones plus accessibles et en général de plus basse altitude. Aujourd'hui, les Malang de Thamuang habitent le long de la Nam Xot, dans un territoire qui est resté isolé des voies de communication jusqu'en 1995.

Village et territoire de Thamuang, en novembre 2000.

Les Malang de Thamuang ont surtout des relations territoriales avec les groupes Atel et Arao. Néanmoins, venus de l'ouest, ils ne sont pas considérés comme des natifs des peuples de la Nam Xot et ne se mélangent pas comme le font les Atel et les Arao entre eux. Pour des raisons historiques controversées, les Malang ne parlent pratiquement pas avec leurs voisins Maleng de Songkhone, avec qui ils sont pourtant proches ethnolinguistiquement et géographiquement. La seule certitude, c'est une incompatibilité liée aux génies du territoire entre Songkhone et Thamuang, source de conflit lors de relations de mariage.

Pratiquement, les cas de mariages entre ces deux communautés sont très rares. Ils sont alors organisés suivant un arrangement de matrilocat et de patrilocat tel que l'homme ne change pas ses références religieuses et territoriales et que sa lignée ne perde pas l'héritage religieux et matériel en cas de divorce ou de décès. À certaines occasions, ils sont en contact avec les Tai Xinh et Kaleung de Nahao, les Brou de Navang, Phang Deng et May, les Meuiy, Mène, Thai Then et Hmong de la zone de Lak Xao.

Les Malang de Pa Katan vivent le long de la piste Houaphou - Lak Sao et sont en contact régulier avec les Poutay et Nyo du village de Nam Nyem, les Lao de Houaphou et Lak Sao et les Hmong des villages de Phonsahat, Khomkheo, Vonekhan, Phonvilay et Khonkheo.

Village

Village de Po Katan, district de Khamkeut, en mars 2002.

Pour le village de Thamuang, voir l'ethnie Arao de Thamuang.

Les Malang de Pa Katan, malgré leur migration dans un territoire relativement cosmopolite, continuent à pratiquer l'endogamie ethnique. En 2002, sur les 46 familles, seuls 3 mariages sont arrangés avec des conjoints d'une autre ethnie.

Grenier à riz malang au village de Thamuang, en novembre 2000.

Maison

Dans le village de Thamuang, les maisons malang suivent l'architecture et l'arrangement adopté par toutes les ethnies de la haute vallée de la Nam Xot (voir Arao de Thamuang). Par rapport aux villageois d'origine arao et atel, leurs maisons sont en moyenne plus grandes et de meilleure qualité, en raison de leur meilleure situation socio-économique. Elles sont à caractère permanent.

Intérieur d'une maison malang au village de Thamuang et fabrication d'une table basse, le 15 novembre 2000.

En 2001, parmi les 22 maisons malang du village de Thamuang, 5 sont construites entièrement en bois, certaines avec un plancher en bambou *May Xot Nyai*.

Elles sont portées par des pilotis d'environ 1,5-1,8 mètres, On accède à la maison par deux escaliers latéraux, l'un pour tout le monde, l'autre uniquement pour la belle-fille et le beau-fils, pour des raisons de lignage. Deux portes permettent d'accéder, à partir de la terrasse de travail, au salon commun qui sert de salle à manger et de cuisine. L'unique foyer se situe entre les deux portes d'entrée et le creuset à riz sur le côté droit, proche de la salle de stockage des denrées. Ces familles ont acquis les couvertures, matelas, moustiquaires, ustensiles de cuisine.

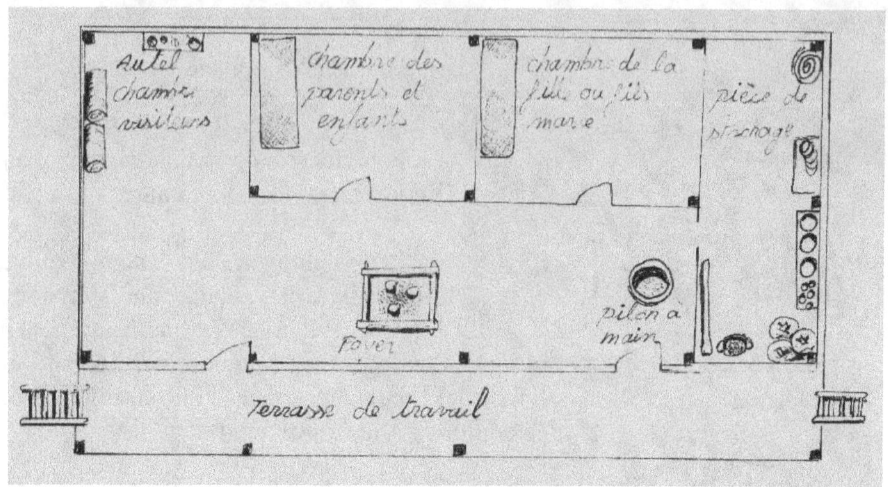

Gestion de l'espace d'une maison malang au village de Thamuang, le 27 avril 2000.

Dans les essarts, les familles arao atel vivent dans de petites maisons sur pilotis à pièce unique, qui sert aussi de grenier pour le riz, le maïs, les tubercules et autres productions. Les membres de la famille dorment autour d'un foyer qui se trouve le long de la paroi de la face d'entrée.

Gestion des ressources naturelles

La gestion des ressources naturelles suit encore largement une logique de chasse, pêche et cueillette extensive dans un milieu faiblement peuplé où les ressources végétales et animales sont en abondance. Ces produits sont essentiellement destinés à l'alimentation, à la santé, à la construction et à l'artisanat.

Avec un accroissement démographique de 2-3 % par an, ce système peut encore durer plus de 20 ans sans dégradation des ressources naturelles. Néanmoins, si une organisation commerciale des produits de la forêt est mise en place par des sociétés ou des individuels extérieurs, la dégradation de l'environnement peut être immédiate. Avec la réhabilitation de la piste forestière Lak Xao - Thamuang en décembre 2000, ce risque n'est pas négligeable s'il n'y a pas de réelle volonté politique d'appliquer la loi sur les NBCA.

En 2002, les Malang de Thamuang semblent s'orienter, plus que leurs voisins arao et atel, vers des activités de rente basées sur le gros élevage et les activités non agricoles. Ces dernières, plus productives que celles liées aux systèmes agricoles, permettront en principe une moindre obligation de culture

Vannerie au village de Thamuang, en novembre 2000.

d'essartage dans le futur. Néanmoins, l'objectif principal de l'achat de pirogues motorisées et de motoculteurs consiste à effectuer du transport de marchandises. Il est vraisemblable que les sous-produits forestiers seront les principaux produits commercialisés, ce qui ne va pas dans le sens de l'objectif de la NBCA de Nakai - Nam Theun. Étant donné le faible contrôle actuel de braconnage et la participation de différentes sociétés et autorités locales à ce type d'activités, cette tendance ne va pas dans le sens de la bonne gestion des ressources naturelles.

Essences de bois dans le territoire de Thamuang : *Hopea sp.* (*May Khen), Pterocarpus macrocarpus (May Dou), Anisoptera cochinensis (May Bark), Dipterocarpus alatus (May Nyang), Parashorea dussaudi (May Khisi), Lagerstroemia sp. (May Peuay), Aquilaria crassna Pierre (May Heuang), May Longleng, Dalbergia cochinensis (May Khagnoung), Sindora cochinchinchinensis (May Taie), Xylia Kerii (May Deng), Chukrasia tabularis (May Nyom), May Xor, May Phao, May Bok, Bombax kerrii (May Nioupa), Litchi sinensis (May Ngéo), May Xot.*

Faune dans le territoire de Thamuang (2001)

Cerf sambar, cerf aboyeur, saro, chevrotain, sanglier, gaur, ours asiatique, blaireau, chat-léopard, tigre, martre, binturong, grande civette indienne, civette palmiste, loutre, grand écureuil noir, écureuil volant, porc-épic commun, porc-épic à longue queue, pangolin, loris, macaque, langur.

Cerf aboyeur et piège à rongeur dans les parcelles de riz à Thamuang, en novembre 2000.

Moyens d'existence et systèmes de production

Activités dominantes de production

Chasse - piégeage - cueillette - pêche - riz gluant - manioc - maïs - melon - potiron - poule. Vannerie.

Dans les essarts de Thamuang, les familles sèment aussi : haricot, taro, courgette, patate douce, piment, basilic, tabac, coriandre, citronnelle. Environ 70 % des familles cultivent des jardins séparés de maïs et de manioc. Quelques familles cultivent un jardinet de légumes : salade, moutarde, oignon, piment, au bord de la rivière Nam Xot pendant la saison sèche.

Les revenus proviennent de la cueillette (cardamome, gomme Damar, bois d'aigle, champignons, miel), de la chasse (viande séchée), de la pêche et des activités d'achat - vente entre le village et Lak Xao, en particulier pour l'alcool de riz, les cigarettes et les produits de toilette. Quelques familles s'engagent depuis 1998 dans les activités de service comme le transport fluvial et la mécanisation agricole (motoculteur).

Séchage de l'écorce May Bong et du piment au village de Pa Katan, en mars 2002.

Les Malang de Pa Katan basent leur système de production sur le riz de rizière et de pente, l'élevage commercial de buffles, le jardinage, l'échange de produits agricoles et maraîchers avec la ville de Houaphou, et la cueillette commerciale de gomme Damar (1 000 kips/kg (1,05 US $) en avril 2002), d'écorce *Bong* (800 kips/kg (0,90 US $) en avril 2002), de cardamome et de rotin *Vay Thoum et Vay Boun.*

Production de tuiles de bois au village de Pa Katan, en mars 2002.

Principaux produits collectés par les Malang de Thamuang (2001)

Pour la vente aux commerçants vietnamiens et lao : rotin (*Calamus poilanei Conr. - Vai Thoum)*, liane *Kheua Hem* (pour la fabrication de berberine), gomme Damar (*Parashorea dussaudi - Khisi*), bois d'aigle (*Aquilaria crasna - May Ketsena*), raies, tortues, pangolins, miel.

<u>Pour la consommation</u> : *Lycopodium spp.* (*Pakoud,* fougère) , *Centella asiatica L.* (*Phark Nok), Nyot Boun* (rotin), *Piper sarmentosum Roxb.* (*Phak Ileuat)*, (*Hompé* - épice), *Ficus sp.* (*Markdeua* - figue), *Castranopsis spp.* (*Mark Ko* - châtaigne), *Scheichera oleosa Merr.* (*Mark Kho* - fruit), *Baccaurea ramiflora Lour.* (*Mark Fai* - fruit forestier), *Mangifera spp.* (*Mark Mouang* - mangue sauvage), *Nephilium longum* (*Mark Ngiéo), Arenga pinnata (Mark Tao* - fruit de palmier), *Pithecellobium dulce Benth.* (*Mark Khampep* - fruit forestier), *Spondius pinnata* (*Mark Kok), Phyllanthus embrica L. (Mark Kam Pom), Xanthophyllum sp. (Mark Khen), (Mark Kholaine), Broussonetia papyrifera Vent. (Posa,* écorce de mûrier), *Musa sp.* (*Mark Phi* - fleur de bananier), *Nam Peung* et *Hang peung* (miel et larve),

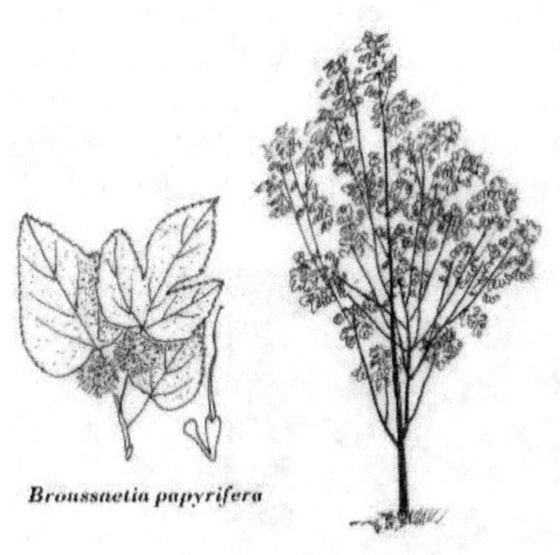
Broussonetia papyrifera

<u>Pousses et tiges de bambou</u> : *Bambusa spinosa* (*Phaypa)*, (*Thaie), Saccharum spontaneum L. (Lao), Gigantochloa albociliata Munro & Kurz (Lay), Dendrocalamus hamiltonii (Hok), Alpinia spp. (Kha), Bambusa tulda Schuttles. (Bong*),

<u>Champignons</u> : *Lentinus squarrosulus Mont. (het Khao), Lentinus sp. (Het Bot), Termitomyces sp, (Het Pouark), Volvariella volvacea Sing. (Het Pheung), Auricularia sp. (Het Hou Nou), Auricularia sp. (Het Houling), Psilocybe cubensis Sing (Het Khikouay*).

<u>*Poissons pêchés par les Malang de Thamuang*</u> (2000) : (*Pa Khao), Mystacoleucus marginatus (Pa Langnam), Poropuntius deauratus (Pa Tchad), Pa Mom, Damoinae sp. (Pa Xiou), Hampala macroletidota (Pa South), Pa Kachay, Channa striata (Pa Kho), (Pa Xa), (Pa Phanxay), Channa lucius (Pa Kouane), Mastacemblus armatus (Pa Lath), (Pa Khokang), Ompok hypophthalmus (Pa Seuam), (Pa Parkouang).*

Principaux systèmes de production

La base du système de production des Malang reste le riz d'essartage en système rotatif, le maïs et le manioc dans des jardins privatifs, le petit jardin légumier de décrue en saison sèche, le petit élevage de poulets et de porcs, la cueillette, la chasse et la pêche. (voir le groupe « Arao » pour le détail du système de production).

Les Malang ont tenté sans succès la riziculture pluviale en bas-fond. De fait, l'effet combiné d'une terre sableuse sur roche mère gréseuse, de manque de réseaux d'irrigation et de technique rizicole ne permet pas d'espérer un développement de ce côté-là. Le manque d'eau à capter de manière gravitaire semble le facteur limitant le développement de la riziculture sur le territoire de Thamuang. Les Malang préfèrent, quand ils le peuvent s'orienter vers les activités non agricoles de commerce et de service. Le motoculteur et le bateau à moteur sont devenus les objectifs d'investissement des familles les plus riches. L'élevage du buffle est une étape intermédiaire de capitalisation, qui sert à financer les maisons, les tracteurs, les moteurs et quelquefois la nourriture qui manque.

Poulailler et préparation de cages à poules pour la vente au marché de district. Thamuang, en novembre 2000.

Développement

Références au développement

Les Malang vivent encore en système de subsistance. Néanmoins, ils s'orientent plus que les Arao et les Atel vers un système de vie sédentaire et orienté vers l'échange. Plusieurs personnes se rendent deux à trois fois par mois à Lak Xao (par trajet : 14 heures de marche ou trois heures de motoculteur lorsque la piste est en état). Les modèles de développement agricole sédentaire n'ont pas été adoptés faute de suivi et d'assistance technique. Ils ont été en partie rejetés suite aux résultats des modèles agricoles sédentaires des communautés voisines, en particulier celles de Nahao et de Navang, qui n'ont pas prouvé leur supériorité en termes de productivité du travail. De plus, le potentiel de développement sur le territoire de Thamuang reste faible en raison de l'absence d'irrigation.

Quelques enfants malang se rendaient à l'école primaire entre 1996 et 1997, mais l'école fut ensuite quasiment fermée faute d'instituteurs.

La communauté de Thamuang fut sélectionnée en août 1998 par le projet NBCA/UICN pour un programme « Guardian village », pour un suivi participatif de la conservation. Une unité villageoise de conservation fut créée et formée à partir de cette date et travailla de pair avec les gardes du NBCA. Les villageois montrèrent un intérêt particulier au développement de la culture irriguée, encouragé par la réussite des villageois de Nahao qui pratiquent cette technique depuis les années 1940. Ce projet fut inscrit en 1998 dans le plan du bureau du développement rural, mais ne fut pas exécuté. En 2000, on parlait d'un regroupement des communautés de Songkhone, Nahao et Thammuang au village actuel de Thamuang. Cette idée est rejetée en bloc par ces trois communautés. En effet, le village de Nahao s'est établi près des rizières laissées par les Sek et n'a aucun intérêt à s'en éloigner. La communauté de Songkhone est attachée à son territoire, celui de la rivière Maleng qui fait partie de l'ancien territoire protégé par l'esprit Muong Beng. Les trois communautés de Thamuang ont suffisamment souffert du programme de relocalisation de 1979-82 pour vouloir recommencer l'expérience avec d'autres communautés.

À l'avenir, le développement du village de Thamuang représente un défi à plusieurs niveaux. Le premier consiste dans la cohésion sociale entre les trois groupes ethniques qui composent la communauté. Le deuxième consiste dans le développement de systèmes de production qui soit durable dans une zone où n'existent a priori pas de grandes ressources en terres irrigables. Le troisième consiste à protéger les ressources naturelles protégées par le statut de NBCA alors que le village est accessible par piste à partir de la ville de Lak Sao. Le quatrième consiste en la difficulté de créer des alliances avec les villages voisins en raison de l'histoire et des croyances locales, dont l'esprit du territoire semble le chef d'orchestre, ou le prétexte. Les atouts de Thamuang pour le développement sont la présence d'une rivière poissonneuse et navigable et de ressources forestières encore importantes.

Thamuang s'apparente à la situation du village de Makfeuang dans la vallée de la Nam Theun : un territoire villageois avec des ressources limitées en terres irrigables et la proximité d'une rivière navigable. L'expérience montre que la communauté de Markfeuang après 6 années d'assistance par l'UICN, Ecolao et DUDCP, les pratiques de défriche-brûlis n'ont pas diminué. La diversification des cultures légumières et fruitières et l'accroissement du petit élevage n'ont pas eu d'impact sur la réduction de la culture de pente. En revanche, l'élevage et la vente de buffles se sont révélés intéressants pour acheter la nourriture à l'extérieur du village. Le service de transport par bateau reste risqué économiquement, car les flux de transports sont faibles et saisonniers. Les petites décortiqueuses à riz ne sont pas rentables, car la demande est faible. La vente de cardamome sauvage et l'achat-vente d'alcool de riz entre le village et les villes de district sont les autres activités rémunératrices préférées des familles de situation pauvre et moyenne. La vente saisonnière de miel, de champignons et d'autres produits sous forestiers n'est pas négligeable. Pour les familles les plus pauvres, les travaux saisonniers dans le village ou dans les villages voisins sont des alternatives courantes. En dehors de l'élevage commercial du buffle, les autres activités ont une productivité du travail si faible qu'elles maintiennent les ménages en situation de pauvreté économique. Aux vues des faibles opportunités locales de développement et des restrictions relatives au statut de NBCA, il est donc important de donner la priorité à l'éducation formelle des enfants et à l'éducation technique des jeunes sortis de l'école pour qu'ils puissent disposer d'un plus large choix d'opportunités de travail à Nakai et Khamkeut.

Tourisme et ethnotourisme

Les Malang de Thamuang et du district de Khamkeut n'ont pas été touchés par le tourisme du fait de leur isolation géographique et de la difficulté d'accès. Étant donné les difficultés territoriales et l'insécurité de cette faible communauté vis-à-vis de leur futur et la disparition de la grande partie des références culturelles traditionnelles, l'ethnotourisme n'est en rien une priorité.

Quelques auteurs de références

Chamberlain J. R., 1983 ; Chamberlain J.R. & al., 1996, 1997, 2002 ; UICN, 1998 ; Chazée L., Syphanravong S., 2000, 2011, 2019.

Chapitre X.
Maleng

Nom de l'ethnie

Maleng (Salang, Kha Salang, Lao Theung, Tong Luang) Maleng viendrait du nom du ruisseau « Maleng », situé sur la rive droite de la Nam Xot, d'où vient la communauté. Entre eux, la communauté de Songkhone s'identifie aussi bien sous la dénomination Salang que Maleng, d'où le nom quelquefois utilisé de Salang Maleng.

Famille, groupe et branche linguistiques

Austro-asiatique, groupe môn-khmer, branche viétique. Tous ces groupes « Salang » se comprennent entre eux, même si les accents et quelques mots sont différents. Environ 70 % des mots Maleng sont similaires à ceux des Malang, Atel et Arao habitant la même vallée de la Nam Xot. Étant donné l'importance des couples mixtes et les relations d'échange avec différents groupes, la langue véhiculaire entre tous ces groupes est le lao. Même si les parents maleng parlent leur langue entre eux, la langue lao est devenue la plus utilisée dans le village, au point que les enfants ne parlent plus la langue d'origine.

Quelques éléments linguistiques maleng : *Peu* (père), *Mai* (mère), *Ngoua* (bœuf), *Kilou* (buffle), *Vith* (canard), *Koure* (porc), *Magneu* (cheval), *Tchau* (chien), *Meo* (chat), *Bé* (chèvre), *Tchaokasay* (riz ordinaire), *Pathene* (ciel), *Dark* (eau *), Anhané* (manger), *Mroue - Mbrou, Krrung* (forêt), *Manaie (*enfant), *Harr* (piment*), Ban* (village), *Cid* (viande), *Kasang* (dent).

Villages étudiés (1989-2003)

1 village étudié : Songkhone (District de Nakai, province de Khamouane).

Distribution géographique

<u>*Laos*</u>

Les Salang Maleng habitent dans la province de Khamouane, district de Nakai, au village de Songkhone. Quelques familles ou individuels habitent aussi dans les villages de Navang sur la Nam Theun (2 personnes), Saylom sur le plateau de Nakai (1 famille), Tham One le long de la Nam Xot. On indique aussi quelques familles Maleng au village de Pak Katan et Nam Nian dans le district de Khamkeut.

<u>*Vietnam*</u> : Communautés Maleng/Malieng répertoriées.

Peuple

Population au Laos

Estimation 2003 : environ 168 personnes d'origine maleng.

Le village de Songkhone comprenait en décembre 2000 un total de 46 familles, 29 maisons et 196 personnes.

Sur les 46 familles, 35 d'entre elles ont les deux parents d'origine maleng et 11 familles sont des couples mixtes d'ethnies différentes. On note une femme maleng avec un ancien militaire taoy de Saravane, une femme maleng avec un mari Brou de Navang, une famille avec une femme bo de Nakai et un homme kaleung de Nahao, un homme maleng avec une femme brou de

Navang, un homme brou de Navang avec une femme bo de Nakai, deux hommes maleng mariés à des femmes kaleung de Nahao, un homme de Nakai mariée à une femme maleng, un homme maleng marié à une femme ahoe de Nakai, une femme maleng mariée à un homme brou de Tapayban.

Histoire

Les différents groupes de langue viétique semblent être établis dans l'extrême est de la province de Bolikhamsay et de Khamouane ainsi que dans les hautes vallées de la Nam Noy et de la Nam Theun. Ils se seraient séparés géographiquement il y a plus de 150 ans pour des raisons inconnues. La migration s'est effectuée de tendance est-ouest et est-sud-ouest, changeant de vallée, mais pas d'altitude ni de type géographique.

Au XIXe siècle, les Salang Maleng de Songkhone vivaient sur la rive droite de la rivière Nam Xot, autour du ruisseau Maleng d'où ils tirent leur exonyme. La chasse, la cueillette, la pêche et les cultures d'essartage représentaient l'essentiel de leurs moyens d'existance. Ils migraient en petits groupes de familles dans un territoire protégé par le génie *Muang Beng*. *Muang Beng* protégeait également les territoires des communautés de Nahao, Thamuang, Navang, Napoung, Nahuang, Nahat et Nakai, c'est-à-dire une bonne partie du bas et moyen bassin de la rivière Nam Xot. Avant 1920, le génie *Muong Beng* ne permettait plus la cohésion entre les différentes communautés et fut remplacé par des génies territoriaux spécifiques aux communautés.

Dans les années 1940, les Maleng vivaient sur la rive gauche de la Nam Xot, à quelques minutes du village actuel. En 1950, une épidémie ravagea le village. Entre 1966 et 1969, suite à une forte inondation (1966) et un bombardement par les troupes de Vientiane (1968-69), les Maleng se déplacèrent au village actuel. Ils continuèrent leur style de vie basé sur les cycles saisonniers de la forêt et de la rivière. Certaines familles, suivant l'exemple de Nahao, essayèrent sans succès la riziculture par submersion. Cette technique fut rapidement abandonnée à cause du manque de technique d'irrigation et de la texture très sableuse des sols.

Entre 1973 et 1975, les Maleng vécurent partiellement en forêt de peur d'être bombardés. Depuis cette date, ils poursuivent une vie principalement basée sur la subsistance alimentaire. À partir de 1984, les Maleng commencèrent à échanger des produits forestiers contre des vêtements, des outils et des ustensiles de cuisine apportés par des colporteurs vietnamiens. Le commerce des produits de la forêt s'amplifia jusqu'en 1998, puis stagna ou déclina suite aux différents contrôles des postes de police, mais aussi dû à l'épuisement des ressources en bois d'aigle, pangolins, tortues.

Ce n'est qu'à partir de 1994, suite au développement des villes secondaires de Lak Sao, Houa Phou et Nyommalath et de la création de la piste Lak Sao - Navang que les Maleng commencèrent à mieux s'organiser pour la collecte et la vente du rotin *Vay Thoum* et pour effectuer du petit commerce. En 2000, la communauté de Songkhone fut liée au projet DUDCP financé par la Banque mondiale, car le village servait de port d'embarquement et de débarquement pour le personnel et les équipements de projets destinés à Navang. Les villageois ne voulurent pas se joindre aux communautés de Nahao et de Thamuang comme le voulait le district, mais acceptèrent, en février 2001, de déplacer le village un peu plus à l'amont de la Nam Xot de manière à faciliter la collaboration entre villages et se rapprocher d'un territoire irrigable. Le village consolida sa position de port au bord de la rivière pour le projet DUDCP et participa, en 2001 et début 2002, à la construction de la piste entre Songkhone et Navang. Cette piste facilite les échanges, en particulier le transport des produits acheminés à Songkhone à partir de Houaphou. Depuis le début de l'année 2003, les villageois de Songkhone ont accéléré la préparation des terres irrigables, ce qui montre l'effet bénéfique du projet DUDCP basé à Navang sur le comportement de la communauté de Songkhone en matière de développement agricole.

Femme maleng allaitant et fumant au village de Songkhone, district de Nakai, province de Khamouane, le 19 novembre 2000.

Lors de la période d'étude (2000-2003), les Maleng célèbrent toujours le génie *Muang Beng*, qui les lie encore partiellement avec Nahao et Navang. Le lien territorial semble nettement plus coupé avec Thamuang. Les raisons de cet éclatement sont assez obscures, mais l'étude serait certainement possible dans les anciens quartiers des villages de Nakai Tay et Nakai Nua, qui furent liées à l'histoire de ce territoire.

Système linéaire

Les Maleng ont un système patrilinéaire peu marqué. L'héritage va à l'enfant qui reste dans la maison des parents pour s'occuper d'eux. C'est le plus souvent le fils aîné, mais une des filles de la maison peur aussi tenir ce rôle.

Lignages identifiés au Laos

Pas de lignage identifié.

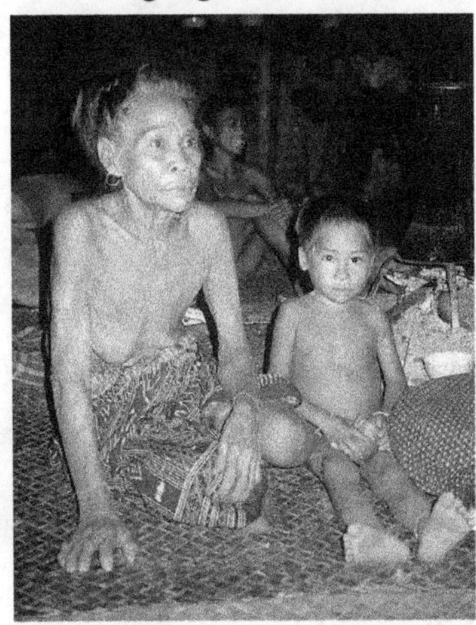

Ménage

Les maisons abritent une à trois familles avec une moyenne de deux familles nucléaires par maison. La résidence est patrilocale pour l'aîné des fils. Une période préliminaire matrilocale d'un à cinq ans était autrefois observée avant le mariage. Aujourd'hui, cette étape peut être raccourcie, moyennant une dote plus conséquente.

Ménage maleng au village de Songkhone, district de Nakai, province de Khamouane, le 19 novembre 2000.

Religion et croyances

Les Maleng croient aux génies et pratiquent le culte des parents et des ancêtres.

Génies principaux

Génies « *Khmouith* » ou « *Tchama* » : *Tchama* (parents, village), *Brou* (forêt), *Poung* (terre salée), *Bone Khmouith* (cimetière), *Dark* (eau), *Thro* (champ).

Organisations traditionnelles villageoises

Lors de la période de l'étude, on ne notait pas d'organisation traditionnelle spécifique, en dehors des maîtres de cérémonie, le *Tcham Tchemala,* qui officie pour le *Muang Beng*, les rituels liés au cycle du riz et aux maladies.

Éléments homme-femme

Chez les Maleng, la vie quotidienne ne favorise ni l'homme ni la femme, qui se partagent les activités pour assurer la subsistance de la famille. La patrilinéarité du système et la résidence patrilocale pour l'aîné des fils ne favorisent pas vraiment les hommes, étant donné le mode de vie et le faible niveau de capital laissé à l'héritage. La femme s'occupe plus particulièrement des tâches domestiques, de la cueillette, de la confection des nattes, des paniers à riz et des épuisettes, de la bière de riz alors que les hommes se

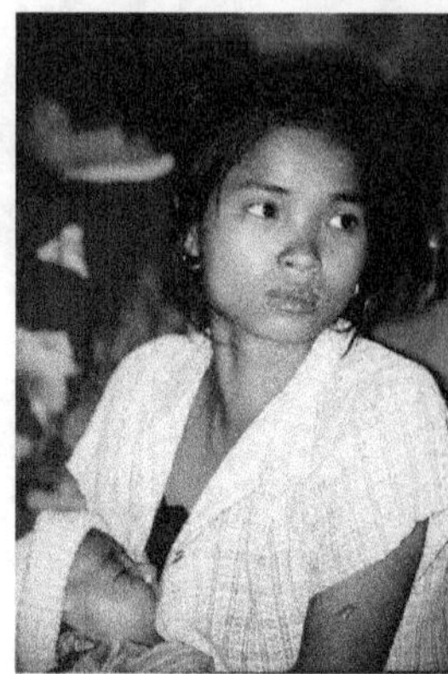

Villageois maleng de Ban Songkhone, district de Nakai, province de Khamouane, en novembre 2000.

chargent de la chasse, de la trappe, de la pêche des gros poissons, de la forge, de la confection des paniers à dos, des trémies à riz et des filets, des constructions. Chacun participe aux travaux des champs, la femme plus particulièrement pour les travaux routiniers, l'homme pour les travaux de force.

Cérémonies traditionnelles

Les Maleng célèbrent toujours la cérémonie pour le génie du territoire de *Muang Beng*, le *Het Seng Phi Muang Beng.* Elle démarre lors de la pleine lune en décembre et dure 24 heures. C'est une fête villageoise accompagnée du sacrifice d'un porc et de 4 poulets et de 4 jarres de bière de riz. À côté de ces animaux qui ont un caractère coutumier obligatoire, chaque famille est libre de sacrifier d'autres animaux ou d'ouvrir d'autres jarres de bière. Cette cérémonie est guidée par les deux *Tcham Tchemala* du village, maîtres de cérémonie.

Le *Tcham Tchemala* se charge aussi d'ouvrir la saison de culture du riz de pente et d'autoriser le semis après le brûlage *Khobdjemia.* Il s'arme d'un bol de paddy et de deux bougies et fait l'action de semer les grains devant sa maison. Ce n'est qu'après ce rite que les familles sont autorisées à ensemencer leurs champs. On retrouve une coutume similaire chez d'autres groupes austro-asiatiques, en particulier chez les Plrai de Xayabury.

Avant le labour des rizières, une cérémonie *Khop Djemia Tai Rrong* est aussi guidée par cet officiant muni d'un poulet, d'une jarre de bière, d'une paire de bougies et d'un bol de riz. Il l'exécute devant sa maison, marquant le début de la saison des labours. Elle est suivie par un autre rite avant le battage *Khop Djemia Pot Tchao Rrong,* pendant laquelle l'officiant se munit d'un poulet bouilli, d'une jarre de bière, d'une paire de bougies et d'un petit panier de riz cuit. En 2002, il ne restait que 3 familles qui cultivaient des rizières. En cas de maladie, chaque famille peut demander l'assistance d'un *Tcham Tchemala.* Il suffit de lui procurer une paire de bougies pour qu'il puisse accomplir les rites de guérison, et de lui offrir un porc ou un poulet si le malade guérit. Presque toutes les familles affirment passer par cette méthode de guérison.

Vêtements et ornements

Les Maleng n'ont pas de vêtements traditionnels. Autrefois, certains rapportent qu'ils se couvraient d'écorces, mais ce n'est plus le cas depuis les années 1940. Aujourd'hui, les Maleng se procurent les vêtements au marché de Lak Sao ou par le biais des colporteurs vietnamiens qui passent régulièrement au village.

Principales caractéristiques de l'ethnie

Les Maleng se sentent linguistiquement proches des Malang, mais n'ont que très peu de contacts avec eux pour des raisons historiques liées aux territoires.

Dans de nombreux couples, les femmes sont bien plus âgées que leur mari, spécificité dans le village de Songkhone.

Comme chez les Brou, les Kaleung et les Arao des vallées de la Nam Theun, Nam Mone et Nam Xot, certains Maleng sont quelquefois possédés par l'esprit ou le génie d'un défunt. Ce culte de possession est un mode de communication entre le monde sacré et le monde profane, par l'intermédiaire d'une personne habitée par l'esprit ou le génie d'un défunt. Il est difficile aujourd'hui d'en savoir l'origine. En tout état de cause, l'importance des cultes de possession sur le plateau de Nakai par rapport aux autres zones du Laos est sans doute à mettre en liaison avec son histoire de groupes opprimés par l'esclavage, par la déportation, et par la hiérarchie de filiation patrilinéaire des aînés qui transmet encore en partie aujourd'hui, sous d'autres formes, cette oppression. Au village de Songkhone, les personnes possédées célèbrent une fête annuelle pour l'esprit ou le génie. Elles sont alors considérées comme des « sorciers ». Cette cérémonie se nomme « *Phi moung Djemia mo* ». Cet esprit ou ce génie « *Djemia Tiyem* » est en fait un héritage spirituel qui se transmet de manière contrôlée par le savoir chez les hommes, ou spontanément chez les femmes. Dans le village de Songkhone, il existait, en 2001, 3 femmes *Phi Moung* habitées par les esprits ou génies. Elles célébraient une cérémonie tous les trois ans pour le *Phi Tiyem.*

Les morts sont souvent enterrés jusqu'à l'âge de 20 ans, brûlés ensuite. Les raisons de ces deux pratiques restent controversées.

Les Maleng, comme les Malang, Atel et Brou, ne savent compter que jusqu'à 8 dans leur langue, ensuite ils comptent en langue lao. Les 8 premiers nombres sont : *Moy, Harr, Paa, Phome, Dam, Prou, Peur, Sam.*

Piégeage des petits rongeurs et oiseaux dans le territoire de Songkhone, en novembre 2000. Capture d'un bulbul à tête noire.

Les Maleng, comme les autres communautés viétiques de la vallée, sont passés maîtres en matière de piégeage.

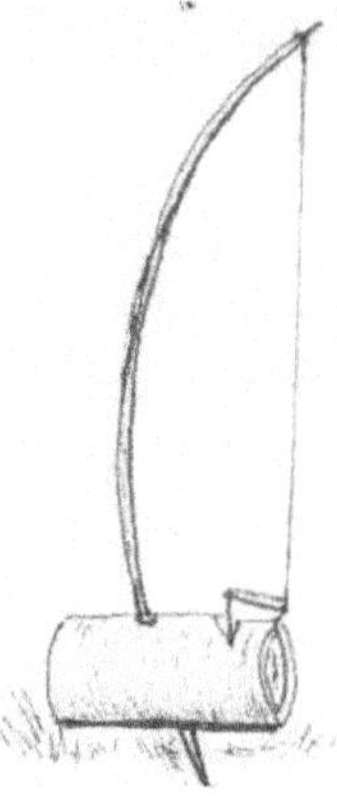

Lang : souris, rats, écureuils et passereaux

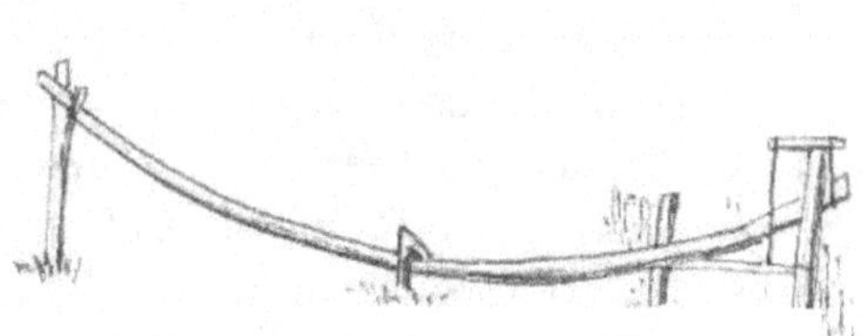

Katit : rats, cailles, pigeons, petits félins

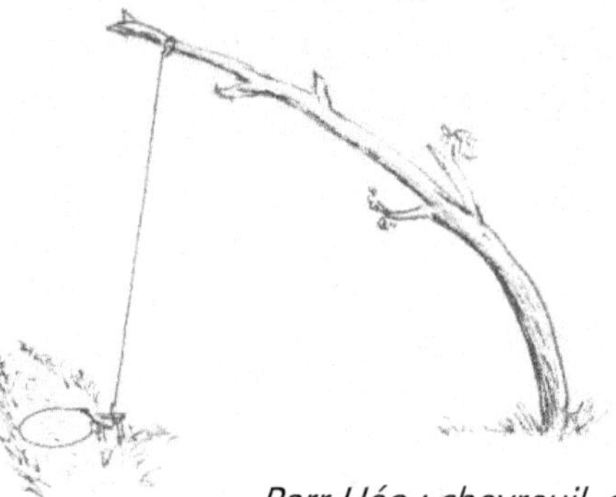

Parr Héo : chevreuil, cerf, sanglier, félins.

Différents pièges « Lang », « Katit » et « Parr Héo » utilisés par les Maleng du village de Songkhone, en novembre 2000.

Ils confectionnent et utilisent différentes sortes de pièges dont les plus communs sont les boîtes collet étrangleur *Lang* faites en bambou pour les rats, souris, écureuils et passereaux, les pièges assommoir à détente *Katit* pour les mammifères et les oiseaux jusqu'à la taille de la civette et le collet étrangleur *Parr* ou *Héo*, pour les cerfs aboyeurs, chevrotains, sangliers et cerfs sambar. Les différentes variantes combinent l'appât, la déviation sur le sentier, le système guillotine, le système assommoir.

Tortue au bord de la Nam Xot, territoire de Songkhone, en novembre 2000.

Les Maleng pêchent presque tous les jours. Ils utilisent la ligne ferreuse « *Bet Pak* », la ligne dérivante *Bet Hang*, la canne à pêche *Bet Teuk*, la nasse *Katoum* pour les poissons *Pa Douk, Pa Kang* et *Pa Tchat*, le filet épervier, le filet dérivant, la pêche à la main, les écorces toxiques.

Territoire

Territoire d'habitation

Autrefois, d'après les informations recueillies par la communauté de Songkhone et par leurs voisins, les Maleng vivaient selon un calendrier de chasse-cueillette-pêche dans les zones forestières reculées. Comme les Malang et les Atel, ils se recouvraient d'écorces d'arbre. Ils ont toujours été attachés au génie *Muang Beng* qui protégeait la basse et moyenne vallée de la Nam Xot. Ils migraient dans un territoire forestier de moyenne montagne, entre 500 et 700 mètres d'altitude. Lors de la période d'étude (1999-2000), les Maleng habitaient sur la rive droite de la Nam Xot, à environ 40 minutes au sud-ouest de Nahao, à 50 minutes au sud de Thamuang et à 2 heures et 20 minutes de Navang.

Nam Xot dans le territoire maleng de Songkhone, le 14 décembre 2000.

Le territoire est resté isolé des voies de communication jusqu'en 1995 (voir le territoire de Thamuang dans le groupe « Arao »). Autrefois, suite à l'inclusion de différents territoires protégés par le génie *Muang Beng*, les Maleng semblent s'être déplacés depuis longtemps dans ce réseau de communautés. Ils ont conservé des relations d'échange avec les Aheu (Ahoe), Lao et Bo de Nakai, les Tai Sin et Kaleung de Nahao et les Brou de Navang. Néanmoins, l'éclatement du territoire protégé par le génie *Muang Beng* semble avoir modifié les comportements entre les communautés. Ainsi, les gens de Songkhone, qui revendiquent le centre du génie *Phi Din Muang Beng*, gardent leurs distances vis-à-vis de leurs voisins. Cette attitude est réciproque. Des mécanismes sociaux ont été mis en place pour rendre difficiles les relations de mariage entre les plus grandes familles. Pour des raisons historiques controversées, les Maleng ne parlent pratiquement pas avec leurs voisins malang de Thamuang, avec qui ils sont pourtant proches ethnolinguistiquement et géographiquement. Il faut dire que les Malang viennent en 1982 d'un territoire *Tanout* qui n'est pas couvert par le génie *Muang Beng*. Ils ne se mélangent pas non plus avec les Atel qui viennent de la région de *Kanil*, et qu'ils appellent encore les *Tong Luang*. Ce manque de relation est visible par le fait qu'aucun mariage n'est recensé entre les Maleng de Songkhone et les familles de Thamuang, village pourtant le plus proche.

Village

Jusqu'à janvier 2001, le village de Songkhone est établi sur la rive droite de la Nam Xot, dans un territoire forestier. Le village n'est pas clôturé et l'arrangement des maisons reste relativement anarchique. Les 29 maisons ne sont pas spécialement alignées dans le sens de la rivière et la moitié d'entre elles sont délabrées. En fait, comme dans les villages de Thamuang et Nahao, de nombreuses familles restent dans des campements agricoles situés dans les essarts et ne reviennent qu'un ou deux mois par an au village. En décembre 2000, 13 maisonnées (45 % des ménages) restaient dans les essarts. Quelques familles avaient construit des petits poulaillers, mais on n'observait aucun jardin légumier dans le village.

Cabane d'accouchement au village de Songkhone, en avril 2000.

Le village ne possède pas d'école et aucun enfant ne se rend dans une école voisine. Personne n'a de motoculteur ni de moulin à riz. Pourtant, 4 familles ont vendu des buffles pour acheter un moteur de pirogue de manière à organiser le transport de personnes et de marchandises entre Nakai et le village. Il existe un petit autel *Hô* pour le *Phi Muang* à la frontière du village, réhabilité chaque année lors de la cérémonie en faveur du *Phi Muang Beng*. Autour du village, de nombreuses familles ont installé des batteries de petits pièges à collets étrangleurs ou à assommoir pour les rats, souris, écureuils, passereaux, cailles, perdrix. Cette technique permet de limiter les prédations de granivores dans le village et d'assurer les protéines animales quasi quotidiennes.

En février 2001, la communauté se déplaça à l'amont de la Nam Xot, sur un territoire plus ouvert. Ce déplacement fut décidé suite à un encouragement du district, de manière à faciliter la collaboration entre les villages de Songkhone, Nahao, Thamuang et Navang et à se rapprocher d'un territoire irrigable. Les maisons furent construites de manière relativement espacée les unes des autres, permettant une surface individuelle favorable aux extensions futures et à la création de jardins familiaux.

Maison

Dans le village de Songkhone, les maisons maleng suivent l'architecture et l'arrangement adoptés par toutes les ethnies de la haute vallée de la Nam Xot (voir Arao de Thamuang). En moyenne, les maisons sont de meilleure qualité que celles des Arao et des Atel, mais moins bien finies que celles de certaines familles malang, kaleung et tai sin des villages voisins, Thamuang et Nahao. Pour les familles habitant en quasi-permanence dans le village, la taille et la qualité des maisons rangent les familles dans les catégories locales de très pauvres à moyen. Les piliers de maison sont pour la plupart non taillés. Les parois sont toujours en bambou. Le plancher est en bambou ou en planche. La toiture est recouverte en chaume ou en tuiles de bois. L'organisation de l'espace interne est similaire à celles décrites chez les communautés de Navang et Thamuang. Le support pour le génie des parents est symbolisé par un petit panier *Djemia Apel* fixé au pilier au fond à droite de la maison.

Maison maleng au village de Songkhone, en novembre 2001.

Dans les essarts, les familles maleng vivent dans de petites maisons sur pilotis à pièce unique, qui sert aussi de grenier pour le riz, le maïs, les tubercules et les autres productions.

Gestion des ressources naturelles

La gestion des ressources naturelles suit encore largement une logique de chasse, pêche et cueillette extensive dans un milieu faiblement peuplé ou les ressources végétales et animales sont abondantes. Avec un accroissement démographique de 2-3 % par an, ce système peut encore durer plus de 20 ans sans dégradation des ressources naturelles. Néanmoins, si une organisation commerciale des produits de la forêt est mise en place par des sociétés ou des individuels extérieurs, la dégradation de l'environnement peut être immédiate. Avec la réhabilitation de la piste forestière Lak Sao - Navang en décembre 2000, ce risque n'est pas négligeable s'il n'y a pas de réelle volonté politique d'appliquer la loi sur les NBCA.

Essences de bois dans le territoire de Songkhone : *Hopea sp. (May Khen), Pterocarpus macrocarpus (May Dou), Anisoptera cochinchinensis (May Bark), Dipterocarpus alatus (May Nyang), Shorea sp. (May Khisi), Lagerstroemia sp. (May Peuay), Aquilaria crassna Pierre (May Heuang), May Longleng, Dalbergia cochinensis (May Khagnoung), Sindora cochinchinensis (May Taie), Xylia kerri Craib. (May Deng), Chukrasia tabularis (May Nyom), (May Xor), (May Phao), (May Bok), Bombax kerrii (May Nioupa), Litchi sinensis (May Ngéo), (May Xot), Castanea sp. (May Ko).*

Moyens d'existence et systèmes de production

Activités dominantes de production

Chasse - piégeage - cueillette - pêche - riz gluant - manioc - maïs - melon - potiron - poule. Vannerie.

Préparation de fibres pour la vannerie (19 novembre 2000) et séchage du poisson (18 janvier 2002) au village de Songkhone.

Dans les essarts, les familles sèment aussi : haricot, taro, courgette, patate douce, piment, basilic, tabac, coriandre, citronnelle. Environ 70 % des familles cultivent des jardins séparés de maïs et de manioc. Quelques familles cultivent un jardinet de légumes : salade, moutarde, oignon, piment, au bord de la rivière Nam Xot pendant la saison sèche.

Les revenus proviennent de la cueillette (cardamome, gomme Damar, bois d'aigle, champignons, miel), de la chasse (viande séchée), de la pêche et des activités d'achat - vente entre le village et Lak Sao, en particulier pour l'alcool de riz, les cigarettes et les produits de toilette. Quelques familles s'engagent depuis 1998 dans les activités de service comme le transport fluvial et la mécanisation agricole (motoculteur).

Pour les produits de la forêt, voir l'ethnie Malang.

Principaux systèmes de production

La base du système de production des Maleng reste le riz d'essartage en système rotatif, le maïs et le manioc dans des jardins privatifs, le petit jardin légumier de décrue en saison sèche, le petit élevage de poulets et de porcs, la cueillette, la chasse et la pêche (voir le groupe « Arao » pour le détail du système de production).

L'essart *Tro* est utilisé un à trois ans sur friches ou forêts de 7 à 40 années d'âge. Les Maleng pratiquent l'essartage d'association avec maïs, sorgho, larme de job, potiron, courgette, haricot, patate douce, basilic, etc. Ils ne sèment que du riz gluant, les *variétés Khao Hao, Khao Leu* et *Khao Dor Bay*. Le *Khao Dor Bay* est le plus précoce, mais son rendement est faible. Le *Khao Hao* vient ensuite avec un rendement plus faible que le *Khao Leu*. Il verse facilement à maturité et craint donc les terrains trop riches. Les panicules sont coupées au couteau, car c'est une variété trop dure pour l'égrainage manuel. Le *Khao Leu* a le cycle le plus long de 5,5-6 mois et donne les meilleurs rendements. L'égrainage est manuel. Les plants de riz sont souvent attaqués par les chenilles, punaises, sauterelles, fourmis, rats, sangliers, porcs-épics, cerfs. Depuis 1995, la majorité des familles utilise l'insecticide Furadan pour traiter les semences contre les fourmis, les termites, les oiseaux et les rats. Certaines familles utilisent aussi un raticide trempé dans du paddy semé en même temps dans les champs. Ces deux produits sont achetés à la ville de Lak Sao. Le semis du paddy est réalisé par les hommes et les femmes. L'homme fait les trous au bâton fouisseur, les femmes passent derrière pour semer les graines et recouvrir les trous avec un peu de terre. Ce sont surtout les femmes qui désherbent les essarts entre juin et septembre. L'ensemble des membres actifs de la famille participe à la récolte du riz.

Développement

Références au développement

Les Maleng vivent encore en système de subsistance. Les modèles de développement agricole sédentaire n'ont pas été adoptés faute de suivi et d'assistance technique. Ils ont été en partie rejetés suite aux résultats des modèles agricoles sédentaires des communautés voisines, en particulier de Nahao et de Navang, qui n'ont pas prouvé leur supériorité en termes de productivité du travail. De plus, le potentiel de développement est faible sur Songkhone. Les Maleng pensent qu'il est possible de développer des rizières dans le bassin versant de la Huay Kala, ruisseau permanent sur la rive gauche de la Nam Xot, et dans la Huay Maleng, ruisseau temporaire sur la rive droite de la Nam Xot.

Entre juillet et décembre 2000, le village n'avait pas de chef, le dernier élu en début 2000 s'étant paraît-il suicidé en utilisant du poison. Les villageois poursuivaient leur système de vie traditionnel. Les priorités de développement exprimées consistaient à agrandir les périmètres rizicoles et l'irrigation et pouvoir bénéficier d'outils aratoires, de semences de riz pour la culture irriguée et de buffles de traction. Néanmoins, la communauté n'avait pas l'intention de changer la place du village en dehors du territoire protégé par le génie *Muang Beng*. Elle était très réticente à l'idée d'un regroupement des communautés de Songkhone, Nahao et Thamuang au village actuel de Thamuang. Si les Maleng devaient, de force, s'établir à Thamuang, ils pensent qu'ils seraient décimés par la maladie et devraient chaque année faire des cérémonies de pardon dans leur village actuel pour l'esprit Muang Beng.

Entre 2000 et 2003, l'expérience de développement de DUDCP au village de Navang semble avoir séduit la communauté Maleng de Songkhone, qui demande à pouvoir être intégrée dans un projet futur. Les leçons de l'expérience de Navang devront être tirées pour le village de Songkhone, tout en ne sous-estimant pas les coutumes et valeurs sociales spécifiques des Maleng. La communauté est aussi très liée au génie de son territoire, par lequel sont définies les règles de son utilisation et des relations avec les communautés voisines.

Comme pour Navang, le choix préféré de changement de système de production passe par l'extension des rizières irriguées, la riziculture de saison sèche et l'accroissement de l'élevage du buffle. La proximité de la Nam Xot favorise aussi les services de transport avec le bas de la vallée et en particulier avec le village de Thalang, ainsi que la pêche. Comme pour la population de

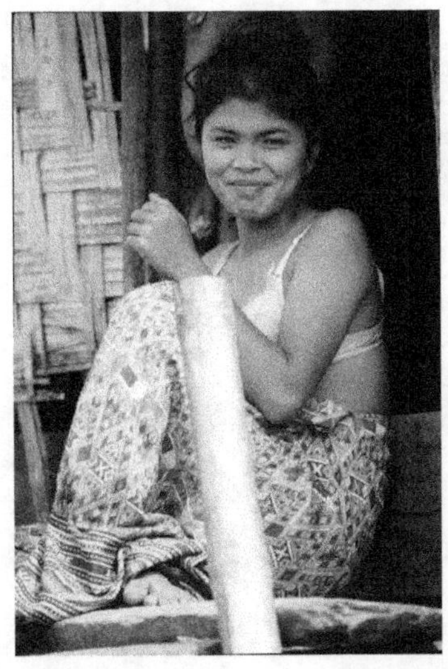

Navang, la modification du système productif devra respecter un compromis de transition entre le système actuel basé sur les cycles forestiers et la culture en champ permanent, qui permet de continuer à assurer la sécurité alimentaire.

Basée sur l'expérience de Navang, sur la capacité de travail des familles et sur le fait que la communauté ne dispose pas de beaucoup de rizières, cette transition demandera sans doute un minimum de 10 années. À moyen terme, le développement socio-économique de cette communauté dans l'aire protégée de Nakai-Nam Teun devra se soucier du ratio entre la démographie et les ressources naturelles. Il est donc très important d'assurer en urgence l'éducation formelle des enfants de manière à leur donner plus de possibilités de choix pour l'avenir, dont celle de travailler en dehors de la zone. En effet, si cette aire doit rester protégée, la vie dans ce village ne pourra être maintenue que par un apport financier de l'extérieur. Aux vues des faibles opportunités locales de développement et des restrictions relatives au statut de NBCA, il est aussi intéressant de développer l'éducation technique des jeunes sortis de l'école pour qu'ils puissent disposer d'un plus large choix d'opportunités de travail à Nakai et Khamkeut. Une alternative intéressante serait de leur donner la priorité pour les travaux relatifs aux barrages de Nam Theun 2, en les formant aux métiers demandés.

Tourisme et ethnotourisme

Les Maleng de Songkhone n'ont pas été touchés par le tourisme du fait de leur isolation géographique et de la difficulté d'accès. Étant donné les difficultés territoriales et l'insécurité de cette faible communauté vis-à-vis de leur futur et la disparition de la grande partie des références culturelles traditionnelles, l'ethnotourisme n'est en rien une priorité.

Quelques auteurs de références

Chamberlain J. R. & al. (Projet Nam Theun 2), 1996, 1997 ; Chazée L., Syphanravong S., 2000, 2001 ; Chamberlain J. R., 2002, 2020 ; Bradley D., 2007, 2010 ; Ferlus M., 2009, 2013, 2014 ; Grigoreva N., 2014 ; Chazée L., 2017 ; Babaev K., Samarina I., 2021; Alves M. J., 2021.

Chapitre XI.
Phong (Khamkeut)

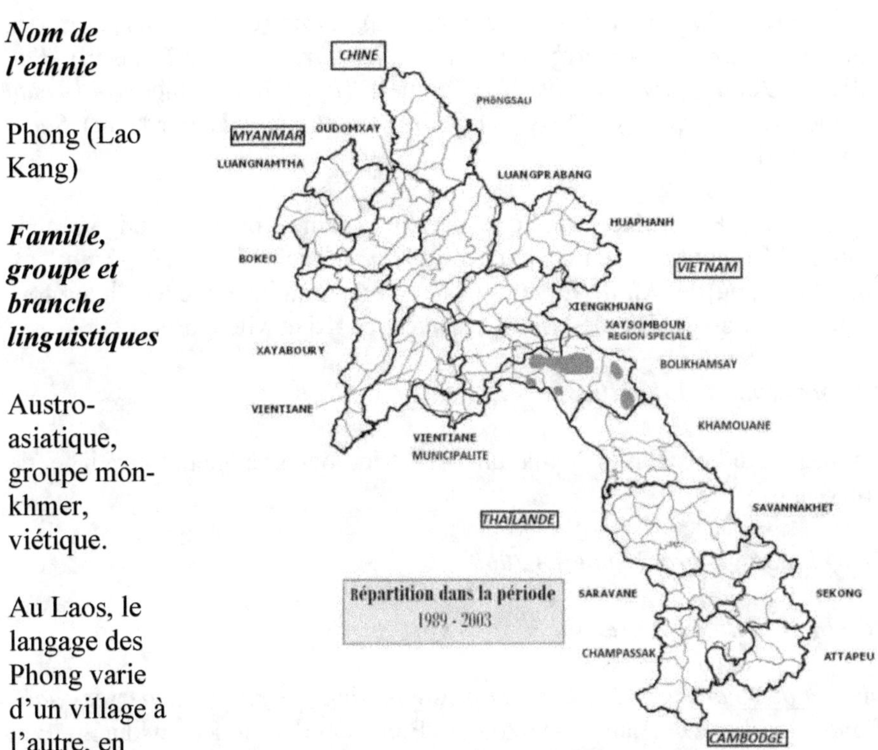

Répartition dans la période 1989 - 2003

Nom de l'ethnie

Phong (Lao Kang)

Famille, groupe et branche linguistiques

Austro-asiatique, groupe môn-khmer, viétique.

Au Laos, le langage des Phong varie d'un village à l'autre, en raison de la longue cohabitation des familles phong auprès de leurs voisins, qu'ils soient Brou, Khmu, Tai Kouane, Kri ou autre. Ainsi, chaque village phong semble avoir sa propre adaptation de « langue ».

Les mots collectés au niveau du village de Khamkouna à Khamkeut sont différents de ceux collectés dans les villages Phong de Nakai, de Houaphan et de Xieng Khouang. Lors de nos enquêtes, nous avions identifié **8** « langages » phong différents, 5 à Houaphan/Xieng Khouang, 2 à Bolikhamxay et 1 à Nakai. Dans cette étude, nous nous référerons au groupe de Khamkeut dans la province de Bolikhamxay. En réalité, ces langages sont des langues hybrides, reconstituées à partir d'emprunts de mots de nombreuses ethnies avec qui les

Phong ont habité lors de leur migration. Ceux de Khamkeut, proches de la frontière vietnamienne, ont gardé une racine viet-muong forte alors que ceux ayant migré vers Pakadin et Napé ont emprunté de nombreux mots des minorités de parler tay qu'ils ont côtoyées. Les Phong de Nakai ont une langue influencée par les Kri alors que les Phong de Houaphan (autre origine) ont une forte influence de langue khmu.

Quelques éléments linguistiques dans le village étudié (Ban Khamkouna) :

I (Père), *Mé* (mère), *Kandiet* (enfant), *Klou* (buffle), *Ngoua* (bœuf/vache), *Koul* (Porc), *Maar* (cheval), *Mong* (viande), *Dard* (eau), *Keumkaxay* (riz ordinaire), *Sali* (maïs), *Pakhlang* (forêt), *Nee* (grand), *Gna* (maison), *Ban* (village), *Tcha Ngay* (piment), *Ka* (poule), *Thouaho* (arachide), *An-keum* (manger), *Tchor* (chien), *Méo* (chat), *Tchie* (sœur), *Klongdard* (rivière), *Sama* (génie/esprit).

En 1907, Paul Macey indique certains mêmes noms « Pong », mais d'autres diffèrent, par exemple pour forêt (*Kong, Prri*), piment (*Ple Tiuoung*), Chien (*Tio*), buffle (*Klau*). En 2003, Chamberlain indique que les Phong font partie de la branche Sud des viétiques, avec les Kri et Mlengbrou.

Villages étudiés (1989-2003)

1 village étudié : Ban Khamkouna (District de Khamkeut, province de Bolikhamsay).

Distribution géographique (en 2000)

Province de Bolikhamsay *(plus de 15 villages)*

District de Khamkeut (4 villages et plusieurs familles phong dispersées dans d'autres villages) : Ban Khamkouna, Ban Xane, Ban Houaykhang, Ban Phaphieng, Ban Somboun, Ban Phabeng, et 2 familles Phong à Ban Sopkhom.

District de Pakkading : Ban Bac Buag.

District de Napé : Ban Muang Chan.

District de Bolikhan (6 % de la population est Phong (recensement national de 1995).

District de Viengthong (18 % de la population du district (recensement national de 1995)

En 2019, les Phong sont associés dans des villages à des Lao, Toum, Hmong et Phounoy dans 6 villages du nouveau district de Xaychomphone créé en 2003 : Ban Phousy, Ban Sopkhone, Ban Meuangcham, Ban Phonmeuang, Ban Khamkouna et Ban Nachèng. On recensait 483 personnes phong dont 213 de sexe féminin.

Peuple

Population au Laos

Dans la province de Bolikhamsay, les Phong habitent les districts de Bolikhan (environ 1000 personnes en 2002), de Khamkeut (2100 personnes en 2002) et de Vienthong (3600 personnes en 2002). On trouve également environ 10 villages Phong dans le district de Nakai dans la province de Khammouane. D'autres Phong habitent aussi dans les provinces de Houaphan et de Xieng Khouang, mais semblent d'une origine différente. Notre étude n'a pas permis de savoir si et quand des liens historiques existaient entre ces populations phong résidant aujourd'hui dans différentes provinces, dont les liens sociaux, entre eux, ne semblent pas exister depuis au moins trois générations. Si des liens existaient autrefois, ce n'est donc pas les différentes fuites et mobilités liées aux deux guerres d'Indochine qui sont en cause, car les populations enquêtées s'en seraient souvenues. S'ils furent liés à l'origine, leur division géographique actuelle pourrait venir des années 1880. La révolte des Khmu à cette période avait provoqué la fuite de nombreuses communautés de la province de Houaphan vers le sud, en particulier vers le district de Khamkeut à Bolikhamsay. C'est en effet sur cette ligne de migration que se trouvaient les Phong lors de notre période d'étude.

Si les Phong des provinces de Houaphan et de Xieng Khouang sont encore en grand nombre et furent plus étudiés (après la période de notre étude), ceux de Bolikhamsay et de Nakai sont en effectif plus réduit et restent peu étudiés en dehors de la linguistique. Les liens ethnolinguistiques n'étant pas établis et les langues actuellement parlées entre ces groupes étant très différentes, nous les avons étudiés séparément. Les peuples « Phong » étudiés dans cette fiche sont ceux de Khamkeut dans la province de Bolikhamsay.
Recensement national de 1995 : 21 395 personnes (Tous Phong confondus).
Recensement national de 2015 : 30 696 personnes (Tous Phong confondus).

Histoire

Comme pour les Phong de Houaphanh et de Xieng Khouang, il est difficile de réconcilier les liens historiques des Phong de Khamkeut avec les autres

Phong du pays. Comme pour les Toum et les Liha, les Phong semblent avoir eu la faculté de vivre, depuis plusieurs générations, dans des villages avec d'autres ethnies plus importantes en nombre et d'avoir adopté de nombreux éléments de ces ethnies tout en conservant leur nom de « Phong ». Lors de la période d'étude, ils étaient souvent mélangés avec des Lao, Kaleung, Tai Pao, Tai Mène, Bo, Khmu et Hmong. Certains furent influencés par le bouddhisme dans leur histoire et revendiquaient leur nom ou statut de « Lao Kang », en comparaison de leurs voisins môn-khmers animistes comme les Brou. D'autres groupes de parler viet-muong comme les Kri, Témarou, Atel, et Salang, vivant dans des régions similaires, ont plutôt fait le choix de rester ensemble, quitte à vivre en dehors de ces sociétés plus importantes.

Lors de la période d'étude, les Phong de Khamkeut connurent différents évènements. Dans les années 1990, le développement rapide, anarchique et minier de Lak Sao avec son lot légal et illégal de business de bois et de produits de la forêt créa une nouvelle dynamique qui impacta les Phong. À la fin des années 1990, l'insécurité dans le nord de la province de Bolikhamsay aboutit au statut de zone interdite entre 2001 et 2005 et la création d'un nouveau district prit sur le nord de Khamkeut, celui de Xaychamphone, avec des relocalisations de villages qui affecta plusieurs villages avec des Phong. Après la période d'étude, le remplissage du réservoir de Theun Hinboun (construction entre 2007 et 2012) impacta plusieurs villages multiethniques comme Ban Somboun et Nan Phabeng, habités par de nombreuses familles phong relocalisées dans de gros villages proches de Lak Sao. Les familles déplacées furent compensées avec 1 maison, 1 ha pour la culture de riz et 0,5 ha pour des cultures mixtes (Phonevilay S., 2013).

La version historique de la communauté du village de Khamkouna est sans doute empreinte de légende sur la partie ancienne, mais semble plus précise à partir du début des années 1900. Lors de notre étude, contrairement aux Phong de Houaphan et de Khamouane, les anciens du village de Khamkouna étaient au courant d'autres Phong dans les autres provinces et étaient capables d'indiquer quelques différences entre eux.

Village de Khamkouna, district de Khamkeut, province de Bolikhmasay, 26 février 2001

En février 2001, le village d'origine phong comprenait 65 maisons et 78 familles totalisant 412 personnes dont 214 de sexe féminin.

Selon les anciens contactés dans le village de Khamkouna, les Phong qui vivent actuellement dans ce village seraient venus du Siam (Thaïlande) et du Vietnam en passant par Xamneua puis par Vientiane où ils se seraient installés de nombreuses années. Ensuite, la guerre les aurait obligés de quitter Vientiane pour un autre territoire qu'ils avaient choisi suite au résultat divinatoire du rêve : « *suite à un rêve nocturne, ils devaient suivre les traces de tigre. Le lendemain matin, le rêve devint réalité et ils poursuivirent le tigre jusqu'au site de l'établissement du premier village, Ban Phaphieng, dans le district de Viengthong où ils s'établirent. À l'époque, les chefs du groupe s'appelaient Phagna Khamheng, Phagna Toummeuang, Phagna Toum Ngong et Phagna Toumkaleung* ». Leurs descendants habitaient toujours le village lors de notre visite, dont le chef du village M. Kensane et M. Xiengphieng qui sont du clan *Tchao Vieng*. M. Kensane tenait le poste de chef de village depuis 18 ans.

Après Ban Phaphieng, la communauté phong s'installa à Ban Salongtork, puis quelques années à Ban Khamkouna jusqu'en 1900 avant qu'ils ne partent pour habiter sur Nam Kane. C'est suite à leur dernière migration dans les années 1974 juste avant la libération du pays qu'ils se sont réinstallés dans ce village de Khamkouna où ils se trouvaient en 2001. En dehors des Phong, largement majoritaires, on note une famille de Khmu venue de Ban Phiengkhaleup depuis 1977 pour fuir un problème de pénalité, une famille avec un homme tai kouane venu de Ban Xane et marié à une femme phong et vivant à la manière phong. Les villageois combinent quelques cérémonies bouddhistes et les croyances aux génies des parents.

Ils possèdent un bouddha de bronze dont ils sont fiers. Cette statue fut emmenée du village Tai Kouane de Ban Phiengpho, situé à 2 km de marche. En 1987, le général Tcheng passant par le village avait distribué des vêtements, des couvertures et avait participé à la reconstruction d'une petite chapelle (*Hopha*) pour ce bouddha en bronze de 16 kg qui, dans l'histoire, aurait été réalisé par le vénérable Gnapho-Koula, depuis au moins 200 ans (avant 1800). Ce bouddha, installé à Ban Phiengpho, fut volé à deux reprises par des gens de Thakhek. Heureusement, la légende veut que le bouddha ne voulût pas quitter le village et créa des obstacles qui obligèrent les voleurs à le cacher dans une rivière près du sentier et à le recouvrir d'argile pour le dissimuler. Le bouddha fut ramené par les bouddhistes du village de Ban Khamkouna et une cérémonie fut organisée pour cet évènement.

Les Phong de ce village se réfèrent, comme les Phong de Houaphan et de Xieng Khouang, à des « Lao Kang ». Ils classent les Khmu comme des « Lao Theung », ce qui indique qu'ils jugent bénéficier d'un statut intermédiaire entre les peuples de parler tay (en particulier leurs voisins Tai Meuiy et Tai Kouane) et les Khmu de parler môn-khmer. Ils indiquent que leur langue est spécifique. Les anciens savent que des Phong habitent le district de Kham à Xiengkhouang et le district de Xamneua (Ban Saleuy) à Houaphan. D'après les villageois, ces deux communautés phong du Nord portent le même nom qu'eux, mais ne parlent pas la même langue. Dans le district de Nakai dans la province de Khamouane, ils affirment que l'on trouve aussi des Phong, ou Kha-Phong, mais qu'ils assimilent au groupe brou (Makong).

Femme lao kang du village de Huay Deua, province de Xieng Kouang, en janvier 2001.

Système linéaire

Le système est patrilinéaire. La majorité de l'héritage est transmis à l'enfant restant dans la maison des parents pour s'en occuper, en général un fils. Si les parents n'ont pas de fils, l'héritage passe par le beau-fils à la condition que celui-ci prenne l'identité lignagère de sa femme et donc de la maisonnée. Cette situation montre un système patrilinéaire plus marqué que les Phong de Khamouane et de Houaphan. Le reste des biens est partagé entre les autres garçons. Les filles ne reçoivent qu'un cadeau de leur mère au moment de leur mariage, le plus souvent des bijoux transmis entre générations.

Lignages identifiés au Laos

Contrairement aux Phong de Nakai, ceux du village de Khamkouna indiquent la présence de lignages « *Tchao* » chez eux. Dans le village, il n'existe qu'un seul lignage « *Tchao-Vieng* ». Cela ne pose pas de problème, car l'endogamie lignagère est permise, même dans la famille proche. Par exemple, le fils d'un grand frère ou d'une grande sœur peut demander en mariage la fille du petit frère ou de la petite sœur.

Ménage

Chez les Phong du village de Khamkouna, le dernier cas de polygamie remonte aux années 1970. Depuis, ils sont donc monogames et la résidence au mariage est à tendance indifférenciée depuis le début des années 2000. Dans la tradition, le nouveau couple observe une période matrilocale d'une année maximum entre le petit et le grand mariage. Au-delà d'une année, on mentionne que l'époux serait alors touché par les génies des ancêtres de ses beaux-parents et resterait définitivement chez eux. L'endogamie lignagère est permise, mais en cas d'exogamie, l'épouse garde son identité lignagère alors que les enfants adoptent celui de leur père.

Religion et croyances

Comme pour les Phong de Houaphan et de Khamouane, les Phong indiquent leur croyance ancienne au bouddhisme, qu'ils auraient progressivement perdu en raison de leurs nombreux déplacements et fuites lors des différentes guerres, qui ne leur avaient pas permis de maintenir leur pagode et l'éducation bouddhique. Au village de Khamkouna, la pratique du bouddhisme se termina en 1949 et la croyance dans les génies prit progressivement le relais, même si certaines familles continuèrent à pratiquer les cérémonies bouddhistes.

Génies principaux

Les Phong du village de Khamkouna croient aux génies « *Sama* », comme ceux de Khamouane qui les appellent « *Khmouith* » et ceux de Houaphan qui les nomment « *Mameun » ou « Rrooy ».* Ces différences de noms pour un élément de croyance essentiel des Phong confirment les divergences linguistiques anciennes entre les groupes phong.

On note le génie des parents « *I sama me* », celui de la maison « *sama gna* », celui du district « *sama meuang* », celui malfaisant « *Sama Pop* », celui de la forêt « *sama pakhlang* ».

Si certaines cérémonies en l'honneur des génies sont organisées au niveau familial, celles importantes et collectives sont gérées par le maître de cérémonie « *Tchao Tchamp* ».

En 1907, les Pong étudiés par Macey indiquaient des noms de génie différents, qui semblaient influencés par leur passé annamite : *Ma Nia, Ma Tite, Ma Nguoc, Ma Mö, Ma'Prri.*

Organisations traditionnelles villageoises

On note la présence de maîtres de cérémonie dans les villages, le *Tchao Tchamp.*

Éléments homme-femme

Le système patrilinéaire et la résidence patrilocale des Phong favorisent l'homme pour l'accès au foncier et à l'héritage et pour le soutien lignager.

Dans les cas où le beau-fils réside de manière définitive dans la maison de ses beaux-parents (*Kheuy-Xouleuy*), celui-ci hérite des biens des parents de sa femme, mais il devra adopter le nom de lignage de sa femme pour que les biens restent dans la lignée paternelle.

Les femmes tiennent souvent le budget familial. Les décisions d'achat et de vente sont prises en commun dans le couple. Les femmes peuvent se mettre à table avec l'ensemble de la famille, mais ce sont souvent les hommes qui commencent les repas. Dans la tradition, les femmes n'ont pas le droit de sortir toutes seules sans autorisation de leur mari, mais cette coutume n'est pas maintenue.

Activités de femmes : fabrication de nattes, d'alcool de riz et de bière de riz, cueillette, pêche, débardage après brûlis, semis, désherbage, récolte, jardin potager, élevage de volailles et de porcins, collecte de bois, puisage de l'eau, cuisine, ménage, transport de riz à dos, travail saisonnier, etc.. ,

Activités des hommes : pêche, chasse, cueillette, abattage des arbres, brûlis, débardage, semis, récolte, transport des produits, fabrication et entretien des maisons, et des greniers, panier à dos, filet épervier, épuisette, forge, travail collectif et administratif villageois.

Culture

Cérémonies traditionnelles

Les Phong du village de Khamkouna fêtent quatre cérémonies par an, en lien avec le cycle de la culture du riz de pente. La première cérémonie, « *Palath* », pour la défriche de l'essart, s'adresse aux génies du territoire, de manière à éviter les accidents et pour souhaiter la bonne fertilité de l'essart. Elle commence en janvier, à la 14e nuit de la lune montante. Elle dure une seule journée alors qu'autrefois, elle durait deux jours. À cette occasion, on demande à chaque famille un poulet et on ouvre 3 jarres de la bière de riz.

La deuxième cérémonie *« Saoherk »* prépare le départ du semis sur les pentes. On s'adresse à cette occasion aux génies et esprits de la maison et des ancêtres. Elle est organisée en mai par le maître de cérémonie « *Tchao Tchamp* », qui prépare 5 à 6 poulets ou des poissons pour les villageois. En contrepartie, les villageois viennent l'aider au semis de sa parcelle de pente. C'est un jour de repos et aucune des familles n'est autorisée à démarrer son semis avant la parcelle du *Tchao Tchamp*. Des traditions similaires se retrouvent dans certaines ethnies de parler môn-khmer du Nord du Laos.

La troisième cérémonie « *Phakphok* » prend place juste avant la récolte, en novembre. On la célèbre au niveau de l'autel du « *Hophi Muang* », car on s'adresse au génie du territoire « *Phi Muang* » pour demander le pardon avant de couper les gerbes de riz. Pour cela, on fait cuire des poulets et d'autres viandes, des poissons, on prépare légumes, pousses de rotin « *Nyoth-boun, Nyoth-sane* », feuilles de *Phok* « *Bai-phok* » pour enrouler les aliments « *Phak Phok* ».

La quatrième cérémonie « *Xoumdam* » a lieu en janvier, en lien avec la cérémonie « *Plath* ». Elle est considérée comme exceptionnelle pour les génies de l'autel « *Phiho* » ou du « *Phi Muang* ». On organise un travail collectif en recrutant une personne par famille pour travailler à la défriche de la parcelle du *Tchao Tchamp*. Selon les signes de l'année, on sacrifie un porc, ce qui indique quatre jours de repos pour les familles. D'autres années, le sacrifice d'un poulet indique deux jours de repos uniquement.

Vêtements et ornements

En 2000, les Phong de Khamkeut portaient des vêtements achetés sur les marchés locaux ou échangés avec des colporteurs vietnamiens qui passaient souvent pour collecter des produits de la forêt. Ils ne se souvenaient pas de vêtements traditionnels dans le passé.

Principales caractéristiques de l'ethnie

Il existe des interdits chez les Phong. Dans les maisons, la pièce où se trouve l'autel des génies ainsi que la chambre des parents, sont interdites aux conjoints. Avant de se rendre dans les greniers, les conjoints doivent d'abord demander la permission aux génies des parents.

Mariage

Le mariage est précédé de fiançailles, au cours desquelles on choisit le jour favorable du mariage pour les deux familles. On négocie aussi la valeur de la dot, qui en général se compose de 3 porcs, de 2 bols en argent (*Khan-Ngeun*), de 3 jarres de bière de riz, de 33 poissons séchés et de 10 bis (pièce d'argent) d'une valeur de 10 000 kips en 2001. Le beau-fils paye également le prix du lait de la mère qui a nourri la fille (*Kha nam nom*) : 1 bia (pièce d'argent),

1 marmite à soupe et 1 bol. Si le beau-fils refuse de lui offrir ces objets, on pense alors qu'il risque de s'appauvrir et de ne pas pouvoir élever ses enfants. Autrefois, il existait le *Kheuy Xou* (période de résidence matrilocale de 3 ans maximum), mais cette pratique a disparu depuis deux décennies (1980).

La cérémonie de mariage débute d'abord chez les parents de la fille. La mère offre en général un cadeau à sa fille dont la valeur dépend de la situation économique de la famille. Après quelques festivités chez les parents de la fille, le nouveau couple marié se rend à la maison de l'homme avant le coucher de soleil. Chez l'homme, on organise ensuite une cérémonie visant à accepter la belle-fille. À cette occasion, on demande 2 porcs du côté de l'homme et 1 porc du côté de la fille. Les parents de la fille ne sont pas invités à cette cérémonie en raison des incompatibilités des génies des parents. Avant de manger les porcs sacrifiés à cette occasion, on s'adresse aux génies des ancêtres des maisons de la fille et du garçon. En 1907, Macey indique que la valeur de la dot à fournir par le fiancé est de 7 à 16 piastres. Celui qui pouvait verser toute la somme devait rester chez ses beaux-parents pendant une année et les aider dans leurs travaux. Les moins fortunés prolongeaient le séjour jusqu'à 4 ou même 5 années.

Accouchement **:** *Khli* ou *khli khlangkouth*

Après la naissance du premier bébé, la mère reste près du feu pendant 3 jours avant de pouvoir se déplacer. À partir du deuxième enfant, elle y restera 15 jours. Pendant cette période, elle boit principalement des tisanes de différentes plantes médicinales bouillies dans de l'eau, comme de *Wane-nao* (pour liquéfier le sang et récupérer de la force) et se nourrit que de riz grillé dans un bambou « *Khaolam* », de légumes bouillis « *Pha Kkath* », de sel, poivre, poissons de pleine eau à écailles « *Pa Khao, Pa Tchath, Pa Mome* », de viande de buffle noir, de porc castré, de poule de couleur rouge ou noire. Pendant trois mois, les interdits alimentaires sont les poissons de vase comme le *Pa Douk*, les buffles albinos, les bovins, les porcs non castrés, les fruits acides.

Décès et enterrement

Les morts sont enterrés au cimetière villageois (*Pa Samakhlo*). À Ban Khamkouna, il se trouve à environ 400 mètres à l'ouest du village.

Le choix de lieu de la tombe suit le rituel de l'œuf, qui consiste à lancer un œuf. Si celui-ci se casse, l'endroit est favorable à l'enterrement, sinon, il faut recommencer en visant un autre endroit. On retrouve cette tradition chez plusieurs autres ethnies, comme chez les Kui de l'ouest des provinces de

Luang Namtha et de Bokéo. Le corps est préalablement mis dans un cercueil en bois et on le veille un maximum de deux jours dans la maison. Un sage du village choisit le jour de l'enterrement parmi la série des nombres impairs favorables, comme par exemple la 13e nuit de la lune montante. Suite à l'enterrement, on monte une maison miniature de 2 mètres de hauteur recouverte de feuilles de palmiers « *Bay Kho* ». On pose ensuite des vêtements, du riz, du poisson, des pieds de porc, de buffle et de bœuf, avant que l'âme ne prenne la route sans retour vers le ciel. Les membres de familles apportent de la nourriture sur la tombe pendant 4 jours, période où il est interdit de travailler pour les membres de la famille.

En 1907, Macey indique qu'à leur mort, les « Pong » sont toujours inhumés en terre, jamais incinérés. Selon la situation sociale ou la fortune du défunt, le corps était placé dans un cercueil, une claie de bambou ou même une simple natte.

Territoire

Territoire d'habitation

À Khamkeut, en 2001, les Phong aussi appelés Lao Kang, sont installés dans les villages de. Khamkouna, Xane, Houaykhang, Phaphieng et à Sopkhom où résident deux familles phong. Ce territoire est relativement isolé en vallée de moyenne altitude. Ce n'est sans doute pas un territoire d'origine, mais un territoire d'adoption suite à des migrations passées. Ils sont en contact avec des villageois de parler tay (Tai Kouane, Lao), môn-khmer (Khmu), d'autres groupes de parler viétique (Liha, Toum) et des Hmong.

Village

Le village de Khamkouna se situe à 4 heures et 30 minutes de marche du village de Kkouang, dans une petite plaine de vallée à 700-800 mètres d'altitude, près de la petite rivière Houay khamkouna à l'est, le ruisseau Houay Xane et le village Ban Xane Phong à l'ouest et le ruisseau Houay Sa Ngoy au sud.

La petite plaine s'étire le long de Nam Sangoy vers le village Ban Phiengpho (Tai kouane) au sud-ouest à 15 min de marche, et à 15 min au nord vers Ban Xane (Phong : 16 maisons qui font partie de Ban Khamkouna). De l'autre côté de la montagne, à 45 min à l'ouest, on trouvait encore un vieux village d'origine phong, Ban Houaykhang (18 maisons, 20 familles, 114 personnes).

Chez les Phong du village de Khamkouna, le choix du site du village obéit à des critères de qualité de sol et de disponibilité en ressources naturelles. Le choix définitif est validé après un rituel vis-à-vis des génies du lieu. Ce rituel est exercé par des personnes sages du village, selon l'épreuve du riz. Les sages utilisent 7 grains de riz qui sont disposés dans un petit trou cylindrique creusé en terre à la place prévu pour le village. Le trou est ensuite recouvert d'un bol pendant une nuit. Si au matin les grains n'ont ni bougé ni disparu, le site est considéré comme favorable. Dans le cas contraire, il est préférable de rechercher un autre endroit.

Ce site historique pour les Phong a été à nouveau habité en 1974 et en 2001, il comprend 65 maisons sur pilotis de petites et moyennes tailles. Le village dispose d'un dispensaire *Souksala* depuis 1999, d'une école de 5 classes de 127 élèves dont 36 filles seulement, d'une petite pagode qui loge un bouddha en bronze de 16 kg.

Les maisons sont construites sur la pente d'un flanc de montagne, sur une surface d'environ 2 ha, espacées l'une de l'autre d'une distance de 8 à 20 mètres. On note quelques maisons de meilleure facture, entièrement en bois dur avec un toit recouvert de tôle ou de tuiles en bois.

L'espace villageois comprend également des arbres fruitiers : jacquier, cocotier, manguier, pamplemoussier, goyavier, papayer. On note aussi des poulaillers, des porcheries, des petits jardins maraîchers de saison sèche en bordure de rivière. Le village et les maisons ne sont pas clôturés. Les buffles et les bovins sont laissés en vagabondage autour du village de jour et de nuit en saison sèche, mais en période de culture, on les attache la nuit pour éviter les dégâts dans les champs.

Maison

Le style traditionnel des maisons phong existe encore en 2001 dans le village de Khamkouna. Elles sont rectangulaires, d'environ 20 m^2 (4 x 5 mètres) pour une famille moyenne comprenant les parents, le fils aîné marié et sa famille. Les maisons de moyenne et de grandes tailles font entre 35 à 75 m^2.

En 2001 il y avait 10 maisons en bois dur à toiture en tôle, avec une extension d'une petite maison annexe qui servait de cuisine, de lieu de décorticage du riz et d'activités artisanales : fabrication de nattes, panier à dos, panier à riz, etc. Le village comprenait environ 10 % de maisons de familles aisées, 60 % de maisons de familles de condition socio-économique moyenne et 30 % de petites maisons de familles pauvres.

La maison est construite sur 12 pilotis en bois dur (*May Lane*]. La toiture est recouverte de chaume « *Nya Kha* » ou de feuilles de palmier « *Bay Kho* ». Les parois sont le plus souvent en bambou « *May Hiya* » ou « *May Xot* ». Le plancher est en bambou « *May Xang* », la charpente en bois de châtaignier « *May Ko* ».

On accède à la maison par un escalier de 3 ou 5 marches (nombre impair obligatoire), situé à l'extrémité droite de la façade. Passé la porte d'entrée principale, l'intérieur comprend un foyer au milieu du salon. On note une pièce ouverte située au fond du mur de la maison côté gauche, où se trouve l'autel des génies, une salle à coucher pour les visiteurs et les enfants, une chambre pour les parents touchant la salle de l'autel des génies puis une chambre pour le fils avec sa famille. La dernière chambre est réservée aux filles non mariées.

Comme pour les Phong de Nakai, les Phong du village de Khamkouna prennent garde de ne pas utiliser certains bois ou formes de bois pour la construction des maisons. : *May Lom* (bois mort déjà tombé), *May Tit Thiene* (bois jumeau ou soudé), *May Haikieo* (bois entouré de liane et de la plante « *Hai* », le *May-Fay Pha* (bois atteint et brûlé par la foudre), *May Paykout* (bois dont la cime est tombée ou coupée).

Il existe certains interdits dans les maisons. Par exemple, dans les maisons parentales, les belles-filles ou les beaux-fils ne peuvent pas entrer dans la salle de l'autel des génies.

Gestion des ressources naturelles

Les Phong de Khamkeut, comme ceux de Nakai, gèrent leur territoire principalement selon les cycles forestiers pour les activités agricoles d'essartage, la cueillette et la chasse. Dans le territoire de Khamkouna, on note les produits suivants utilisés par les Phong :

<u>*Produits sous forestiers utilisés dans ce territoire*</u> :

- Cardamome, rotin (*Thoun*).
- Pousse de rotin (*Nyoth Thoun, Vay Nyai, Vay Boun, Vay Nam Leuang*)
- Cœur de palmier (*Nyot Tao*), fruit de palmier (*Mark Kho*).
- <u>*Pousses de bambou*</u> : *No Hok, No Xang , No Thaie* (variétés noire et rouge), *No Xot, No Hiya, No Por, No Phaipa, No Bong, No Xang Phai, No Sane, No Santalome.*
- <u>*Fruits sauvages*</u> : *Mark Mouang Pa* (mangue sauvage), *Mark Khamphep, Mark Khampom, Mark Ngeo, Mark Var, Mark Fai, Mark Takouang, Mark Takai, Mark Kok.*

- *Légumes sauvages*: *Pak Nok, Pak Kouth* (fougère), *Pak Ileuth, Pak Vane, Pak Hark, Pak Nao, Pak Dangkhom, Pak Kath Hong, Pak Ihinh.*
- *Produits de la chasse* ; cerf sambar, cerf aboyeur, ours, banteng (*Kathing*), gaur (*Meuy*), sanglier, singes dont macaque, civette, porc-épic, varan terrestre, varan d'eau (*Hiya*), loris, écureuil, mangouste, lézard (*Kathang*), chevrotain, chat sauvage (*Seua Méo*), poule sauvage, canard d'eau, faisan, perdrix, coucou, tourterelle, perroquet, chauve-souris, rat de bambou, *Nok kok*, chouettes et hiboux, rapaces diurnes (*Leo, Houng*), corbeau.
- *Produits de la pêche* : *Pa Kho, Pa Douk* (poisson chat), *Pa Fa* (raie), *Pa Tchath, Pa Mom, Pa Khao, Pa Deng, Pa Xiou*, anguille, crevette, crabe, grenouille (*Kop, Khieth, Eung)*, tortue, loutre.

Sur la falaise proche du village, on trouve de nombreux essaims d'abeilles et donc du miel sauvage (*Pheung Pa*), utilisé aussi comme médicament, comme contre la diarrhée pour les femmes qui allaitent un bébé.

Moyens d'existence et systèmes de production

Activités dominantes de production

Riz gluant, maïs, manioc, volailles, porcin, bovin, bubalin, pêche, chasse, cueillette, bière de riz, activités d'achat-vente de produits manufacturés : sel, sucre, glutamate, alcool de riz, cigarette, pile, lampe torche.

Culture de pente (*Hai*) : tubercule (*Pheuak*), melon, melon d'eau, concombre, haricot, citrouille, melon cylindrique (*Mark To*), gingembre (*Khing*), citronnelle (*Sinkhay*), basilic, menthe, *Pak Pheo*, piment, aubergine, courge, courgette, persil, moutarde (*Pa Kkath*).

Culture en jardin potager sur les pentes : oignon, ail, persil, coriandre, moutarde, salade, choux.

Jardin de village : tabac, banane, papaye, ananas, canne à sucre, noix de coco, jacquier, durion (*Mark Mi*), manguier, goyave (*Mark Sida*).

Principaux moyens d'existence et de systèmes de production

En 2001, les Phong de Khamkeut basaient encore l'essentiel de leurs moyens d'existence sur les productions de défriche-brûlis et de jardin de pente, la cueillette, la chasse, la pêche et les petits commerces achat-vente. La production de riz était basée sur la culture d'essartage (Hai).

La préparation de culture d'essartage commence chaque année par la préparation des outils en décembre et janvier, puis par le défrichage des essarts à partir de février dans des parcelles forestières âgées de trois à cinq ans en raison des consignes politiques, alors qu'ils défrichaient autrefois des forêts de plus de 10 ans. Lorsqu'ils défrichent des forêts anciennes, ils cultivent deux années consécutives sur la même parcelle en raison de la bonne fertilité de la terre et du faible besoin de désherbage. Suite au débardage, au début de la saison des pluies, chaque famille sème le paddy à la main. Les hommes passent devant pour faire les trous, les femmes sèment ensuite à raison de 4-6 graines de paddy par trou. Ils sèment aussi d'autres plantes comme les melons, potirons, tubercules (*Pheuak*), sésame, haricot, concombre et gingembre. Les femmes démarrent le désherbage deux semaines après le semis. Selon le type de parcelles, elles effectuent entre 2 et 5 désherbages par saison, de manière à limiter la compétition entre le riz et les autres plantes.

Au village de Khamkouna, environ 40 % des familles sèment une bonne proportion de riz précoce « *Khaodor* » alors que les autres favorisent la variété tardive ou annuelle « *Khao Pi* ». La variété précoce d'un cycle de 4 mois est récoltée dès le début de septembre et permet de se procurer du riz en période difficile, lorsque les greniers sont vides. On en sème d'autant plus que l'année précédente a donné peu de production ou que la famille est en déficit chronique de riz. Les familles qui assurent régulièrement leur sécurité alimentaire ne font que du riz de cycle moyen ou long (5-6 mois) en raison des meilleurs rendements de ces variétés. Le rendement moyen par hectare est estimé à 1,5 tonne. Les épis (*Tane*) de riz sont coupés à la serpe et mis en poignée (*Kamneug*) d'environ 1,5 kg à 2 kg de paddy. Une botte (*Fath*) représente 8 poignées (environ 15 kg). Une famille moyenne de 6 personnes a besoin de 200 bottes pour assurer sa sécurité alimentaire. Sur les 63 familles du village, 33 récoltent moins de 200 bottes et sont en situation d'insuffisance en riz, que ce soit en raison du faible rendement, du manque de force de travail ou de problème sur le riz (insectes, maladies, oiseaux, etc.). La majorité des familles gère aussi un jardin de pente (*Souan*) en saison des pluies, avec du maïs, du manioc, des légumes et des épices. Les familles disposent aussi de petits jardins potagers autour de leur maison dans le village ou simplement quelques pots avec des épices, oignons, salades et moutardes.

Développement

Références au développement

En 2001, les Phong venant de Nam Kane et relocalisés dans le village de Khamkouna depuis 1974 sont dirigés par le même chef depuis 18 ans. Il n'y a pas eu de programme spécifique au point de vue du développement socio-économique. Le village bénéficie d'une ancienne école primaire et en 1999, un dispensaire a été créé, géré par un couple d'infirmiers militaires du km 20. Les représentants villageois indiquent comme besoins prioritaires la rénovation et l'extension de l'école primaire pour pouvoir accueillir le nombre d'élèves et l'ouverture d'une voie d'accès entre le village et la route principale. La deuxième priorité consiste à concevoir le développement économique du village par le développement de la riziculture irriguée et pluviale, selon le modèle de plaine créé il y a plus de 60 ans par les Tai Meuiy et Tai Kouane de Ban Phiengpho et de Ban Houaykhang. Les villageois semblent unanimes pour cela, d'autant plus qu'avec les politiques contre l'essartage, ils savent qu'il y a obligation de changer de pratique pour survivre. Toutefois, comme dans de nombreuses zones, le gouvernement n'a pas les moyens de leur ambition et les villageois en, font les frais.

Lors de notre visite, il n'y a qu'une petite rizière d'environ 7 000 m^2 proche du village de Xane, déjà exploitée par une famille phong du même village. D'après les villageois, il existe trois rivières disponibles favorables pour l'irrigation qui peuvent bénéficier aux territoires de Ban Khamkouna, Ban Xane, Ban Phiengpho, Ban Houaykhang et Ban Phondou. Les autorités provinciales ont étudié cette possibilité en 1999 et estimé la surface à 80 ha, dont 6,5 ha déjà exploités. En 1998, les villageois du village de Houay Khang, appuyés par les services du district, ont réalisé un petit barrage en gabion sur la Houay Tcheng. Toutefois, il n'a pas pu être utilisé en raison du manque de canalisation pour acheminer l'eau vers les rizières. En 2000, des ouvriers vietnamiens ont réalisé 280 m de canal moyennant une somme de 1 400 000 kips. Une autre petite zone de 5 ha sur les territoires de Ban Phiengpho et Ban Khamkouna peut être irriguée par la Houay Xane entre Ban khamkouna et Ban Xane.

Tourisme et ethnotourisme

Il n'y a pas de référence de tourisme dans cette région et la zone n'était pas vraiment propice à un développement touristique.

Quelques auteurs de références

Macey P., 1907 ; Fraisse A., 1950 ; Chamberlain J. R., 1983, 2002, 2020 ; Proschan F., 1985 ; recensements 1995 et 2015 ; Chamberlain J. R. & al., 1996, 1997, 2003 ; Summer Institute of Linguistics; UICN, 1998 ; Asian Minorities Outreach, 1998, 2000 ; Chazée L., Syphanravong S., 2000, 2001, 2017 ; Schliesinger J., 2003, 2015 ; Lamxay V., De Boer H.J., 2011 ; Phonevilay S., 2013.

Chapitre XII.
Phong (Khamouane)

Nom de l'ethnie

Phong (Lao Theung, Kha Phong)

Famille, groupe et branche linguistiques

Famille austro-asiatique, groupe môn-khmer, branche viétique. Le langage des Phong de Nakai se rapproche de ceux des différents groupes « Salang », même si les accents et quelques mots sont différents.
Environ la moitié des mots est identique à ceux des Salang Malang et Salang Kri et un tiers d'entre eux s'en rapprochent beaucoup (accent/prononciation). En revanche, la comparaison de 18 mots entre des Phong de Nakai et ceux des Phong de Khamkeut indique qu'environ les deux tiers des mots sont différents. Lors de nos enquêtes, nous avions identifié 8 « langages » phong différents, 5 à Houaphan/Xieng Khouang, 2 à Bolikhamxay et 1 à Nakai. Dans cette étude, nous nous référerons au groupe de Nakai dans la province de Khamouane. En réalité, ces langages sont des langues hybrides, reconstituées à partir d'emprunts de mots de nombreuses ethnies avec qui les Phong ont habité lors de leur migration. Ceux de Nakai, dans la vallée de la Nam Noy et proche de la frontière vietnamienne, ont gardé une racine viet-muong forte et ont emprunté de nombreux mots des Brou So et des Kri qu'ils côtoient depuis plusieurs générations.

Quelques éléments linguistiques dans les villages étudiés (Ban Poung, Ban Thong) : *Pué* (père), *Mé* (mère), *Por* (bœuf), *Saloup* (buffle), *Vith* (canard), *Koure* (porc), *Mangeu* (cheval), *Tchor* (chien), *Tchaosakor* (riz ordinaire), Ka (poulet), *Threum* (ciel), *Dark* (eau*), AnTchao* (manger), *Tongrong* (rizière), *Nahong Sarong* (forêt), *Manaie (*enfant), *Palick* (piment), *Kanor* (maison), *Ban* (village), *Kaherk* (viande).

En 1907, Paul Macey indique certains mêmes noms « Pong », mais d'autres diffèrent, par exemple pour forêt (*Kong, Prri*), piment (*Ple Tiuoung*), chien (*Tio*), buffle (*Klau*). En 2003, Chamberlain indique que les Phong font partie de la branche Sud des viétiques, avec les Kri et Mlengbrou.

Villages étudiés (1989-2003)

5 villages étudiés ; Poung, Thong, Tong, Maka Kang, Vanglé (Khamouane).

Distribution géographique

***Province de Khamouane** (en 2001)*

District de Nakai : Poung (8-10 familles de souche phong), Vang Lé (village anciennement appelé Nalam, 4-5 familles de souche phong), Tong (5 familles de souche Phong), Maka Kang (10 familles), Pu /Sagné (6 familles phong, les autres Brou), Sané (1 famille), Thong (1 famille de souche phong), Kengli/Van Kouay (9 familles de souche phong sur les 22 familles du village) - Familles de seconde et troisième générations avec intermariage dans les villages de Khone Kene et de Sop Hiya (6 familles). Quelques familles de seconde génération au village de Vangkouay/Kengli dans la vallée de la Nam Noy.

Vietnam : village de Yang, avec 28 familles, 27 maisons et 119 personnes situé à environ 2 heures de marche de la frontière vietnamienne au nord de Maka.

Peuple

Population au Laos

Nous rappelons que l'on trouve les populations « Phong » dans la province de Bolikhamsay. Ils habitent les districts de Bolikham (environ 1 000 personnes en 2002), de Khamkeut (2 100 personnes en 2002) et de Vienthong (3 600 personnes en 2002). D'autres Phong habitent aussi dans les provinces de Houaphan et de Xieng Khouang. Comme pour les Phong de Khamkeut, notre étude n'a pas permis de savoir si des liens historiques existaient entre ces populations phong. Les liens ethnolinguistiques n'étant pas établis et les langues actuellement parlées entre ces groupes étant très différentes, nous les avons étudiés séparément. Les peuples phong étudiés dans cette fiche sont ceux de Khamouane, dans le district de Nakai. En 2003, on estimait les personnes de souche phong à 235 - 265 personnes dans les principaux villages, et à pas plus de 400 en comptant les familles s'étant déplacées autour de Houaphou et de Takeck.

Présence dans 10 villages phong dans le district de Nakai : 50-60 familles de souche phong, soit environ 235-265 personnes en 2003. Les Phong sont souvent associés avec des familles kri (Kari) et brou so.

Recensement national de 2015 : 30 696 personnes (tous Phong confondus).

Histoire

Les Phong de Nakai semblent avoir établi leur territoire d'origine dans la vallée de la Nam Noy de part et d'autre de la rivière Nam Péo, dans les territoires actuels des villages de Poung, Tong, Thong, Vanglé, Peu et Vang Khouay-Kengli. Ils habitent entre les Sek établis au nord et les Brou So situés plus au sud dans la vallée. Certaines familles phong originaires de l'ancien village de Ban So à l'est de Maka Kang affirment être venues de la vallée de la Nam Theung il y a environ 3 générations. Leur histoire est difficile à retracer du fait de l'éparpillement des familles dans différents villages dont l'origine semble remonter aux conflits territoriaux entre le Siam et le Vietnam entre 1834 et 1847.

En 1907, Paul Macey, dans son étude ethnographique et linguistique sur les K'Katiam Pong Houk, appelé les Tai Pong, indique déjà que ce groupe fut éclaté par les différents troubles, révolutions et invasions. Ils avaient déjà connu différents niveaux d'assimilation, d'adoption et d'intégration au contact des différents peuples chez qui ils avaient trouvé asile. Selon les bribes d'histoire, l'origine de ces « Pong » remonterait au district de Kamkheut, dans la zone de Muong Tiam. Le groupe, dans les années 1750, aurait compris plus de 2 000 familles. En 1907, il était réduit à 200 familles et environ 800 personnes, résidant sur un territoire compris entre la chaîne annamitique au nord, à l'est par la vallée de la Nam Niouang, au sud par celle de Nam Kadin et à l'ouest par la Nam Mouone. Une autre faction se serait trouvée au Vietnam, dans la zone de Phu Qui Chu, sur le haut Song Con, dans la province annamite de Thranh-Hoa.

La communauté habitant à Khamouane, en 1907, présentait déjà un fort degré de « laocisation », en ayant adopté le bouddhisme tout en conservant la croyance aux génies, le style de vie, leurs vêtements et instruments de musique. De nombreuses familles s'étaient dispersées dans des villages multiethniques, sauf à Khamkeut où les Phong s'étaient regroupés, comme par le passé, en villages. Ils pratiquaient l'agriculture, l'élevage, la chasse, la cueillette, le tissage du coton et depuis peu, récoltaient le caoutchouc pour la demande européenne et chinoise. Si cette nouvelle activité augmentait les revenus, l'usage de l'opium qui se répandait augmentait les dépenses des familles opiomanes.

En 1950, Fraisse fait mention des Kha Phong sans avoir pu en visiter leur territoire d'origine. En 1999-2002, les Phong des différents villages visités ne savaient plus retracer leur histoire. La seule certitude, c'est que les villages de Phoung, Thong, Tong et Vanglé étaient protégés par le génie du territoire phong. Ce critère leur procurait une sécurité et une identité fortes. Au début des années 2000, ces villages regroupaient les Phong, Brou/Mankong, Kri (Kari)/Salang dans lesquelles les langues véhiculaires brou (échanges dans la vallée) et lao (échanges avec Houaphou) dominaient.

Quelques éléments historiques recueillis en 2001

Ban Tong, habité par 28 familles en 2001, est le village d'origine phong le plus au sud dans la vallée de la Nam Noy, à environ 7 heures de marche au nord du village de Ka Oy, sur la rive droite.

En 1963-65, le village était situé à environ 15 minutes au sud, sur la rive gauche. Le déplacement, comme tous les autres de la région, fut lié aux évènements militaires entre 1961 et 1973 qui obligèrent souvent les populations à vivre cachées dans les forêts. En 1985, suite à des épidémies, quelques familles du village de Tong ont quitté le village et se sont installées à 1 heure et 30 minutes au sud, au village de Vang Kouay qui lui-même s'est séparé en deux en créant le nouveau village de Kengli en 1987 suite à d'autres maladies.

Le village de Ban Pu de 23 familles, renommé « Sagné », se situe à 15 minutes au nord de Ban Tong, sur la rive gauche de la Nam Noy. En 1994, il était un peu plus au sud entre la Nam Noy et la Nam Péo.

En avril 2000, Ban Poung comptait 26 maisons, 28 familles et 127 personnes, dont 63 de sexe féminin. La majorité est d'origine phong, mais on note aussi 5 familles mankong et 3 familles salang. Le village se situe plus au nord que Ban Pu, à environ une heure de marche de ce village, sur la rive gauche de la Nam Noy, entre les villages de Tong et Thong. Quelques familles étaient venues en reconnaissance en 1961 et l'ensemble de la communauté avait suivi en 1968, à partir de l'ancien village de Ban Poung situé entre la Nam Péo et Huay Malo, à environ une heure en direction de l'est. Dans cet ancien village, ils y étaient restés longtemps après leur arrivée du Vietnam, où ils avaient habité le village de Tray-Tcho dans la province de Hatting. D'après la mémoire orale des anciens, ils étaient alors bouddhistes et auraient quitté leur village au Vietnam suite à une famine, qui les avait motivés à rechercher un territoire plus approprié pour l'agriculture, la cueillette, la chasse et la pêche. Ce séjour du Vietnam s'était passé il y avait trois générations, c'est-à-dire dans la période 1900-1920. Cette période de venue du Vietnam semblait être confirmée par le fait que certaines familles phong étaient déjà, dans les années 1930, au village de Yang à l'ancien site de Ban Poung. Les familles avaient été guidées depuis le Vietnam par deux frères, Thitlay et Xiengkone, dont les descendants habitaient encore au village en avril 2000. À leur arrivée au Laos, on les avait appelés « Kha », « Lao Theung » ou « Phong ».

Comme pour de nombreuses communautés bouddhistes ou « bouddhisées » qui s'étaient implantées dans cette région isolée du Laos, ils avaient progressivement abandonné leur pagode après la fin de la présence de vénérables et maintenu uniquement la croyance aux génies. Pour cette communauté, l'abandon du bouddhisme démarra en 1957, suite au décès du dernier vénérable à l'ancien village de Poung. Ils disaient comprendre les Kri (Kari), les Sek, les Vietnamiens et les Brou. Proches linguistiquement des Kri, ils disent avoir des coutumes spécifiquement différentes pour les enterrements et les accouchements. En effet, lors des périodes d'accouchement et de menstruations, les femmes kri doivent s'isoler et passer les nuits dans des huttes temporaires à quelques dizaines de mètres en dehors de leur maison. Cela posait problème lors des mariages entre Kri et Phong. À Maka Kang, le compromis était d'attacher une petite cabane à côté de la maison principale.

Le village de Thong de 22 familles est établi à environ une heure au nord du village de Phoung, sur la rive gauche de la Nam Noy. En 1979, une dizaine de familles du village de Yang au Vietnam sont venues s'installer au village de Maka Kang. Certaines familles venues de ce village affirment que leurs grands-parents étaient nés à Poung et Nalam (Vanglé) dans les années 1910.

Système linéaire

Le système est patrilinéaire et peu marqué. La majorité de l'héritage est transmis à l'enfant qui reste dans la maison de ses parents pour s'en occuper, que ce soit une fille ou un fils. Le reste des biens est partagé entre les autres enfants.

Lignages identifiés au Laos

Nous n'avions pas identifié de lignage chez les Phong de Nakai. Toutefois, il semblait qu'il y ait une reconnaissance de familles issues de certains « leaders historiques », comme Thitlay et Xiengkone, qui avaient guidé avec succès les familles du Vietnam au Laos. Cette reconnaissance de réussite de ces leaders est transmise dans les mémoires orales des Phong et concerne aussi les autres populations venues du Vietnam. On nous faisait aussi mention de ces leaders chez ces communautés dans les provinces de Khamouane, Bolikhamsay, Xieng Khouang et Houaphan.

Ménage

Chez les Phong, monogames, la résidence est à tendance indifférenciée. Dans la tradition, le nouveau couple doit observer une période matrilocale d'une année maximum entre le petit et le grand mariage. Au-delà d'une année, on pense que l'époux est touché par les génies des ancêtres des beaux-parents et qu'il restera chez eux.

Religion et croyances

Croyance aux génies avec, selon les communautés, des restes d'éléments de philosophie bouddhique. Certaines communautés pratiquaient davantage le bouddhisme dans le passé.

Les croyances aux génies se sont renforcées suite aux fréquents déplacements qui ne leur permettaient pas d'établir des temples. D'autres communautés croyaient fortement aux génies et celles associées depuis le XIXe siècle à des communautés bouddhiques de vallée furent « bouddhisées ».

Génies principaux

Génie « *Khmouith* » : *Pue - Mé* (parents), *Ban* (village), *Brou* (forêt), *Pong* (terre salée), *Bou* (cimetière), *Dark* (eau), *Tchésalong* (génie de la mort accidentelle), *Axuethosouan* (génie du champ), *Sarong Kui* (génie du grand arbre), *Kong* Koy (génie *Kong Koy*), *Xavore* (similaire au génie *Pop* chez les Lao), *Ka (*similaire au génie *Phi Ka* chez les Lao*), Pheth (Phi Peth* chez les Lao*), Thorani (Phi Thorani* chez les Lao*), Tchémang* (génie des cousins).

En 1907, les Pong étudiés par Macey indiquaient des noms de génie différents, qui semblaient influencés par leur passé annamite : *Ma Nia, Ma Tite, Ma Nguoc, Ma Mö, Ma'Prri.*

Organisations traditionnelles villageoises

On note des cérémonies de guérison organisées par le sorcier-guérisseur *Mô Mon*. Le maître de cérémonie *Tchao Tcham* guide encore les cérémonies traditionnelles annuelles. Le *Mo Ngam* a le rôle de devin.

On notait aussi, dans certains villages comme Poung, la présence de *Phinangthieme,* personne choisie par un esprit ou génie qui l'habite et qui lui dicte ses comportements. On ne nous indiquait que des femmes touchées par ce phénomène. Ces cas de possession existaient chez de nombreux groupes ethniques du nord de Nakai (Brou So, Malang, etc.).

Éléments homme-femme

Couple phong au village de Poung, district de Nakai, en avril 2001.

La parité homme-femme est relativement bien respectée du fait du système patrilinéaire peu marqué et de la résidence à tendance indifférenciée.

Les femmes participent aux décisions financières et tiennent souvent le budget. Elles sont en charge des corvées d'eau et de bois, du ménage, de la cuisine, du petit élevage, du jardin maraîcher, de la fabrication d'alcool, de nattes et des panneaux de chaume. Elles participent aux travaux des champs, à la cueillette et à la pêche. Elles ne tissent ni ne brodent. Les hommes travaillent aussi aux champs et sont responsables de la construction et de l'entretien des maisons et des clôtures, du gros élevage, de la chasse, de la pêche au filet, de la fabrication des paniers et des filets ct dc la cueillette de rente.

Culture

<u>*Cérémonies traditionnelles*</u>

Lors du douzième mois lao, à la pleine lune, les Phong de la vallée de la Nam Noy célèbrent la fête pour le génie du territoire *Khmouic-Brou* (*Mahesak*). Les familles regroupent 4 jarres de bière de riz pour la fête du village et chacune prépare un repas, une paire de bougies, une paire de fleurs, de l'écorce à mâcher *Kham Mark,* puis sacrifie un poulet. La cérémonie est guidée par le *Tchao Tchamp* en face des autels des génies « *Hophi* ».

Lors des évènements de venue ou de départ d'un membre d'une maisonnée, liés à un mariage, une naissance ou un décès, la famille organise un *Baci* accompagné d'un rituel pour le génie de la maison. Le père s'installe dans sa chambre ou dans la petite salle des génies si elle existe alors que sa femme reste devant la porte de la chambre. Les deux communiquent entre eux et s'adressent au génie pour l'informer de l'évènement et des décisions qui ont été prises.

Baci au village de Tong, district de Nakai, le 26 octobre 2000.

Vêtements et ornements

Avant 1960, les hommes et les femmes se vêtaient encore régulièrement d'écorces d'arbre *Peuk Nong*. Les femmes portaient des petites boucles d'oreille argentées *Kachone*. Une fois mariées, elles avaient le chignon sur la tête. Depuis plus de 3 décennies, les Phong portaient des vêtements achetés sur les marchés locaux, au Vietnam puis au Laos. Elles fumaient le tabac et mâchaient l'écorce *Kham Mark*.

Principales caractéristiques de l'ethnie

Il existe des interdits chez les Phong. Dans les maisons, la pièce où se trouve l'autel des génies ainsi que la chambre des parents sont interdites aux conjoints des enfants. Avant de se rendre dans les greniers, les conjoints doivent d'abord demander la permission aux génies des parents.

Mariage

En 1907, Macey indique que la valeur de la dot à fournir par le fiancé est de 7 à 16 piastres. Celui qui ne pouvait verser toute la somme devait rester chez ses beaux-parents pendant une année et les aider dans leurs travaux. Les moins fortunés prolongeaient le séjour jusqu'à 4 ou même 5 années.

Lors de la période de l'étude en 2000-2001, pour le petit mariage, seule une petite rencontre est organisée entre les deux familles, accompagnée d'une paire de bougies et d'une paire de fleurs. Au grand mariage, le garçon fournit une dot et un repas de 4 porcs, 4 poulets, 4 jarres de bière de riz et 16 piastres en argent frappées « Indochine française ». Les jours propices du mariage sont le jeudi et le vendredi des mois pairs. La cérémonie est célébrée chez les parents de l'épouse. Chaque partie prépare 4 plats pour les témoins, un pour les représentants féminins, un pour les représentants masculins du côté de la femme, un pour les témoins des deux parties et un pour le témoin principal.

Décès.

En 1907, Macey indique qu'à leur mort, les Pong sont toujours inhumés en terre, jamais incinérés. Selon la situation sociale ou la fortune du défunt, le corps était placé dans un cercueil, une claie de bambou ou même une simple natte.

Territoire

Territoire d'habitation

En 2002, les Phong habitent toujours dans la haute vallée de la Nam Noy, entre 600 et 800 mètres d'altitude. Ils font partie des autochtones de cette vallée avec les Sek, les Brou et les Kri (Kari).

Territoire phong dans la zone de Van Kouay, le 25 octobre 2000.

Autrefois concentrés autour de la Nam Péo, les évènements du XIXe siècle et de la période américaine les ont dispersés plus au sud et au nord du territoire d'origine, lieux où ils semblent s'être bien intégrés en présence des Kri et des Brou.

Les Phong recherchent des territoires forestiers au bord d'une rivière permanente qui leur permettent de combiner la chasse, la pêche, la cueillette et la culture d'essartage. Comme les Sek et les Kri de cette région fraîche qui reçoit les pluies tardives du Vietnam et les vents froids d'hiver, les Phong cultivent presque exclusivement du riz ordinaire de la variété locale *Khao Tchoa.*

Village

En 2000-2001, les villages ne présentent pas de particularité. Ils furent déplacés récemment et sont construits selon plusieurs techniques apportées par les Brou et les Phong, et aussi inspirées des villages lao.

Village phong de Kengli au bord de la Nam Noy, district de Nakai, le 26 novembre 2000.

L'agencement des maisons ne suit pas de plan particulier. Le village et les maisons ne sont pas clôturés. Les villages dans leur ensemble ne semblent pas achevés, présentant des zones de concentration et des zones vides, aucune structure communautaire ni centre villageois. L'enceinte villageoise renferme quelques arbres fruitiers et des poulaillers. Les animaux d'élevage vagabondent dans le village et essayent de se nourrir comme ils peuvent, comme dans tous les villages des hautes vallées de la zone de Nakai-Nam Theun. Les chiots tentent de téter les truies, les poules se concentrent sous les maisons pour récupérer quelques grains brisés lorsque les femmes pilent le paddy, les canards profitent des mares à buffles pour récupérer des vers et des résidus de buffles. Les porcs ont une nourriture toute particulière, celle laissée par les villageois dans les toilettes forestières. Il est difficile de les en empêcher, car les habitudes semblent être prises depuis des générations. Le visiteur sera surpris, lorsqu'il prend la direction des bois, de se faire suivre par une meute de porcs. Ceux-ci resteront à l'affût jusqu'au moment où les gros mâles les plus tenaces se jetteront groin baissé sur le festin. Il ne s'agit alors pas de traîner pour se rhabiller.

Maison

Les maisons sont le plus souvent de pauvre qualité. Elles sont de section rectangulaire, portées sur de petits ou moyens pilotis. On y accède par une échelle latérale qui débouche sur une terrasse ouverte qui sert de lieu de travail sur toute une longueur de la maison. De cette terrasse, deux portes permettent d'accéder au salon. Le foyer est situé au centre, entre les deux portes. Le pilon à main est rangé sur le côté droit, près d'une porte latérale qui s'ouvre sur une terrasse-cuisine. Au fond, les chambres sont cloisonnées par un treillis de bambou. Celle des enfants est à droite, celle des parents au milieu et celle des visiteurs dans le coin gauche. Cette dernière chambre n'est pas cloisonnée et abrite l'autel des génies.

Les parois et le plancher sont faits en treillis de bambou *May Sot*. La charpente est faite de bois *May Mome* et *May Sak*. Les pilotis sont en bois dur *May Khagnoung, May Heng* ou *May Peuay*. Les matériaux de construction sont coupés en hiver, entre novembre et janvier. Les bois tordus, fourchus, creux, cassés et penchés ne sont pas utilisés pour la construction. On ne prend pas non plus les arbres *May khouakiev, May Pha Pha, May Paykouth, May Meung, May Khamhouay, May Kolkang, May Kolkok* et *May Kolpay*.

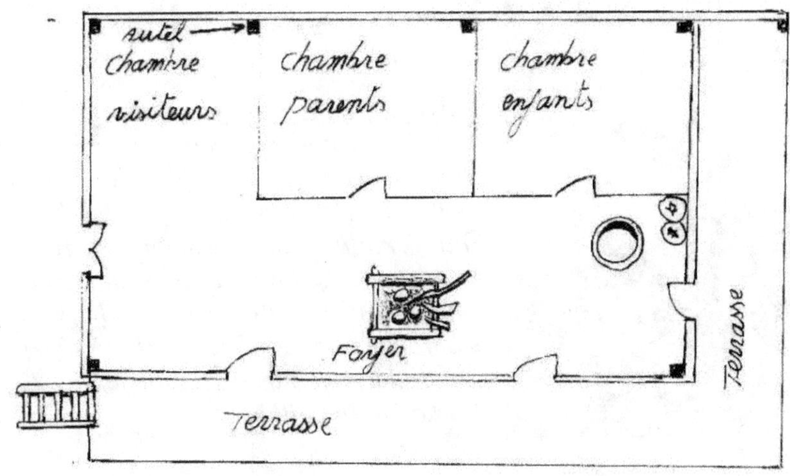

Gestion de l'espace d'une maison phong au village de Vanglé, district de Nakai, le 21 avril 2000.

Gestion des ressources naturelles

Dans le territoire phong du haut bassin de la Nam Noy, la biodiversité est encore bien conservée grâce au manque d'accès et à la faible densité démographique (2 hab./km^2). Le trafic illégal de la faune, du bois et des produits sous-forestiers engendré par la demande vietnamienne et lao reste un problème sérieux.

<u>Les principaux arbres du territoire de Poung</u> : *Pterocarpus macrocarpus* (*May Dou), May Heng, Dipterocarpus alatus (May Nyang), Shorea sp. (May Khisi), Chukrasia tabularis (May Nyom), Dalbergia cochinensis (May Khagnoung), Bombax querrii (May Ngioupa), (May Kaso), (May Khampep), (May Mome), Castanea sp. (May Ko), (May Phi), (May Khaokouay), Ficus sp. (May Hay), Ficus sp. (May Deua), (May Houalone), Cratoxilon polyanthum (May Tiou), (May Loengleng), Aquilaris crasna (May Ketsena).*

<u>Faune dans les territoires de Poung</u> : cerf sambar, cerf aboyeur, gaur, chevrotain, sanglier, tigre, panthère nébuleuse, éléphant, goral, civette, blaireau-furet, porc-épic, loris, pangolin, rat des bambous, écureuil, écureuil volant, macaque, gibbon, chauve-souris, varan, tortue, poule sauvage, faisan, héron, jacana, perdrix, coucou, drongo, bulbul, barbu, pigeon vert, tourterelle, pipit, bergeronnette.

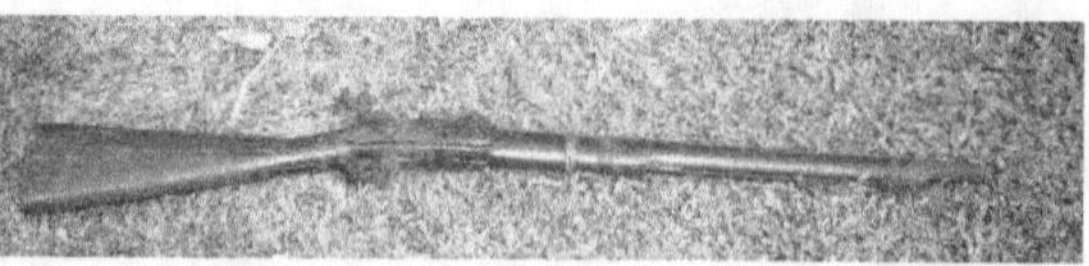

Chasseur et fusil phong au village de Pong, en avril 2000.

<u>*Poissons dans les territoires de Poung*</u> (2000) : *Channa lucius* (*Pa Kouane), Pangsius conchophilius (Pa Khé), Cirrhinus moitorella (Pa Kang), Poropuntius deauratus (Pa Tchath), Labeo yunnanensis (Pa Wa), Puntius brevis (Pa Khao), Channa striata (Pa Kho), Mastacemblus sp. (Pa Lath), Hampala macrolepidota (Pa South), (Pa Mome), (Pa Sa), Rhinchogobius sp. (Pa Boue), P a Ko, Pa Parkouang, Pa Phanxay.*

Moyens d'existence et systèmes de production

Activités dominantes de production

Riz ordinaire - buffle - porc - volaille - jardins maraîcher et fruitier - manioc - maïs - travail saisonnier - cueillette - chasse - pêche. Riz gluant - canard - bière de riz. Les revenus proviennent de la vente, de maïs, de porcs, de volailles, des produits sous-forestiers, du travail saisonnier.

<u>*Les autres cultures*</u> : sésame, patate douce, piment, aubergine, melon, potiron, courgette, concombre, haricot, soja, arachide, sorgho, ananas, banane, papaye, citronnelle, oignon, ail, basilic, persil, gingembre, thé, café, canne à sucre, banane, papaye, citron, larme de job.

<u>*Les produits de la cueillette du village de Poung (2000)*</u> : *Amomum sp.* (*Mark Neng* - cardamome*), Aquilaria sp. (May Ketsena* - bois d'aigle), *Anoectochilus formausus* (*Bay Lay* - plante médicinale), *Shorea sp.* (*Khisi* - gomme Damar), *Dipterocarpus alatus* (*Nam Man Yang* - résine Yang), *Calamus poillanei Conr.* (*Vay Thoum* - rotin), *Daemonorops jenkinsiana* (*Vay Boun* - rotin), *Lycopodium sp.* (*Pak Koud* - fougère), *Xanthoxylum rhetsa* (*Mark Khene* - poivre sauvage), *Musa sp.* (*Mark Phi* - fleur de bananier sauvage), *Steicheria trifuga* (*Mark Kho), Spondias sp. (Mark Kok), Xerospermum laoticum (Mark Ngéo), Aglaia meroscela Pell. (Mark Kong), Manguifera sp. (Mark Mouang Pa* - mangue sauvage), *Castanea sp.* (*Mark Ko), Phyllanthus embrica L.*

(Mark Khampome), Dialium indum (Mark Khampep), Baccaurea ramiflora Lour. (Mark Faye), Solanum torvum (Mark Kheng - aubergine sauvage*), Adenanthera sp. (Mark Lamong), (Mark Gnaha), (Khikhang), Broussonetia papyfera (Posa* - mûrier à papier*), Sisiet, Artrocarpus sp. (Peuark Hat), (Houakha), (Yangbon), Uvaria micrantha (Kamlang Seua Khong), Mentha sp. (Hompé), (Mak Euk), Piper albospicum (Pak Ileuth).*

<u>Pousses de bambou</u> *: Gigantochloa albocillata Munro & Kurz. (No Lay),* (*No Hok), Bambusa tulda Schuttles (No Bong), Bambusa spinnosa Rez. (No Phay Pa), Schizostachyum blumei Nees. (No Hiya), No May Té.*

<u>Champignons</u> : *Termitomyces sp.* (*Het Pouark), Psilocybe cubensis sp. (Het Khi Khouay), Russula sp. (Het Khithouao), (Het Tane), Lentinus squarrosulus Mont. (Het Khao), (Het Deng), Auricularia sp. (Het Hou ling), Auricularia sp. (Het Katan), Schizophyllum commune Fr. (Het Kapké), (Het Sinh), Volvariella volvacea Sing (Het Peung), Het Kangnamfon.*

Principaux systèmes de production

Les Phong sont un peuple d'essarteurs semi-itinérants pratiquant la culture de pente *Hai* en système rotatif ou en système pionnier avec coupe de forêts primaires. Dans le village de Poung, les essarts sont souvent utilisés trois années avant la mise en jachère, deux années avec du riz et une année avec du manioc. Chaque famille utilise deux à quatre variétés de riz de pente *Khao Tchoa, Khao Ikeo, Khao Ileu, Khao Mon* dont le cycle est différent, de manière à mieux répartir les travaux et diminuer les risques naturels. Autrefois, les friches cultivées en riz et maïs avaient 10 à 30 ans d'âge. Depuis les années 1990, elles se raccourcissent à 6-10 ans suite aux directives des autorités locales et dans quelques cas en raison de la réduction des territoires disponibles. Les essarts n'ont pas de caractère privatif et peuvent être utilisés par d'autres familles après approbation verbale du dernier à l'avoir cultivé.

Depuis les années 1995, suite aux encouragements des vulgarisateurs agricoles, quelques familles ont démarré la culture de riz pluvial de submersion.

En 2000-2002, les Phong de la vallée de la Nam Noy utilisent plusieurs autres modes d'exploitation du territoire : le jardin familial permanent et privatif pour la culture du maïs, de préférence sur les terres alluviales et inondables de la Nam Noy et de la Nam Péo. Environ 60 % des familles cultivent aussi des jardins de manioc sur des sols plus pauvres que ceux réservés au maïs. En saison sèche, la grande majorité des familles cultive un petit jardin légumier dans le village ou sur les bords de la rivière Nam Noy.

La moutarde, l'oignon, le piment et le haricot sont les principales cultures. Certaines familles y ajoutent aussi quelques plants de tabac, d'ail et d'arachide.

L'élevage des buffles reste en système de vagabondage semi-surveillé autour du village. Les porcs et les poulets font partie de la basse-cour. Ils servent aux rituels et sont consommés lors des cérémonies traditionnelles. Depuis 1991, suite à l'ouverture de la frontière thaïlandaise et le développement de la capitale du district de Nakai, les animaux sont vendus à des commerçants lao. En avril 2000, on comptait, dans le village de Poung, 43 buffles, 57 porcs, 118 poulets, 50 canards, 30 chiens et 10 chats.

La cueillette, la chasse et la pêche restent des activités familiales importantes. Traditionnellement, la chasse se pratiquait toute l'année au fusil, à l'arbalète, au lance-pierre et au piège. En 1994, après la création de la zone protégée de Nakai - Nam Theun, de nombreux fusils furent confisqués et la chasse au piège s'est développée suivant la demande des marchés de Nakai et de Takhek.

La demande vietnamienne est mieux contrôlée depuis 1997, mais entre 2000 et 2003, les Phong de la Nam Noy échangeaient encore avec les colporteurs vietnamiens des tortues, des pangolins et de la viande séchée de gibier. Les poissons, les écureuils, les rats des bambous, les rats, les souris, les passereaux et les lézards constituent l'apport quotidien de protéines animales. Chaque semaine, quelques familles du village ramènent un cerf aboyeur, un sanglier, un écureuil volant, une civette, une poule sauvage ou une perdrix. Entre octobre et janvier, entre la récolte et la préparation des nouveaux essarts, les cerfs sambar, les sangliers, les cerfs aboyeurs, les gorals et les macaques sont piégés.

Développement

Références au développement

Il n'y a pas eu d'expérience de développement socio-économique spécifique chez les Phong des villages de Nakai, en raison du manque d'accès motorisé et de leur isolement. Ceux restés reclus dans la haute vallée de la Nam Noy ne semblent pas avoir modifié leur système de vie et de production depuis ces 50 dernières années. Ils ont vécu un processus d'acculturation par assimilation d'éléments culturels et linguistiques des Brou et des Kri (Kari) lorsqu'ils vivent avec ces deux groupes ethniques (Sané, Vanglé, Maka Kang).

Antérieurement, les Phong furent certainement influencés par les Sek dont ils ont gardé quelques éléments religieux. Les différentes familles qui se disent d'origine phong aux villages de Khone Kène et Sop Hiya s'identifient encore souvent au groupe originel du village où ils ont migré (Yooy dans le village de Khone Kène).

Décorticage manuel du riz au village de Poung, district de Nakai en 2001.

La productivité de leur système de production, de la chasse et de la cueillette ne s'est pas améliorée depuis les années 1975. L'éducation formelle est quasiment non existante malgré la présence de bâtiments d'école dans certains villages. La population ne recherche pas l'échange et se contente de vivre sur la nature. Les Phong de cette région plus proches des Kri que des Sek au niveau de leur système de vie et de la langue, n'ont pas encore cherché à développer un système de production plus stable ; ils se contentent de ce qu'ils ont et sont ravis que l'on ne vienne pas les déranger. Pour rien au monde ils ne quitteraient leurs villages protégés par le génie de leur territoire. Mélangés aux Kri et aux Brou par relation de mariage, ils ne revendiquent plus leur spécificité ethnolinguistique. Devenus minoritaires dans les villages qu'ils habitent, ils se sont adaptés au système brou so (Vanglé, Sané, Tong, Vangkouay, Kengli, Pu) ou kri (Maka Kang). Néanmoins, les populations de la Nam Noy reconnaissent toujours l'origine territoriale de l'ancien pays Phong, qui est toujours protégé par leur génie gardien.

Le riz, le maïs, le manioc et les légumes restent des produits vivriers. L'élevage, la cardamome et la gomme Damar deviennent depuis les années 1990 des produits d'échange et de vente pour les marchés de Gnommalath, Houaphou et Thaïlande. Les produits illégaux comme les rotins *Vai Thoum*, les tortues, les pangolins, les loris, les félins, les varans, le bois d'aigle, les sous-produits du banteng, goral et gaur passent par le Vietnam, Lak Sao et Houaphou. La pêche, le piégeage des rongeurs et des petits cervidés constituent les principaux apports de protéines animales. Leurs horaires de travail et leurs organisations sont calculés en fonction de leurs faibles besoins et de leurs objectifs vivriers qu'ils couvrent en grande partie par une vie de chasseurs-cueilleurs.

Dans les conditions sociales et économiques actuelles, les tentatives de développement des villages phong de la vallée de la Nam Noy représentent un grand défi. La population ne recherche pas vraiment le changement dans le sens où elle assure déjà sa nourriture par une large gamme de produits de la forêt et des rivières et par une production agricole et animale. La faible densité démographique de la région leur assure un accès favorable aux ressources naturelles pour encore de nombreuses années. Le seul véritable problème réside dans le mauvais état de santé des villageois, qui limite leur force de travail et donc réduit leur capacité de production, de chasse, de cueillette et de pêche. Ils sont en partie responsables de leur état de santé, dans le sens où ils continuent à vivre dans des conditions sanitaires déplorables malgré les programmes de santé donnés par les agents de santé et l'exemple de quelques familles qui les ont adoptés dans leur village ou dans les villages voisins.

Étant donné les évènements de l'histoire, le nouveau cadre légal de leur territoire (zone focale et NBCA), le manque quasi total d'éducation et de volonté de changement, un programme de développement socio-économique demande certainement une stratégie par étapes similaire à celle décrite pour les Sek. Pour l'instant, les Phong poursuivent leurs activités de chasse, de cueillette et de pêche, qui sont devenues en partie illégales depuis la création de la NBCA en 1993. De ce fait, les relations entre les villageois et les autorités locales, autrefois faibles et empreintes de méfiance, avaient encore tendance à se détériorer entre 1999 et 2002.

Du fait de leur isolement et de la difficulté et manque d'intérêt de réaliser une piste coûteuse pour si peu d'habitants, les Phong ne devraient pas être vraiment dérangés dans les années à venir, à part s'ils sont déplacés de manière non volontaire ou qu'une compagnie et les politiciens aient la mauvaise idée de créer un autre barrage hydroélectrique ou une mine dans leur vallée.

Tourisme et ethnotourisme

Les Phong de la haute vallée de la Nam Noy se situent dans une zone en dehors des circuits touristiques, de commerce illégal et fortement contrôlé par la police, les milices, les douanes et l'armée. Cette situation territoriale et le contrôle par les forces de l'ordre ne sont pas des facteurs favorables à l'ethnotourisme. Même si l'artisanat et la manière de vivre des Phong peuvent attirer quelques touristes, les possibilités de déboire et de frustration sont telles qu'il n'est pour l'instant pas recommandé de tenter l'expérience.

Quelques auteurs de références

Macey P., 1907 ; Fraisse A., 1950 ; Chamberlain J. R., 1983, 2002, 2020 ; Proschan F., 1985 ; recensements 1995 et 2015 ; Chamberlain & al., 1996, 1997, 2003 ; Summer Institute of Linguistics ; UICN, 1998 ; AMO 1998, 2000 ; Chazée L., Syphanravong S., 2000, 2001 ; Chazée L., 2001, 2017.

Chapitre XIII.
Salang

Nom de l'ethnie

Salang (Kha Salang, Tong Luang, Kri)

Le nom de « Salang » est un nom général par lequel les autres ethnies nomment de nombreux groupes encore itinérants ou semi-itinérants de parler viet-muong, incluant également les Kri-Salang, Atel-Salang, Témarou-Salang.

Il se traduit, selon les interprétations, par « feuille » ou par « peuple de la forêt ». Les Lao les appellent encore « *Kha* ». Les Brou les appellent « Arem » (qui se traduit par *Kha* en langue lao). On retrouve le groupe *Arem* du côté vietnamien, qui fait partie du groupe plus large Chut qui regroupe environ 4 000 personnes dans les provinces de Quang Binh et Ha Tinh.

Famille, groupe et branche linguistiques

Austro-asiatique, groupe môn-khmer, viet-muong.

Nous regrouperons sous ce groupe « Salang » les groupes autres que Kri, Atel et Témarou, qui ont fait l'office d'une étude spécifique. Ces autres Salang restaient itinérants ou semi-itinérant lors de la période d'étude, sur la frange est des provinces de Khamouane (Bualapha, Nyommalath, sud-est de Nakai) de Bolikhamsay (Khamkeut) et de Savannakhet.

Nous avons conservé ce nom de « Salang » pour les groupes qui n'étaient encore pas ou pas totalement rattachés à des villages lors de nos visites (2000), ou qui s'en étaient échappés suite à leur appauvrissement social et leur état de stress. Nous avions l'équivalent du mode de vie avec les Yumbri (Mlabri) de la zone de Nam Poui dans la province de Xayabury.

Groupe étudié (1989-2003) *(1)*

Groupe situé près du village de Phonbon (Yooy), dans le district de Bualapha.

Distribution géographique

Khamouane : migration entre le nord du district de Nyommalath et de Bualapha.

Sédentarisation de quelques Salang pour des raisons diverses dans les villages de Xang (Nyommalath) de Vangmaneu et de Tassang (Bualapha), de Sophia, Sophen, Nakai Tai, Sop One et Done (Nakai).

Indication de 28 Salang dans la zone protégée nationale de Hin Namno, district de Bualapha, proche du village de Vang Maneu de la zone de Dou (UICN/Hin Namno, 2010). D'après l'étude, ils habitent depuis très longtemps dans ce territoire montagneux calcaire à la frontière du Vietnam. On les nommait « Tong Luang », pour les mêmes raisons que les Yumbri de la province de Xayabury. Ils s'alimentent surtout de tubercules forestiers et autrefois, ils portaient des écorces « *Phakatieo* ».

Peuple

Population au Laos

En 1989-1991, lors de mon travail monographique des provinces du Laos, j'identifiais le nom de « Salang » dans les registres des provinces de Khamouane, de Savannakhet et de Saravane. Ils étaient à cette période, inaccessibles, à la frontière du Vietnam et les autorités provinciales ne les connaissaient pas, c'était des « Tong Luang ». À la fin de la période d'étude, ceux de Savannakhet et Saravane semblent avoir été sédentarisés dans des villages ou être passés au Vietnam, car on ne faisait plus mention de peuples itinérants en 2003. Cela restait à confirmer sur le terrain.

En 1961, J. Halpern mentionne les Salang dans les statistiques ethniques. Un territoire d'Attapeu s'appelle Kong Salang. Aucune étude n'était disponible et jusqu'à 1993, je n'eus que des informations de seconde main sur ces peuples, avant la mission de Claire Escoffier en 1993.

Entre-temps, quelques linguistes travaillaient sur les origines linguistiques des viet-muong.

En 1999-2002, les peuples itinérants ou semi itinérants du Centre Est du Laos restaient peu nombreux, inférieurs à 1500 personnes en comptant les Atel, Kri et Témarou, et entre 200 et 400 personnes autres que ces trois groupes. Les autres familles autrefois itinérantes s'étaient progressivement sédentarisées entre 1990 et 2002, dans des villages ou à la périphérie de villages, souvent après plusieurs essais, à la demande des autorités locales.

En décembre 2000, on rencontrait 13 personnes poursuivant une vie forestière itinérante et deux hommes sédentarisés et mariés avec des femmes du village de Napho. D'autres familles étaient installées plus à l'est du district de Bualapha, en grande partie sédentarisée depuis 1992.

Villages de contact ou de résidence temporaire des Salang :

District de Bualapha : villages de Vangmaneu (avec les Poutai) et de Tassang.

District de Nyommalath : village de Xang.

Histoire

D'après les villageois de Xiengdao et de Phonbon, ce groupe Salang migre entre la chaîne de montagnes Phou Ak et la rive gauche de la rivière *Nam One* depuis au moins quatre générations, c'est-à-dire depuis au moins 1900. En 1944, André Fraisse, lors de son périple entre le village Ban Kham Hè dans le district de Nyommalath et le village de Ban South habité par des Phong, mentionne la présence de « Tong Luang » au bord de la Nam One, qu'il découvrait en remontant cette rivière. Ce groupe rassemblait 12 personnes. Depuis les années 1975, il y a eu plusieurs tentatives de sédentarisation, d'éducation et de recrutement militaire qui se sont soldées par des échecs, des stress et de fortes mortalités. Les Salang construisaient alors de petites huttes en bordure de village et, prostrés, étaient réduits à la simple vie de mendiant et d'ouvriers saisonniers. Après quelques semaines, l'appel de la forêt se faisait sentir et ceux encore en vie repartaient. M. Tchoy fut le seul engagé militaire jusqu'en 1995, il était ensuite retourné en forêt avec le reste de sa famille. Ce fut aussi le cas des Salang/Kri/Tri établis entre 1975 et 2000 dans le village de Vangmaneu dans le district de Bualapha.

En 1993, Claire Escoffier Fauveau, lors d'une mission sur « La santé reproductive », visita à Bualapha 7 familles salang qui comprenaient 13 adultes et 9 enfants. Elles venaient d'être à nouveau relocalisées de manière non volontaire au village de Ban Tassang depuis 1992. Elles avaient construit des huttes en bordure du village et allaient chercher des produits dans la forêt pour les échanger contre de la nourriture avec les Poutay. La mission concluait que 65 % des enfants nés vivants étaient morts avant l'âge de 5 ans. Le paludisme de vallée en était la cause essentielle. Les Salang affirmaient qu'en forêt de montagne, ils n'avaient pas attrapé le paludisme. Dans les années 1996-97, des anthropologues japonais étaient venus les étudier, accompagnés par le service provincial de la culture et de l'information. Ils auraient rencontré 7 personnes de ce groupe.

Maison, femme et bébé salang à la périphérie du village de Tassang, district de Bualapha, en 1993.

C'est la même année, en octobre 1993, que fut créé le parc national de Hin Nam Ho, sur 88 500 ha, faisant frontière avec le parc de Phong Nha Ke Bang au Vietnam (créé en 1986 et élargi en 2013, avec des populations des ethnies Doong et Arem). La création de ce parc au Laos allait affecter environ 6 000 - 7 000 personnes estimées à cette période, principalement des Brou/Mankong et Kri/Tri sédentarisés, des Poutay, Yooy et Kaleung sédentarisés, des Nguan venus du Vietnam et des Salang en voie de sédentarisation. L'initiative de conservation commença à être soutenue avec l'UICN et la coopération allemande. Avec les objectifs de conservation, les activités de cueillette et de chasse de subsistance de ces populations allaient être restreintes, alors que dans le même temps, la cueillette et la chasse commerciale par des réseaux mafieux continuaient entre les deux pays. Cette prédation allait sans doute affecter la biodiversité de la zone. Les études liées au parc, à la fin des années 1990, indiquaient la présence de 567 plantes vasculaires et 377 espèces/variétés de vertébrés, dont 55 mammifères, 184 oiseaux, 96 poissons, 21 reptiles et 21 batraciens.

En début 2000, les Salang encore itinérants étudiés à Bualapha étaient au nombre de 13. En juin 2000, un groupe de 7 était repéré entre le district de Nyommalath et de Bouarapha. (Aunt, femme de 60 ans, Looth, femme de 28 ans, Noy, femme de 22 ans, Khoun, homme de 41 ans, Tchoy, homme de 46 ans (autrefois engagé militaire), Ki, homme de 29 ans. Khoun était marié à Aunt, Tchoy à Looth, Ki à Noy. Deux hommes s'étaient mariés avec des femmes du village de Napho. À la fin du mois d'août 2000, un groupe de Salang vivait dans la forêt à 7-10 km du village de Ban Xang dans le district de Nyommalath. En novembre 2000, un groupe de 13 personnes était réparti en deux groupes et établis au bord de la Nam One, à environ 40 minutes du village de Phonbon (Khoun et sa femme Aunt, Ki et sa femme Noy (Som), Tchoy et sa femme Looth. Il y avait 3 garçons, Kuu, Mone et Van et 4 filles (Than, Téo, Kéo et une petite fille).

Les Salang de Bualapha savent qu'il existe quelques familles salang dans le village de Vangchang (haute vallée de la Nam Teun) et sur le plateau de Nakai dans le village de Done. On rapporte qu'ils seraient venus de Bualapha lors de la période siamoise, de Ban Kari Karong. En 2000, ils étaient assimilés à des Bo. Les Salang du Bualapha se disent différents des « Salang Khoun Theun » (les Salang de la vallée de la rivière Theun), qu'ils appellent également « Tong Luang », et qui eux, ont la particularité historique de manger du bois mort mélangé avec du miel. Selon eux, les « Khoun Theun » vivent, comme les Yumbri de Xayabury, en groupe de 3-4 familles et se déplacent, selon la saison et la nourriture, sur les hauteurs forestières. Les Salang de Bualapha se reconnaissent aussi différents des Salang Kri de Ban Maka, qui eux se nourrissent de tubercules forestiers et d'un peu de riz. Entre eux, les Salang se distinguent donc par des identités territoriales et alimentaires avant tout.

Système linéaire

Système patrilinéaire peu marqué. L'héritage va à l'enfant qui reste dans la maison des parents pour s'occuper d'eux. C'est le plus souvent le fils aîné, mais la fille est aussi acceptée.

Lignages identifiés au Laos

Pas de lignage identifié

Ménage

Nous n'avions pas pu aborder ce point. Il semblait que les maisons temporaires abritaient les familles réduites aux parents et aux enfants.

Religion et croyances

Croyance aux génies et culte des parents et des ancêtres.

Génies principaux

Génies *Khamouth* : *Kamouth Konor* (génie de la maison), *Dkhamout Tchung, Marou, Tseu*k (génies liés à la forêt), *Khamouth Simurr* (génie *Naga*), *Khamouth Dark* (génie de l'eau) *Khamouth Moun* (génie des termitières).

Organisations traditionnelles villageoises

Nous n'avions pas pu étudier ce sujet. Si on se référait aux Kri, Atel et Yumbri, il n'y avait pas vraiment d'organisation traditionnelle en dehors de chefs de groupe, qui prenait la décision des lieux et périodes de déplacements.

Vêtements et ornements

Les Salang rencontrés portaient des vêtements très usagés, voire des haillons. Ils semblaient les échanger avec les villageois qu'ils connaissaient, contre des produits de la forêt.

Principales caractéristiques de l'ethnie

L'intervalle entre les naissances naturelles est de 17,8 mois (Escoffier-Fauveau, 1993). Les femmes se rendent en forêt pour accoucher et exécuter les rites qui l'accompagnent. Elles s'occupent de l'accouchement par elles-mêmes et coupent le cordon ombilical avec un bambou affûté. Pendant ce temps, l'homme doit rechercher un certain singe, *To Ka Deng,* dont on apprécie le sang et la viande.

Territoire

Territoire d'habitation

Les Salang étudiés occupent un territoire allongé d'est en ouest entre la piste Nyommalath - Bualapha et la rivière Nam One. Ce territoire sauvage et

escarpé, situé entre 400 et 800 mètres d'altitude, est couvert d'un important couvert forestier relativement inaccessible. Au sud du territoire, ils sont en contact avec les populations Yooy et Brou installées au bord de la piste Nyommalath - Bualapha. Au nord, ils n'ont pas de voisins immédiats. Ils sont principalement en contact avec les villages de Ban Xang (Yooy), Ban Phonbon (Yooy) et Ban Xiengdao (Brou).

Territoire des Salang en arrière-plan des rizières et villages des Yooy installés entre Nyommalath et Bouapha, le 25 octobre 2000.

Village

Les Salang n'ont pas de village, mais construisent des abris temporaires dans les zones où ils séjournent pour une certaine période.

Maison

Les abris sont rudimentaires, faits de feuilles de palmiers et de bambou. Leur style de vie itinérant ne justifie pas un habitat permanent.

Gestion des ressources naturelles

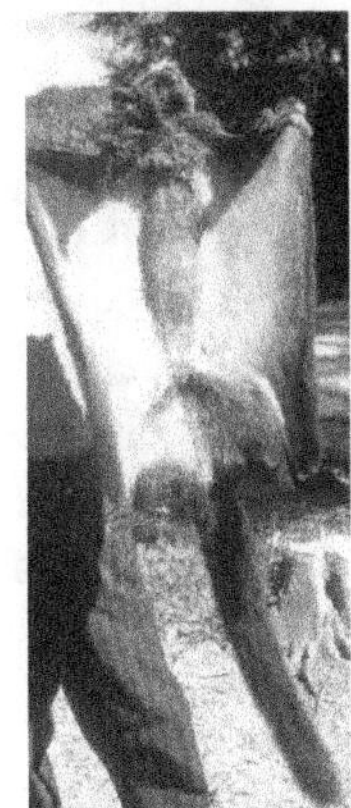

La gestion des ressources naturelles suit encore largement une logique de chasse, pêche et cueillette extensive dans un milieu faiblement peuplé ou les ressources végétales et animales sont en abondance.

Écureuil volant géant chassé dans le territoire salang, au niveau des villages de Tong Khong et Phonbon, en octobre 2000.

En 2000, la population n'utilisait qu'une partie des ressources annuelles disponibles comme les champignons, les pousses de bambou et de rotin, les fougères, les fruits, etc., qu'elle trouve en général à moins de 15 minutes de leurs maisons forestières. Le système itinérant, avec cette faible densité de population, est donc durable et non dégradant pour l'environnement. Avec un accroissement démographique de 2-3 % par an, ce système pourrait encore durer plus de 30 ans sans dégradation des ressources naturelles. Néanmoins, si une collecte commerciale des produits de la forêt était mise en place par des sociétés ou des individuels extérieurs sur leur territoire, la dégradation de l'environnement pourrait être immédiate.

Moyens d'existence et systèmes de production

Activités dominantes de production

Chasse - piégeage - cueillette - pêche - riz gluant - riz ordinaire - manioc - maïs - melon - potiron - poule.
Dans les essarts, les familles sèment différentes variétés de riz. Elles y associent : haricot, taro, courgette, patate douce, piment, basilic, tabac.

Principaux systèmes de production

Chez les Salang vivant en forêt, il est plus approprié de parler de système de vie que de système de production. En effet, l'essentiel du temps est passé à des activités de consommation plus que de production.

La recherche d'animaux de la forêt, de poissons, crustacés et insectes de rivières, de ruisseaux et de mare et la cueillette saisonnière de subsistance sont encore les activités de référence pour assurer la suffisance alimentaire.

L'essart annuel de base riz, entre mars et décembre, fait office de surface de production de lieu de résidence forestière, de piège à appât pour les rongeurs, ongulés et oiseaux granivores et de point de départ pour les expéditions de chasse et pêche. Les activités sont comparables à celles décrites pour les groupes atel et kri.

Chez les Salang sédentarisés, les systèmes de production sont plutôt des alternatives de production pour assurer la survie de la famille, sans espoir d'un lendemain meilleur. La faible productivité du travail et leur faible capital foncier, productif, humain et social les maintiennent dans un cycle de pauvreté. Les activités de survie consistent à travailler de façon saisonnière chez les familles plus riches, à vendre des produits sous-forestiers, des poissons et du bois de chauffage, à mendier et à cultiver quelques mètres carrés de jardin légumier.

Développement

Références au développement

Avant et pendant la période d'étude, les essais nationaux passés de développement furent en grande partie des échecs. L'aide internationale n'intervenait que de manière ponctuelle pour les secteurs de la santé, de l'éducation et de l'adduction d'eau.

Les modèles de développement passant par une sédentarisation forcée, en particulier dans le district de Bualapha, n'ont apporté que détresse et pauvreté psychologique. Il est important de reconnaître, comme pour les peuples forestiers de la province de Xayabury et des hautes vallées de la Nam Theun, Nam Noy et Nam Xoth du district de Nakai, que des programmes de développement ne peuvent pas suivre des modèles et des stratégies conventionnelles.

Ces populations sont craintives, doutent de l'intrus, recherchent le moins de contact possible et redoutent la confrontation. La forêt reste leur seul refuge, qui les a nourris jusqu'à maintenant. Cette fuite de la mondialisation est compréhensible dans la perspective historique de cette région du territoire. Néanmoins, en fin de période de l'étude en 2003, leur survie n'est pas garantie si les Salang continuent à vivre entre eux. En effet, l'effectif du groupe n'est plus suffisant et les mariages dans la famille élargie, interdite dans les références indigènes, sont maintenant considérés. Heureusement, comme pour les Atel et les Kri, certains se marient avec des représentants d'autres groupes. Leur moral est bas et les mésententes sociales sont importantes à l'intérieur du groupe.

Dans ces conditions, il est difficile de savoir quelle stratégie suivre. Les laisser dans la forêt leur convient dans le court terme, mais la situation n'est pas si rose : maladie, accident, collecte massive des produits de la forêt par les communautés sédentaires qui les commercialisent. Cette solution, qui évite le choc et la pauvreté psychologique, connus lors des programmes de sédentarisation, est en fait une solution facile, mais qui repousse le problème d'intégration à plus tard, dans une situation socio-économique et environnementale qui risque d'être plus compliquée.

La deuxième alternative consiste à une intégration progressive basée sur les expériences du passé avec les Yumbri de Xayabury, les Kri de Maka et les Atel de Thamuang. Elle consiste tout d'abord à établir une situation de confiance de proximité entre la population et les agents de développement, période qui peut durer plusieurs mois, voire plusieurs années. Cette étape pourrait être accompagnée d'une assistance en santé et en amélioration des conditions d'habitat. La deuxième étape consiste à rehausser les ressources en capital social, économique et financier de manière à sortir la population du cercle vicieux de la pauvreté économique et de l'insécurité alimentaire, dans un territoire choisi par ces populations. La troisième étape consiste à consolider le changement par des formations, l'éducation formelle et informelle.

L'ensemble de ce programme, pour limiter les coûts sociaux et s'adapter aux capacités de réponse des Salang, est estimé à un minimum de 8 années d'exécution effective sur le terrain, accompagné par des personnes respectueuses de leur histoire et de leur mode de vie. L'expérience de travail de deux années avec les Yumbri nous avait convaincus qu'avec la création de la confiance, ces populations forestières, conscientes de la fin de leur système traditionnel, devenaient intéressées par des changements.

Ce n'est qu'au début des années 2000, après la période d'étude, que quelques projets d'envergure furent lancés, supportés par des organismes comme GIZ, en particulier en lien avec le parc national de Hin Nam No. Ils accompagnèrent le développement de la population, y compris des Salang sédentarisés.

Tourisme et ethnotourisme

Les Salang n'ont pas été touchés par le tourisme du fait de leur isolation géographique et de la difficulté d'accès. Étant donné les difficultés territoriales et l'insécurité de cette faible communauté vis-à-vis de leur futur et la disparition de la grande partie des références culturelles traditionnelles, l'ethnotourisme n'est en rien une priorité.

Quelques auteurs de références

Halpern J., 1961 ; Chazée L., 1991, 1994, 2001 ; Escoffier-Fauveau C., Souphantong K., 1993 ; Chamberlain & al., 1996, 1997, 1998, 2002, 2020 ; Chazée L., Syphanravong S., 2000 ; Sparkes S., 2004 ; Sida Laos, 2003 ; Nam Theun 2 Project, Social Development Plan, 2005 ; Enfield N.J., Diffloth G., 2009; IUCN/Hin Hamno NPA, 2010 ; Prime Minister Office, Social Safeguard Documents, Protected areas and wildlife project, 2013 ; Dang N.V., Hiep N.T., Dzung N.G., Nghia N.X., 2016 ; Kenney Lazar M., 2016 ; De Koening M., Nguyen T., Lockwood M., Sengchantavong S., Phommasane S., 2017 ; Eggenberger T., Chautems M., 2018 ; Sudthechak S., 2019.

Chapitre XIV.
Témarou

Nom de l'ethnie

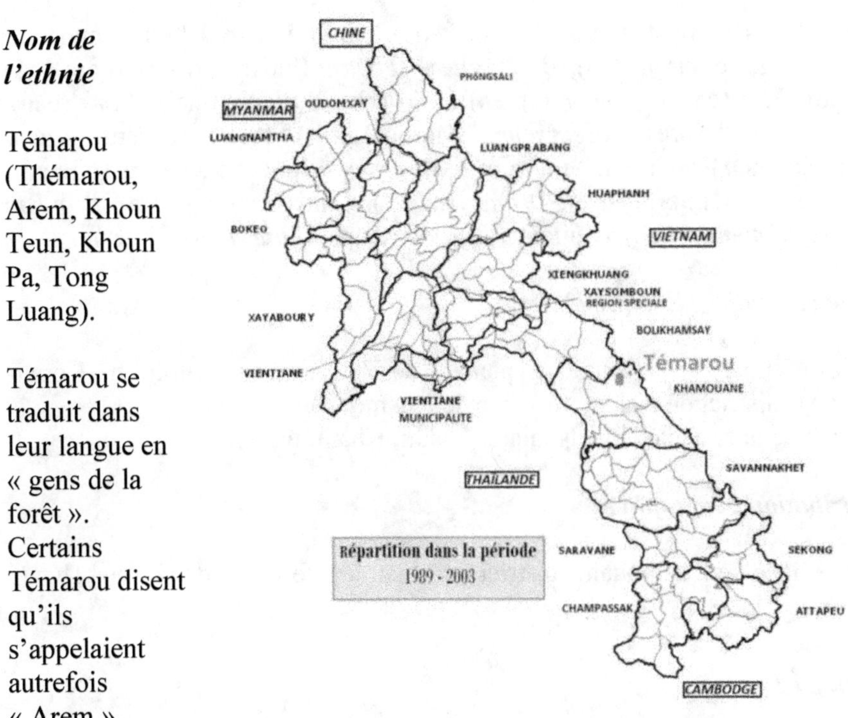

Témarou (Thémarou, Arem, Khoun Teun, Khoun Pa, Tong Luang).

Témarou se traduit dans leur langue en « gens de la forêt ». Certains Témarou disent qu'ils s'appelaient autrefois « Arem », d'autres affirment que ce nom est la traduction de « gens de la forêt » en langue brou so. Au Vietnam, il existe des peuples « Arem » de l'autre côté de la frontière. Ils sont aussi assimilés à des « Salang ». Le nom de Salang serait synonyme, en langue Brou-So, de feuilles jaunes, pour se référer au peuple des feuilles jaunes ou Tong Luang.

Famille, groupe et branche linguistiques

Austro-asiatique, groupe môn-khmer, viétique.

En 2000, suite au mélange avec la communauté so de Vangchang, quelques hommes arrivaient à s'exprimer en langues so et lao. M. Sa du groupe établi à

Nyalark était celui qui possédait le mieux la langue originelle. Tchom, Hang et Sit la parlaient aussi, mais montraient plus de difficulté à traduire en langue locale à partir de de la langue lao. En fait, la langue brou-so était devenue la langue véhiculaire.

La langue est relativement différente de celle des Kri (Kari) et des Atel, avec 50-60 % de mots différents, 20-30 % des mots ressemblants et 20-30 % des mots identiques. L'étude linguistique comparative réalisée par Chamberlain en 1996 confirme ce fait.

Quelques éléments linguistiques : *Peu* (père), *Mé* (mère), *Konor* (maison), *Ban* (village, emprunt lao), *Bo* (vache), *Tchélou* (buffle), *Kourr* (porc), *Ka* (poule), *Vith* (canard), *Djor* (chien), *Méo* (chat), *Pleuiy* (ciel), *Dark* (eau), *Kilseurreung* (arbre), *Paseurreung*, Marou (forêt), *Djeu* (éléphant), *Kadai* (cerf sambar), *Saly* (maïs, emprunt lao), *Sipirhu* (potiron), *Haarr* (piment), *Tchao Tchar* (riz ordinaire), *Drong* (rizière), *Dark Hong* (rivière), *Pronkou* (foyer), *Manerk, Maniya* (enfant), *Kasang* (dent), *Palurmkurr* (foyer).

Villages étudiés (1989-2003)

Un « village » ou plutôt campement de Vangchang, territoire de Koran-Rrryang (district de Nakai, province de Khamouane).
Groupe de la zone de Huat Nyalark (Nakai, Khamouane)

Distribution géographique

Province de Khamouane, district de Nakai, haute vallée de la Nam Theun.

Peuples

Population au Laos

Estimation 2003 : environ 55-60 Témarou, dont 45 personnes dans la zone de Vangchang (environ 22 personnes de pure souche témarou, les reste est métissé avec des Brou So, Sek ou autres ethnies).

Province de Khamouane

District de Nakai

Février 2002 : dans la zone de Vangchang : 11 ménages (13 familles) totalisant 45 personnes. Parmi les 26 adultes mariés ou veufs, 14 sont de souche pure témarou, 7 sont Brou So et 4 sont métissés. Parmi les enfants, seuls 8 seraient de pure souche témarou. Il est fort probable qu'ils soient des métissés de troisième ou quatrième génération.

Au village de Naphou, au sud de Vangchang : 2 hommes témarou mariés à des femmes So.

Au village de Xeuk, dans la vallée de la Nam Noy, 3 familles avec un membre témarou.

Au village de Songlerk, au sud de Naphou dans la même vallée, les 2 hommes témarou mariés à des femmes so sont repartis en forêt.

Les Témarou itinérants vivent dans le district de Nakai, dans les forêts de la haute vallée de la Nam Theun, à l'amont du village de Vangchang auquel ils sont rattachés administrativement. Là, chaque ménage a construit un abri dans un quartier nord séparé des Brou So. Cet abri est quelquefois utilisé en saison morte ou lors des activités administratives. Lors de notre visite en février 2002, personne n'habitait au village et les abris étaient dans un état de délabrement avancé. Comme les Kri (Kari) et les Atel, ils furent chasseurs-cueilleurs et habitaient de petites huttes en forêt jusque dans les années 1960. Les Brou So et les Lao les appelaient alors les Tong Luang, ou la population des feuilles jaunes. Ils sont le plus souvent regroupés sous le nom de « Salang », qui se traduit aussi par « feuille » dans leur langue locale.

Territoire témarou de la zone de Vangchang, le 3 mars 2002.

La population témarou est, depuis le début des années 2000, séparée en deux groupes. Nous avions eu comme version de cette séparation que chaque groupe avait une préférence de zone d'habitation. Le groupe lié à Vangchang recherche rivières, forêts et facilités de communication avec les villages. Le groupe de Huat Nyalark recherche des territoires frais d'altitude, près de la rivière et des forêts, mais éloignés des autres villages.

L'un se situe sur la rive droite de la Nam Theun à l'amont du village de Vangchang. De ce village, on y accède par pirogue en 1 heure et 15 minutes ou à pied en 5 heures. Pour se rendre à Vangchang à partir de Markfeuang, on passe par Markmi, Tapayban, Songlerk et Naphou. En mars 2002, le campement comprenant 4 maisons et un camp temporaire se situait à 30 mètres de la rivière.

Campement Témarou de la zone de Vangchang près de la Nam Theun, le 3 mars 2002.

Ces ménages étaient situés sur le territoire entre les ruisseaux Huay Koran au sud et Huay Prryang au nord. On recensait les 5 ménages suivants :

- Ménage 1. M. Sa (Témarou) et sa femme Khouan (So de Vangchan).
- Ménage 2. M. Dek ou Bounma (Témarou), Mme Phom (So de Navang), fille Daum, fils Duk et Phon.
- Ménage 3. M. Boun (Témarou), Mme Sit (So de Vangchang).
- Ménage 4. M. Khout (Témarou), Mme Niyem (Témarou), fille Khom et fils Khen, Khep et Koui.
- Ménage 5. Mme Deng (Témarou), veuve avec 2 deux fils Duang et Dam.

L'autre groupe de 6 maisons se situait dans les montagnes au nord-est de Vangchang, à environ 2 heures et 30 minutes de marche du village. C'est le territoire de Huat Nyalark. On y recensait les ménages suivants :

- Ménage 6 : M. Saum (Témarou), Mme Kha (So de Vangchang), filles Koy et Tuan.
- Ménage 7. M. Hang (Témarou), Mme Sit (Témarou), fille Souk et fils Sing.
- Ménage 8. M. Keng (Témarou), Mme Pang (So), filles Phuang, Piyen et Phong.
- Ménage 9. M. Tchom (Témarou), Mme Kham (So), fils marié Siengkhen (femme Hong (Témarou) et fille Khong) et fils Tchiou marié à Mme Kong (métissé) et fils Saum et Say.
- Ménage 10. M. Tchao (métissé de parents Tchom et Kham), Mme Yang (Témarou), fille Tcham.
- Ménage 11. M. Kham (Témarou), Mme Ka (So).

Histoire

Jusqu'en 1970, les Témarou pratiquaient un mode de vie basé sur la chasse, la pêche et la cueillette dans les territoires de Nyaheuye et Huay Say situés dans la haute vallée de la Nam Theun. D'après les anciens, leurs parents étaient morts là-bas et ces territoires restaient les références territoriales historiques. Les familles retournaient chaque année dans le territoire de Nyaheuye, situé à environ 1,5 jour de marche à l'amont du territoire de Prryang. Les parents leur auraient dit qu'autrefois, leurs ancêtres affirmaient venir d'une région appelée Pakadin, au nord. Les plus anciens Témarou vivants étaient nés dans le territoire de Nyaheuye, dans les années 1940. Leurs parents étaient également nés là-bas dans les années 1910. Petits, ils vivaient de pêche, chasse et cueillette et cultivaient quelques parcelles de riz, maïs et tubercules sur les pentes défrichées et brûlées. Ils dormaient à même le sol, sur un tapis de feuilles et abrités par quelques feuilles de bananiers sauvages. Ils se souvenaient avoir vu leurs grands-parents et parents porter les derniers vêtements faits en écorces, mais eux n'en avaient jamais porté. Le fait qu'ils n'aient pas été réellement en contact avec les Kri et les Atel suggérait qu'ils furent attachés à la vallée de la Nam Theun uniquement. Le nom de Pakadin rendait possible une migration nord-sud le long de cette vallée à partir de la région de Pakadin. La différenciation linguistique plus importante entre les Témarou et les Atel/Kri était un indicateur d'une racine linguistique commune plus ancienne qu'entre ces deux derniers groupes.

À la fin des années 1960, le gouvernement leur avait demandé de s'installer dans les villages de Vangchang et de Songlerk, avec les Brou So. En 2002, le village regroupait 39 maisons, 40 familles et 208 personnes du groupe brou so. Les villageois de Vangchang affirmaient qu'à cette période, il restait environ 35-40 ménages témarou. En fait, les ménages restaient près du village, dans les territoires de Nyalark et Prryang. De nombreuses personnes seraient décédées en 1970-71 suite à des fièvres, surtout dans le territoire de Nyalark. Ils estimaient qu'environ la moitié de la population avait disparu. Les Témarou ne préféraient pas en parler, ils en restaient traumatisés. À partir de 1992, les ménages construisirent des abris dans un quartier nord de Vangchang, mais continuèrent leur style de vie en forêt. Le territoire ne leur convenait pas et ils vécurent des années de désespoir. Comme ils nous disaient, « Leurs corps étaient à Vangchang, mais leurs âmes dans les anciens territoires ». Progressivement, ils passèrent quelques mois, puis plusieurs mois dans les forêts. Le chef de Vangchang, suite à ces fortes mortalités, ne désirait pas les retenir dans le village. Lors des premières missions d'étude organisées entre 1996 et 1998 en liaison avec le projet de Nam Theun II, les Témarou habitaient encore à Vangchang et commençaient à pratiquer la culture de riz de plaine à la façon des Brou So. En janvier 1998, Chamberlain dénombrait un peu plus de trente individus. Il indiquait que des Témarou préparaient la riziculture irriguée de saison sèche et avaient construit une herse en bois. Dans l'action de plan social proposé par l'UICN en 1998, il était indiqué : « *They* (Témarou) *should be very much a part of the development of the NBCA - Careful consultations should be held with the various Vietic groups to ensure that a beneficial program of agricultural development is implemented, taking into consideration cultural preferences, including even relocation if desired* ». Il était prévu de les intégrer dans un programme visant à la sécurité alimentaire, l'éducation et la santé. Il était aussi prévu, étant donné leur connaissance de la forêt, de les former dans le cadre de l'objectif de conservation comme gardes forestiers.

Depuis ces missions, aucune action ne fut démarrée et finalement, au début de 2000, les ménages décidèrent de quitter la résidence dite permanente de Vangchang et de Songlerk et d'établir leur campement principal en forêt. En fait, ces familles n'avaient de cesse de quitter cette vie de village dès le premier jour de leur installation. 7 ménages préféraient les hautes montagnes fraîches et s'installèrent au nord-ouest de Vangchang, à environ 2 heures et 30 minutes du village. C'est le territoire de Huay Nyalark. Les quatre autres ménages décidèrent de s'installer au bord de la Nam Theun et choisirent le territoire de Koran-Prryang, du nom des deux ruisseaux qui le traversent. Il n'est pas exclu que cette division du groupe soit issue d'une mésentente. Les ménages construisirent des petites maisons sur pilotis, faites de bambous, piliers de bois et de feuilles de palmier *Bay Kho*. Les Témarou cueillaient, chassaient, cultivaient et pêchaient dans ces territoires. En janvier 2000, une famille de Nyalark était venue s'établir avec le groupe de Koran - Pryyang. Ils ne se rendaient à Vangchang que pour se procurer du sel, des vêtements, des tissus, des matériaux de cuisine, des couteaux, des outils, qu'ils gagnaient en jours de travail chez les Brou So. Les travaux consistaient en débroussaillage et coupe de bois. Ils ne se rendaient que rarement à Naphou et Songlerk. Ils ne s'étaient plus rendus à Tapayban et Markfeuang depuis la fin des années 1980. Depuis le début des années 70, le fort déclin de la population témarou avait obligé les hommes à aller chercher des femmes chez les Brou So de Vangchang, et quelquefois de Naphou et Songlerk. Selon le système de résidence patrilocale brou so, les femmes suivaient leur mari. Cette stratégie avait permis de repeupler ce groupe forestier et de poursuivre ce système de vie. Seuls 5-6 couples s'étaient sédentarisés dans les villages de Songlerk, Naphou et Xeuk.

Système linéaire

Le système patrilinéaire est peu marqué. L'héritage va à l'enfant qui reste dans la maison des parents pour s'occuper deux. C'est le plus souvent le fils aîné, mais la fille est aussi acceptée. En réalité, il n'y a pratiquement jamais eu d'héritage en capital, mais ils ont tenté de préserver un certain héritage culturel et la connaissance et expérience de la survie en zones forestières. Par leur contact permanent avec la nature, leur savoir est inestimable, malheureusement non documenté et donc souvent ignoré ou sous-estimé dans les planifications de développement.

Lignages identifiés au Laos

Pas de lignage identifié

Ménage

Les ménages sont le plus souvent nucléaires. En 2000, parmi les 11 maisons dans la zone de Vangchang, une seule abrite plus d'une famille. L'un des enfants, en général le fils aîné, prend en charge les parents ou les frères et sœurs cadets si les parents décèdent. L'héritage se résume le plus souvent à la fonction religieuse et à quelques ustensiles de maison qui vont à l'enfant en charge des parents.

Enfants témarou du groupe groupe de Koran - Pryyang près de la Nam Theun, en novembre 2000.

Religion et croyances

Les Témarou sont animistes et croient en plusieurs génies.

Génies principaux

Génies *Khamouth* : *Kamouth Konor* (génie de la maison), *Dkhamout Tchung, Marou, Tseu*k (génies liés à la forêt), *Khamouth Simurr* (Naga), *Khamouth Dark* (génie de l'eau) *Khamouth Mou*n (génie des termitières).

Organisations traditionnelles villageoises

Il n'existe pas d'organisation spécifique. Les Témarou ont modifié en partie leur système de vie depuis les années 1960 et ont assimilé de nombreux éléments brou so. Il est vraisemblable que lors de grosses chasses, ils s'organisaient en groupe.

Les Témarou disposent de guérisseurs (*Mo Pao*). En 2000, pour une cérémonie de guérison normale, il fallait fournir aux guérisseurs un ensemble de 5 paires de bougies, 5 paires de fleurs, 10 000 kips et un poulet. Si le cas se compliquait et que le malade finalement guérissait, il fallait un porc en plus.

Éléments homme-femme

Témarou de la zone de Vangchang, en mars 2002.

Chez les Témarou, la vie quotidienne ne favorise ni l'homme ni la femme, qui se partagent les activités pour assurer la subsistance de la famille. La patrilinéarité du système et la résidence patrilocale pour l'aîné des fils ne favorisent pas vraiment les hommes, étant donné le mode de vie de subsistance, le faible niveau de capital laissé à l'héritage et l'absence de propriété foncière. Jusque dans les années 1980, les Témarou n'avaient pas de meilleur capital qu'une maison sur le sol. La femme s'occupait plus particulièrement des tâches domestiques et de la cueillette alors que les hommes se chargeaient de la chasse, du piégeage et de la pêche des gros poissons. Chacun participait aux travaux des champs, la femme plus particulièrement aux travaux routiniers, l'homme aux travaux de force et de construction.

Cérémonies traditionnelles

Les cérémonies traditionnelles ne semblent pas avoir eu de grande envergure dans les dernières décennies. Les rituels consistent à des croyances liées à la protection de leur territoire d'habitat, à la maladie, l'accident, la mort et la catastrophe naturelle. Depuis leur établissement dans le territoire de Vangchang, les Témarou suivent ou participent aux rites des Brou So.

Chaque année en novembre, les Témarou honorent le génie du territoire *Khamouth Marou*. Ce rituel, traditionnel, mais sans doute adapté par influence des Brou So, s'accompagne du sacrifice d'un porc pour la communauté, d'un poulet par famille, de riz cuit et d'alcool de riz.

Avant la coupe des forêts pour la préparation des champs de riz et avant le semis de pente, chaque famille Témarou a pour coutume de demander l'autorisation orale au génie de la forêt (*Marou*). Il n'y a pas d'offrande particulière, mais chaque famille respecte cette règle.

Vêtements et ornements

Avant 1970, certains Témarou portaient encore des écorces d'arbre. Ce matériel faisait partie de l'histoire, même si les quelques vieux Témarou encore en vie savaient encore trouver les écorces qu'ils utilisaient autrefois. Depuis leur arrivée à Vangchang, les Témarou échangeaient des vêtements avec les Brou So contre des journées de travail.

Principales caractéristiques de l'ethnie

Les Témarou restent des chasseurs - pêcheurs - cueilleurs, vivant plus de 80 % de leur temps dans les essarts et les forêts. Les hommes partent quelquefois plusieurs jours dans les anciens territoires de Nyaheuye et Huay Say pour y pratiquer la chasse et le piégeage. Ils sont en effet capables de construire et élaborer des pièges ingénieux avec des variantes pour chaque animal, selon le principe du collet de cou, collet de patte et piège assommoir.

Comme les Kri, la femme en période de menstruation ne peut pas dormir dans la maison. La souillure par le sang risque d'incommoder les génies de la maison, qui pourraient alors les punir. Tout montre que ce qui porte la trace de sang n'est pas autorisé dans la maison. Par contre, les Témarou ne construisent pas de petites maisons spéciales pour la période de menstruation ou pour les accouchements.

L'accouchement se passe à côté du foyer. La femme reste en général une période de 15 jours dans la maison et se remet à travailler 8 jours après la naissance du bébé. Après l'accouchement, il existe des interdits alimentaires pendant 11 jours comme le poisson *Pa Deng* et la viande de gibier. Pendant cette période, la femme se nourrit principalement de riz, poissons grillés, sel et tubercules sauvages. Elle s'abreuve d'eau chaude.

Le mariage *Ansadong* s'accompagne en principe de l'apport de 2 porcs, 4 poulets, 2 jarres en bois de bière de riz et une somme d'argent. La cérémonie est organisée chez les parents de la fille, puis la résidence après le mariage est patrilocale. Les génies familiaux de la femme restent chez ses parents.

Les femmes et les hommes fument régulièrement la cigarette traditionnelle.

Territoire

Territoire d'habitation

Les Témarou habitent dans un territoire isolé des voies de communication, sur la rive droite de la haute vallée de la Nam Theun, entre 600 et 800 mètres d'altitude. Cette région forestière est bien irriguée, sur sol gréseux, conserve une grande biodiversité animale et végétale, malgré les collectes commerciales organisées par les Vietnamiens depuis 1984. Le groupe de Nyalark préfère l'habitat en forêt dense, sur les hauteurs, loin de tous contacts. On y trouve de nombreuses variétés d'arbres, de bambous, de rotins, de champignons, de fruits sauvages, d'oiseaux et de poissons. Le cerf aboyeur, le cerf sambar, le sanglier, le porc-épic, les différentes variétés de civettes, écureuils, rats, souris, rats des bambous restent en quantité. On rapporte encore la présence du tigre, du léopard, de la panthère nébuleuse, du gaur et du chien rouge d'Asie.

Le groupe de Koran-Pryang a choisi un environnement plus ouvert sur les berges de la Nam Theun. Situés à environ 1 heure et 15 minutes à l'amont de Vangchang, il faut traverser 10 rapides avant d'atteindre ce campement. Ils sont donc peu embêtés par les visiteurs. Ils s'adonnent à la pêche en utilisant les lignes de fond, les filets, le filet épervier et les nasses. Les nombreuses ressources forestières leur permettent de chasser et de piéger avec performance. Ils disent ne pas être embêtés par les tigres, mais ils font attention aux éléphants sauvages.

Cette région, avec en moyenne 1-2 hab./km^2, est très organique. Les Témarou sont les plus souvent isolés sur ces territoires, mais ont des relations territoriales avec les Brou So et quelquefois avec les commerçants et collecteurs vietnamiens.

Territoire témarou proche de la Nam Theun en novembre 2000.

Village

Traditionnellement, les Témarou menaient une vie itinérante ou semi-itinérante à l'intérieur de leur territoire au nord de Vangchang. Les huttes à même le sol étaient construites en forêt ou en bordure d'essarts. Elles étaient saisonnières pour les chasseurs-cueilleurs-cultivateurs et utilisées 10 à 60 jours en système de chasse-cueillette avant leur nouveau déplacement, d'où leur appellation de « Tong Luang » (feuilles jaunes qui recouvrent les abris temporaires, alors que les familles ne sont déjà plus là). Les familles ou les groupes de familles vivent en habitat relativement dispersé dans un périmètre forestier bien délimité et protégé par un génie gardien.

En 2000-2002, les familles témarou avaient construit des maisons au village de Vangchang dans le quartier nord du village. Les maisons n'étaient là que pour témoigner de leur existence, quelque part en forêt. Elles étaient la plupart du temps fermées, délabrées et inutiles. Elles étaient refaites à la hâte quelques jours avant l'arrivée d'un officiel venu de Nakai.

Rare maison témarou en état au village de Vangchang, en mars 2002.

Ils construisent leur vraie résidence à Nyalark et Koran-Pryang, en habitat groupé, sans clôture ni espace privatif. Il ne semble pas y avoir de règle dans la gestion de l'espace villageois. On ne notait pas de jardins maraîchers et de plantations pérennes.

Maison

Les maisons sont de petite taille (12-20 m^2) sur pilotis de perches de bois *May Peuay* non taillées. Le plancher est en lattes de bambous éclatés *May Sot* quelquefois recouverts de nattes en Padan (*Toei*).

Maison ou campement agricole dans les essarts témarou au nord du village de Vangchang, en mars 2002.

Les parois des maisons définitives sont constituées d'un treillis de bambou *May Sot*, mais la majorité d'entre elles sont faites en feuilles de palme *Bay Kho*. Les feuilles *Bay Kho* recouvrent les charpentes en bambou. On accède à l'unique pièce par une échelle de 3 ou 5 marches. Celle-ci se trouve sur le côté droit de la façade d'entrée. En face de la porte faite en treillis de bambou, se situe le foyer, au fond. Il est de section carrée, délimité par des tiges en bois, et surmonté d'un fumoir en bambou accroché au-dessus. Immédiatement à gauche de la porte, c'est l'espace réservé au génie de la maison, dans lequel les conjoints des enfants mariés ne peuvent pénétrer. Il est séparé du dortoir par une petite cloison en bambou d'une hauteur d'environ un mètre.

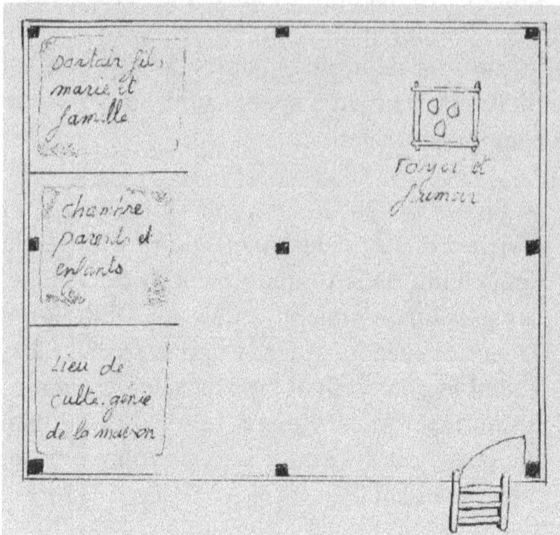

Gestion de l'espace d'une maison témarou au village de Vangchang, en novembre 2000.

En ménage nucléaire, les membres de la famille dorment ensemble dans le compartiment au fond à gauche.

En cas de ménage de deux familles, le fils et la belle-fille occupent la partie au fond et les parents dorment entre la chambre du fils et l'espace des génies. On rajoute alors une cloison, ou on agrandit la maison.

Gestion des ressources naturelles

La gestion des ressources naturelles suit encore largement une logique de chasse, pêche et cueillette extensive dans un milieu faiblement peuplé ou les ressources végétales et animales sont en abondance. La population n'utilise qu'une partie des ressources annuelles disponibles comme les champignons, les pousses de bambou et de rotin, les fougères, les fruits, etc., qu'elle trouve en général à moins de 15 minutes de leurs maisons forestières ou à environ 40 - 60 minutes du village de Vangchang. Le système de cette période, avec cette faible densité de population, est donc durable et non dégradant pour l'environnement. Avec un accroissement démographique de 2-3 % par an, ce système peut encore durer plus de 20 ans sans dégradation des ressources naturelles. Néanmoins, si une organisation commerciale des produits de la forêt est mise en place par des sociétés ou des individuels extérieurs, la dégradation de l'environnement peut être immédiate.

Les Témarou ne connaissent pas toutes les techniques de pêche des Lao. Ils utilisent surtout les lignes de fond, la pêche à la main, les nasses grossières et le filet épervier. Quelques familles de Koran-Pryang utilisent les filets. Les Témarou construisent de grosses nasses sur les petites îles de la Nam Theun au moment de la décrue. Ce sont des cages en bambou d'environ 4-6 m² avec des parois d'un mètre de hauteur, bloquées entre les pierres. En bas de la cage, face au courant, une entrée en entonnoir permet de capturer et de piéger les poissons. Ces cages sont utilisables entre septembre et novembre. Le niveau de l'eau baisse ensuite et les cages restent sur l'île.

Cage à poissons témarou sur les berges de la Nam Theun, en mars 2002.

Poissons dans le territoire de Koran-Pryang : *Channa striata (Pa Kho), (Pa Sa), Cirhinus moitorella (Pa Kang), Pa Song, Pa Deng, Clarias batrachius (Pa Douk), Pa Ko, Pa Kouang, Rasbora myersi (Pa Xiou), Cirrhinus molitorella (Pa Keng).*

Moyens d'existence et systèmes de production

Activités dominantes de production

Chasse - piégeage - cueillette - pêche - riz gluant - riz ordinaire - manioc - maïs - melon - potiron - poule.

Dans les essarts, les familles sèment différentes variétés de riz. Elles y associent : haricot, taro, courgette, patate douce, piment, basilic, tabac. Dans la zone de Koran-Pryang, quelques familles élèvent des poules. En février, cette communauté dispose de 4 buffles.

Principaux systèmes de production

Il est plus approprié de parler de système de vie que de système de production chez les Témarou. En effet, ils passent l'essentiel du temps à des activités de consommation plus que de production. La recherche d'animaux de la forêt, de poissons de rivières, de ruisseaux et de mare et la cueillette saisonnière de subsistance sont encore les activités de référence pour assurer la suffisance alimentaire. L'essart annuel de base riz, entre mars et décembre, fait office de surface de production, de lieu de résidence forestière, de piège à appât pour les rongeurs, ongulés et oiseaux granivores et de point de départ pour les expéditions de chasse et pêche. Les activités sont comparables à celles décrites pour les groupes atel et kri.

Les Témarou pratiquent l'essartage pionnier, abattant des forêts de plus de trente ans. Ils cultivent le riz 2 à 3 années de suite avant d'attaquer une nouvelle forêt.

Essart témarou au nord du village de Vangchang, en mars 2002.

Les associations culturales sont limitées en raison de l'ignorance des semences et des produits cultivables.

Développement

Références au développement

Les premiers écrits sur les Témarou remontent à 1996, lors des études préliminaires de l'aire protégée de Nakai-Namtheun en lien avec le projet hydro-électrique de Nam Theun 2. Jusqu'en 1998, les différentes études de l'UICN ont permis de mieux comprendre la diversité des populations de la zone de Nakai et de préparer des plans d'action pour le développement socio-économique et pour la conservation. Dans les hautes vallées du plateau de Nakai, le village Brou So de Markfeuang fut sélectionné en 1997 comme village pilote dans les domaines de développement agricole. Les villages de Thamuang, Navang et Maka reçurent quelques aides et des villageois furent formés pour la conservation des forêts et des animaux. L'extension des activités à d'autres villages commença en 2001, avec un financement de la Banque mondiale. Les villages de Markfeuang, Navang et Teung furent des villages pilotes où avaient démarré les activités de développement agricoles et agroforestières. Les autres villages de ces trois zones bénéficiaient d'une assistance en santé et en éducation. Le village de Vangchang était prévu pour une assistance en 2003.

Entre 2000 et 2003, comme nous l'avons vu, les Témarou étaient retournés en forêt. Aucun enfant n'était scolarisé, les services de santé n'existaient pas et les systèmes de production étaient retournés au stade de la chasse-cueillette et des pratiques pionnières d'essartage. Les Témarou avaient fait un choix qui leur convenait. Eventuellement, ils attendaient mieux, mais ne l'exprimaient pas.

Lors de nos entretiens en février et mars 2002, les Témarou ne se disaient pas hostiles à la sédentarisation. Ils nous avaient fait comprendre que pour l'instant, ils n'avaient aucun avantage à rester à Vangchang, territoire dans lequel les ressources naturelles ne suffisaient pas pour assurer leur nourriture. Ils avaient aussi un besoin d'indépendance et de se retrouver dans leur forêt, seul territoire où ils se sentaient chez eux et où ils rêvaient. Leur volonté d'adaptation à un système de production modernisé viendrait le jour où ils verraient un avantage suffisant, aussi bien social qu'économique. Ils considéraient que ce n'était pas le moment, que les conditions n'étaient pas réunies. Ils avaient d'ailleurs de grandes difficultés à exprimer des besoins, puisqu'ils étaient comblés en restant en forêt.

Tourisme et ethnotourisme

Les Témarou n'ont pas été touchés par le tourisme du fait de leur isolation géographique et de la difficulté d'accès. Étant donné les difficultés territoriales et l'insécurité de cette faible communauté vis-à-vis de leur futur et la disparition de la grande partie des références culturelles traditionnelles, l'ethnotourisme n'est en rien une priorité.

Quelques auteurs de références

UICN, 1996, 1997, 1998 ; Chamberlain 1998, 2018, 2020 ; Banque mondiale, 1999 ; Chazée L., 2001, 2017 ; Semfop-1, 2005.

Chapitre XV.
Toum

Nom de l'ethnie

Toum (Tum) et plusieurs exonymes, Kha, Thai Men, Thai Theng, Thai Pao, Thai Kaleung, Thai Kha, (kha kapkaie), Tai Khang, Thai Nyo, Tai Toum.

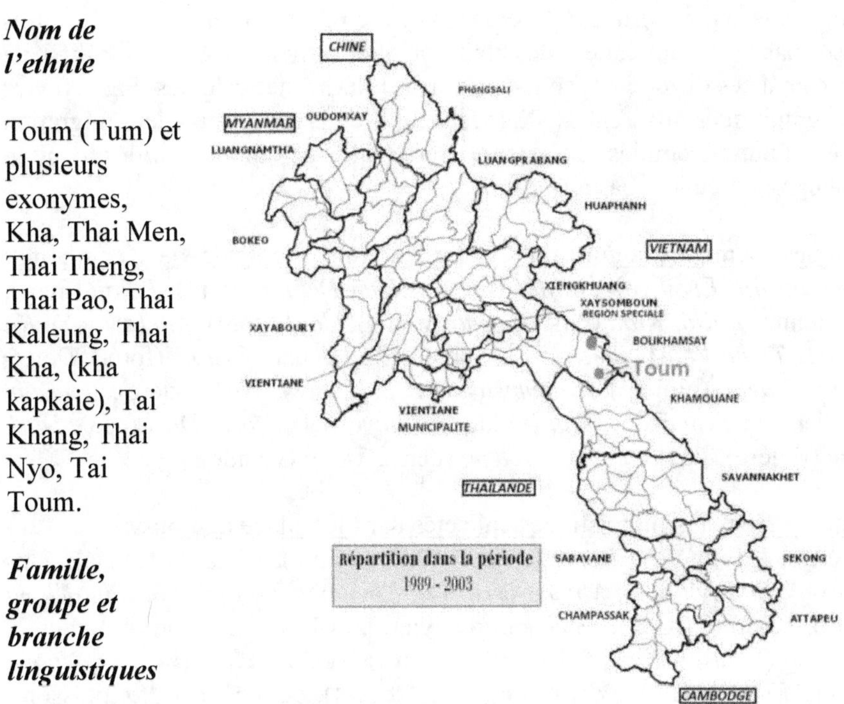

Famille, groupe et branche linguistiques

Famille austro-asiatique, groupe môn-khmer, branche viétique.

Michel Ferlus (1995) les classe dans le groupe des Hung, avec les Liha, Day Lai, Pong/Poong ou Tay Pong et Không khên. Ils se différencient des Pong par plusieurs traits phonétiques et une influence plus récente du vietnamien (Mac Duong, 1964). Chamberlain (1996), les classe dans la sous-branche Nord-Ouest des Viétiques, comme les Phong et Liha.

Le nom linguistique de cette branche « viétique » fut proposé par La Vaughn H. Hayes en 1982, suite à de premières classifications dans les austro-asiatiques viet-muong par Thomas A. Sebeok (1942) et par A. Georges Haudricourt (1953, 1966). Cette branche comprend les Vietnamiens, les

Meuang et les peuples parlant des langues attachées à cette branche, au Vietnam, mais aussi dans les montagnes de l'est des provinces de Borikhamxay et de Khamouane. Différentes théories et analyses linguistiques sont également développées par Maspéro (1912), Cuisinier (1948), Ferlus M. (1974), Phong (1988), Hayes L.V. (1994), Chamberlain J. R. (1996), Diffloth (1997).

Les Toum étudiés dans les villages de Kengthong et de Pousy indiquent qu'ils communiquent facilement avec les Liha et les Phong. Certains mots divergent entre les deux communautés, selon le niveau d'adoption de mots vietnamiens ou lao. En 2019, lors de notre étude au moins 40 % des mots utilisés par les Toum étaient des emprunts vietnamiens ou lao. Il est difficile de savoir si ces différences sont anciennes et liées à des origines linguistiques et géographiques différentes, s'ils viennent d'emprunts suite à leur migration auprès d'autres ethnies ou encore parce que certains assimilés comme « Toum » ne l'étaient pas à l'origine.

Quelques éléments linguistiques collectés dans le village de Kengthong : *Ahimé ou Ail, Eueil* (père), *Méé* (mère), *Keun Déhit* (enfant), *Palan* (mari), *Kay* (femme), *Klo, Klou* (buffle), *Pao* (vache), *Coul* (porc), *Ma* (cheval), *Ka* (poulet), *Touit*, *Vide* (canard), *Tcho* (chien), *Meo* (chat), *Krlang* (forêt), *Deuay* (maïs), *Haeut* (piment), *Kheumsay* (riz ordinaire), *Na* (rizière), *Amkeun* (manger), *Nya* (maison), *Ban* (village), *Leuiy* (ciel), *Dark*, *Dart* (eau), *Dark klong* (rivière), *Paklang* (forêt), *Neng* (dent), *Mong* (viande).

Quelques éléments linguistiques collectés dans le village de Pousy
I (père), *Mé* (mère), *Kone* (enfant), *Mar* (génie), *Tchèd* (décédé), *Nya* (maison), *Ban (village), Muang (district), Kheum* (riz ordinaire), *Keul Klang* (arbre), *Paklang* (forêt), *Dark klong* (rivière), Dak (eau), Phlou (montagne), Thaleung (falaise), *Ka* (poulet), *Vid* (canard), *Tchou Tchim* (oiseau), *Ngoua* (bovin), *Klou* (buffle), *Koul* (porc), *Mar* (cheval), *Bè* (chèvre), *Ka* (poisson), *Méo* (chat), *Euth* (piment), *Péka* (aubergine), *Deuay* (maïs), *Maiy* (canne à sucre), *Nop* (couverture).

Les ethnies majoritaires voisines ont souvent appelé les « Toum » par différents autres noms « exonymes » et ces noms ont changé au cours de leurs migrations. Ainsi, l'identification des Toum est complexe, car si certains noms se réfèrent à des origines géographiques, à des districts ou des rivières, d'autres semblent empruntés à d'autres groupes comme les Liha, les Phong et les Tai Mene.

Au village de Pousy dans le district de Xaychomphone, on nous disait que les Toum et les Liha pratiquaient la même cérémonie du Têt d'origine vietnamienne. Leurs langues parlées sont relativement similaires, mais n'ont pas d'écriture propre. D'après eux, la plupart des Toum restent encore au Vietnam et parlent la même langue locale qu'eux.

En 1995, le recensement national indique 2 510 Toum dans la liste des 47 ethnies du pays. Les sous-groupes indiqués sont les Liha, Thay Cham, Thay Pong, Thay Poun et Moy. Dans le recensement de 2015, les Toum totalisent 3 632 personnes.

Villages étudiés (1989-2003) et 2019

2 villages étudiés : Ban Kengthong (Khamkeut), Ban Phousy (Xaychomphone) dans la province de Bolikhamxay.

Distribution géographique

<u>Laos</u>
Centre du Laos, à l'est des provinces de Bolikhamsay (Khamkeut) et de Khamouane.

<u>Vietnam</u>
Zone frontalière du Laos, nord du Nghê An.

Peuple

Population au Laos

En tant que communautés, au début des années 1990, les Toum se trouvaient principalement dans le district de Khamkeut dans la province de Bolikhamsay. Lorsque le nouveau district de Xaychomphone fut créé en 2003 au nord-est de la province, à la frontière de la province de Xieng Khouang, ils se retrouvèrent aussi dans ce district. En 2019, la population de souche « Toum » est estimée à environ 2 000 personnes, réparties principalement dans 20 villages. En comptant les groupes assimilés « Toum », le total est d'environ 4 000 personnes (Chazée, 2020).

Province de Bolikhamsay (Présence de Toum dans 20 villages en 2019)

<u>District de Khamkeut - Lak Xao</u> (Présence de Toum dans 10 villages) : Namtchak, Nam an, Done mane, Vangban, Phonkham, Kengthong, Phonsot, Tam Phong. Quelques familles dans le village Lak 10 (1 famille), Lak 20.

District de Xaychomphone : Toum mélangés avec d'autres ethnies dans 10 villages : Phousy. Ban Phon Ngam, Ban Phiengdy, Ban Namsack, Ban Nam-One, Ban Phonmanh, Ban Vangbane, Ban Phonkham, Ban Sopteung et Ban Kvang.

Zone de Napé : quelques familles.

Jusqu'en 1994, la province de Bolikhamsay représentait la charnière entre les peuples de la famille austro-asiatique du Nord et du Sud du pays. C'était aussi la limite sud des communautés miao. Après cette date, des communautés du Nord, mais aussi du Sud furent déplacées, en particulier celles qui avaient des antécédents avec l'armée américaine lors de la deuxième guerre d'Indochine. En effet, on les soupçonnait de garder des liens avec les ennemis et, comme documentés dans de nombreux écrits, ces populations furent ciblées en priorité pour des déplacements le long des axes routiers vers les zones de concentration de développement politique et socio-économique en zones focales ou pour les déplacer en dehors de leur berceau territorial. Il est alors évident que certains se rebellèrent contre les décisions des autorités qui tentaient de les déplacer dans des zones où ils ne souhaitaient pas résider. Ainsi, au début des années 2000, on trouvait des communautés hmong, mais aussi khmu et phounoy dans le sud de la province de Bolikhamsay, dans les provinces de Khamouane, de Champassak et d'Attapeu.

En 2014, alors que le district de Xaychamphone était créé depuis 2003, la diversité ethnique de Bolikhamsay était importante, en particulier dans les districts de Khamkeut et de Xaychomphone avec 23 ethnies recensées. Nous avions pu récolter les données au niveau du bureau provincial du Front lao d'édification nationale pour les 7 districts (Paksan, Borikhan, Pakkading, Thaphabath, Khamkeuth, Xaychamphone et Viengthong) :

1. Paksane - 4 ethnies : Lao (majoritaire) ; Mankong (Brou : 51 personnes, dont 21 filles) ; Samtao (10 personnes, dont 7 filles) ; Yae (6 personnes, dont 4 filles).
2. Borikhan - 3 ethnies ; Lao (majoritaire) ; Poutay (18 personnes, dont 11 filles) ; Yuane (31 personnes, dont 13 filles).
3. Pakkading - 5 ethnies : Lao (majoritaire) ; Hmong (4 461 personnes, dont 1898 filles) ; Souay (56 personnes, dont 26 filles) ; Ta-Oy (14 personnes, dont 6 filles) ; Khmu (68 personnes, dont 37 filles).
4. Thaphabath - 3 ethnies : Lao (majoritaire) ; Tai Neua (330 personnes, dont 159 filles) ; Katang (135 personnes, dont 70 filles).
5. Khamkeuth - 11 ethnies : Lao (majoritaire) ; Tai (Meuiy, Mène, Thèng, etc.) ; Kri (1116 personnes, dont 544 filles) ; Sek (134 personnes, dont 73 filles) ; Akha (140 personnes, dont 78 filles) ; Ksing Muul (100 personnes, dont 52 filles) ; Yrou/Lovène (90 personnes, dont 50 filles) ;

Phounoy : 45 personnes, dont 20 filles ; Liha (quelques familles) ; Kapkaie (quelques familles) ; Nyo (Tai Nyo) (quelques familles).

6. Viengthong - 3 ethnies : Lao, Tai (Meuiy, Mène, Thèng, etc..) et Lü (28 personnes, dont 16 filles).
7. Xaychomphone - 8 ethnies : Lao, Toum (679 personnes, dont 338 filles), Phong (483 personnes, dont 213 filles), Liha (46 familles), Meuiy (quelques familles), Hmong (quelques familles), Phounoy (quelques familles) ; Khmu (quelques familles).

Les Toum, Phong et Liha de langue viétique sont donc représentés dans ce nouveau district de Xaychomphone. Ce district s'étend sur 2 265 km² et en 2019, il comprenait 17 villages, 1 980 familles et 10 814 personnes, dont 5 140 de sexe féminin. Les données du district indiquaient 975 ha de rizières, 394 ha d'essarts, une école primaire par village, 2 lycées, 2 collèges et 2 maternelles.

Les Toum sont mélangés avec les Lao, les Hmong, les Phong et les Pounoy dans les villages Ban Phousy, Ban Phon Ngam, Ban Phiengdy, Ban Namsack, Ban Nam-One, Ban Phonmanh, Ban Vangbane, Ban Phonkham, Ban Sopteung et Ban Kvang

Les Lao habitent des villages Ban Phousy, Ban Phon Ngam, Ban Nam-One, Ban Sopteung et Ban Kvang.

Les Hmong sont mélangés avec les Lao, les Toum, les Phong et les Phounoy dans 12 villages : Ban Phousy, Ban Phon-Ngam, Ban Phiengdy, Ban Sopkhy, Ban Namsack, Ban Nam- One, Ban Phonmanh, Ban Nampanh, Ban Vangbane, Ban Phonkham, Ban Sopteung et Ban Phonmeuang.

Les Phong vivent avec les Lao, Toum, Hmong et Phounoy dans 6 villages : Ban Phousy, Ban Sopkhone, Ban Meuangcham, Ban Phonmeuang, Ban Khamkouna et Ban Nachèng.

.

Les familles liha ne se trouvent que dans le village de Sophky avec les Hmong alors que les Phounoy habitent avec les Phong, les Toum et les Lao dans le village de Phousy. Les Khmu partagent le village de Ban Kvang avec les Lao alors que les Tai Meuiy sont mélangés avec les Toum, les Hmong et les Lao au village de Phon Ngam.

Histoire

Les premières indications sur les Toum, inclus dans les « Hung » remontent à 1907 (Guignard Th.). Les Toum ne se trouvent que du côté lao, déjà mélangés à des populations de parler tay. Leur langue est identifiée comme spécifique et différente de celle des Phong par Mac Duong (1964). En 1995, Michel Ferlus estime la population « Hung » à environ 2 000 - 3 000 personnes au Laos.

Lors de la période d'étude, il n'existait pas d'information sociale et économique des Toum au Laos. A.G. Haudricourt, en 1966, indiquait des Toum dans les villages de Namone, Nam Heung, Nam Sak, Huay Phonsy du *Tasseng* (canton) de Namsak.

J'avais pu les identifier en 1990 lors de la réalisation de la monographie provinciale de Bolikhamsay, mais à cette période, jusqu'en 2005, la zone était interdite d'accès aux étrangers. À partir de 1994, seule la recherche linguistique a été abordée par de nombreux chercheurs, dans le but d'approfondir la connaissance sur les origines des nombreux groupes de langue viet-muong/viétique (Phong, Témarou, Salang, Maleng, Malang, Toum, Liha, etc.).

L'histoire des Toum reste donc très imprécise au Laos. Ils semblent venus du Vietnam avant 1900, ou avoir transité une période au Vietnam, ayant adopté de nombreux mots vietnamiens et la cérémonie du Têt. Ces incertitudes viennent en grande partie du fait qu'ils semblent s'être rapidement dispersés à partir de la zone de Khamkeut (Bolikhamsay), aujourd'hui divisée avec le nouveau district de Xaychomphone, et mélangés à d'autres ethnies voisines, qui leur donnaient différents exonymes selon le lieu et la période de leur migration. Il n'est d'ailleurs pas certain que leur autonyme « Toum » ne soit pas issu d'un ancien exonyme.

Par exemple, en 2002, un habitant (M. Thong, Toum appelé Tai Nyo par les voisins de parler tay, 75 ans) de Ban Kengthong à Khamkeut à Bolikhamsay indiquait que quand les Toum sont arrivés dans la région dans les années 1900, ils furent nommés Tai Mène, Tai Theng ou Tai Pao par les habitants du lieu, puis Tai Kaleung, Tai Kha, (kha kapkaie), Tai Khang et dernièrement Tai Nyo. Ils ne savaient pas vraiment pourquoi leurs voisins les avaient appelés avec ces différents noms. D'après certains anciens, il semblait que le nom Tai Khang ait été décidé par les Tai Nyo, et reconnu seulement entre les Nyo et Tai Mène. Les Tai Pao, Tai Theng et Tai Kouane de la même région ne semblaient pas concernés par cette appellation.

D'après les anciens du village de Ban Kengthong, les Toum seraient venus du Vietnam (Meung Kone kouang) depuis environ trois générations (plus de 100 ans, avant 1900) en passant par le sommet de la rivière Nam Tchamp (Nyoth Namtchamp). Ils se seraient d'abord installés à Ban Sopkhi (dans la zone de Meuang Tchamp) puis se seraient repartis dans plusieurs villages : Ban Phon Ngam (3 familles venues de Ban Sopkhi), Ban Soptchath, BanKouang, avec des Theng venus aussi du Vietnam, mais installés au km 20, Ban Napé, Ban Nong O, Ban Na Ngok et Ban Natchia. À ce moment-là, il y avait beaucoup de Tai Theng (plus de 1 000 familles qui vivaient au Vietnam et parlaient couramment lao), mais ils avaient la nationalité vietnamienne en qualité de groupe ethnique « Tai Theng ». Ils se seraient ensuite installés d'abord dans deux communautés, celles appelées autrefois Meuang Tchamp et Meuang One. Le groupe « Toum » de Meuang One se déplaça ensuite le long de la rivière Nam Tchath vers Nam Heung, puis à partir de 1988 vers Ban One et Ban Soptchath plus proche des voies de communication et des lieux de pêche.

Groupe Toum de Ban Kengthong (2002)

En 2002, la zone de Khamkeut était une zone spéciale, difficile d'accès et il n'a pas été facile de pouvoir collecter des données. Celles-ci restent donc imprécises pour cette visite.

Au début, en 1990, il y avait 10 familles toum vivant en cohabitation avec Tai Nyo à Ban Kengthong. Ces familles venaient de Ban One (Meuang One), car la vie dans leur zone d'origine était trop dure, avec une absence de voie de communication et l'éloignement des marchés urbains. Pour leurs achats, ils devaient aller au Vietnam (Meungkéo) et en 2002, il ne restait dans leur zone d'origine que :

- 3 familles à Ban Kengthong (famille de M. Gneun, M. Thong, et M. Bounpheng), issues de la même famille élargie, c'est-à-dire 1 famille (parent), 1 famille (fils marié) et 1 famille (beau-fils).
- 3 autres familles Toum à Ban Soptchath (Theng) à 2 km de Ban Kengthong (familles de M. Boualay, M. Douangchanh et M. Bounsy tous les 3 sont âgés entre 75 à 85 ans). Ceux-ci ont des accents différents des Toum de Ban Phonxot Kheth Meuang Tchamp (zone de développement prioritaire ou Kheth Tchout Soum).

En 2002, dans le village de Kengthong, il n'y avait que 3 familles (14 personnes). Les autres familles n'avaient pas encore de domicile fixe et retournaient de temps en temps à Ban One, se déplaçant entre Ban Soptham (Phon manh), Ban Sopkhong et Ban Phonkham sur le bord de Nam Tchath, parce qu'ils savaient que la route du km 20 reliait déjà Ban One.

Les Toum qui restaient à Ban Soptchath et Ban Kengthong souhaitaient continuer leur vie dans cette région parce qu'ils trouvaient que la relation entre les groupes ethniques, le transport de marchandises pour Thabac, le commerce des produits agricoles, de produits de la cueillette, de la pêche, de la chasse et le voyage par bateau, étaient moins compliqués que dans la région où ils résidaient avant.

Les communautés toum qui s'étaient installées à Meuang Tchamp se composaient de deux villages, dont Ban Phonxoth. En 2002, les deux villages étaient regroupés en zone de développement prioritaire (zone focale de Meuang Tchamp) depuis 4 ans (1998) organisée et financée par le gouvernement. Le chef de la zone M. Khamphiou Phimmatchack était le technicien agricole (option forestier) de la province en charge de cette zone. Le budget déjà dépensé était d'environ 300 millions de kips (financement pour la construction de bâtiments : 1 bâtiment de bureau administratif, 1 bâtiment logement du personnel, 1 bâtiment logement de visiteurs, 1 bâtiment de logement de policier, 1 caserne militaire, 1 dispensaire (*Souksala*), 2 écoles (1 école primaire et 1 collège). La zone comprenait 90 maisons à majorité Toum, les autres étant des familles lao et tai mène. Il y avait une dizaine de boutiques de produits manufacturés, tenues presque toutes par des Lao et en particulier ceux qui avaient une fonction administrative, sécuritaire (police, milice) ou militaire.

Le village se trouve au bord de la Nam Heung, entouré par une chaîne de montagnes qui représente environ 95 % de son territoire. Les Toum vivent en général de la pêche, de la chasse et de la cueillette, de la culture de riz gluant sur la pente en association avec autres cultures comme le maïs, le manioc, le melon, le concombre, la citrouille, le tubercule (*Pheuark*), la banane, la papaye et la canne à sucre.

Village de Phousy, district de Xaychomphone, novembre 2019.

En novembre 2019, le village comptait 240 familles, 1 200 personnes, dont 604 filles. M. Vanxay Phasikhai, chef de village, était assisté par ses deux adjointes, Mesdames Bouavay Leutbouddy et Souliphone et son adjoint, M. Nouanta. Le Néohom était représenté par M. Bounnouan et l'Union des femmes lao par Mme Bounma.

Piste d'accès à Ban Phousy, district de Xaychomphone, province de Bolikhamsay, en novembre 2019.

Ban Phousy, centre du district de Xaychamphone, fut remplacé par Ban Phon-Xoth. Le village était ancien, installé depuis l'époque de la guerre entre les Siamois et les Français. D'après M. Kamkhoum, 73 ans et M. Bounnouan, 79 ans, tous les deux retraités du Nèohom, ce territoire occupé par les Toum fut la zone choisie par l'armée vietnamienne pour installer une base militaire secrète contre les armées royales lao-américaines. Une partie des Toum se rangea du côté de l'armée lao américaine, l'autre moitié du côté de l'armée vietnamienne. L'accès de l'armée vietnamienne passait par la rivière de Nam Nyouang en partant du Vietnam, passant par la frontière vers le km 20 jusqu'à Ban Thàbac où se trouvait l'embarcadère des pirogues et bateaux pour rejoindre, dans certains cas, la zone Meuang Tchamp (aujourd'hui le district de Xaychomphone).

Territoire de Ban Phousy, district de Xaychomphone, en novembre 2019.

Le transport par bateau ou pirogue était privilégié à l'époque, en raison de l'insécurité sur les pistes. L'armée vietnamienne privilégiait aussi les déplacements à pied par de petits sentiers.

Les anciens de ce village confirment le passage des Toum par le Vietnam. Ils auraient en particulier résidé dans deux provinces proches de la frontière : Hâting et Ngé-Ane. Leur origine reste assez floue et d'après leurs voisins, leur langue comporte 65 % de mots à consonante vietnamienne et 35 % de mots proches de la langue lao. Il est probable que les Toum vivaient à la frontière lao-vietnamienne avant l'arrivée des Siamois. D'après les anciens, leur nom d'origine était « Tong ». Lorsque les Siamois ont tenté de s'emparer du Royaume Lane-Xang, les Tong résidant au Laos émigrèrent vers la frontière en demandant l'asile au Vietnam et en se mélangeant aux communautés côté vietnamien, ce qui pour eux expliquerait leur langue empreinte du Lao et du Vietnamien.

Après le départ des Français du Laos en 1954, les « Tong » furent nommés « Toum ». En langue lao, Toum se traduirait par « se réunir », ou « rassemblement ».

D'après M. Xay Yayaphoum, représentant du Nèohom à Ban Namsack, le nom « Toum » est venu à la fin de la période française, en souvenir de la vie collective au moment de la guerre. Dans le village de Ban Namsack, il y avait, paraît-il, une grotte de pierres précieuses « *Thamphoukèo* ». Afin de les garder et de les protéger des Français, ils réunirent les villageois des groupes ethniques « Tong », en leur demandant de boucher la grotte. Suite à cette histoire collective, le nom « Toum » fut gardé en souvenir de la force collective villageoise. Maintenant, la grotte de « *Thamphoukèo* » est devenue la grotte « *Thamphou Toum* » sur le territoire de Ban Namsack. D'après M. Xay Yayaphoum, les ingénieurs des mines chinois ont étudié cette grotte et ont trouvé des pierres claires et noires en grande quantité.

D'après les représentants du village, les Toum sont à l'origine animiste, mais furent bouddhisés dans le passé. Ils pratiquent encore quelques cérémonies bouddhiques, ont adopté le *Baci*, la cérémonie pour les membres de familles décédés, etc.

Auparavant, à l'époque de l'ancien régime, il existait une pagode dans chaque village. Maintenant il n'y a plus de vénérables par manque de budget et personnes versant les aumônes. On nous informait que les hommes et les femmes n'avaient plus le temps de préparer les repas le matin pour les moines. Ils consacraient leur force de travail pour leur travail personnel, surtout la culture de riz de pente ainsi que de bas-fond, la cueillette, la collecte de bois de chauffage, la chasse, la pêche, etc. Si cette version du déclin bouddhique est vraie, on rencontrait ces mêmes tendances chez les peuples plus au sud (Sek, Phong de Khamouane) en raison des mobilités fréquentes et des longs refuges en forêt liés aux différents évènements qu'ils avaient subis (présence siamoise, insécurité, combats et bombardements lors des guerres d'Indochine).

Système linéaire

Au village de Phousy, les anciens nous indiquaient que le système toum est patrilinéaire et la maison patrilocale au mariage. C'est en général le fils aîné qui reste dans la maison des parents et qui reçoit la plus grande part de l'héritage. Les autres enfants sortis de la maison reçoivent une petite partie. Si les filles mariées sorties de la maison ne reçoivent que de l'argent en espèce juste avant quitter la maison, les fils mariés et sortis de la maison des parents peuvent eux recevoir une partie de biens, comme la terre agricole et constructible, des pièces d'argent, de l'or, des animaux et de l'argent en espèce, pour qu'ils puissent installer leurs familles. Dans le cas où il n'y a pas de garçon dans la famille, c'est la fille aînée qui reste aider les parents et qui touche la plus grosse part de l'héritage. Les filles non mariées ou veuves peuvent rester ou revenir à la maison des parents. Elles peuvent recevoir aussi une partie de biens au même titre que l'enfant désigné pour rester et aider les parents dans la maison parentale. Le fils adoptif ne peut être héritier, mais il peut recevoir une petite part d'héritage lorsqu'il quitte la maison parentale.

Lignages identifiés au Laos

Les anciens du village de Phousy nous informaient qu'ils n'ont pas connaissance de lignages ou de clans chez eux. Ils pensent qu'ils sont des descendants d'un seul ancêtre « Tong », leur nom d'ethnie d'origine.

Ménage

Les Toum sont monogames et lors de la période d'étude, la maisonnée comprenait en général la famille nucléaire.

Religion et croyances

Autrefois, lorsqu'ils habitaient avec des communautés de parler viet au Vietnam, sous le nom de « Tong » ou « Ton », ils croyaient uniquement aux génies. D'après eux, c'est suite à leur entrée au Laos lors de la période française, qu'ils ont progressivement été influencés par la religion bouddhiste, même si leur croyance au bouddhisme régressa ensuite vers les années 1940 en raison de leur mobilité fréquente et incapacité à maintenir ou construire des pagodes.

Depuis le début des années 2000, certaines communautés toum mélangées à des villages majoritairement lao adoptent à nouveau la religion bouddhiste tout en conservant leurs croyances aux génies, en particulier ceux des ancêtres, des parents, du village et du territoire.

Génies principaux

Les génies « *Mar* » : *Mar I Mar Mé* (génie des parents), *Mar Meuang* (génie de district), *Mar Paklang* (génie de forêt), *Mar Dak* (génie de l'eau), *Mar Phlou* (génie de la montagne), *Mar Gna* (génie de la maison), *Mar Keul Klang* (génie de l'arbre) ; *Mar Klong Dark* (génie de la rivière), *Mar Thleung* (génie de la falaise), *Mar Poung* (génie des terres salées). D'après Shliesinger (2015), les Toum qu'il a étudiés vénèrent spécialement le génie du village « *Phu Toh* », pour lequel ils construisent une petite maison dans la forêt à la frontière du village. Lorsqu'ils sont minoritaires dans un village, les familles Toum adoptent alors la maison ou l'autel du génie du village construit par l'ethnie principale du village.

Organisations traditionnelles villageoises

On ne note pas d'organisations traditionnelles spécifiques Toum dans les villages étudiés, mais nous n'avions pas eu le temps d'approfondir ce sujet.

Éléments homme-femme

Les activités principales des Toum sont similaires à celles des ethnies du même territoire : Lao, Hmong, Phounoy.

Villageois toum au village de Phousy, en novembre 2019.

Les hommes et les femmes partagent la majorité des activités et corvées quotidiennes. Les hommes ont la charge de la construction et de l'entretien des maisons, des greniers et des pirogues, de la coupe de bois commercial, de la défriche et du brûlis, des clôtures, de la menuiserie, de la forge, de la vannerie, de la chasse, de la pêche, de l'élevage de buffles, de bovins et de caprins. Les femmes s'occupent particulièrement de la cuisine, de la collecte de bois de chauffage, de l'eau potable, du désherbage, du semis de riz, de la récolte de riz, la cueillette des produits de la forêt, la pêche, du tissage, du jardin potager et de l'élevage de volailles et de porcs.

Culture

Cérémonies traditionnelles

La fête du Têt est célébrée chaque année par les Toum. La cérémonie commence à partir le mois de janvier. Le jour favorable est fixé le premier jour de la Lune montante. La cérémonie dure en principe entre 3 et 6 jours. À cette occasion, les Toum s'adressent à tous les membres de la famille proche et élargie ainsi qu'à leurs ancêtres.

Avant la fête du Têt, les Toum préparent une cérémonie adressée aux génies du district pour demander les pardons et éviter toutes sortes de calamités et victimes. La cérémonie et sa préparation durent une journée complète, accompagnées d'un sacrifice d'un porc et de 3-4 poulets pour l'ensemble des villageois.

Une autre cérémonie pour le génie du district peut être organisée chaque année, en particulier en cas de calamité, d'accident et de mauvaise récolte. Cette cérémonie vise à demander le pardon et éviter les victimes. On sacrifie un porc pour le village ou à défaut, une dizaine de poulets. Si le cas est grave, on sacrifie un buffle.

Les Toum accompagnent aussi les Lao dans leurs cérémonies, en organisant aussi quelques cérémonies bouddhiques qui relient les génies des parents, des grands-parents et des autres membres défunts des familles. Par manque de pagode, les familles l'organisent uniquement dans leur maison, alors qu'autrefois, une partie se passait dans la pagode.

Avant le semis du riz de pente et de rizière, chaque famille sacrifie un poulet et prépare une jarre de bière de riz pour demander un bon résultat de la saison rizicole.

Vêtements et ornements

Autrefois, les femmes toum avaient l'habitude de tisser leurs vêtements traditionnels. En 2019, elles tissaient toujours des tissus et confectionnaient des vêtements (chemises, jupes) du style lao. Si les villageois ne portaient plus les vêtements traditionnels au quotidien, certains les portaient encore lors des cérémonies comme la fête de Nouvel An vietnamien (Têt), pour célébrer le génie du village, lors d'un mariage et aussi lors des fêtes de stupa That Luang, des évènements culturels organisés au niveau du district et de la province.

Les femmes portaient des chemises blanches sans col, à manches longues, et les jupes bleues ou noires avec une rayure reliée à la partie basse des jupes. Elles portaient aussi une sorte de turban coloré enroulé sur la tête et la ceinture d'autrefois était remplacée par un bandage de couleur bleue ou verte attaché à la taille.

Les hommes portaient des chemises blanches sans col à manches longues et des pantalons bleus ou noirs, ainsi qu'un turban coloré autour de la tête et un bandage à la taille de couleur bleue ou noire. En 2019, les ornements n'étaient portés que par les familles de condition moyenne ou riche. Les femmes qui pouvaient se le permettre avaient des boucles d'oreilles, des colliers en or ou en argent.

La plupart des hommes âgés ne portaient pas d'ornements, mais les jeunes hommes éduqués et de condition socio-économique suffisante s'ornaient de quelques bijoux comme ceux des Lao avec qui ils cohabitaient.

Principales caractéristiques de l'ethnie

Les hommes fument et boivent l'alcool de jarres fabriqué par eux-mêmes. Les femmes ne fument pas, mais mâchent des écorces de plantes. Certaines femmes continuent le tissage manuel à l'aide des mains et de pieds sur des métiers à tisser mobiles.

On note encore des maisons plurinucléaires avec deux grandes chambres divisées. La partie intérieure est réservée pour les membres de la famille et la partie extérieure reliée à la cuisine où se trouve le foyer collectif est réservée pour les visiteurs qui passent la nuit. La maison peut abriter deux à trois familles, chacune avec son propre lignage. À Phousy, les greniers sont alignés à l'extérieur du village.

Greniers à riz alignés au village de Phousy en novembre 2019.

Territoire

Territoire d'habitation

Les Toum ont adopté depuis longtemps un habitat permanent en zone de montagne et forestière, comprenant des ressources favorables à l'agriculture, la cueillette et la pêche ainsi que pour l'installation du village. Ils s'installent de préférence dans une vallée à proximité d'une rivière, avec possibilité de cultiver les pentes (*Hai*), des rizières de bas-fond (Na) et pratiquer l'élevage de bovins et de caprins. Ils sont restés cantonnés de part et d'autre de la frontière du Vietnam au niveau du nord-est de la province de Bolikhamsay.

Territoire et village de Phousy, district de Xaychomphone, province de Khamkeut, en

Les Toum partagent depuis longtemps leur territoire avec les Lao et d'autres communautés de parler tay (Meuiy, Mène, Thèng), les Liha, les Phong et les Hmong. Ils sont mélangés à des ethnies dans les villages et cela depuis plusieurs générations.

Village

En 2019, l'installation de villages des Toum est pratiquement identique à celui des Liha, Phong et Lao du territoire. Comme indiqué plus haut, ils sont mélangés depuis longtemps dans 10 des 17 villages du district de Xaychomphone avec les Lao, Hmong, Phong et Phounoy : Ban Phousy, Ban Phon-Ngam, Ban Phiengdy, Ban Namsack, Ban Nam-One, Ban Phonmanh, Ban Vangbane, Ban Phonkham, Ban Sopteung et Ban Kuang.

Le choix du site du village est basé sur des critères géographiques, la disponibilité de ressources naturelles, de rivières, de zones favorables à la création de rizières, de forêts primaires et secondaires et de jachères favorables à la culture de pente, la cueillette et la chasse. Lorsque les Toum sont majoritaires dans un village, ils proposent de valider leur choix en effectuant le test de l'œuf. Ce rite consiste au lancement d'un œuf trois fois de suite. S'il se casse à chaque fois, le site est favorable.

Maison

Auparavant, jusqu'au début des années 2000, les Toum construisaient des maisons rectangulaires sur pilotis courts en bois. La toiture était en chaume, en bambou ou en autres matériaux disponibles. Le foyer avec un fond en argile était réalisé dans un cadre en bois, surmonté d'un séchoir suspendu où l'on fumait quelques produits.

Depuis 2003, avec le développement économique, les déplacements et les influences diverses, la structure des maisons a changé et les Toum ont adopté les structures de maisons inspirées des Lao, Hmong et Vietnamiens. La toiture en paillote est remplacée par les tôles ondulées et des plaques de tuiles. Les murs en bois et en bambou sont remplacés par les briques ou des moellons. Selon les conditions économiques de la famille, les pilotis courts en bois sont remplacés par les pilotis en béton ou alors par des maisons de plain-pied en briques. Ainsi, en 2019, les anciens villages sont méconnaissables par rapport à notre visite en 2001. Si la majorité des Hmong continue à construire des maisons de plain-pied sans étage, les Lao construisent des maisons en brique avec un ou deux étages et les Toum font des maisons inspirées de ces deux modèles.

Gestion des ressources naturelles

Les anciens des villages indiquent qu'autrefois, avant les années 1900, les Toum avaient l'habitude de vivre dans la forêt dense de basse et moyenne altitude, vivant principalement de cueillette de produits de la forêt, de la chasse, du piégeage, de la pêche, de la culture de riz d'essartage ou de pente (*Hai*). Comme les autres peuples de parler viétique, ils disposent d'un large arsenal de pièges, mais aussi de fusils, arbalètes et lance-pierres. Depuis plusieurs décennies, ils produisent aussi du riz de bas-fond (*Na*) et élèvent des animaux. Les hommes s'occupent particulièrement des buffles, bovins et caprins alors que les femmes ont plutôt la responsabilité des porcs et des volailles.

Dans la période d'étude, les moyens d'existence des Toum reposaient principalement sur la culture de riz (pente et rizière), les cultures annuelles dans les essarts, les jardins (*Souan*), la cueillette, la pêche et la chasse. En raison de leur éloignement des marchés et la difficulté d'accès, ils maintenaient un régime vivrier, échangeant des produits avec les autres villages et les commerçants lao et vietnamiens à la recherche de produits spécifiques comme les racines médicinales, les champignons médicinaux (*Lintchue*), les écorces de plantes (*Peuak Bong*), les cannes de rotin, la résine de pin, la gomme *Khisi* et les animaux sauvages (écureuils, chevrotains, varans, pangolins, civettes, oiseaux divers, écureuils volant, chauve-souris, campagnols, sangliers, cerfs aboyeurs.

Ils vendaient aussi des poissons d'eau douce pêchés dans différents cours d'eau, dont la Nam Gnouang. Les prix de ces produits augmentant avec la demande et leur raréfaction, certaines familles Toum avaient pu épargner et investir dans des maisons et l'achat d'animaux domestiques. Si une partie de ces activités étaient illégales, les Toum ne furent pas vraiment inquiétés en raison de leur isolement. Ce n'est qu'à partir de 2010 que les contrôles commencèrent à être plus efficaces.

Les ressources naturelles utilisées dans les villages de Khamkeut (2001)

Les produits de la pêche : Pa Kot, Pa Kèng, Pa Tchath, Pa Khor, Pa Douk, Pa Xiou, Pa Khokang, Pa Ièn, Pa Lot, Pa Park, Pa Kha Nyèeng, Pa Khao, Pa Lath, Pa Lénfai, Pa Kha-Nyèng, Pa Kheung, Pa Kop, Pa Khied, Pa Koung, Pa Kapou, Pa Hoy, Pa Seuam, Pa Bork, Pa Phanxay, Pa Sakang, Pa Makmang, Pa Nyone, Pa Khaie, algues, crevettes, mollusques, insectes d'eau.

Bambous : May Phay Ban, May Hiya, May Xoth, May Sangphai, May Sangkham, May Bong, May Phai-Kaxa, May Lai, May Hok, May Xang.

Arbres : *May Taie, May Khèn, May Xy, May Dou, May Nyang, May Khagnoung, May Manpa, May Peuay, May Tiou, May Khor, May Bark, May Perk, May Safang, May Nyom, May Thone, May Kor, May Khamphi, May Maykfaipa, May Ngioupa.*

Rotins : *Vay Nyaie, Vay Thoun, Vay Khok, Vay Tao.*

Champignons : *Het Lintchue, Het Khao, Het Bod, Het Hou Nou, Het Pouak, Het Kapkaie, Het Khikhouay, Het Pheung, Het Nouath, Het Feuang.*

Plantes médicinales : *Som* (racine médicinale : type de ginseng)

Gibier : sanglier, cerf sambar, cerf aboyeur, chevrotain, pangolin, tigre, chien rouge, macaque, mangouste, civette, écureuil, écureuil volant, chauve-souris, souris, campagnol, rat des bambous, poule sauvage, faisan, caille, tourterelle, perroquet, chouette et hibou, aigle, serpent, varan, tortue.

Moyens d'existence et systèmes de production

Activités dominantes de production

Riz gluant - volailles - porcs - buffles - cueillette - chasse - vannerie - tubercule - tabac.

Légume - tissage - menuiserie - bovin - pêche.

Moyens d'existence et système de production

Les activités principales de productions sont :

- Culture de riz de pente (*Hai*) avec du riz ordinaire et du riz gluant.
- Culture de riz de bas-fond (*Na*) avec du riz gluant et du riz ordinaire.
- Culture maraîchère et jardins potagers : Piment, aubergine, tomate, haricot, citronnelle, basilic, coriandre, persil, galanga, gingembre, salade, petit pois, navet, patate douce, menthe, chou, moutarde, oignon, ail.
- Jardins d'association de cultures (*Souan pasom*) : Manioc, maïs, melon, courgette, patate douce, concombre, melon d'eau, canne à sucre, coton, tabac, sésame, haricot, fraise, etc.
- Élevage de buffles, de bovins, de porcins, de volailles et de poissons.
- Cueillette des produits de la forêt, à la chasse, à la pêche.
- Travaux saisonniers, vannerie, forge, tissage et menuiserie.

Principaux systèmes de production

Jusqu'au milieu des années 90, les Toum de Khamkeut restaient en régime principalement vivrier, les revenus des produits de la forêt et de l'élevage permettant d'échanger avec les produits nécessaires comme le sel, les vêtements, les chaussures, les ustensiles de cuisine, les torches, les piles, le savon. Entre 1995 et 2005, la transition vers une économie plus commerciale démarra plus par un accroissement de la demande (Laos, Vietnam) que par une stratégie délibérée de changement. C'est suite à la création de l'accès en 2001 que quelques initiatives commerciales démarrèrent.

Zone d'essartage du territoire toum, district de Xaychomphone, province de Khamkeut, en novembre 2019.

Panier à riz toum au village de Phousy, en novembre 2019.

Depuis toujours, les Toum pratiquent la culture de riz pluvial de pente, avec différentes variétés de riz gluant adaptées aux différents types de sol. Ils préféraient la variété *Khao Lay*. Traditionnellement, le cycle de jachère devait dépasser les 15 ans, mais dans la période d'étude, il était de 7 à 12 ans jusqu'en 1994, puis de 3 à 7 ans suite aux consignes politiques. Parallèlement, les Toum cultivent du riz en rizière et quand cela était possible, ils développèrent cette technique après 1994 pour compenser la diminution des rendements de riz de pente sur jachère courte.

Toutefois, dans la zone habitée par les Toum, le potentiel d'extension de rizière restait très faible pour les nouveaux venus ou les nouvelles familles, ce qui était exploitable ayant déjà été aménagé jusqu'au début des années 1990. Ainsi, les nouvelles familles n'avaient pas le choix en dehors de démarrer des cultures de pente, en général des parcelles de riz avec d'autres cultures, en alternance avec des cultures comme le bananier, le manioc, le maïs, la patate douce, l'arachide, la papaye, le bambou, etc.

Les Toum pratiquent aussi l'élevage extensif de volailles et de porcs et ceux qui peuvent se le permettre ont des buffles ou des bovins laissés en vagabondage autour du village.

Comme indiqué plus haut, les produits et les revenus de la cueillette, de la chasse, du piégeage, de la pêche, de la coupe commerciale de bois représentent une valeur monétaire non négligeable, que l'on pouvait estimer à au moins 40 % de la valeur globale de production-revenu des familles.

Développement

Nous n'avons pas de référence écrite de projets de développement avec les Toum. D'après les anciens, avant 1975, les quelques villages du district de Khamkeut étaient Ban Maie, Ban Namsack et Ban Phonxot, installés lors de la période française. Les maisons étaient en en bois et en bambou, construites sur de courts pilotis avec les toitures en chaume d'impérata (*Nya kha*) ou en tuiles de bambou. À cette période, les Toum étaient surtout des chasseurs-cueilleurs et essarteurs, comme les autres ethnies austro-asiatiques de la région.

Après le départ des armées françaises, à partir de 1954, les familles toum sont restées à Ban Maie, Ban Nam-One et Ban Namsack jusqu'à l'arrivée des armées américaines et des armées du Royaume lao. À partir de cette période, ils se retrouvèrent en sandwich sur la ligne d'influence des armées côté lao et côté Vietnam du Nord (Tonkin). Ils durent composer en essayant de se faire oublier pour survivre et qu'on les laisse en paix. Puis, les Vietnamiens avaient occupé leur territoire comme poste central de l'armée Nèolaohakxath (Armées rouges + armées du Viêtminh). Ainsi, entre 1960 et 1975, les Toum étaient plus préoccupés à éviter les combats et les bombardements que de penser à leur développement. Le transport et la circulation par bateau étaient obligatoires, la marche à pied était exclusivement pour envoyer les messages secrets pour les espions entre les Pathet Lao et les relais vietnamiens.

Le « développement » a commencé juste après avoir déclaré le village de B. Phonxot Kheth Tcham comme zone prioritaire de développement en 1995. Comme pour toutes les zones prioritaires, le développement comportait une forte connotation politique et standardisation des modèles, selon l'exemple lao. En 2003 cette zone prioritaire est devenue le district de Xaytchamphone, et Ban Phonxot est devenu Ban Phousy. En 2019 ce district se composait de 17 villages dont 7 étaient habités par des Toum, totalisant 1 980 familles, 10 814 personnes, dont 5140 de sexe féminin. La surface totale de district est de 2 265 km^2, la surface de rizière est de 975 ha, la surface de riz pluvial de pente (*Hai*) est de 394,32 ha. Le district nous informait qu'il y avait 198 petits barrages en bois, 9 150 m de tuyau pour l'irrigation pour les cultures végétales. On comptait 23 écoles, dont 2 lycées, 2 collèges, 17 écoles primaires et 2 écoles maternelles. Un lycée et un collège étaient établis à Ban Phousy et les autres à Ban Nam-One.

Tourisme et ethnotourisme

Lors de la période d'étude, en raison de l'isolement de cette zone et de sa sensibilité politique, cette zone n'avait pas d'avenir touristique dans le court terme. De plus, suite au déplacement de villages lors des guerres, l'esthétisme des villages traditionnels avait disparu et culturellement, la zone n'avait pas vraiment d'avantages comparatifs par rapport à des zones moins impactées.

Avant 2001 il n'y avait pas de voies routières, on accédait à de nombreux villages à pied ou par pirogue à rames ou à moteur. En raison de son statut de zone spéciale de zone de concentration de développement, l'accès aux étrangers était très contrôlé jusque dans les années 2005 et seules les missions officielles munies d'autorisation pouvaient se rendre sur le territoire. En 2019, lors de notre dernière visite, on nous disait qu'il n'existait plus d'interdits. Toutefois, le poste de police se situe à l'entrée du district, sur la route de district Viengthong vers Xaytchamphone. La distance de Viengthong et Xaytchamphone est de 72 km de pistes non goudronnées en dehors de 3 kilomètres.

Quelques auteurs de références

Guignard Père Th., 1907 ; Maspéro H., 1912, Sebeok, Thomas A., 1942 ; Cuisinier J. 1948, 1951 ; Mac Duong, 1964 ; Haudricourt A., G., 1966 ; Thomas David D., 1966 ; Diffloth G., 1974, 1997 ; Ferlus M., 1974, 1979, 1992, 1995 ; Phong, 1988 ; Hayes, La Vaughn H., 1982, 1992 ; Chazée L., 1991, 1995, 1999 ; State Satistical Center, 1995, 2015 ; Grimes B. F., 1996 ; Chamberlain J. R., 1996, 1998, 2000 ; Kossileov I., 2000 ; Shirayama Y., Phompida S., Kuroiwa C., Miyoshi M., Okumura J., Kobayashi J., 2006 ; Schliesinger J., 2003, 2015.

ACRONYMES

ASEAN	Association des Nations de l'Asie du Sud-Est
BPKP	Société de développement des montagnards
CASE	Centre Asie du Sud-Est
CIRAD	Centre de coopération internationale en recherche agronomique pour le développement
CIRRAS	Centre International de Réflexion et de Recherche sur les Arts du Spectacle
DAFO	Bureau de district de l'agriculture et des forêts
DUDCP	District Upland Development and Conservation Project
EFEO	École française d'Extrême-Orient
IReMUS	institut de Recherche en Musicologie
MIA	Missing in Action
MSF	Médecins Sans Frontières
NBCA	National Biodiversity Conservation Area
NEM	Nouveaux Mécanismes Economiques
NT2	Projet Nam Theun 2
NTEC	Consortium de l'électricité de Nam Theun
ONG	Organisation non gouvernementale
PAFO	Bureau provincial de l'agriculture et des forêts
RDPL	République Démocratique Populaire Lao
UICN	Union internationale pour la conservation de la nature
UNESCO	Organisation des Nations unies pour l'éducation, la science et la culture
UNICEF	Fonds des Nations unies pour l'enfance
USA	États-Unis d'Amérique
USD	Dollar américain
UEB	Unité Economique de Base
UXO	Munitions explosives non explosées
WCS	Société de conservation de la faune sauvage
WWF	Fonds mondial pour la nature

Structures éditoriales du groupe L'Harmattan

L'Harmattan Italie
Via degli Artisti, 15
10124 Torino
harmattan.italia@gmail.com

L'Harmattan Hongrie
Kossuth l. u. 14-16.
1053 Budapest
harmattan@harmattan.hu

L'Harmattan Sénégal
10 VDN en face Mermoz
BP 45034 Dakar-Fann
senharmattan@gmail.com

L'Harmattan Cameroun
TSINGA/FECAFOOT
BP 11486 Yaoundé
inkoukam@gmail.com

L'Harmattan Burkina Faso
Achille Somé – tengnule@hotmail.fr

L'Harmattan Guinée
Almamya, rue KA 028 OKB Agency
BP 3470 Conakry
harmattanguinee@yahoo.fr

L'Harmattan RDC
185, avenue Nyangwe
Commune de Lingwala – Kinshasa
matangilamusadila@yahoo.fr

L'Harmattan Congo
219, avenue Nelson Mandela
BP 2874 Brazzaville
harmattan.congo@yahoo.fr

L'Harmattan Mali
ACI 2000 - Immeuble Mgr Jean Marie Cisse
Bureau 10
BP 145 Bamako-Mali
mali@harmattan.fr

L'Harmattan Togo
Djidjole – Lomé
Maison Amela
face EPP BATOME
ddamela@aol.com

L'Harmattan Côte d'Ivoire
Résidence Karl – Cité des Arts
Abidjan-Cocody
03 BP 1588 Abidjan
espace_harmattan.ci@hotmail.fr

Nos librairies en France

Librairie internationale
16, rue des Écoles
75005 Paris
librairie.internationale@harmattan.fr
01 40 46 79 11
www.librairieharmattan.com

Librairie des savoirs
21, rue des Écoles
75005 Paris
librairie.sh@harmattan.fr
01 46 34 13 71
www.librairieharmattansh.com

Librairie Le Lucernaire
53, rue Notre-Dame-des-Champs
75006 Paris
librairie@lucernaire.fr
01 42 22 67 13

www.ingramcontent.com/pod-product-compliance
Lightning Source LLC
LaVergne TN
LVHW020612110826
845149LV00002B/458

* 9 7 8 2 3 3 6 4 2 4 7 0 5 *